근대서울의 역사문화공간 : 광화문 육조앞길

| 감사의 글

이 책에 수록된 여러 장의 사진엽서를 포함한 다수의 이미지 자료들은 이돈수 한국해연구소장의 컬렉션에서 빌려 온 것입니다. 해당 자료의 사용을 흔쾌히 허락해주신 것에 대해 이 소장님께 특별한 감사의 뜻을 여기에 적습니다.

근대서울의 역사문화공간: 광화문 육조앞길

1판 1쇄 찍은날   2012년 8월 25일
1판 1쇄 펴낸날   2012년 8월 30일

지은이 | 이순우
펴낸이 | 조현주
펴낸곳 | 도서출판 하늘재

편집 | 김경수

등록 | 1999년 2월 5일 제20-140호
주소 | 서울시 마포구 망원1동 384-15 301호

전화 | (02)324-2864
팩스 | (02)325-2864
이메일 | haneuljae@hanmail.net

ISBN 978-89-90229-35-9   03910

값 | 18,000원

ⓒ2012, 이순우
※ 잘못된 책은 바꿔드립니다.
※ 이 책은 저작권법에 의하여 보호를 받는 저작물이므로 무단 전재와 복제를 금합니다.

근대 서울의 역사문화공간

광화문 육조앞길

이순우 지음

하늘재

들어가는 말

일제강점기의 대표적인 대중잡지였던 『별건곤(別乾坤)』 제35호에는 경성법학전문학교에 대한 탐방기가 수록되어 있다. 여기에는 이 학교가 자리했던 경복궁 광화문 앞길의 풍경이 이렇게 그려져 있다.

넓기로 동양 제일이라는 광화문통(光化門通) 정면에 현대식 아방궁(阿房宮)인 총독부 백악관(總督府 白堊館)의 4층 건축물이 시위나 하는 듯이 서 있는 좌우편에 수 세기 뒤떨어진 퇴락한 목제와가, 박물관 표본같이 고고학자에게나 환영받을 듯한 소위 경관강습소(警官講習所), 순사교습소(巡査教習所), 무슨 회(會) 도장(道場), 무슨 조사소(調査所) 등등의 간판 붙은 청사(廳舍)와 함께 어깨를 겯고 있는 경성법학전문학교(京城法學專門學校). 옛 같으면 문무백관(文武百官)이 들락날락할 법부(法部) 자리에 육법전서(六法全書) 한 권과 노트 몇 권 든 사각모자가 기운차게 몰려든다. 이 학교 외관만 보면은 어쩐지 관료식 계통의 독특한 냄새가 코를 쿡쿡 찌른다. 육조(六曹) 앞 광장(廣場)에 모보(=모던 보이), 모가(=모던 걸)가 남부끄러운 줄 모르게 어깨를 겯고 다니는 소위 30년식 모더니즘이 성행하는 이때에 그저 온고지신(溫古知新)이라는 케케묵은 사상만 가진 선생님들이 자자손손에게까지 계계승승할 듯이 거진 글자까지 마멸한 교재를 가지고 바라크 속에서 젊은 학도들의 비위나 맞추노라고 애쓰고 있는 듯한 것이 이 학교의 첫인상이다마는 한

번 교정에 발을 들여놓아 보라. 손바닥만 한 운동장이지만 한쪽에서 테니스 한쪽에서는 풋볼 차는 미래의 법학자(法學者), 아니 장래의 변호사(辯護士) 도령님들이 씩씩하고 기운차게 뛰놀고 있지 않은가.[1]

이 글이 게재된 때는 1930년 12월이었는데, 일제강점기의 중반을 넘어선 이 시기에 이미 일제의 식민통치기구들이 온통 육조앞길을 차지한 것은 물론이고 옛 육조관아의 건물마저도 대부분 헐려 나가거나 신식으로 개조되어 간신히 몇 군데에 그 흔적만 남아 있던 상황이라는 것을 짐작할 수 있다. 여기에 나오는 '광화문통'은 지금의 '세종로'이자 예전의 '육조앞길'을 가리킨다.

하지만 그 명칭이 어떠했던지 간에 그 어느 시기를 막론하고 이 도로가 지닌 위상과 의미는 여느 공간과는 남달랐다. 이 길은 조선시대의 법궁(法宮)인 경복궁으로 나아가는 진입로이자 나라의 중심 거리라는 위상을 지녔으며, 때로 전제군주의 왕권 그 자체를 상징하는 핵심 공간으로 모든 정치활동이 모이는 정치적 중심지였기 때문이다. 자연스레 나라의 중심 거리인 이곳에는 통행로이자 광장의 기능이 중첩되어 있었다. 이러한 특성은 육조관아(六曹官衙)가 자리한 이래로 오늘날에도 정부종합청사, 세종문화회관, 방송통신위원회와 같은 주요 공공기관이 배치되어 이어지고 있다.

원래 육조앞길은 조선 개국 당시 경복궁을 창건하면서 그 앞쪽으로 의정부(議政府), 삼군부(三軍府), 육조(六曹), 사헌부(司憲府) 등의 각사공해(各司公廨)를 나란히 배치한 결과로 생겨난 도로였다. 육조앞길의 초기 관아배치 형태는 조선 중종 때에 완성된 『신증동국여지승람(新增東國輿

---

1) 박용이(朴龍伊), 「육전문학교학생논평(六專門學校學生論評) : 법전평(法專評)」, 『별건곤』 제35호(1930년 12월), 132~133쪽.

地勝覽)』을 통해 파악할 수 있다. 여기에 표시된 육조관아의 위치를 추출하면 다음과 같이 정리된다.

> 議政府 在光化門南之左, 吏曹 在議政府南, 戶曹 在漢城府南, 禮曹 在光化門南之右, 兵曹 在司憲府之南, 刑曹 在兵曹之南, 工曹 在刑曹之南, 司憲府 在中樞府南, 掌隸院 在工曹之南, 中樞府 在禮曹南.

이 내용에 따르면, 광화문 남쪽으로 동편에는 의정부-이조-한성부-호조의 순서로 육조관아가 늘어섰고, 이에 대칭하는 길 건너 서편에는 예조-중추부-사헌부-병조-형조-공조-장예원이 차례대로 포진하였다. 그리고 이러한 배치 순서는 19세기 전반에 제작된『수선전도(首善全圖)』와 같은 고지도에 표기된 것과도 그대로 일치한다. 이것으로 보더라도 육조관아의 위치는 세종 때 삼군부의 폐지와 더불어 예조가 그 자리로 옮겨 간 것 정도를 제외하고는, 그 어느 것도 개국 이래 조선시대를 관통하여 대체로 한결같았다는 사실을 거듭 확인할 수 있다.

그런데 이러한 광화문 육조앞길의 관아배치가 크게 바뀐 것은 고종 시대 이후의 일이다. 1863년 고종의 즉위와 더불어 경복궁을 중건하고 삼군부(三軍府)를 부활하는 결정이 내려진 것이 이러한 변화의 계기가 되었다. 이 와중에 광화문은 물론이고 의정부 처소까지 중수된 것은 육조앞길의 면모를 일신하는 결과를 낳았고, 삼군부를 다시 설치한 것은 육조관아의 처소 변경이 연쇄적으로 일어나게 만들어 기존의 배치 형태를 차츰 흐트러뜨려 놓기 시작했다.

더구나 서구 열강의 도래와 함께 근대개항기로 접어들어 1894년 갑오개혁 당시 중앙관제의 전면 개편이 실시됨에 따라 육조관아의 연쇄적인 처소 변경은 크게 촉진되기에 이르렀다. 전근대적인 통치기구로는 더 이상 새로운 변화의 시대를 담아내기 어려운 형편에 처하였고, 그러한 결과 조선 건국 때부터 존속했던 육조제도(六曹制度)는 폐지되었으며, 새로이 8아문(衙門)의 편제를 거쳐 7부(部)가 마련되어 그 자리를 대신하는 한편 각 아문의 처소도 다시 정하는 과정이 이어졌던 것이다.

이러한 상태에서 1897년 대한제국(大韓帝國)의 출범 이후에도 자주 근대화를 위한 제도개혁으로 새로운 관제가 생겨났다 사라지는 사이에 육조앞길의 공간 변화는 더욱 가속화하였다. 특히 일제에 의한 국권 침탈로 통감부(統監府)가 설치된 이후에는 외부(外部), 군부(軍部), 법부(法部)와 같은 중추적인 중앙관서마저도 잇달아 폐지되는 수난을 겪었고, 이러한 중앙부서가 폐지되거나 옮겨진 자리에는 장차 식민통치를 보조하거나 직접 담당할 통감부 부속기관들이 속속 그 자리를 차지하는 결과가 이어졌다. 이로써 이 무렵에 벌써 옛 육조앞길은 사실상 완전한 해체상태에 이르러 그저 이름만 남겨진 공간으로 전락하는 상태가 되고 말았다.

일제강점기로 접어든 이후 광화문 육조앞길의 변형은 더욱 말할 나위가 없었다. 1926년 경복궁 내 조선총독부 청사의 준공과 더불어 이른바 '광화문통'은 새로운 식민통치 권력의 본거지라는 위상을 지닌 거리로 거듭나게 되었고, 이 일대가 모조리 이름조차 생소한 식민통치기구들의 차지로 바뀌었으므로 육조앞길의 성격조차도 이미 공간적인 변화만큼이나 크게 변질되도록 만들었다. 실제로 그들의 청사로 사용될 신식 건축물이 하나씩 늘어나면 늘어날수록 옛 육조관아의 흔적은 그만큼 줄어들고 있었던 것이다.

더구나 일제강점기를 거치는 동안 하나의 식민통치기구가 동일한 지점에 그대로 머문 것은 경기도청과 체신국의 두 구역 정도에 지나지 않는다. 나머지 구역은 최소한 한두 차례 이상 관공서의 폐지 또는 청사 이전 등을 사유로 자리를 옮긴 사례에 속하며, 하나의 공간에 여러 관청이 공존했던 경우도 없지 않았다. 이것은 이른바 '시국(時局)의 변화'에 따라 총독부 기구의 개편이 빈번하게 이뤄진 탓이기도 하였다.

이러한 공간 변화의 와중에 고종 시대 이전까지 한결같이 존속했던 육조관아의 경계선은 완전히 허물어지고, 여기에 더하여 일제가 부여한 새로운 지번이 그 자리를 차지함에 따라 한번 변형된 공간구조는 그대로 고착화하고 말았다. 해방 이후에도 이 일대의 이러한 상태를 바로잡을 기회는 주어지지 않았으므로, 지금의 세종로가 옛 육조앞길의 연장선상에 서 있기보다는 일제강점기가 남겨놓은 관청배치와 구역 재조정에 따른 결과물을 상당수 내포하고 있음은 여러모로 아쉬운 대목이 아닐 수 없다.

이렇듯 육조대로의 공간 변화에는 근대개항기 이후 국권 피탈 과정에서 겪었던 굴곡과 수난의 역사가 고스란히 맞물려 있다고 해도 지나친 말은 아니다. 그럼에도 이 시기에 진행됐던 육조앞길의 관아 재배치와 처소 변경에 대한 선행 연구는 생각만큼 풍부하게 눈에 띄지 않고 있다. 아쉽게도 근대시기 이후 역사의 변곡점마다 육조앞길에서 진행됐던 공간 변화를 일목요연하게 살펴볼 기회가 지금껏 그리 많지 않았던 것도 사실이다.[2]

경복궁과 이 거리의 내력을 적어놓은 책들에는 조선시대의 전통적인 육조관아에 관한 얘기는 빠짐없이 서술되어 있으나 정작 현재 광화문 거리의 모체라고 할 수 있는 근대시기 육조앞길과 주변 공간의 변천사에 대해서는 이렇다 할 언급이 없는 것이 태반이다. 이러한 점은 문화유적 표

---

[2] 이 점에 있어서 필자는 서울특별시사편찬위원회에서 간행하는 『향토서울』 제78호 (2011년 6월)를 통해 「고종 때 광화문 육조앞길의 관아배치와 처소 변경」(69~120쪽)이라는 제목으로 고종 시기에 벌어진 육조앞길의 공간 변화에 대한 연혁의 정리를 한차례 시도한 바 있었다. 다만, 이 논문에서는 지면이 부족하여 일제강점기의 육조앞길 변천사까지는 다 담아내지 못한 아쉬움이 있었다. 따라서 이 책에서는 앞의 논문에서 정리된 내용을 바탕으로 이를 보완하는 동시에 미처 다루지 못했던 일제강점기의 공간 변화에 관한 내용을 총망라하는 것에 주안점을 두고 있음을 여기에 적어두고자 한다.

석 설치에 있어서도 마찬가지다.

새로 조성된 광화문광장(2009년 8월 개장)의 주변에는 명색이 옛 육조거리랍시고—그나마도 잘못된 고증으로 제 위치조차 정확히 찾지 못한 것들이 여럿 포함된—'이호예병형공(吏戶禮兵刑工) ……', 이런 노면 표지판들이 잔뜩 깔려 있다. 하지만 을사조약으로 인한 외교권 피탈의 주무 부서였던 외부(外部)가 있던 공간이 어디였는지, 군대해산으로 인해 공중분해의 수순을 밟아야 했던 군부(軍部)가 있던 자리는 어디였는지, 광화문전화국은 언제 생겨나 어느 때부터 저 자리를 차지하고 있는지, 일제강점기의 여느 사진자료마다 등장하는 경기도청(京畿道廳) 건물은 왜 광화문 바로 앞쪽의 옛 의정부 자리에 서 있었던 것인지를 알려주는 안내판이나 설명자료는 그 어디에도 찾을 수가 없다. 광화문 거리에 서 있으면서도 정작 우리가 살아가는 현재의 뿌리가 되는 근대시기의 모습은 찾을 길이 없고, 전형적인 모범답안을 보듯이 그보다 앞선 왕조시대에 존재했던 육조앞길의 원형만 서술하고 있는 현실과 마주쳐야 한다는 것이 자못 안타깝기까지 하다.

그만큼 옛 육조앞길이 지닌 역사공간의 의미를 되새긴다거나 그 변천사를 그려내는 일이 점점 힘들어지는 상황이 이어지고 있는 셈이다. 이것은 근대개항기 이후 일제강점기를 거치는 동안 벌어졌던 이 지역의 공간 변화에 대한 세밀한 탐구와 자료조사가 더 필요하고 절실해지는 까닭이기도 하다. 아무쪼록 육조앞길에 관한 이러한 아쉬움과 공백을 채워주는 한편으로 이미 사라지고 잊혀진 근대시기 이후 육조앞길의 모습을 되살리고 재구성하는 데 있어서 이 책이 자그마한 길잡이가 되길 바랄 따름이다.

육조앞길 동편 지번 구획별 관아 변천 개요(1863~1910)

지번구분	1863년 (고종 즉위)	1894년 (갑오개혁)	1897년 (대한제국)	1906년 (통감부 설치)	1910년 (경술국치 직전 / 직후)	
세종로 76번지 (국유 / 3,697평)	의정부	의정부	내부	내부	내부	경기도청
세종로 82번지 (국유 / 5,491평)	이조	내무아문	외부	통감부	중추원 / 한성부 / 경찰관연습소	임시토지조사국 광화문통분실
	한성부	학무아문	학부	학부	학부	
세종로 84번지 (국유 / 2,569평)	호조	탁지아문	탁지부	탁지부	토지조사국 광화문분실	법학교
	공터	한성부	경무청	농상공부	법학교	
세종로 149번지 (국유 / 430평)	기로소	기로소	기로소	기로소	–	–

육조앞길 서편 지번 구획별 관아 변천 개요(1863~1910)

지번구분	1863년 (고종 즉위)	1894년 (갑오개혁)	1897년 (대한제국)	1906년 (통감부 설치)	1910년 (경술국치 직전 / 직후)	
세종로 77번지 (국유 / 5,811평)	예조	장위영	시위대	시위대	근위보병대	조선보병대
세종로 78번지 (국유 / 1,829평)	중추부	중추원	중추원	헌병사령부	내부경무고문실 부속/ 경시청 부속지	헌병대 숙사
세종로 79번지 (국유 / 2,168평)	사헌부	농상아문	농상공부	경무청	경성제이헌병분대	경성제이헌병분대
세종로 80번지 (국유 / 1,904평)	병조	군무아문	군부	군부	친위부	조선주차군사령부 부속청사
세종로 81번지 (국유 / 4,614평)	형조	법무아문	법부	법부	통감부 통신관리국 분실	우편위체저금관리소 / 통신국
	공조	공무아문	농상공부 통신국	통감부 통신관리국	통감부 통신관리국	

일제강점기 지번 구획별 관공서 변천 개요(육조앞길 동편, 1910~1945)

해당구역	일제강점기 관공서 변천 연혁
세종로 76번지 현 광화문시민열린마당	• 경기도청(1910. 12~1945. 8) • 경기도 경무부(1910. 12) → 경기도 제3부(1919. 8) → 경기도 경찰부(1921. 6~1945. 8)
세종로 82번지 현 대한민국역사박물관 건립 예정지 및 미국대사관	• 임시토지조사국 광화문분실(1910. 10~1918. 11; 폐지) • 임시토지조사국원양성소(1911. 5) → 임시토지조사국사무원급기술원양성소(1912. 5~1918. 11; 폐지) • 경찰관연습소(1917. 11) → 경찰관강습소(1919. 8~1945. 8) • 지질조사소(1918. 5~1935. 5; 노량진으로 이전) • 조선경찰협회(1921. 4~1945. 8) • 경찰참고관(1936. 6~1945. 8)
세종로 84번지 현 KT 광화문지사/ 방송통신위원회	• 법학교(1910. 8) → 경성전수학교(1911. 11) → 경성법학전문학교(1922. 4~1938. 4; 청량리로 이전) • 전매국 청사(1940. 6~1943. 12; 관제 개정) • 경성중앙전신국(1944. 9~1945. 8)
세종로 149번지 현 교보생명빌딩 일부	• 체신국 분관 간이보험청사(1934. 6~1945. 8) • 재무국 전매총무과/전매사업과(1943. 12~1945. 8)

일제강점기 지번 구획별 관공서 변천 개요(육조앞길 서편, 1910~1945)

해당구역	일제강점기 관공서 변천 연혁
세종로 77번지 현 정부중앙청사	• 조선보병대(1910. 8~1931. 4; 폐지) • 체신국 분실/체신국 제2분관(1932. 8~1945. 8)
세종로 78번지 현 정부중앙청사 일부	• 헌병대 숙사(1910. 8~1919. 8; 폐지) • 경기도순사교습소(연도 미상~1945. 8)
세종로 79번지 현 세종로공원	• 경성제2헌병분대(1910. 8~1919. 8; 폐지) • 경기도순사교습소(1920. 8~연도 미상; 세종로 78번지로 이전) • 총독부 경무국 위생과 위생시험실(1931. 10~1945. 8) • 경기도 경찰부 위생과 세균검사실(1931. 10~1945. 8) • 경성마약류중독자치료소(1931. 10~1945. 8) • 조선군사령부 부속청사(1923. 7; 지번 분할을 통해 세종로 79-2번지 구역을 신규 편입)
세종로 80번지 현 세종로공원/ 세종로주차장 진입부	• 조선주차군사령부 부속청사(1910. 8) → 조선군사령부 부속청사(1918. 6~1945. 8; 1923년 7월 이후 지번 분할을 통해 세종로 79-2번지 및 80-1번지로 구역 재조정) • 경성중앙전화국 광화문분국(1923. 7~1945. 8; 지번 분할을 통해 세종로 80-2번지 구역을 차지)
세종로 81번지 현 세종문화회관	• 우편위체저금관리소(1910. 10) → 경성저금관리소(1927. 10~1944. 5; 신당동으로 이전) • 통신국 청사(1910. 10) → 체신국 청사 본관(1912. 3~1945. 8)

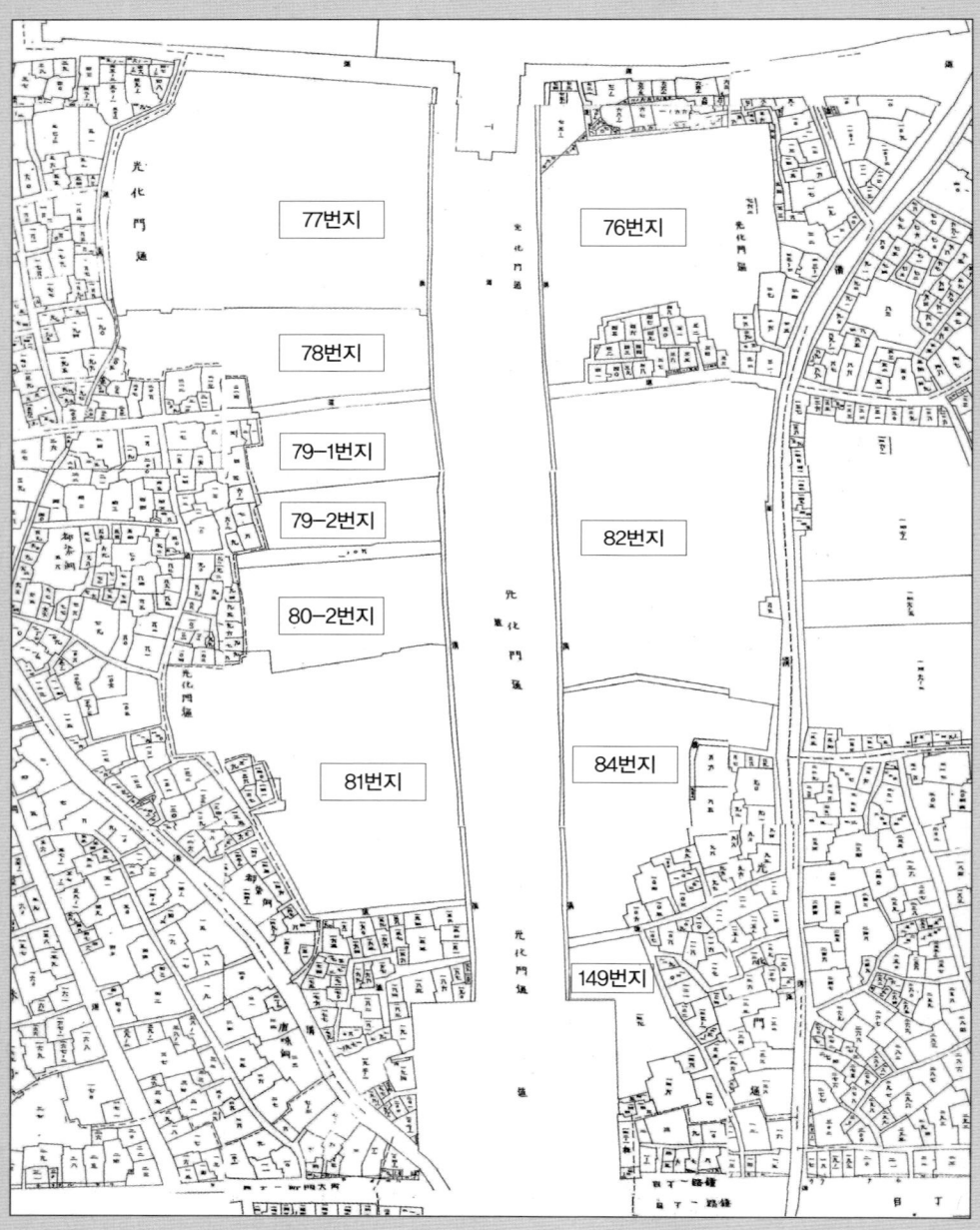

:차례:

들어가는 말 _4

제1부 고종 시대의 광화문 육조앞길

1. 조선 개국과 육조앞길의 조성 _19
  • 광화문앞길 혹은 육조앞길의 명칭 문제 _27

2. 고종 초기의 육조앞길과 공간 변화
  1) 1865년 삼군부의 재설치와 예조의 처소 이전 _31
  • 예조가 있던 원래 자리는 어디였을까? _43
  2) 한성부 청사의 이전과 복귀 과정 _50
  • 한성부와 한성재판소의 처소 이전 연혁 _53
  • 연세대박물관 소장 『수선전도(필사본)』의 제작 연대 _64

3. 갑오개혁 시기의 관아 재배치
  1) 80아문의 설치와 7부의 재편 과정 _69
  2) 의정부의 명칭 변경과 궐내 이전 _78
  • 의정부 및 내각의 처소 이전 연혁 _83

4. 대한제국 시기의 육조앞길과 공간 재구성
  1) 경부와 헌병사령부의 설치 _90
  2) 양지아문과 지계아문의 등장 _100
  • 게일 목사의 『서울지도』에 대한 설명 _105

5. 통감부 설치 이후의 변화
  1) 국권 피탈과 외부·군부·법부의 폐지 _109
  • 통감부와 소속 관서의 설치와 개폐 과정 _131
  2) 농상공부와 탁지부의 타 지역 이동 _138
  3) 학부와 내부의 청사 신축과 그 후 _148
  4) 경술국치 직전의 육조앞길과 공간 변화 _158
  • 고종·순종 시기의 육조앞길 관아 변천에 관한 요약 _165

제2부 일제강점기의 광화문 육조앞길

1. 경술국치 직후의 관청배치와 지번 부여 _173
- 광화문통과 세종로의 지명 유래 _183
- 경복궁과 육조앞길의 중심축 문제 _188

2. 1920년대 육조앞길의 공간 변화 _195
- 경복궁 수난사와 전차선로의 부설 _208
- 광화문 해태상, 떠돌이 신세 90년의 이력 _214

3. 1930년대 육조앞길의 공간 변화 _226
- 세종로의 은행나무는 언제 처음 등장했을까? _239

4. 일제 패망 직전의 육조앞길 _250
- 경성시가지도로 본 광화문통 관청 변천에 관한 요약 _255

제3부 '광화문통'에 자리한 식민통치기구들

1. 총독부 소속 관공서들의 연혁 : 육조앞길 동편

1) 광화문통 76번지 구역 _261
- 경기도청/· 경기도 경무부

2) 광화문통 82번지 구역 _271
- 임시토지조사국 광화문분실/· 임시토지조사국원양성소/
- 경찰관강습소/· 조선경찰협회/· 경찰참고관/· 지질조사소

3) 광화문통 84번지 구역 _294
- 경성법학전문학교/· 전매국 청사/· 경성중앙전신국

4) 광화문통 149번지 구역 _310
- 체신국 분관 간이보험청사/· 재무국 전매총무과·전매사업과

2. 총독부 소속 관공서들의 연혁 : 육조앞길 서편

1) 광화문통 77번지 구역 _319
- 조선보병대/ • 체신국 분실 · 체신국 제2분관

2) 광화문통 78번지 구역 _332
- 헌병대 숙사

3) 광화문통 79번지 구역 _333
- 경성제2헌병분대/ • 경기도순사교습소/ • 총독부 경무국 위생시험실/
- 경기도 경찰부 세균검사실/ • 경성마약류중독자치료소

4) 광화문통 80번지 구역 _349
- 주차군사령부 부속청사/ • 경성중앙전화국 광화문분국

5) 광화문통 81번지 구역 _358
- 우편위체저금관리소/ • 체신국 청사 본관

보론 1 : 해방 이후 시기 세종로의 변천 과정 _365
보론 2 : 광화문광장에 설치된 표석의 오류 문제 _382

찾아보기 _388

제1부 고종 시대의 광화문 육조앞길

조선 개국과 육조앞길의 조성

고종 초기의 육조앞길과 공간 변화

갑오개혁 시기의 관아 재배치

대한제국 시기의 육조앞길과 공간 재구성

통감부 설치 이후의 변화

1. 조선 개국과 육조앞길의 조성

경복궁의 창건과 육조앞길의 형성에 대해서는 『태조실록』 태조 4년 (1395년) 9월 29일 기사에 다음과 같은 기록이 남아 있다.

> 이달에 대묘와 새 궁궐이 준공되었다. …… (중략) …… 나중에 궁성을 쌓고 동문은 건춘문이라 하고, 서문은 영추문이라 하며, 남문은 광화문이라 했는데, 다락 3칸에 상하층이 있고, 다락 위에 종과 북을 달아서 새벽과 저녁으로 중엄을 알렸으며, 문 남쪽 좌우에는 의정부(議政府), 삼군부(三軍府), 육조(六曹), 사헌부(司憲府) 등의 각사공해(各司公廨)가 벌여 늘어섰다.[1]

조선의 개국공신 정도전(鄭道傳, 1342~1398)은 새로 지은 궁궐의 이름을 경복궁(景福宮)으로 지으면서, "천자와 제후는 그 권세가 비록 다르다 하나 그 남쪽을 향해 앉아서 정치하는 것은 모두 바름을 근본으로 함이니, 대체로 그 이치는 한 가지이다(天子諸侯 其勢雖殊 然其南面出治則皆本乎

---

1) 이 기사에 "나중에 궁성을 쌓고……" 라는 구절이 있고, 『세종실록』 세종 8년(1426년) 10월 26일(병술) 기사에 "집현전 수찬에게 명하여 경복궁 각 문과 다리의 이름을 정하게 하니…… 셋째 문을 광화라 하였다"는 구절이 있으므로 흔히 광화문이라는 이름이 세종 때에 처음 생겨난 것으로 이해되는 경향이 없지 않으나, 『태조실록』 태조 7년(1398년) 8월 26일(기사) 기사에 이미 '광화문'이라는 용례가 거듭 등장한다는 사실에 유의할 필요가 있다.

正 蓋其理一也"라고 말하였다. 이에 따라 궁궐이 남쪽을 향해 자리를 잡게 되었으므로, 그 앞쪽에 육조를 비롯한 주요 관아들이 가지런히 늘어선 것은 자연스러운 결과였다.

이와 관련하여 약간 후대의 기록이기는 하지만 이기(李墍, 1522~1600)의 『송와잡설(松窩雜說)』에는 다음과 같은 특이한 설명도 남아 있다.

> 왕궁(王宮)의 법전(法殿)은 남향(南向)을 하는데, 그것은 정사(政事)를 듣고 조회를 받는 바른 위치이기 때문이다. 그러므로 정부(政府)와 추부(樞府), 육조(六曹), 여러 관청이 모두 광화문 밖에 벌여 서서 동쪽에 있는 것은 서쪽을 향하고 서쪽에 있는 것은 동쪽을 향해 있다. 한갓 관청만 그런 것이 아니다. 사대부의 사가(私家)나 대청마루도 모두 동향이나 서향으로 되어 있어, 감히 남향으로 하지 못하는 것은 비록 집에 있을 때라도 분수에 넘치게 남쪽을 향해 앉을 수 없어서였다. 도성(都城) 안 고가세족(故家世族)의 집들이 바둑돌같이 벌여 있고 별처럼 흩어져 있으나 모두 북향하여 있었는데, 중종(中宗) 이후로 기강이 점차 해이해지고 인심이 나날이 사치스러워져, 분수를 어기고 예도를 넘는 일이 끝이 없어 집의 좌향(坐向)이 남인가 북인가는 물을 것도 없었으니 세도(世道)가 점점 못하여지고 인심이 예전 같지 않다는 것을 알 수 있다.

조선 개국 초기에 육조관아가 포진한 이 일대의 형상은 정도전 자신이 지어 바친 신도팔경(新都八景)의 한 구절에서 잘 묘사되어 있다. 『태조실록』1398년(태조 7년) 4월 26일 기사에는 다음과 같은 내용이 수록되어 있다.

> 좌정승 조준(左政丞 趙浚)과 우정승 김사형(右政丞 金士衡)에게 신도팔경

의 병풍 한 면씩을 주었다. 봉화백 정도전(奉化伯 鄭道傳)이 팔경시(八景詩)를 지어 바쳤는데 …… 셋째는 열서성공(列署星拱)이었다.

列署岌嶤相向 벌여 있는 관서는 높고 우뚝하여 서로 향하니,
有如星拱北辰 마치 여러 별들이 북극성을 둘러싼 것 같도다.
月曉官街如水 달빛 새벽에 관가는 물과 같은데,
鳴珂不動纖塵 마노는 울리나 잔 티끌 하나 일지 않도다.

정도전의 '신도팔경'은 조선 중종 때에 완성된 『신증동국여지승람(新增東國輿地勝覽)』권3, 「한성부」의 '제영(題詠)' 항목에도 동일한 내용이 수록되어 있으며, 그 구성은 하나, 기전산하(畿甸山河); 둘, 도성궁원(都城宮苑); 셋, 열서성공(列署星拱); 넷, 제방기포(諸坊碁布); 다섯, 동문교장(東門敎場); 여섯, 서강조박(西江漕泊); 일곱, 남도행인(南渡行人); 여덟, 북교목마(北郊牧馬)로 되어 있다. 그리고 여기에는 권근(權近)이 지은 '신도팔경'의 내용이 함께 게재되어 있는데, 그는 열서성공(列署星拱)을 주제로 다음과 같이 읊었다.

絃直長街闊 줄 같은 곧은 거리 넓기도 한데
星環列署分 별 두른 듯 벌여 있는 관청 나눠져 있네.
天門冠蓋藹如雲 궁문 향해 관원들 구름처럼 모여드는데
濟濟佐明君 훌륭한 선비들 밝은 임금 보좌한다네.
庶政皆凝績 정사는 모두 공을 이루고
英材揚出群 뛰어난 인재들 모두 특출하구나.
籠街喝道遞相聞 거리에 가득 갈도 소리 쉴 새 없이 들리노니
退食正紛紛 퇴식 때라 한창 분주하구나.

정동 러시아공사관 쪽에서 담아낸 광화문 육조앞길 일대의 전경이다. 이 사진의 출처는 모리스 쿠랑의 『서울의 추억』(1900)이며, 이것과 동일한 도판이 세키노 타다시의 『한국건축조사보고』(1904)에도 수록되어 있다(자료제공 : 이돈수 한국해연구소장).

경복궁과 광화문 육조앞길의 모습이다(로제티, 『꼬레아 에 꼬레아니』 제1편, 1904).

그런데 여기에 나오는 『신증동국여지승람』은 육조앞길의 초기 관아배치 형태를 파악할 수 있는 유용한 자료이다. 여기에 수록된 '권지이(卷之二) 경도하(京都下)' 편에는 의정부를 비롯한 육조관아에 관한 항목이 서술되어 있는데, 그 내용을 추출하면 각 관아의 위치 관계가 일목요연하게 잘 드러난다.

- 議政府 在光化門南之左(의정부는 광화문 남쪽의 왼편에 있다).
- 吏曹 在議政府南(이조는 의정부의 남쪽에 있다).
- 戶曹 在漢城府南(호조는 한성부의 남쪽에 있다).
- 禮曹 在光化門南之右(예조는 광화문 남쪽의 오른편에 있다).
- 兵曹 在司憲府之南(병조는 사헌부의 남쪽에 있다).
- 刑曹 在兵曹之南(형조는 병조의 남쪽에 있다).
- 工曹 在刑曹之南(공조는 형조의 남쪽에 있다).
- 司憲府 在中樞府南(사헌부는 중추부의 남쪽에 있다).
- 掌隷院 在工曹之南(장예원은 공조의 남쪽에 있다).
- 中樞府 在禮曹南(중추부는 예조의 남쪽에 있다).

이것을 다시 정리하면, 광화문 남쪽으로 동편에는 의정부(議政府) - 이조(吏曹) - 한성부(漢城府) - 호조(戶曹)가 포진하고, 그 반대쪽인 서편에는 예조(禮曹) - 중추부(中樞府) - 사헌부(司憲府) - 병조(兵曹) - 형조(刑曹) - 공조(工曹) - 장예원(掌隷院)이 차례대로 배치되어 있었다는 것을 알 수 있다. 그리고 이러한 배치 형태는 비록 관제의 신설과 혁파에 따라 시대별로 일시적인 조정은 있었을지언정 근본적으로 조선시대를 관통하여 거의 일관되게 존속하였다.[2)]

이러한 점은 18세기에 제작된 것으로 판명되는 『도성대지도』와 19세기

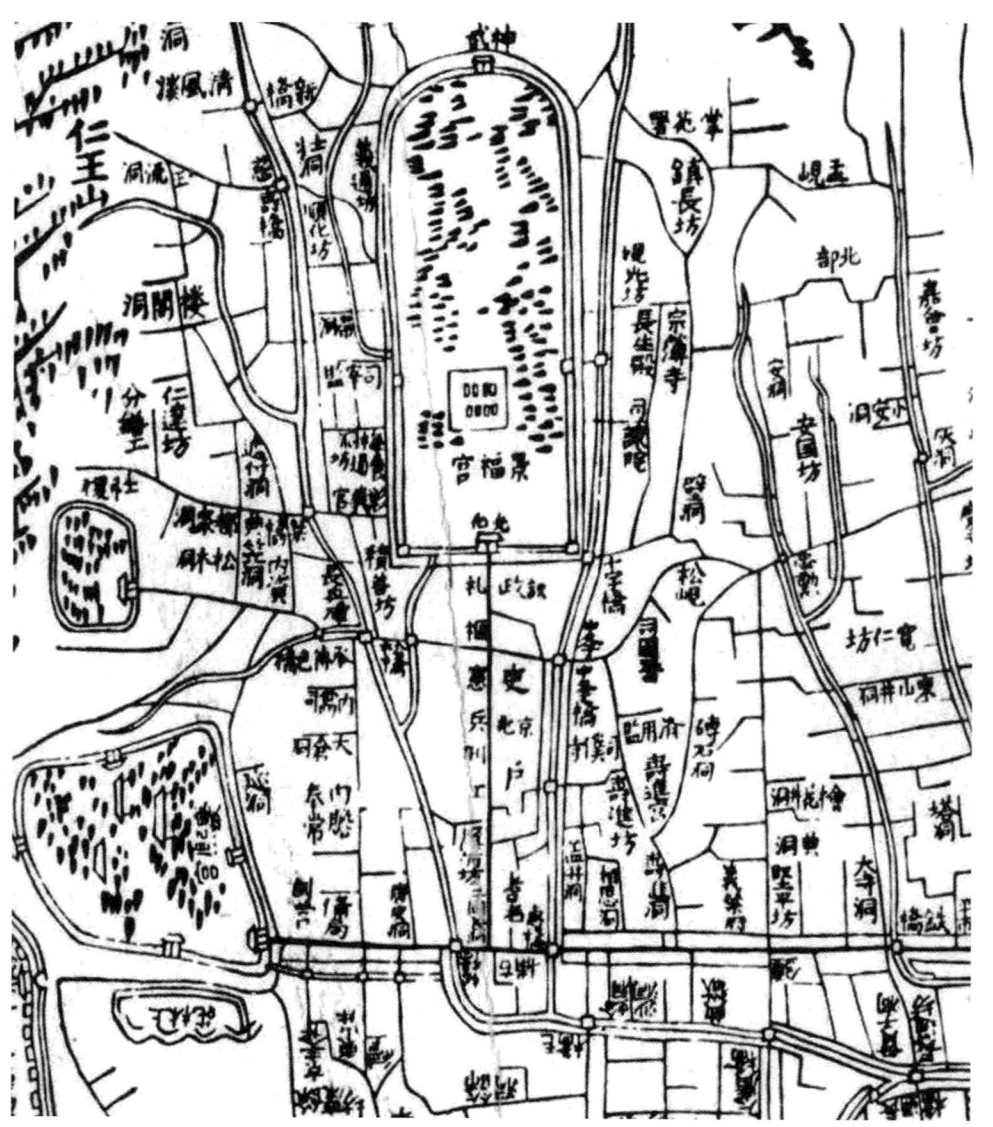

『수선전도』(首善全圖, 부분)에 표시된 육조관아의 위치이다. 육조앞길 동편에는 의정(議政; 의정부), 이(吏 ; 이조), 경조(京兆; 한성부), 호(戶; 호조)가, 서편에는 예(礼; 예조), 추(樞; 중추부), 헌(憲; 사헌부), 병(兵; 병조), 형(刑; 형조), 공(工; 공조)이 순서대로 배치되어 있다.

전반에 제작된 『수선전도』와 같은 고지도에 모두 위와 같은 순서로 관아의 위치가 표기되어 있다는 사실로도 잘 확인된다. 이와 아울러 고종 즉위 직후에 정리된 것으로 추정되는 『동국여지비고(東國輿地備攷)』[3]에도 육조관아의 위치와 연혁에 대한 서술 내용이 크게 다르지 않다.

이것으로 보면 결국 개국 초기부터 철종 연간에 이르기까지 육조의 편제와 관아 위치는-삼군부와 예조의 경우를 제외하고는-아무런 변동 없이 그대로 유지되었다는 것을 알 수 있다.

한편, 육조앞길의 관아배치는 한성부 내 각부방계(各部坊契)의 명칭에도 그 흔적이 남아 있다. 우선 육조거리에 걸쳐 있는 행정구역은 대로의 동쪽이 북부 관광방과 중부 징청방에 속하며, 대로의 서쪽은 서부 적선방에 해당하는데, 그 내역을 나열하면 이러하다.

---

2) 이 가운데 노비에 관한 문서와 소송을 관장했던 '장예원'은 영조 40년(1764년)에 혁파되어 보민사(保民司)로 재편되었다가 이마저 정조 3년(1779년)경에 이르러 완전 폐지되었다. 『승정원일기』 정조 3년(1779년) 5월 13일(정유) 기사에 "이번 예장도감의 처소로 이미 형조로 정해졌으므로, 본조를 구 보민사로 이설하기를 감히 아룁니다"는 구절이 있고, 『승정원일기』 순조 7년(1807년) 5월 5일(병오) 기사에 "옛 보민사가 실화로 소진되었다"는 내용이 들어 있다. 이 때문인지 『도성지도(都城地圖)』(서울대학교 규장각 소장, 1780년대)에는 '장예원(掌隷院)', 『도성도(都城圖)』(서울대학교 규장각 소장, 1750년대)에는 '보민사(補民寺)' 등의 표시가 남아 있지만, 그 이후에 제작된 고지도에는 더 이상 그러한 명칭이 눈에 띄질 않고 다만 그 자리에는 삼간정동(三間井洞; 二間井洞)이라는 동네 이름만 적혀 있을 따름이다. 한편, 일제강점기 경성부에서 펴낸 『경성부사(京城府史)』 제1권(1934), 282쪽에는 "장예원터 및 형조터, 광화문 체신국 자리로 문록 원년(임진년) 4월에 난민들이 이곳을 불태웠다"고 정리하여 마치 장예원과 형조를 동일한 공간(세종로 81번지 구역)인 듯이 서술하고 있으나 이는 명백히 잘못된 서술이다. 『신증동국여지승람』의 기록으로 보나 여타 고지도 상에 표시된 위치로 보나 그 기관은 별도의 구역에 있었으며, 이러한 점에서 현재 세종문화회관 후면에 설치된 '장예원터' 문화유적 표석도 그 위치 고증이 잘 된 것이라고 보기는 어려울 듯하다.

3) 이 책의 원본은 서울대학교 도서관에 소장되어 있으며, 1956년에 서울특별시사편찬위원회의 주관에 의해 활자판으로 전환되어 제1판이 발행되었다가 다시 2000년에 제2판이 추가 제작된 상태에 있다. 그런데 이 책의 원본이 만들어진 시기에 대해서는 7쪽에 "[경복궁(景福宮)] 금상 2년(今上 2年) 을축(乙丑) 복중건(復重建)"이라는 구절과 아울러, 28쪽에 "[천한전(天漢殿)] 금상 을축(今上 乙丑) 봉안(奉安) 철종어용(哲宗御容)"이라는 내용이 수록되어 있으며, 1865년에 다시 설치되는 '삼군부(三軍府)'에 관한 언급이 전혀 없는 점으로 미뤄보아, 1865년 바로 그해로 추정할 수 있다.

• 북부 관광방(北部 觀光坊) : 관광방계(觀光坊契), 중학내계(中學內契), 의정부내계(議政府內契).

• 중부 징청방(中部 澄淸坊) : 이조내계(吏曹內契), 한성부내계(漢城府內契), 한성부후동계(漢城府後洞契), 호조내계(戶曹內契), 호조후문계(戶曹後門契), 고예조계(古禮曹契), 판정동계(板井洞契), 전함사계(典艦司契), 변종견계(卞宗堅契), 두석동계(豆錫洞契), 비변사계(備邊司契).

• 서부 적선방(西部 積善坊) : 야주현계(夜珠峴契), 당피동계(唐皮洞契), 필전계(筆廛契), 공조후동계(工曹後洞契), 사역원계(司譯院契), 율학청계(律學廳契), 도염동계(都染洞契), 사헌부내계(司憲府內契), 병조내계(兵曹內契), 형조내계(刑曹內契), 수성궁월변계(壽城宮越邊契), 사온동계(司醞洞契), 중추부내계(中樞府內契), 예조내계(禮曹內契), 종각계(鐘閣契), 십자각계(十字閣契).

여기에 나열된 내용은 『신증동국여지승람』과 『동국여지비고』 두 곳에 모두 동일하게 수록되어 있는데, 특히 중부 징청방에 속한 목록 안에 '고예조계(古禮曹契)'가 표시된 구역이 남아 있음이 주목된다. 이곳은 육조앞길의 동편에 해당하는 곳으로 세종 때 삼군부의 폐지와 더불어 그 자리로 옮겨 간 예조가 원래 자리했던 공간을 나타내는 것이 아닌가 여겨진다.

광화문앞길 혹은 육조앞길의 명칭 문제

전체 길이 600미터 남짓의 경복궁 광화문 앞 대로를 지칭하는 용어로 흔히 '육조거리'가 사용되는 경향이 없지 않다. 이 표현은 특히 1980년대 이래로 사용 빈도가 부쩍 높아진 추세에 있는 것도 사실이다.

그렇다면 이 육조거리라는 말의 명시적인 근거는 어디에서 찾을 수 있을 것인가?

일찍이 1966년에 간행된 한글학회, 『한국지명총람(1) 서울 편』, 218쪽에 '육조앞'과 더불어 '육조거리' 항목으로 채록된 바 있고, 그 이후 시기인 1986년에 펴낸 서울특별시, 『서울의 가로명 연혁』, 19쪽에도 "[세종로] 조선왕조 때는 이 길을 흔히 '육조거리', '육조앞'이라고 칭해왔다"라는 내용으로 정리되어 있다. 그리고 세월을 좀 더 거슬러 올라가면 『동아일보』 1928년 8월 10일자 및 1939년 5월 13일자 등에서 그 구체적인 용례를 찾을 수 있다.

하지만 육조거리라는 표현 그 자체가 광화문 앞의 대로를 오롯이 대표할 수 있는 명칭인지에 대해서는 약간 주저되는 측면이 없지 않다.

그렇다고 이 표현이 틀렸다는 얘기는 아니다. 말죽거리(馬粥巨里, 마죽거리), 떡전거리(餠廛巨里, 병전거리), 박석거리(薄石巨里, 磚石巨里), 비선거리(碑立巨里, 비립거리) 등을 비롯하여 하다못해 무슨 삼거리(三巨里)와 같은 용례에서 흔히 보듯이 '거리(巨里)'라는 말이 고유지명의 형태로 조선시대에도 널리 통용되고 있었다는 점, 그리고 문헌상의 근거가 확실한 육조로(六曹路), 육조가(六曹街), 육조가로(六曹街路) 등의 뜻이 이것과 상통하므로 편의상 '육조거리'라는 명칭을 따르더라도 큰 잘못은 없어 보인다.

그렇더라도 광화문 앞 대로의 '원래 이름'이 무엇인지를 가려내기 위해서는 조선시대 당대의 기록과 흔적을 우선 살펴볼 필요가 있다.

육조앞길의 명칭에 관한 용례와 그 출전

구분	용례 출전
광화문전로(光化門前路)	『세조실록』 세조 1년(1455년) 10월 20일(임술) 기사; 『승정원일기』 영조 30년(1754년) 1월 2일(임자) 기사; 『황성신문』 1905년 10월 13일자 2면
경복궁전로(景福宮前路)	『인조실록』 인조 4년(1626년) 윤6월 18일(무오) 기사; 『황성신문』 1905년 5월 27일자 2면
경복궁대로(景福宮大路)	『선조실록』 선조 39년(1606년) 6월 1일(무술) 기사
궐문전로(闕門前路)	『세종실록』 세종 11년(1429년) 2월 5일(신사) 기사
궐하대로(闕下大路)	『승정원일기』 숙종 23년(1697년) 3월 11일(임술) 기사
구궐전로(舊闕前路)	『승정원일기』 영조 50년(1774년) 7월 26일(정축) 기사
육조전로(六曹前路)	『영조실록』 영조 4년(1728년) 7월 17일(병인) 기사; 『승정원일기』 숙종 18년(1692년) 1월 23일(계유) 기사; 『황성신문』 1900년 3월 10일자 4면
육조대로(六曹大路)	『인조실록』 인조 22년(1644년) 9월 24일(을유) 기사
육조대로가(六曹大路街)	『승정원일기』 영조 40년(1764년) 4월 25일(병오) 기사
육조로(六曹路)	『승정원일기』 영조 50년(1774년) 12월 23일(임인) 기사
육조가(六曹街)	『승정원일기』 영조 40년(1764년) 4월 25일(병오) 기사
육조가로(六曹街路)	『승정원일기』 정조 3년(1779년) 11월 7일(정해) 기사
육조문전(六曹門前)	『황성신문』 1898년 12월 15일자 3면
육조전(六曹前)	『승정원일기』 영조 27년(1751년) 3월 8일(을사) 기사
육조앞길	『제국신문』 1900년 12월 6일자 및 7일자 3면 수록 광고
의정부전로(議政府前路)	『승정원일기』 영조 4년(1728년) 7월 17일(병인) 기사
삼군부전로(三軍府前路)	『승정원일기』 고종 8년(1871년) 5월 17일(병오) 기사
호조전로(戶曹前路)	『중종실록』 중종 29년(1534년) 6월 9일(갑진) 기사
예조전로(禮曹前路)	『승정원일기』 영조 42년(1766년) 8월 25일(임술) 기사
병조전로(兵曹前路)	『승정원일기』 숙종 13년(1687년) 4월 3일(경술) 기사
공조전로(工曹前路)	『승정원일기』 영조 31년(1755년) 1월 16일(경인) 기사
경조부전로(京兆府前路)	『정조실록』 정조 24년(1800년) 3월 21일(병인) 기사

우선 무엇보다도 조선시대에 걸쳐 이 도로에 어떤 명시적이고 공식적인 명칭이 존재했던 시기는 전혀 없었던 것으로 보인다. 다만 그 대신에 '광화문전로(光化門前路)', '경복궁전로(景福宮前路)', '경복궁대로(景福宮大路)', '육조전로(六曹前路)', '육조대로(六曹大路)' 등과 같은 표현을 추출할 수 있고, 더 세부적으로 '의정부전로(議政府前路)', '삼군부전로(三軍府前路)', '예조전로(禮曹前路)', '경조부전로(京兆府前路)'와 같이 특정 관아의 명칭이 포함된 경우도 간혹 눈에 띈다. 이것들은 그 어느 것이나 단순한 방위 개념과 결합하여 지칭하는 방식을 따르고 있으며, 여기에서 보듯이 하나의 정해진 명칭이 일관되게 사용되었던 것이 아니라 그때그때의 편의대로 다양한 호칭들이 사용되었던 것을 알 수 있다.

특히, 이들 가운데 가장 흔하게 사용된 방식은 "어디 전로(前路, 앞길)"라고 적는 것으로 드러난다. 실제로 광화문 앞 대로를 나타내는 표현으로 가장 사용 빈도가 높은 용례는 '광화문전로' 즉 '광화문앞길' 또는 '육조전로' 즉 '육조앞길' 정도를 꼽을 수 있다. 따라서 지금의 세종로를 지칭하는 옛 이름으로는 '육조거리' 쪽보다는 '광화문앞길'이거나 '육조앞길'로 부르는 것이 훨씬 더 옳겠다는 생각이다.

더구나 '육조앞길'이라는 말은 『제국신문』 1900년 12월 6일자 및 7일자의 3면 광고에 이에 대한 구체적인 용례가 등장한다는 사실도 이러한 판단의 또 다른 근거이다.

『제국신문』 1900년 12월 6일자 및 7일자의 3면 광고에 드러난 '육조앞길'의 용례이다.

생이 중서 황토마루너머 륙조압길에서 은비녀 한 개를 얻어두었으니 잃은 사람은 찾아가시오. 중서 장교 동곡 사통 구호 홍필현 고백.

한편, 근대시기 육조앞길에 대한 영어식 표기 용례에는 이 길이 어떻게 묘사되고 있었을까?

이에 관한 흔적을 찾아보면 독립신문 영문판인 『디 인디펜던트(The Independent)』 1896년 5월 9일자에 "the palace boulevard"라고 적은 것과 같은 신문 1897년 5월 25일자에 "the broad street in front of the Kyengpok Palace", 같은 신문 1897년 5월 25일자에 "the street in front of the Kyengpok Palace"라고 한 것 정도만 눈에 띄는데, 이로 보아 서양인들 역시 '육조앞길' 같은 방식의 평이한 표기 용례를 따랐음을 짐작할 수 있다. 그리고 1902년 11월부터 1903년 5월까지 현역 군인의 신분으로 제3대 주한 이탈리아영사를 지낸 카를로 로제티(Carlo Rossetti, 1876~1948)는 『꼬레아 에 꼬레아니(Corea e Coreani)』 제1편(1904), 64쪽에 이 길을 'Via dei Ministeri(관아거리)'라고 표기하였다.

요컨대 그 어떤 경우에도 조선시대를 통틀어 경복궁 광화문 앞 대로에 대해 '세종로'와 같은 방식으로 뚜렷한 고유명사가 사용된 흔적은 전혀 발견되지 않는다. 그저 편의대로 '무슨 무슨 앞길'이라거나 '어디 대로'라는 식으로 사용된 사실만 확인될 따름이다. 이러한 사실에 비춰보건대, 뚜렷한 정답이 없는 상황이긴 하지만, 그래도 육조거리라는 표현보다는 '육조앞길' 또는 '광화문앞길'로 부르는 쪽이 그나마 역사적 사실관계에 훨씬 더 부합한다고 해야 할 것이다.

2.
고종 초기의 육조앞길과 공간 변화

1) 1865년 삼군부의 재설치와 예조의 처소 이전

조선시대 내내 거의 한결같은 모습이었던 광화문 육조앞길의 풍경이 크게 변하기 시작한 것은 고종 시대 이후의 일이다. 고종의 즉위와 더불어 임진왜란 때 소실된 경복궁의 복원을 서두르고 세종 때에 철폐된 삼군부(三軍府)를 430여 년 만에 부활시키는 결정이 내려진 것이 이러한 변화의 계기가 되었다.

이러한 조치는 고종 초기부터 흥선대원군(興宣大院君, 1820~1898)에 의해 적극 추진된 왕권강화 정책의 일환이었다. 이 당시 그동안 방치되어 있던 의정부 청사의 중수도 함께 이뤄졌는데,『고종실록』고종 2년(1865년) 2월 9일(계해) 기사에는 그 연유를 이렇게 적고 있다.

대왕대비가 전교하기를, "지난번에 대신(大臣)이 의정부(議政府)의 중수(重修)를 청한 것은 이미 윤허하였다. 이것은 실로 오래도록 미처 거행하지 못한 일로 지금 거행하고자 한다면 대략 중수하고 말아서는 안 될 것이다. 정본(政本)은 중요한 곳으로 중외(中外)에서 모두 우러러보는 곳인데 임진

광화문 앞쪽으로 지붕이 높이 솟은 세 채의 건물이 나란히 붙어 있는 것이 1865년에 부활한 '삼군부' 처소이다. 그리고 길 건너 홀로 지붕이 높은 건물은 1868년에 새로 지은 의정부 청사이다(버드 비숍, 『한국과 그 이웃나라들』, 1897).

왜란 이후로 아직 영건하지 못하였다. 듣건대, 그 높은 대와 화려한 주춧돌이 밭 사이에 버려져 있는데 지금 수리하려고 하는 것은 단지 당상청사(堂上廳舍)에 불과하다고 한다. …… 그렇다면 도(道)를 논하여 나라를 경영하면서 백관(百官)을 통솔하고 기강을 떨치는 곳을 어찌 이처럼 구차하게 할 수 있겠는가? 상국(相國)이 앉아 있을 아문이 없다는 것을 이웃 나라에서 듣게 해서는 안 된다. 내하전(內下錢) 2만 냥을 우선 호조(戶曹)에 내주어서 대신 청사(大臣廳舍)에서부터 사인(舍人)들의 중서당(中書堂)까지 아주 새롭게 중건하여 모조리 옛 모습을 회복하게 하라고 분부하라."

곧이어 비변사(備邊司)를 철폐하고 유명무실해진 의정부의 기능을 바로잡은 것도 같은 맥락이었다. 이 과정에서 비변사가 관장했던 군무(軍

『경성부사』 제2권(1936)에 수록된 옛 육조관아 후면의 정자이다. 이 사진에는 "광화문통 예전의 각육조(各六曹)의 안쪽에 세워졌던 정자로, 각조(各曹)에는 정자와 연못이 있었다"는 설명문이 붙어 있다.

務)에 관한 일은 삼군부가 이어받게 되었다. 이와 관련하여 삼군부의 부활과 처소의 결정에 대해서는 『고종실록』 고종 2년(1865년) 5월 26일(경신) 기사에 다음과 같이 기록되어 있다.

영의정 조두순(趙斗淳)이 아뢰기를, "경복궁의 건축 공사가 한창 이루어지고 있는 이때에 의정부 역시 새로 중건되고 있습니다. 지금 예조가 있는 곳은 바로 국초에 삼군부(三軍府)가 있던 자리입니다. 그때에 의정부와 대치해서 삼군부를 세웠던 것은 한 나라의 정령(政令)이 문사(文事)와 무비(武備)이기 때문에 그랬던 것이었습니다. 오위(五衛)의 구제(舊制)를 갑자기 복원할 수는 없다 하더라도 훈국신영(訓局新營)과 남영(南營)과 마병소(馬兵所) 및 오영(五營)의 주사(晝仕)하는 곳 등을 지금 예조가 있는 곳에 합설하여 삼군부라고 칭하고, 예조는 한성부 자리로 옮겨 설치하며, 한성부는 훈국신영(訓局新營) 자리로 옮겨 설치함으로써 육부(六部)가 대궐의 좌우에 늘어서게 하여 일체 옛 규례를 따르도록 하며, 그 밖에 각사(各司)는 편리한 쪽으로 처리하도록 하는 것이 좋겠습니다." 하니, 윤허하였다.

여기에서 보듯이 새로 설치된 삼군부는 육조앞길 서편의 광화문 바로 앞에 있던 예조 청사에 자리하게 하였는데, 이는 경복궁이 이제 막 중건되는 마당에 의정부와 삼군부도 광화문 앞쪽에 나란히 대칭하여 배치함으로써 개국 초기의 형태로 고스란히 복원하려는 계획이었던 것이다. 이에 따라 오갈 데가 없는 예조는 다시 길 건너 동편으로 한성부가 있던 위치로 옮겨 가게 하였으므로 육조앞길의 전통적인 관아배치 구도는 일대 변화가 불가피했다.[1]

하지만 이러한 결정 내용은 그 즉시 시행되지 못하였다. 삼군부의 부활과는 별도로, 의정부와 종친부, 그리고 삼군부까지 모두 새로이 청사를 중수하는 대상에 포함된 탓이었다. 실제로 『고종실록』 고종 5년(1868년) 7월 2일(정축) 기사에는 경복궁의 중건이 완료되어 이날 경복궁으로 이어하였다는 내용이 수록되어 있고, 그 말미에는 "종친부와 의정부는 이미 중수되고 삼군부도 다시 설치되었으니 종친부, 의정부, 삼군부에 의당 선온(宣醞, 나라에 경사가 있을 때 임금이 술과 음식을 내리는 일)하되 종친부와 의정부는 택일(擇日)하여 거행하고 삼군부는 공사가 끝난 다음에 거행하도록 하라"는 구절이 포함되어 있다. 그만큼 삼군부 청사를 다시 짓는

---

1) 1850년을 전후한 시기에 편찬된 것으로 추정되는 『경조부지(京兆府誌)』의 기록에는 '한성부의 기지(基地)'에 관한 항목에서 "본 경조부는 중부의 징청방에 있는데 호조(戶曹)가 남쪽에 있고 이조(吏曹)가 북쪽에 있으며 동쪽에는 대천(大川, 큰 내)이 있고 서쪽에는 대로(大路, 큰 길)가 있으며, 대문은 서쪽에 있고 후문은 동쪽에 있다"고 서술하고 있다. 이 자리가 곧 예조의 청사로 바뀌는 한성부의 원래 처소이다.

일은 지연되고 있었던 것으로 보인다.

이 때문인지 관아를 옮겨 갈 곳의 처소가 마땅히 준비되지 못해 실제로는 3년이 넘은 시점에서야 겨우 청사 이전이 완료되었다는 기록을 찾을 수 있다. 이와 관련된 내용을 『승정원일기』를 통해 살펴보면, 다음과 같이 정리될 수 있다.

① 『승정원일기』 고종 3년(1866년) 5월 10일(무진) 기사

김병학이 아뢰기를, "삼군부를 이미 예조에 합설하고, 예조는 한성부에 이설하였습니다. 남영(南營)의 시사(試士)하는 곳도 장차 이정(移定)해야 하는데, 한성부는 본래 좁아서 많은 군사들이 움직일 수 없습니다. 만약 터가 조금 넓은 곳으로 말한다면 금위영(禁衛營)만 한 곳이 없으니, 이곳으로 영구히 설행하게 하도록 예조에 분부하고 방사(房舍)를 수리하는 등의 절목은 탁지부(度支部)로 하여금 거행하게 하는 것이 어떻겠습니까." 하니, 상이 이르기를, "그대로 하라." 하였다.

② 『승정원일기』 고종 5년(1868년) 4월 24일(임인) 기사

한성부가 아뢰기를, "본부를 지금 훈련도감 신영으로 옮기겠습니다. 감히 아룁니다." 하니, "알았다"고 전교하였다.

③ 『승정원일기』 고종 5년(1868년) 4월 26일(갑진) 기사

훈련도감이 아뢰기를, "한성부를 지금 본국 신영으로 옮기는 일을 해부에서 초기를 하여 윤허를 받았습니다. 이에 28일 전수(傳授)하게 되었는데 입직한 별무사(別武士) 1인과 군사 10명이 특별히 귀속할 곳이 없습니다. 모두 입직을 중지하게 하겠습니다. 감히 아룁니다." 하니, "알았다"고 전교하였다.

④『승정원일기』고종 5년(1868년) 4월 27일(을사) 기사

예조가 아뢰기를, "한성부를 이미 훈련도감 신영으로 옮겼습니다. 신의 조(曹; 예조)도 전 한성부 자리로 옮겨야 합니다. 오는 28일부터 들어와 수직하는 낭청에게 그쪽으로 옮겨 입직하게 하겠습니다. 감히 아룁니다." 하니, "알았다"고 전교하였다.

여길 보면, 1866년 당시 "삼군부를 이미 예조에 합설하고, 예조는 한성부에 이설하였습니다"라는 내용이 수록되어 있지만, 이것과는 달리 예조와 한성부의 이동에 관한 별도의 기사가 분명히 남아 있으므로 두 기관의 연쇄 이동이 최종 완료된 것은 삼군부가 설치된 그 시점이 아니라 3년이 지난 1868년으로 봐야 옳을 듯하다.

이 당시 부활된 삼군부는 그 이후 1882년까지 유지되었다가 통리군국사무아문(統理軍國事務衙門)에 합부되었으며, 1884년에 이르러 통리군국사무아문마저 의정부에 다시 합부되는 과정이 이어졌다. 여기에서 잠깐, 삼군부의 폐지 과정과 관련한 관제개편의 연혁을 간추려보면 대략 다음과 같다.

첫째, 1880년 설치된 통리기무아문(統理機務衙門)이 1882년 6월에 혁파될 때에 이것이 삼군부로 편입되는데, 이에 대해서는『고종실록』고종 17년(1880년) 12월 21일(갑인) 기사와 고종 19년(1882년) 6월 10일(갑자) 기사를 참조할 수 있다.

둘째, 그 이후 통리아문(統理衙門)과 통리내무아문(統理內務衙門)이 잇달아 설치되었다가 이내 통리교섭통상사무아문(統理交涉通商事務衙門)과 통리군국사무아문(統理軍國事務衙門)으로 개칭되는 과정을 거치게 된다. 이에 대해서는『고종실록』고종 19년(1882년) 11월 17일(기해) 기사, 고종 19년(1882년) 11월 18일(경자) 기사, 고종 19년(1882년) 12월 4일(병진) 기사

2. 고종 초기의 육조앞길과 공간 변화   37

1882년 삼군부가 혁파된 이후 이 공간은 친군좌영과 장위영 시절을 거쳐 시위대(侍衛隊)의 공간으로 변하였다. 시위대의 연병장 너머로 광화문(光化門)의 모습이 한눈에 들어온다(앵거스 해밀튼, 『코리아』, 1904).

1868년에 새로 지은 삼군부 청사의 전경이다. 지금의 정부중앙청사 자리에 해당하는 곳으로, 왼쪽부터 청헌당(淸憲堂), 총무당(總武堂), 덕의당(德義堂)의 순서이다. 이 가운데 총무당과 청헌당은 다른 곳으로 옮겨진 상태이긴 하지만, 용케도 현존하는 건물들이다(ⓒ국사편찬위원회).

에 각각 관련 내용이 수록되어 있다.

셋째, 거의 같은 시기에 삼군부가 기무처(機務處)와 더불어 통리군국사무아문(統理軍國事務衙門)[2]에 합쳐지며, 다시 2년 후 통리군국사무아문마저도 의정부에 합부되어 혁파되는 과정을 거치게 되는데, 이에 대해서는 관련 내용이 『고종실록』 고종 19년(1882년) 12월 22일(갑술) 기사와 고종 21년(1884년) 10월 21일(임진) 기사에 남아 있다.

한편 『승정원일기』 고종 29년(1892년) 12월 23일(정축) 기사에는 "정국(庭鞫)의 처소는 전삼군부(前三軍府)로 하라"는 내용이 나오는데, 이는 삼군부가 폐지된 뒤로도 이 명칭이 관행적으로 계속 통용되었다는 사실을 말해준다.

그리고 삼군부가 있던 자리는 1882년 임오군란 직후 청나라의 군제

---

[2] 통리군국사무아문의 위치에 대해 경성부, 『경성부사(京城府史)』 제1권(1934), 522쪽에는 "현 광화문통(現 光化門通) 체신국(遞信局)의 북린(北隣), 구군부내(舊軍部內)에 두었다"고 적고 있다.

를 본떠 만든 친군좌영(親軍左營)³⁾이 들어섰고, 1888년 친군영(親軍營)을
3군영으로 개편할 때 종래의 친군 전영과 좌영을 통합한 결과로 생겨난
장위영(壯衛營)의 처소로 바뀌는 과정이 이어졌다. 이와 관련하여 『고종실
록』 고종 25년(1888년) 4월 19일(경자) 기사에는 "다만 3개의 영만을 두고
우영(右營), 후영(後營), 해방영(海防營)을 합쳐서 통위영(統衛營)이라 하고,
전영(前營)과 좌영(左營)을 합쳐서 장위영(壯衛營)이라 하며, 별영(別營)은
총어영(總禦營)이라 하기로 하였다"는 내용이 보인다.

그러다가 장위영의 군영은 1895년 윤5월에 이르러 시위대(侍衛隊)가
주둔하는 공간으로 변하게 되었다.⁴⁾ 그러나 시위대는 몇 달 후에 벌어진
'을미사변(乙未事變)'의 여파로 그해 8월 22일에 훈련대(訓練隊)에 이속 편
입되었다가 20여 일 만에 훈련대마저 폐지되는 바람에 이내 그 존재가 사
라지고 말았다.

이 당시에 군사편제는 친위대(親衛隊)와 진위대(鎭衛隊)로 완전히 대체
되었으므로 1895년 9월 이후 옛 시위대 자리는 신설된 친위대의 차지가
되었던 것으로 보인다. 하지만 1897년 9월에 친위대의 일부를 떼어 시위
대 조직을 다시 편성한 것을 계기로, 그 이후로는 줄곧 옛 삼군부 자리는

---

3) 경성부, 『경성부사』 제1권(1934), 521쪽에는 친군 좌영의 위치에 대해 "장위영의 자리, 즉 현 광화문통 서측 북단 구조선보병대의 자리"로 표시하고 있는데, 이곳은 곧 삼군부가 있던 공간에 해당한다. 또한 같은 책, 538쪽에도 "좌영(左營), 현 총독부 정문의 서남 광화문통 77번지의 자리에 있었다"고 서술하고 있다.

4) 장위영과 시위대의 공간이었던 옛 삼군부 자리에는 장기간에 걸쳐 다수의 '일본군'이 주둔했던 사실도 포착된다. 우선 청일전쟁 직전 발생한 일본군의 경복궁 난입사건 당시 궁궐을 점령한 일본군이 광화문 앞 친군장위영(親軍壯衛營)으로 이둔(移屯)한 적이 있는데, 이에 관해서는 『통리교섭통상사무아문일기』 고종 31년(1894년) 7월 22일 및 23일 내용을 참조할 수 있다. 또한 청일전쟁 발발 직후 "경성수비대인 후비보병 제18대대가 상륙하여 그 이래로 경성 광화문통 구조선보병대 영내에 머물며 오래도록 경성을 수비했다"라는 내용과 "1896년 5월 코무라 웨베르 협상에 의해 1개 대대(보병 제38연대 제3대대)가 경성, 부산, 원산의 3개소에 분주하고, 경성에는 1903년 5월 14일 새로 도착하여 2개 중대가 주차했다. 이 중대는 …… 현 본정 1정목 19번지 경성우편국 구내의 동변, 광화문통 구조선보병대 영내에 분치했으나, 그 후 1904년 1월 현 대화정 2정목 헌병사령부의 영사가 완성되자 이곳에 집합했다"라는 구절이 『경성부사』 제1권(1934) 602쪽 및 713~714쪽에 걸쳐 수록되어 있다.

시위대의 공간으로 정착되었다. 이러한 일련의 과정에 대해서는 다음과 같은 기록들을 통해 확인할 수 있다.

① 1895년 윤 5월 25일자 칙령(勅令) '시위대 신설에 관한 건'
  • 『관보』1895년 윤(閏) 5월 27일자, "칙령(勅令) 제120호, 제1조(第一條) 훈련대(訓鍊隊) 급(及) 신설공병마병대(新設工兵馬兵隊) 외(外)에 시위대(侍衛隊)를 별설(另設)함. 제2조(第二條) 시위대(侍衛隊)는 연병 이대대(鍊兵 二大隊)로써 연성(聯成)함. 제3조(第三條) 시위대(侍衛隊)는 군부대신감독(軍部大臣監督)에 속(屬)하여 궁내시위(宮內侍衛)를 전관(專管)함. 제4조(第四條) 시위병 이대대(侍衛兵 二大隊)를 양번(兩番)에 분(分)하여 매삼일식(每三日式) 교체(交遞)케 함. 제5조(第五條) 시위대(侍衛隊)에 좌개 영위관(左開 領尉官)을 치(置)함. 연대장(聯隊長) 일인(一人) 부령(副領), 대대장(大隊長) 이인(二人) 참령(參領), 부관(副官) 이인(二人) 부위(副尉), 향관(餉官) 이인(二人) 정위(正尉), 중대장(中隊長) 사인(四人) 정위(正尉), 소대장(小隊長) 십사인(十四人) 부참위(副參尉). 부칙(附則) 제6조(第六條) 본령(本令)은 반포일(頒布日)로부터 시행(施行)함."

② 1895년 8월 22일자 칙령(勅令) '시위대를 훈련대에 이속 편입하는 건'
  • 『관보』1895년 8월 23일자, "칙령(勅令) 제157호, 제1조(第一條) 시위대 장졸(侍衛隊 將卒)을 훈련 제일연대(訓鍊 第一聯隊)에 이속 편입(移屬 編入)함. 제2조(第二條) 훈련 제일연대편제(訓鍊 第一聯隊編制)는 추후(追後) 칙령(勅令)으로 정(定)함. 제3조(第三條) 본령(本令)은 반포일(頒布日)로부터 시행(施行)함. 제4조(第四條) 본년 칙령(本年 勅令) 제(第)120호(號) 급(及) 122호(號), 123호(號)를 본령 시행일(本令 施行日)로부터 폐지(廢止)함."

③ 1895년 8월 22일자 군부고시(軍部告示) '시위대 장졸을 훈련대로 이속 편입하는 건'

• 『관보』1895년 8월 24일자, "[군부고시(軍部告示)] 시위대병졸(侍衛隊 兵卒)의 무고도산(無故逃散)한 죄안(罪案)을 특위관서(特爲寬恕)하여 이대처분(以待處分)할 사(事)로 기위게시광고(旣已揭示廣告)하였거니와 금(今)에 시위대 장졸(侍衛隊 將卒)을 훈련대(訓鍊隊)로 이속 편입(移屬 編入)하여 일체연조(一體演操)하는 칙령(勅令)이 이하(已下)하였으니 각해대 소대장(各該隊 小隊長)이 위선(爲先) 이현통내(梨峴統內) 훈련대 본영(訓鍊隊 本營)으로 입처(入處)하여 도산(逃散)한 병졸(兵卒)을 모집(募集)하되 시위 제일대대(侍衛 第一大隊)는 훈련 제일대대(訓鍊 第一大隊)로 편입(編入)하고 시위 제이대대(侍衛 第二大隊)는 훈련 제이대대(訓鍊 第二大隊)로 편입(編入)하여 호분(毫分)이라도 경동(驚動)치 말고 안심주재(安心駐在)하여 본부 지휘(本部 指揮)를 정후(靜候)함이 가(可)함. 개국(開國) 오백사년(五百四年) 팔월(八月) 이십이일(二十二日) 군부대신(軍部大臣) 조희연(趙羲淵)."

④ 1895년 9월 13일자 칙령(勅令) '훈련대 폐지에 관한 건'

• 『관보』1895년 9월 14일자(호외), "칙령(勅令) 제169호, 제1조(第一條) 훈련연대(訓鍊聯隊) 급(及) 지방(地方)에 재(在)한 훈련대대(訓鍊大隊)의 편제(編制) 폐지(廢止)함. 제2조(第二條) 본령(本令)은 반포일(頒布日)부터 시행(施行)함."

⑤ 1895년 9월 13일자 칙령(勅令) '육군편제강령' 및 '친위대 설립에 관한 건'

• 『관보』1895년 9월 14일자(호외), "칙령 제170호 육군편제강령(陸軍編制綱領), 제1조(第一條) 국내육군(國內陸軍)을 이종(二種)으로 분(分)함. 일(一) 친위(親衛), 일(一) 진위(鎭衛). 제2조(第二條) 친위(親衛)는 경성(京城)에

주둔(駐屯)하여 왕성수위(王城守衛)를 전임(專任)함. 제3조(第三條) 진위(鎭衛)는 부(府) 혹(或) 군(郡)에 중요(重要)한 지방(地方)에 주둔(駐屯)하여 지방진무(地方鎭撫)와 변경수비(邊境守備)를 전임(專任)함. 제4조(第四條) 각위(各衛)에 전술군위(戰術軍位)를 대대(大隊)라 하되 각대대(各大隊)는 사중대(四中隊)로 성(成)하고 단(但) 진위(鎭衛)에 대대(大隊)는 아직 이중대(二中隊)로 편성(編成)함. 제5조(第五條) 본령(本令)은 반포일(頒布日)부터 시행(施行)함."

- 『관보』 1895년 9월 14일자(호외), "칙령 제171호 친위대 이대대 설립(親衛隊 二大隊 設立)에 관(關)한 건(件), 제1조(第一條) 친위대(親衛隊)는 아직 이대대(二大隊)를 설립(設立)함. 제2조(第二條) 본령(本令)은 반포일(頒布日)부터 시행(施行)함."

⑥ 1897년 9월 30일자 조칙(詔勅) '시위대대 설치에 관한 건'

- 『조칙(1)』[규장각 자료: 奎17708의 1], "조왈, 친위 1, 2, 4, 5대의 잘 훈련된 병재를 이미 뽑아 부대를 합성하였도다. 시위대대를 시위제일대대로 칭하고 이번에 이 새로 뽑은 자들은 시위제이대대로 칭하되 그 편제와 예산은 군부와 탁지부가 주관하여 마련하며, 친위 각대의 군인 수효가 정돈되지 못하니 친위 제1, 제4의 양대를 합쳐 친위제일대대로 삼고 친위 제2, 제5 양대를 합쳐 친위제이대대로 하도록 하라(詔曰 親衛一二四五隊精鍊之兵才已抄合成隊矣 侍衛大隊稱以侍衛第一大隊則今此新抄者稱以侍衛第二大隊 其編制與預算令軍部度支部磨鍊 親衛各隊軍額不齊 親衛第一第四兩隊合爲親衛第一大隊 親衛第二第五兩隊合爲親衛第二大隊). 광무 원년(光武 元年) 9월(月) 30일(日)."[5)

- 『관보』 1897년 10월 11일자, "[궁정록사(宮廷錄事)] 의정부찬정 군부대신(議政府贊政 軍部大臣) 신(臣) 이종건(李鍾健) 근주(謹奏), 시위제이대대(侍衛第二大隊)를 이경편제의(已經編制矣)라 해대영사(該隊營舍)는 전친위사오

대대(前親衛四五大隊)에 고위입처(姑爲入處)하옵고 친위사대대 여액병(親衛四大隊 餘額兵)은 친위제일대대 본영(親衛第一大隊 本營)에 합처(合處)하옵고 전칭위오대대 여액병(前親衛五大隊 餘額兵)은 친위제이대대 본영(親衛第二大隊 本營)으로 합처(合處)케 하옴이 하여(何如) 감품(敢稟). 광무 원년(光武 元年) 10월(月) 7일(日). 봉지의주(奉旨依奏)."

아무튼 1865년 삼군부의 재설치 이래로 육조앞길의 관아배치는 광화문 남쪽 동편으로 의정부-이조-예조[원래 한성부 자리]-호조의 순서로 늘어서고, 이에 대칭하는 길 건너 서편에는 삼군부[원래 예조 자리]-중추부-사헌부-병조-형조-공조가 차례대로 포진하는 형태로 바뀌었다.

---

5) 어찌 된 영문인지 유독 이날의 '조칙'은 그 당시의 『관보』에 고시된 흔적을 전혀 찾을 수 없다. 어쨌건 여기에 서술된 내용의 문맥을 살펴보면 이 조칙이 내려진 때에 이미 별도의 '시위대'가 존재한 것으로 보이지만, 그것이 구체적으로 언제 창설된 것인지에 대해서는 뚜렷한 자료를 확인하기가 어렵다. 하지만 내각기록과(內閣記錄課)가 펴낸 『법규유편(法規類編)』 제6권 군려문(軍旅門), 1908, 6~9쪽에 요약된 시위대의 연혁에 관한 자료에도 그 서두에 바로 1897년 9월 30일자의 조칙이 그대로 수록되어 있는 것이 눈에 띄는데, 이 기록을 근거로 삼아 여기에서는 시위대가 재설치된 시점을 이 날짜로 상정하기로 한다.

예조가 있던 원래 자리는 어디였을까?

『동국여지비고』에 수록된 '예조(禮曹)'와 '중추부(中樞府)' 항목에는 다음과 같은 설명이 등장한다.

[예조(禮曹)] 경복궁 광화문 남쪽의 오른편에 있으니, 즉 서부 적선방에 속한다. …… 세상에 전하길 정도전(鄭道傳)이 일찍이 정부(政府)와 군부(軍府)를 일체로 삼아 제도에 의해 정아(正衙)로 만들어 동서(東西)로 대치(對峙)하였으나 그것을 폄(貶)한 후에는 삼군부를 취하여 예조로 삼았던 고로 옛 제도가 극히 장려(壯麗)하였다. 지금은 과장시사(科場試士)의 장소로 사용하니 일소(一所)라 칭한다.

[중추부(中樞府)] 서부 적선방, 즉 예조의 남쪽에 있다. 개국 초에 고려 제도를 따라 중추원(中樞院)을 두었는데, 정종 2년(1400년)에 삼군부(三軍府)로 고쳤다가 태종 9년(1409년)에 삼군부를 폐지하면서 다시 중추원을 두었으며, 세조 때에 부(府, 중추부)로 고쳤다.

순조 때의 인물인 유본예(柳本藝, 1777~1842)가 지은 『한경지략(漢京識略)』에도 이와 흡사한 설명이 등장한다.

[예조(禮曹)] 서부 적선방에 있으며 개국 초에 세워졌다. …… 문헌비고(文獻備考)를 살피건대, 세상에 전하는 말이 정도전이 패한 후에 삼군부를 취하여 예조로 삼았던 고로 제도가 극히 장려(壯麗)하였다고 이른다. 대비(大比)의 과거를 예조 및 성균관에서 설행하므로 예조를 일컬어 일소(一所)라 하고 성균관을 일컬어 이소(二所)라 한다.

여기에서 보듯이 원래 육조앞길에서 가장 으뜸이 되는 자리에는 의정부와 삼군부가 서로 마주 보며 나란히 배치되어 있었지만, 개국 초기 판의흥삼군부사(判義興三軍府事)였던 정도전(鄭道傳, 1342~1398)의 죽음 이후 삼군부가 혁파되고 그 자리는 예조로 바뀌었다고 흔히 알려진다. 하지만 이러한 얘기에도 몇 가지 사실관계를 짚어보아야 할 대목이 포함되어 있다.

첫째, 삼군부의 폐지가 정확하게 언제 이뤄졌는가에 관한 부분이다.

앞서 『동국여지비고』에서는 "태종 9년(1409년)에 삼군부를 폐지하면서 다시 중추원을 두었다"고 서술한 대목이 눈에 띄는데, 삼군부의 폐지 과정은 실상 그렇게 단순하지 않았던 것으로 드러난다. 이와 관련한 사항을 『조선왕조실록』에서 뽑아보면, 대략 다음과 같이 정리된다.

① 『태조실록』 태조 2년(1393년) 9월 14일(병진) 기사

삼군총제부(三軍摠制府)를 고쳐 의흥삼군부(義興三軍府)로 삼고, 중방(重房)을 폐지하였다.

② 『정종실록』 정종 2년(1400년) 4월 6일(신축) 기사

문하시랑찬성사(門下侍郞贊成事) 하륜(河崙)에게 명하여 관제(官制)를 다시 정하게 하였다. 도평의사사(都評議使司)를 고쳐 의정부(議政府)로 하고, 중추원(中樞院)을 고쳐 삼군부(三軍府)로 하였다. 직임이 삼군(三軍)을 맡은 자(者)는 삼군에만 전적으로 나가게 하고, 의정부에는 참예하지 못하게 하였다.

③ 『태종실록』 태종 1년(1401년) 7월 13일(경자) 기사

문하부(門下府) 좌우정승(左右政丞)을 고쳐 의정부(議政府) 좌우정승으로 하고, 문하시랑찬성사(門下侍郞贊成事)를 의정부찬성사(議政府贊成事)로 하고, …… 의흥삼군부(義興三軍府)를 승추부(承樞府)로 하였다.

④ 『태종실록』 태종 5년(1405년) 1월 15일(임자) 기사

관제(官制)를 고쳤다. …… 이때에 이르러 사평부(司平府)를 혁파(革罷)하여 호조(戶曹)로 귀속(歸屬)시키고, 승추부(承樞府)를 병조(兵曹)로 귀속시켰으며, 동서반(東西班) 전선(銓選)을 이조(吏曹)와 병조(兵曹)로 귀속시키고, 의정부의 서무(庶務)를 나누어서 육조(六曹)로 귀속시켰으며, 육조에 각각 판서(判書) 한 명을 두고, 직질(職秩)을 정2품으로 하였다.

⑤ 『태종실록』 태종 9년(1409년) 8월 11일(경술) 기사

삼군진무소(三軍鎭撫所)를 두었다. 이때에 병조(兵曹)에서 군정(軍政)을 총관(摠管)하였었는데, 임금이 전위(傳位)한 뒤에 친히 군정(軍政)을 맡고자 하여 말하기를, 병조(兵曹)를 모두 유신(儒臣)으로 뽑아 채우니 군사(軍事)를 지획(指畫)하기에 마땅치 않다 하였다.

⑥ 『태종실록』 태종 9년(1409년) 8월 28일(정묘) 기사

삼군진무소(三軍鎭撫所)를 고쳐 의흥부(義興府)로 하고 질(秩)을 2품으로 하였다. 겸판사(兼判事), 지사(知事), 동지사(同知事) 각 한 사람을 두고, 3품 이하는 전과 같이 진무(鎭撫)라고 일컬었으니, 대개 태조(太祖) 때의 의흥삼군부(義興三軍府)의 이름을 취한 것이었다.

⑦ 『태종실록』 태종 12년(1412년) 7월 25일(무신) 기사

의흥부(義興府)를 혁파하고, 다시 병조(兵曹)로 하여금 군정(軍政)을 관장하게 했다.

⑧ 『태종실록』 태종 18년(1418년) 8월 10일(정해) 기사

병조에서 아뢰기를, "청컨대, 의흥부(義興府)를 고쳐서 의건부(義建府)로 하고, 사금(司禁)을 사엄(司嚴)으로 하소서." 하니, 그대로 따랐다.

⑨ 『세종실록』 세종 즉위년(1418년) 9월 12일(기미) 기사

병조에서 상왕(上王)께 계하기를, "일찍이 교서를 내리시어 중외(中外)의 군무(軍務)는 내가 친히 청단(聽斷)하겠노라 하시었사온 바, 의건부(義建府)와 삼군부(三軍府)를 따로 두어 군사를 양쪽에 나누어 붙임은 불편하오니, 청컨대 의건부(義建府)를 폐지하여 삼군부에 통합하고, 주상전(主上殿)의 시위(侍衛)는 번들게 될 때마다 본조(本曹)에서 선지(宣旨)를 받들어 사람을 정하여 보내게 하여서 체통을 엄하게 하소서." 하니, 상왕이 이에 따랐다.

⑩ 『세종실록』 세종 14년(1432년) 5월 4일(신유) 기사

예조에서 병조의 관계(關啓)에 의거하여 아뢰기를, "이제 삼군부(三軍府)를 고쳐서 중추원(中樞院)으로 하였으니, 청컨대 숙위(宿衛)와 경비(警備) 등의 일은 본원(本院)의 첨지사(僉知事) 이상으로 1원(員)은 입직(入直)하고 1원은 감순(監巡)하게 하여 윤번으로 교대하게 하되, 비록 상호군(上護軍), 대호군(大護軍)의 직무를 띠고 있는 자라도 또한 그렇게 하도록 할 것이며, 판원사(判院事)는 감순만은 하지 말도록 하소서." 하니, 그대로 따랐다.

⑪ 『세종실록』 세종 14년(1432년) 9월 17일(임신) 기사

삼군도진무(三軍都鎭撫)가 아뢰기를, "그 처음에는 의흥삼군부(義興三軍府)와 승추부(承樞府)를 의흥부(義興府)로 일컬어 오로지 군사(軍事)만 맡게 했는데, 이제는 이미 의흥부(義興府)를 개혁하여 다시 진무소(鎭撫所)를 세워서 병조(兵曹)와 같이 군사(軍事)를 맡게 하니, 그 미진한 사의(事宜)를 마감하여 아뢰겠습니다."

이와 같은 내용을 종합적으로 살펴보면, 삼군부는 의흥삼군부 → 승추부 → 병조 귀속 → 삼군진무소 → 의흥부 → 의건부 → 삼군부 → 중추원의 순서로 개폐(改廢)가 거듭되었으며, 무엇보다도 삼군부가 최종 폐지된 것은 태

종 때가 아닌 세종 14년(1432)의 일로 드러난다.

둘째, 그 다음으로 살펴볼 대목은 예조가 삼군부로 옮겨 간 시기에 관한 부분이다.

이 점에 있어서도 구체적인 내역은 파악하기 어려운 상태이다. 언제 예조가 삼군부로 옮겨 간 것인지에 대한 명시적인 기록은 그 어디에도 눈에 띄질 않기 때문이다.

다만 『세종실록』 세종 14년(1432년) 7월 26일(임오) 기사에 다음과 같은 구절이 눈에 띄는데, 여기에서 그려진 상황은 예조가 옛 삼군부 자리인 중추원 쪽으로 처소를 옮긴 이후의 일이 아닌가 여겨진다.

> 지신사 안숭선(安崇善)이 아뢰기를, "허조(許稠)가 신에게 말하되, '중추원(中樞院)은 곧 옛날의 삼군부(三軍府)이다. 청사(廳事)가 매우 낮고 예조낭청(禮曹郎廳)은 매우 높은데, 혹 연향(宴享)하는 날이면 낭관(郎官) 등이 창기(倡妓)를 불러와서 취하도록 노는 것이 법도를 잃게 되니, 1품의 재상이 도리어 낮은 곳에 거처하면서 항상 부사(府事)를 판결하게 되니, 마음속으로 항상 이를 분하게 여긴다.' 합니다. 요사이 중추원(中樞院)의 아룀으로 인하여 예조낭청(禮曹郎廳)을 주었는데, 가만히 생각하니 중추원의 당상관(堂上官)이 예조낭청에 거처하게 되면 반드시 예조의 당상관과 서로 간에 혐극(嫌隙)이 생길 것입니다. 전조(前朝)의 말기에 문무군신(文武群臣)이 서로 시기하여 무사치 못해 마침내 큰 환란을 이루었으니, 중추원을 가각고(架閣庫)와 바꾸어주는 것이 편리하겠습니다." 하니, 임금이 말하기를, "서로 바꾸는 것이 옳겠다." 하였다.

이것으로 보면 삼군부가 있던 처소로 예조가 옮겨 간 것 또한 세종 때의 일이었을 가능성이 높아 보인다.

그렇다면 이 경우에도 한 가지의 궁금증은 그대로 남는다. 과연 예조가 있던 원래 자리는 어디였던가 하는 부분이다.

『동국여지비고』에 기록된 내역에서 확인되듯이 '중부 징청방(中部 澄淸坊)'에 한때나마 '고예조계(古禮曹契)'라는 동네가 남아 있었으므로 예조의 원위치가 육조앞길 동편에 해당했다는 것은 틀림이 없는 사실이다. 하지만 아쉽게도 각 방계(坊契)의 내역을 소상하게 적어놓고 있는 『도성대지도(都城大地圖)』와 같은 자료에서도 유독 이 '고예조계'만큼은 따로 그 위치가 표시되어 있지 않다.

앞에서 설명했듯이 고종 초기에 삼군부가 부활하면서 그 자리에 있던 예조가 옮겨 간 곳은 육조앞길 동편의 한성부 처소였다. 그 결과 광화문 바로 앞쪽에 의정부와 삼군부가 동서로 나란히 마주 앉게 되었으며, 육조관아 가운데 이른바 '이호예(吏戶禮)' 즉 이조, 호조, 예조는 동쪽에 나란히 배치되고, 반면에 이른바 '병형공(兵刑工)' 즉 병조, 형조, 공조는 서쪽에 자리하는 형국이 이뤄졌던 것이다. 이것은 흡사 중국 당나라의 중앙관제에 있어서 육부(六部)가 좌사(左司; 이·호·예)와 우사(右司; 병·형·공)로 엄격히 분리되고, '이호예병형공(吏戶禮兵刑工)'의 서열이 존재하던 것과 매우 근접한 형태였다.

그런데 한성부와 예조의 연쇄 이동이 완료된 1868년 이후의 관아배치를 살펴보면, 가장 이상적인 배치 형태와는 약간 어긋난 점이 눈에 띈다. 말하자면 육조앞길의 서편에는 병조-형조-공조가 차례대로 포진한 형태를 그대로 이루고 있었으므로 그다지 거슬리는 점이 없었지만, 육조앞길 동편의 경우에는 의정부-이조-예조-호조의 순서로 관아가 자리를 잡게 되었다는 사실이 그것이었다. 요컨대 이곳은 관아배치에 있어서 '이·호·예'가 아닌 '이·예·호'가 되고 말았으므로 엄격한 서열순서가 지켜지지는 못했던 것으로 드러난다.

왜 이러한 결과가 빚어지게 되었는지에 대해서는 뚜렷한 설명을 제시하기는 어려우나, 짐작컨대 이러한 추측도 가능한 듯이 보인다. 이를테면 조선의 개국 초기에는 육조앞길 동편으로 '이조-호조-예조'로 이어지는 순서가 지켜졌지만 삼군부가 있던 곳으로 예조가 옮겨 간 이후에 옛 예조의 처소로 이웃하던 호조가 옮겨 갔다거나 하는 식의 변화가 일어나지 않았을까 하는 식으로 말이다.

아무튼 이러한 의문에 대한 실마리는 『신증동국여지승람』과 『동국여지비고』에 표기된 '고예조계(古禮曹契)'의 위치를 확인하는 작업에 놓여 있는 듯하다. 이에 대한 풀이만 얻어낸다면, 조선 초기 광화문 육조앞길의 배치 원형은 물론이요 예조가 처음 자리했던 원위치도 저절로 찾아질 테니까 말이다.

2) 한성부 청사의 이전과 복귀 과정

삼군부가 다시 설치되고 이에 부수되어 시행된 예조의 청사 이전과 맞물려 한성부(漢城府)가 연쇄 이동으로 자리한 곳은 '훈국신영(訓局新營)'이다. 18세기에 제작된 『도성대지도』에는 이 훈국신영이 경희궁 흥화문(慶熙宮 興化門) 앞에 있었던 것으로 표시되어 있다. 원래 한성부의 이전은 1865년에 결정되었으나 실제로는 공간 확보의 문제로 3년 뒤인 1868년이 되어서야 최종 완료된 것으로 확인된다.

그런데 이마저도 한성부가 이곳에서 머물렀던 기간은 그리 오래지 않았던 것으로 드러난다. 『승정원일기』 고종 7년(1870년) 5월 30일(을미) 기사에서 바로 다음과 같은 기록을 찾아낼 수 있기 때문이다.

> 훈련도감이 아뢰기를, "한성부가 지금 이미 옮겨 가고 신영은 그대로 본국에 속하게 되었습니다. 군색(軍色)을 다시 이접해야 하니 동별영(東別營)의 수직군 가운데 10명과 출번군 10명을 집사 1원이 영솔하여 입직하게 하고, 하도감(下都監)에 입직하는 초관 1원은 동별영으로 옮겨 입직하게 하며 별무사 1인은 하도감에 입직시키도록 하겠습니다. 감히 아룁니다." 하니, "알았다"고 전교하였다.

하지만 아쉽게도 한성부가 훈국신영을 벗어나게 되는 구체적인 이유와 처소를 옮긴 때의 일자에 대해서는 자세한 기록을 찾을 수 없다. 그리고 이 당시 한성부가 어디로 옮겨 갔는지를 구체적으로 알려주는 자료도 아직 눈에 띄지 않는다.

하지만 연세대학교박물관 소장 『수선전도(필사본)』는 이에 관한 몇 가지 단서를 일러주고 있다. 1885년 내지 1886년에 제작된 것으로 추정되

2. 고종 초기의 육조앞길과 공간 변화   51

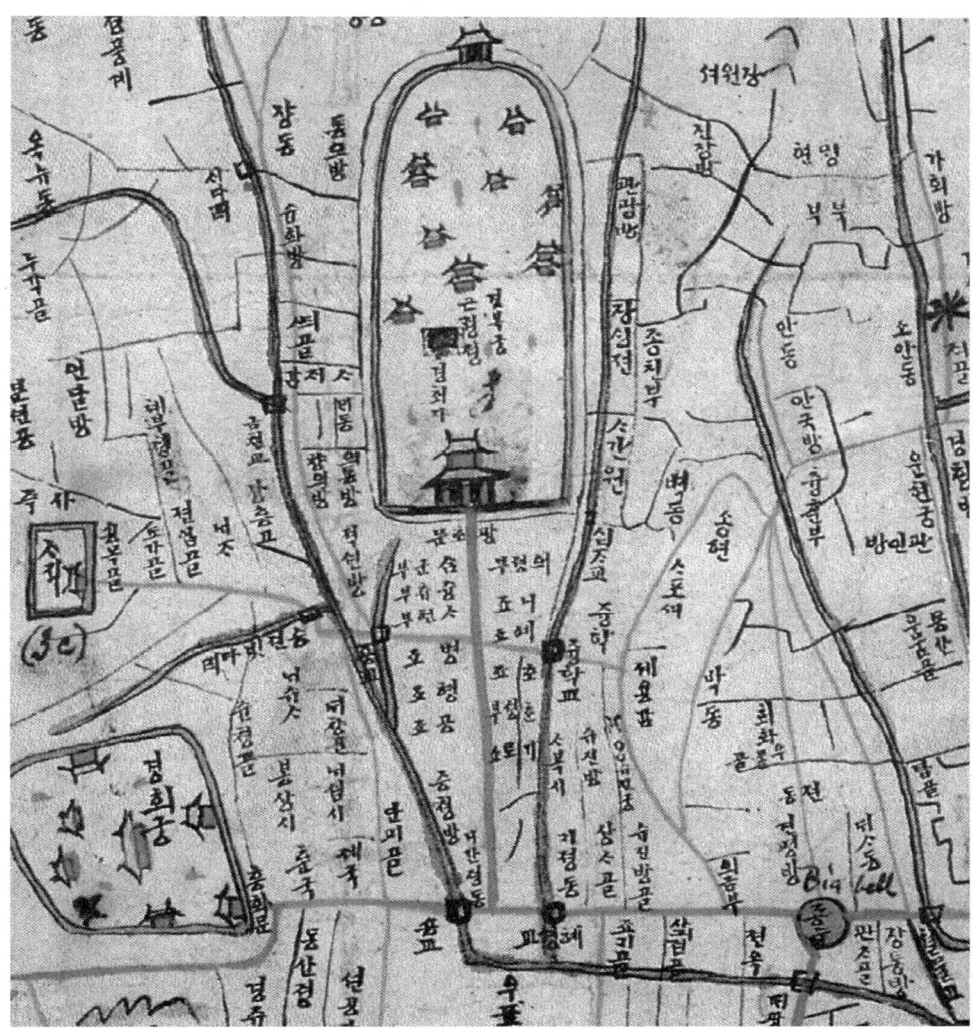

1885~1886년 시기에 제작된 것으로 추정되는 연세대학교박물관 소장 『수선전도(필사본)』(서울시 유형문화재 제296호)에는 이전 시기의 지도자료와는 달리 육조앞길 서편에는 예조가 있던 공간에 '삼군부'가 표시되어 있고, 길 건너 동편으로 '경조(京兆, 한성부)'가 있던 곳에는 '예조'가, 호조와 기로소 사이의 '공터'에는 전에 없던 '한성부'가 각각 나타나 있다(ⓒ연세대학교박물관).

는 이 지도에는 육조앞길 서편으로 삼군부-중추부-사헌부-병조-형조-공조가 차례대로 기재되어 있고, 광화문 앞길 동편으로는 의정부-이조-예조-호조-한성부-기로소의 순서로 관아 위치가 표시되어 있다.

이 가운데 '예조'로 표시된 자리는 원래 1868년 이전까지 경조(京兆) 즉 한성부가 있던 곳이었다. 이것은 예조가 삼군부에게 자리를 물려주고 길 건너편에 있던 한성부 처소로 옮겨 온 상황을 반영하고 있다.

그런데 호조와 기로소[6] 사이에는 전에 없던 한성부 청사가 자리한 것을 발견할 수 있다. 이곳은 그 어떤 고지도를 통틀어도 무슨 관아가 있었다는 표시가 없었던 공간으로, 흔히 징청방(澄淸坊)이라는 동네 이름이 표기되거나 아니면 그냥 공터로 나타나는 위치였다. 말하자면 이 자리에 '한성부'라는 표시 자체가 등장한 것은 이 지도가 처음이다.

어쨌거나 이 지도를 통해 1870년에 한성부가 훈국신영 자리를 벗어나면서 새로 처소로 정한 공간은 바로 이 자리였음이 드러난다. 요컨대 애당초 한성부는 호조의 북쪽에 있었으나, 삼군부의 설치와 예조의 이접에 맞물려 원래의 자리를 내주었다가 2년여 만에 육조앞길로 복귀하여 호조의 바로 남쪽에 다시 터를 잡았던 것으로 풀이될 수 있다.

---

6) 경성부, 『경성부사』 제1권(1934), 122쪽에는 기로소(耆老所)의 위치가 "중부 징청방, 현 광화문통 149, 150번지, 체신국 간이보험과청사 부지의 일부"라고 적고 있다. 기로소는 『대한제국 관보』 1902년 4월 29일자에 수록된 칙령 제7호에 의해 정식으로 관제가 만들어지기도 하였으나, 『대한제국 관보』 1909년 3월 10일자에 수록된 칙령 24호에 따라 궁내부 소관으로 하는 한편 기로소 관제는 완전 폐지되었다.

한성부와 한성재판소의 처소 이전 연혁

한성부라는 관제는 조선 개국과 더불어 한양천도(漢陽遷都)가 결정되고 나서 종묘와 경복궁 공사가 완료되기 직전에 옛 한양부를 고쳐 새로운 이름을 정하면서 처음 생겨났다. 이에 관해서는 『태조실록』 태조 4년(1395년) 6월 6일(무진) 기사에 다음과 같은 간략한 구절이 남아 있다.

> 한양부(漢陽府)를 고쳐서 한성부(漢城府)라 하고, 그 이민(吏民)을 견주(見州)로 옮기고 양주군(楊州郡)이라 고쳤다.

『한경지략』의 설명에 따르면, "한성부는 중부 징청방에 있으며 국초(國初)에 세워졌고, 경도(京都)의 구장(口帳), 시전(市廛), 가사(家舍), 전토(田土), 사산(四山), 도로(道路), 교량(橋梁), 구거(溝渠), 포흠(逋欠), 부채(負債), 투구(鬪毆), 주순(晝巡), 검시(檢屍), 거량(車輛), 고실우마낙계(故失牛馬烙契) 등의 일을 관장한다"고 하였으며, 특히 "아문(衙門)의 편액을 경조부(京兆府)라 하는데 이는 유혁연(柳赫然, 1616~1680)의 글씨다"라는 사실을 전해주고 있다.

그런데 한성부에 관한 내력을 살펴보면 고종 시대 이후로 유달리 복잡하게 청사를 옮겨 다닌 사실이 두드러진다. 물론 그 출발점은 1865년 삼군부의 재설치와 그에 따른 처소 조정으로 한성부 청사를 예조로 넘겨주기로 결정되어 결국 1868년에 훈국신영으로 자리를 옮기게 된 것이었다. 그러다가 이내 1870년 광화문 육조앞길 동편으로 복귀하여 호조의 남쪽 공터에다 새로운 청사를 마련한 것이 그 다음의 순서가 되었다. 그리고 그 이후 시기에도 다시 여러 번 처소를 옮겨야 하는 처지가 되었는데, 이에 대해서는 뒤에서 별도의 설명이 주어질 예정이지만 이해를 돕기 위해 그 연혁을 우선 여기에서 간추려 두는 것이 좋을 듯하다.

흔히 한성부 청사의 모습으로 널리 알려진 사진자료이다. 이 사진의 출처는 모리스 쿠랑의 『서울의 추억』(1900)으로, 원문에는 '서울시 통치자의 처소 겸 법정'이라는 설명문이 붙어 있다. 한성부는 1895년에 이미 군기시 자리로 이전한 상태였으므로, 사진촬영 장소가 육조앞길이었는지는 확실치 않다(자료제공 : 이돈수 한국해연구소장).

① 1895년 한성부를 군기시 자리로 이전

- 『관보』 1895년 5월 4일자, "[휘보(彙報)] 관청사항(官廳事項) : 경무청(警務廳)은 금월(今月) 1일(日)에 한성부(漢城府)로 이접(移接)하고 한성부(漢城府)는 동일(同日)에 전군기시(前軍器寺)로 이접(移接)함."

② 1901년 한성부 및 한성재판소를 전동 신정가옥으로 이전

- 『대한제국 관보』 1901년 5월 17일자, "[궁정록사(宮廷錄事)] 조왈, 한성부와 더불어 한성재판소를 전동의 새로 정한 가옥으로 이접하고, 징상평양이대대의

유주처소는 한성부로 이정하라(詔曰 漢城府與漢城裁判所移接於典洞新定家 徵上平壤二大隊留駐處所移定於漢城府). 광무(光武) 5년(年) 5월(月) 15일(日) 의정부찬정 탁지부대신(議政府贊政 度支部大臣) 민병석(閔丙奭)."[7]

③ 1902년 한성부 및 한성재판소를 옛 경기감영 빈관으로 이전

• 『대한제국 관보』 1902년 4월 18일자, "[궁정록사(宮廷錄事)] 조왈, 한성부와 한성재판소는 이전 경기감영 영빈관을 함께 사용하여 머물게 하고, 징상평양 제이대대 유주처소를 한성부 내에 나눠 정하도록 하라(詔曰 漢城府與漢城裁判所以前畿營賓館通用仍住而 徵上平壤第二大隊留駐處所則分定於該府內). 광무(光武) 6년(年) 4월(月) 16일(日) 의정부찬정(議政府贊政) 윤정구(尹定求)."[8]

④ 1908년 한성부를 광화문 앞 서편 옛 법부 청사로 이전

• 『대한제국 관보』 1908년 9월 5일자, "내부고시(內部告示) 제33호(第33號) 한성부청(漢城府廳)은 본월(本月) 5일(日)로부터 경성 서서 적선방(京城 西署 積善坊) 광화문전 구법부(光化門前 舊法部)로 이전(移轉)함. 융희(隆熙) 2년

---

7) 여기에 나오는 전동 신정가사(典洞 新定家舍)의 정확한 위치는 알 수 없으나 『제국신문』 1901년 5월 17일자에 "한성부를 전동 동녕위궁으로 이설한다더니 한성재판소까지 전동으로 이사하고 평양진위대로 한성부와 한성재판소에 유주케 한다더라"는 기사가 남아 있는 것으로 보아 이곳은 '동녕위궁(東寧尉宮)'이 있던 공간이었음을 짐작케 한다.
8) 한성부가 돈의문 밖 옛 경기감영터로 자리를 옮기게 되는 과정에 대해서는 『황성신문』 1902년 6월 10일자, 「기대분주(箕隊分駐)」; 『황성신문』 1902년 7월 15일자, 「평대분주(平隊分駐)」; 『황성신문』 1902년 10월 25일자, 「한부지정(漢府指定)」; 『황성신문』 1902년 11월 5일자, 「전패이봉(殿牌移奉)」; 『황성신문』 1902년 12월 5일자, 「실정색로(失井塞路)」; 『황성신문』 1902년 12월 10일자, 「한부이소(漢府移所)」 등의 제하 기사에 상세히 담겨 있다. 그리고 『황성신문』 1903년 4월 11일자, 「한부이입(漢府移入)」 제하 기사에 "한성부(漢城府)는 평양대영문(平壤隊營門)으로 정(定)하고 해부(該府)는 전경기빈관(前京畿賓館)으로 이정(移定)하야 이미 수리(修理)가 준공(竣工)된 고(故)로 본월(本月) 11일(日)에 이입(移入)하고 내부(內部)에 보고(報告)하였더라"는 내용이 남아 있다. 한편 카를로 로제티(Carlo Rossetti), 『꼬레아 에 꼬레아니(Corea e Coreani)』 제2편(1905), 117쪽에는 '서울의 어느 병영'이라는 제목이 붙은 사진이 한 장 수록되어 있는데, 이것이 옛 경기감영으로 옮겨진 한성부 시절의 모습이다. 이보다 훨씬 앞서 발행된 하야시 부이치(林武一), 『조선국진경(朝鮮國眞景)』(1892)에는 '기보포정사(畿輔布政司)'라는 편액이 나붙은 옛 경기감영의 모습이 드러나 있다.

1902년 이후 새문 밖 옛 경기감영 자리에 들어선 한성부 청사의 모습이다. 정문에는 '한성부' 편액이 또렷하고, 그 옆으로 길게 이어진 건물은 징상평양진위대의 막사이다(로제티, 『꼬레아 에 꼬레아니』 제2편, 1905).

(年) 9월(月) 4일(日) 내부대신(內部大臣) 송병준(宋秉畯)."

⑤ 1910년 한성부를 광화문앞 동편 옛 통감부법무원 자리로 이전

- 『대한제국 관보』 1910년 3월 5일자, "내부고시(內部告示) 제23호(第23號) 한성부청(漢城府廳)은 3월(月) 5일(日)로부터 경성 중서 징청방(京城 中署 澄淸坊) 구통감부법무원(舊統監府法務院)으로 이전(移轉)함. 융희(隆熙) 4년(年) 3월(月) 3일(日) 내부대신(內部大臣) 박제순(朴齊純)."

여기에서 보듯이 광화문 육조앞길에 복귀했던 한성부 청사는 1895년 5월에 무교동에 있는 옛 군기시 자리로 처소를 옮기게 되는데, 이는 갑오개혁 당시에 옛 포도청(捕盜廳)을 대신하여 신설된 경무청(警務廳)이 한성부가 있던 자리를 차지한 것이 계기가 되었다. 그러던 것이 1901년 5월에는 한성부가 한성재판소(漢城裁判所)와 함께 전동(典洞)에 새로 정한 가옥으로 다시 옮겼다가 그 이듬해인 1902년 4월 징상평양제이대대(徵上平壤第二大隊; 진위대)와 더불어 또다시 새문 밖에 있는 옛 경기감영(京畿監營) 내 빈관으로 자리를 옮겨 그곳을 함께 나눠 써야 하는 형편이 되었다.

이곳에서 6년가량을 머문 뒤에 1908년 9월이 되자 한성부는 옛 경기감영 자리를 벗어나 다시 육조앞길로 복귀하게 되는데, 이번에는 그 자리가 도로의 서편에 있는 법부(法部, 옛 형조 자리) 청사로 낙점되었다. 그리고 경술국치를 앞두고 한성부가 최후로 거처를 삼은 곳은 옛 통감부 법무원(統監府 法務院) 자리였다. 이 당시 한성부는 원래 외부(外部, 옛 이조 자리)가 있던 이 공간을 중추원(中樞院)과 나누어 사용했다고 알려진다.

한성부가 이토록 빈번하게 청사를 옮겨 다녀야 했다는 것은 대한제국 시기의 후반에 이를수록 그만큼 그 기능과 위상이 현저하게 위축된 상태였다는 사실을 잘 말해준다. 그만큼 장차 경성부청(京城府廳)의 전신(前身)이 되는 경성이사청(京城理事廳; 옛 일본영사관)이나 서울 거주 일본인들의 자치조직인 경성거류민단(京城居留民團)이 한창 위세를 떨치던 때이기도 하였다.[9]

그런데 이러한 한성부의 위치 이전에 관한 내력은 『경성부사(京城府史)』 제2권(1936), 493~494쪽에도 요약 정리되어 있다. 하지만 이 자료에는 몇 군데 설명 오류가 포함되어 있으므로, 자료 이용에 주의할 필요가 있다.

---

9) 1910년 경술국치 당시 한성부의 소관업무는 『조선총독부 관보』 1910년 10월 1일자에 수록된 '조선총독부 훈령 제24호 원한성부소관사무 인계수속(元漢城府所管事務 引繼手續)'에 의해 각각 경기도와 경성부에 업무별로 분할하여 접수되었다.

『경성부사』 제2권(1936)에 정리된 '한성부 위치의 변천'

(1) 한성부(漢城府)의 위치(位置)

- 갑오 이전(甲午 以前) 현 광화문통 84번지 경성법학전문학교(京城法學專門學校)의 자리; 예전 한성부를 경조(京兆)라고 불렀던 것인데, 고지도에는 이 지점에 경조(京兆)라는 기호가 사용되고 있다. 또 원 의금부(元 義禁府) 즉 현 종로경찰서의 지점에도 있었다고도 이른다.
- 광무 7년(명치 36년, 1903년) 4월 1일, 현 죽첨정 1정목 적십자병원(赤十字病院)의 남쪽 모서리, 당시의 전 경기영(京畿營, 현재의 경기도청에 해당)의 빈관(賓館, 귀빈관).
- 융희 2년(명치 41년, 1908년) 9월 5일, 현 광화문통 중앙전화분실(中央電話分室)과 경성저금관리소(京城貯金管理所)의 중간, 당시 서서 적선방(西署 積善坊) 전 법부청지(前 法部廳址).
- 융희 4년(명치 43년, 1910년) 3월 5일, 현 광화문통 경기도청(京畿道廳)과 소도(小道)를 사이에 두고 남측(南側)에 있는 총독부경찰관강습소(總督府警察官講習所)의 북쪽 모서리, 당시 중서 징청방(中署 澄淸坊) 구 통감부 법무원지(舊 統監府 法務院址), 중추원(中樞院)과 같은 구내; 법무원의 앞에는 통감부(統監府), 그 이전에는 구 한국외부(舊 韓國外部).
- 위 법무원은 명치 39년(1906년) 현 서소문정 경성여자기예학교(京城女子技藝學校) 자리인 구 한국세관공사부(舊 韓國稅關工事部)에서 개청(開廳)했다. 일한협약(日韓協約, 을사조약)의 결과 한국은 외부(外部)를 폐지함으로써 통감부(統監府)는 그 터에서 사무를 개시했다. 명치 40년(1907년) 2월 통감부가 남산으로 이전하자 동월(同月) 28일 법무원을 이 자리에 이전했던 것이다.
- 게다가 개국 504년(명치 28년, 1895년) 5월의 한국관보(韓國官報)에 따르면 5월 1일 경무청(警務廳)이 한성부(漢城府)로 옮기고, 한성부는 전 군기시(前 軍器寺, 현 경성부청 부지의 자리)에 이전했다고 하며, 또 광무 5년(명치 34년, 1901년) 5월의 관보에 의하면, 5월 20일 한성부(漢城府) 및 한성재판소(漢城裁判所)는 전동(典洞)으로 옮겨 갔다는 것이 있지만, 이것은 임시적인 이전이었으므로 광무 7년(1903년) 4월 경기영 빈관으로 이전했던 때는 전동으로부터 이전을 했던 것이다.

(2) 한성부재판소(漢城府裁判所)의 위치(位置)

- 개국 504년(1895년) 4월 12일, 현 종로 1정목 광화문우편국(光化門郵便局)의 자리.
- 융희 2년(1908년) 9월 5일, 현 광화문통 중앙전화국 분실과 경성저금관리소의 중간, 당시 서서 적선방, 전 법부 청사 자리.
- 융희 4년(1910년) 3월 5일, 현 광화문통 총독부경찰관강습소의 북쪽 모서리, 당시 중서 징청방, 구 통감부법무원 자리.
- 한성재판소 창설 후 한때 현 광화문통 84번지 경성법학전문학교(京城法學專門學校)의 위치에 이전했다.

우선 이 자료에는 고종 초기 예조의 청사 이전과 관련하여 한성부가 연쇄 이동하였다가 1870년에 다시 호조와 기로소 사이의 공터로 복귀하였다는 사실 자체에 대한 언급이 전혀 누락되어 있으며, 이에 따라 갑오개혁 이전의 위치 설명에 대한 잘못이 포함되어 있다. 특히, 경성법학전문학교 자리가 호조와 기로소 사이의 공터를 가리키는 것으로 한때 한성부가 자리했던 공간이라는 사실은 맞다고 할 수 있지만 곧이어 "고지도에 경조(京兆)라는 기호가 사용 …… 운운"하는 대목을 덧붙임으로써 오히려 혼동을 초래하고 있다. 이곳은 개국 이래 원래의 한성부 자리를 말하는 것으로 1870년 이후에 새로 터를 잡은 위치와는 무관한 위치임에도 불구하고, 이 두 자리를 정확한 구분 없이 얼버무려 설명하고 있는 것이 확연히 눈에 띈다.

그리고 옛 경기감영 자리를 처소를 옮긴 때는 "광무 7년(1903년) 4월 1일"이라고 적은 것도 착오인 듯이 보인다. 이 날짜는 당시의 관보에 표시된 대로 "1902년 4월 16일"로 바로잡는 것이 옳을 듯하다.

요컨대 한성부의 청사 이전에 관한 연혁은 다음의 순서대로 이뤄졌다고 이해하는 것이 가장 정확할 것이다.

> 한성부의 원위치(육조앞길 동편 이조 남쪽; 1868년 예조 처소로 전환) → 경희궁 흥화문 앞 훈국신영(1868년 4월) → 호조 남쪽 공터(1870년 5월) → 무교동 군기시 자리(1895년 5월) → 전동 신정가옥(1901년 5월) → 돈의문 밖 경기감영 빈관 자리(1902년 4월) → 육조앞길 서편 법부 자리(1908년 9월; 옛 형조 자리) → 육조앞길 동편 통감부법무원 자리(1910년 3월; 옛 이조 및 외부 자리)

한편, 한성부의 위치 변천과 더불어『경성부사』에 함께 수록되어 있는 '한성부재판소의 위치'에 관한 정리 자료 또한 엉터리에 가깝다.

여기에는 무엇보다도 중간 시기에 대한 이전 연혁이 완전히 생략되어 있을 뿐만 아니라 여러 가지 사실관계에 맞지 않는 내용이 포함되어 있다. 가령

1895년 당시 옛 우포도청 자리에 신설된 '한성재판소터' 표석이다. 하지만 이 표석은 현재 엉뚱하게도 서울센트럴빌딩(구 한효빌딩, 서린동 136번지)의 동측면 도로변에 잘못 설치되어 있다. 지금의 자리보다 한 블록 서쪽에 있는 광화문우편국(종로 1가 89번지 구역)이 올바른 위치이다.

1908년 9월과 1910년 3월 당시의 이전 연혁은 한성부의 그것과 완전히 동일한데, 이는 사실과는 전혀 다른 오류이다. 한성부와 한성부재판소는 한때 동일한 구역을 사용한 적이 있었지만, 1904년 이후에는 이미 분리된 상태였기 때문이다.

이러한 오류를 바로잡아 한성재판소('한성부재판소'로도 두 번 개칭)의 공간 이동에 관한 내역을 간추리면 다음과 같이 정리될 수 있다.

① 1895년 3월 한성재판소를 종로 혜정교 남변에 설치

- 『관보』 1895년 3월 29일자, '법률 제1호 재판소구성법'에 따라 「한성재판소」가 신설.

- 1898년 2월 '칙령 제4호 한성재판소와 경기재판소 폐지에 관한 건' 및 '칙령 제5호 한성부재판소의 관제와 규정에 관한 건'에 따라 「한성부재판소」로 변경.

- 『대한제국 관보』 1898년 9월 20일자, "양지아문령(量地衙門令) 제1호(第1號) 본아문(本衙門) 위치(位置)를 좌(左)같이 정(定)하는 사(事). 양지아문(量地衙門); 중서 서린방 일영대계(中署 瑞麟坊 日影臺契) 혜정교남변(惠政橋南邊) 전한성부재판소(前漢城府裁判所)."

② 1898년 9월 한성부재판소를 한성부 구내로 이전

- 『대한제국 관보』 1898년 9월 6일자, "부령(部令) 제1호(第1號) 한성부재판소위치(漢城府裁判所位置)를 한성부(漢城府)로 이정(移定)하는 사(事). 광무(光武) 2년(年) 9월(月) 3일(日) 의정부찬정 법부대신(議政府贊政 法部大臣) 신기선(申箕善)."

- 1900년 12월 '칙령 제48호 한성재판소 관제 개정건'에 따라 「한성재판소」로 변경.

③ 1901년 5월 한성부 및 한성재판소를 전동 신정가옥으로 이전

- 『대한제국 관보』 1901년 5월 17일자, "[궁정록사(宮廷錄事)] 조왈, 한성부와 더불어 한성재판소를 전동의 새로 정한 가옥으로 이접하고, 징상평양이대대의 유주처소는 한성부로 이정하라(詔曰 漢城府與漢城裁判所移接於典洞新定家 徵上平壤二大隊留駐處所移定於漢城府). 광무(光武) 5년(年) 5월(月) 15일(日) 의정부찬정 탁지부대신(議政府贊政 度支部大臣) 민병석(閔丙奭)."

- 1901년 7월 '칙령 제16호 한성부재판소 관제 개정건'에 따라 「한성부재판소」로 변경.

④ 1902년 4월 한성부 및 한성부재판소를 돈의문 밖 경기감영 빈관 자리로 이전

• 『대한제국 관보』 1902년 4월 18일자, "[궁정록사(宮廷錄事)] 조왈, 한성부와 한정재판소는 이전 경기감영 영빈관을 함께 사용하여 머물게 하고, 징상평양 제이대대 유주처소를 한성부 내에 나눠 정하도록 하라(詔曰 漢城府與漢城裁判所 以前畿營賓館通用仍住而 徵上平壤第二大隊留駐處所則分定於該府內). 광무(光武) 6년(年) 4월(月) 16일(日) 의정부찬정(議政府贊政) 윤정구(尹定求)."

• 1904년 4월 '칙령 제9호 한성재판소 관제 개정건'에 따라 「한성재판소」로 변경.

⑤ 1904년 4월 한성재판소를 육조앞길 동편 지계아문 자리로 이전

• 『대한제국 관보』 1904년 4월 9일자, "[궁정록사(宮廷錄事)] 조왈, 한성재판소를 전 지계아문으로 이접하라(詔曰 漢城裁判所移接于前地契衙門). 광무(光武) 8년(年) 4월(月) 6일(日) 의정부찬정(議政府贊政) 이하영(李夏榮)."

• 1907년 12월 '법률 제8호 재판소구성법' 및 '법률 제9호 재판소구성법시행법'에 따라 한성재판소 폐지 후에 「경성지방재판소」가 설치되고 1908년 8월 1일을 기해 재판소를 정식 개청(開廳).

⑥ 1908년 8월 경성지방재판소를 종로 대심원 구내의 법부 자리로 이전

• 『황성신문』 1907년 12월 29일자, 「법원합설(法院合設)」 제하의 기사에 "한성재판소와 장차 설치된 공소원을 평리원 내로 합설한다"는 내용이 포함.

• 『황성신문』 1908년 8월 4일자, 「정기개정(定期開廷)」 제하의 기사에 "대심원, 경성공소원, 경성지방재판소가 신축 청사 아래층에 법정을 열고 개정을 한다"는 내용이 포함.

여기에서 보듯이 한성재판소는 1895년 3월 재판소구성법에 의해 처음 생겨났을 때 종로 혜정교 남변에 있는 옛 우포도청(右捕盜廳, 종로 1가 89번지 구

역) 자리에다 처소를 마련하였는데, 이곳은 1898년 이후 양지아문이 터전을 잡은 곳과 동일한 공간이 된다. 그 무렵 한성부재판소로 관제를 변경한 것을 계기로 1898년 9월 이후 한성부 구내로 자리를 옮기며, 그로부터 1904년까지는 한성부 청사의 공간 변화와 궤적을 같이한다.

하지만 다시 1904년 4월에는 한성재판소라는 이름을 되찾는 동시에 처소를 육조앞길 탁지부 구내의 지계아문 자리로 옮겨 오게 되며, 1907년 12월 재판소구성법의 개정에 따라 한성재판소는 폐지되고 경성지방재판소가 대신 설치되는 과정이 이어졌다. 그리고 이 재판소는 그 이듬해인 1908년 8월 정식 개청되며, 이때 옛 종로 평리원(平理院, 대심원) 안에 잠깐 자리를 잡았던 법부 청사로 옮겨 가는데, 이것이 곧 처소 변경의 마지막 이력이 되는 셈이다.

연세대박물관 소장 『수선전도(필사본)』의 제작 연대

연세대학교박물관에 소장된 『수선전도(필사본)』는 광화문 육조앞길의 변천사를 들여다보는 데에 있어서 매우 귀중한 자료의 하나이다. 서울시 유형문화재 제296호(2010년 2월 11일 지정)이기도 한 이 지도는 1865년 삼군부의 부활과 1894년 갑오개혁 사이에 존재했던 육조관아의 배치 현황을 보여주는 사실상 유일무이한 자료이기 때문이다.

이것은 여느 지도와는 달리 한글로 표시되어 있어서 나름으로 정감이 간다. 이와 아주 흡사한 것으로 또 하나의 필사본 수선전도가 '국회도서관' 1층 로비에도 걸려 있었다. 이것들은 1902년 『로열 아시아틱 소사이어티 한국지회 회보』에 수록된 게일 목사의 '서울지도'로 연결되는 징검다리 역할을 하는 것으로도 큰 의미를 지닌다.

그런데 연세대박물관 소장 『수선전도(필사본)』에 대한 문화재청 안내문안에는 "김정호의 수선전도를 기초로 펜으로 필사한 지도로, 1892년경에 제작되었으며 미국인 선교사들이 사용했던 것으로 추정된다. 현전하는 한글본 한양지도가 희소하고, 구한말 한양의 지명을 구체적으로 알 수 있는 등 지도학사적, 어문학적으로 가치가 있다"고 하여, 이 지도의 작성 연대를 1892년경으로 소개하고 있다. 과연 그러한가?

원래 이 지도의 출처에 대해 연세대박물관 측에서 제시한 자료에 따르면, "제중원의 의사였던 헤론(John W. Heron, 蕙論; 1856~1890) 선교사의 유품으로 모펫(Samuel H. Moffett) 선교사가 보관하다가 학교에다 기증한 것"이라고 알려진다. 그리고 당초 연세대박물관 측에서는 이 지도의 '잿골' 즉 '재동(齋洞)'에 '병원(The Hospital)'이 있던 자리에 (*) 표시의 필적이 있다는 점을 근거로 제중원(濟衆院)이 개원한 1885년 무렵에 사용하던 지도로 판단했었다.[10]

---

10) 연세대박물관 측의 해설 부분은 허영환, 「서울고지도고」, 『향토서울』 제46호(1988년 9월), 45쪽에 수록된 내용을 재인용하였다.

2. 고종 초기의 육조앞길과 공간 변화

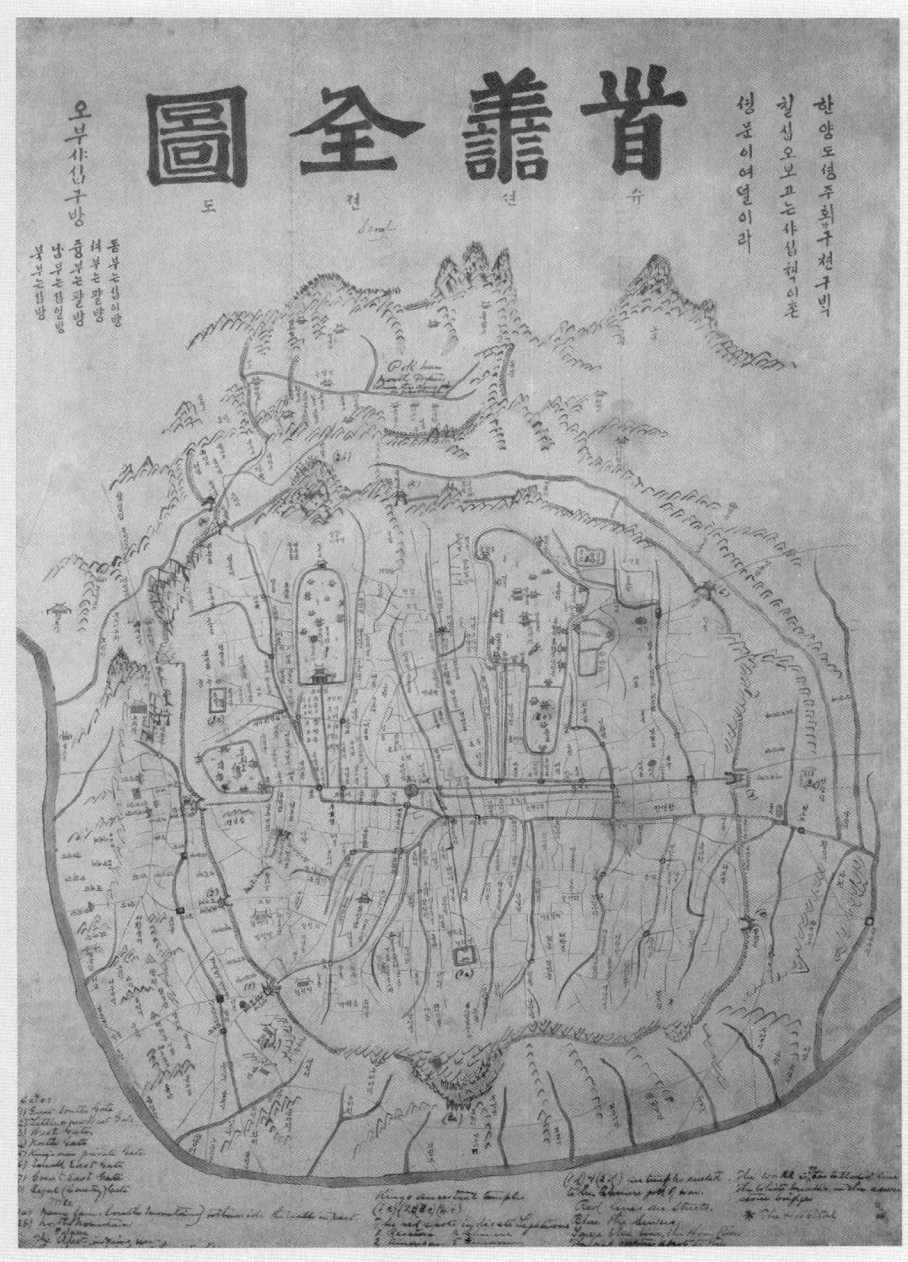

제중원 의사 헤론의 유품인 『수선전도(한글 필사본)』이다. 이 지도의 제작 시기는 '1885년 10월~1886년 11월 사이'인 것으로 추정된다(ⓒ연세대학교박물관).

그러던 것이 왜 지금은 1892년 무렵에 제작된 것으로 설명이 바뀌었는지는 알 수 없으나, 이 추정 연대는 몇 가지 점에서 미심쩍다고 판단할 수 있다.

첫째, 이 지도의 원소장자가 헤론이고 그가 생전에 사용했던 것이 확실히 맞다면, 아무리 늦어도 그의 사망 연도인 1890년 이전에 제작된 지도라는 사실이 저절로 드러난다. 지도의 바탕글씨(한글) 부분과 여백의 영문 주석 부분의 잉크 번짐의 차이가 확연히 드러나는 것으로 보아, 조선 사람이 이미 만들어놓은 한글 필사본 수선전도를 얻어다가 헤론 의사가 다시 필요한 부분과 위치에다 추가 표기하는 방식으로 지도가 작성된 것으로 보인다.

둘째, 지도상의 표기에 따르더라도 이 지도를 1890년 이후에 제작된 것으로 볼 수 있는 근거는 눈에 띄지 않는다. 이 경우 연대 판별의 주요한 잣대는 각국공사관의 위치와 존재 유무이다.

말하자면, 지도상에 표기된 사항으로 살펴보건대 여기에는 미국공사관, 아라사공사관, 영국공사관, 중국총리서, 덕국공사관, 일본공사관이 등장하며, 지도 여백에 기재된 영문표기에도 이 여섯 나라만 적혀 있을 뿐 법국공사관(프랑스공사관)은 보이질 않는다. 프랑스공사관의 최초 개설 시점은 1888년 6월이라는 점을 상기한다면, 지도 제작의 추정 연대는 다시 그만큼 좁혀지게 되는 것이다.

그리고 아라사공사관(러시아공사관)의 최초 개설 시기는 1885년 10월이다. 따라서 이 지도의 상한선은 1885년 10월 이후에 해당하는 것으로 보아도 무방하다. 또한 청국 공관의 경우에도 위안스카이(袁世凱, 1859~1916)가 주차조선총리교섭통상사의(駐箚朝鮮總理交涉通商事宜)로 부임함과 동시에 '주차총리'의 명칭을 얻은 것이 1885년 10월인데, 『수선전도(필사본)』에 '중국총리서'라는 표현이 등장하는 걸로 보아 이 지도는 그 이후 시기에 작성된 것이라는 사실도 엿볼 수 있다.

또 하나의 연대 판별 기준은 '덕국공사관(독일공사관)'의 위치이다. 원래 독일영사관은 1884년 10월에 현재의 충무로 1가 중앙우체국 뒤편에 해당하는 낙동(駱洞)의 한옥에서 최초로 개설되었다가 공간이 협소하다는 이유로 박동(磚洞)의 옛 묄렌도르프 저택으로 자리를 옮겼으니 이때가 바로 1886년 11월이었다. 그러다 다시 1891년 하반기에는 육영공원이 있던 서소문동(지금의 서울시립미술관 자리)으로 이전하였다가, 1902년 5월 회동으로 재이전하는 과정을 거쳤다.

그런데 이 『수선전도(필사본)』에 표기된 덕국공사관의 위치가 바로 '낙동'이다. 이 말은 곧 이 지도의 작성 시점이 1884년 10월에서 1886년 11월 사이로 다시 좁혀진다는 것을 뜻한다. 더구나 재동에 있던 제중원은 1886년 구리개(지금의 을지로 2가)로 옮겨지지만, 이 지도에는 병원의 위치가 '잿골' 쪽에 표기된 흔적이 남아 있다는 점에서, 1886년 가을 이전에 벌써 지도가 작성되어 있었다는 점은 거듭 확인된다고 하겠다.

이상의 사실들을 취합하면, 연세대박물관 소장 『수선전도(필사본)』는 어느 정도의 통상적인 오류가 있었음을 감안하더라도, 다음의 항목이 서로 겹치는 시기에 제작된 것으로 판단하는 것이 합당할 듯하다.

① 덕국공사관이 낙동에 남아 있었던 시절인 1884년 10월~1886년 11월 사이.
② 러시아공사관 개설 시점인 1885년 10월 이후의 시기.
③ '주차총리' 위안스카이의 부임 시기인 1885년 10월 이후의 시기.
④ 재동에 있던 제중원이 구리개로 옮겨 간 1886년 가을 이전의 시기.

이렇게 놓고 보니 이 지도의 추정 제작 연대는 대략 '1885년 10월~1886년 11월 사이'로 귀결된다.

참고로 각국공사관의 최초 개설 시점을 적어두면, 일본공사관(1880년 12월, 천연동), 미국공사관(1883년 5월, 정동), 영국공사관(1884년 4월, 정동), 독일영사관(1884년 10월, 낙동), 러시아공사관(1885년 10월, 정동), 프랑스공사관(1888년 6월, 관수동), 벨기에영사관(1901년 10월, 정동), 이탈리아영사관(1901

년 12월, 미동)의 순서였다. 특이사항으로는 청국(淸國)의 경우 진수당(陳樹棠, 첸슈탕)이 청국총판조선상무(淸國總辦朝鮮商務, 총영사)로 부임하여 1883년 10월 23일 상무총서(商務總署, 청국이사부)를 개설하였으며, 1885년 10월 원세개(袁世凱, 위안스카이)가 주차조선총리교섭통상사의(駐箚朝鮮總理交涉通商事宜)로 부임함과 아울러 청국주재관서(淸國駐在官署)로 칭했다. 청일전쟁으로 외교관계가 단절되었다가, 1899년 9월 한청통상조약(韓淸通商條約)이 체결되어 정식으로 청국공사(淸國公使)를 파견하는 과정을 거쳤다.

3.
갑오개혁 시기의 관아 재배치

1) 8아문의 설치와 7부의 재편 과정

1894년 갑오개혁(甲午改革, 갑오경장) 당시 중앙관제의 전면 개편은 육조앞길의 기본 배치 형태를 크게 바꿔놓기에 이른다. 청일전쟁(淸日戰爭)의 발발과 더불어 조선에 대한 간섭의 명분으로 일본이 내세웠던 내정개혁의 요구가 관철되면서 전통적인 통치체제는 전면적인 재조정이 불가피하였고, 이에 따라 조선 건국 때부터 존속했던 육조제도(六曹制度)는 그 자체가 완전 폐지되어 '육조앞길'이라는 말이 무색해지는 상황이 전개되었다.

1894년 6월 28일 이후 경복궁 수정전에 설치된 군국기무처(軍國機務處)에서 처결한 의안에 따라 새로이 8아문(衙門)의 편제가 마련되었는데, 종전의 이조(吏曹)는 '내무아문(內務衙門)', 종전의 통리교섭통상사무아문(統理交涉通商事務衙門)은 '외무아문(外務衙門)', 종전의 호조(戶曹)는 '탁지아문(度支衙門)', 종전의 형조(刑曹)는 '법무아문(法務衙門)', 종전의 예조(禮曹)는 '학무아문(學務衙門)', 종전의 공조(工曹)는 '공무아문(工務衙門)'과 '농무아문(農商衙門)', 종전의 병조(兵曹)는 '군무아문(軍務衙門)'으로 각각

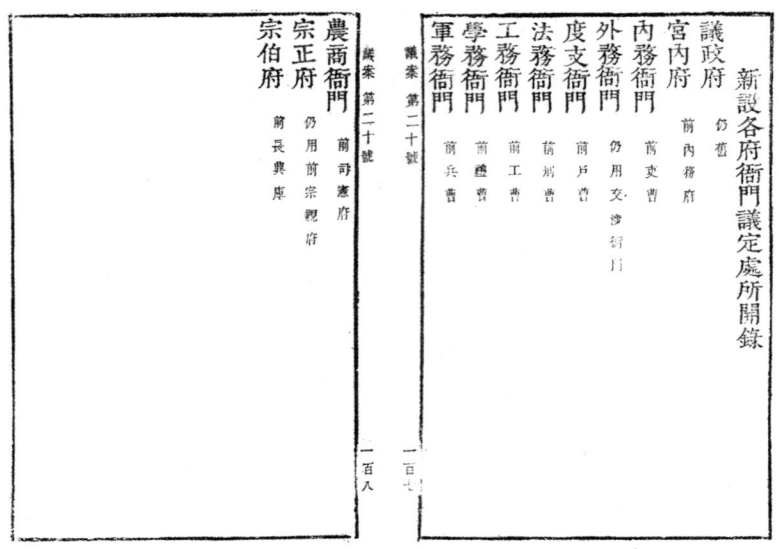

『초기(草記)』 1894년 7월 18일자에는 신설된 각 아문의 처소를 정한 내용이 수록되어 있다. 대다수는 종전의 관아를 그대로 사용하는 것으로 정해졌으나, 예외적으로 기존의 처소가 없었던 농상아문은 옛 사헌부 자리를 차지하였다.

개편되었다.[1] 이와 아울러 기존의 중추부(中樞府)도 '중추원(中樞院)'으로 새로 고쳐졌다.

새로운 편제가 마련된 만큼 이에 따른 신설 각 아문의 처소도 다시 정하는 과정이 이어졌다. 이 당시 재조정이 결정된 처소 내역에 대해서는 『초기(草記)』 1894년 7월 18일자에 수록된 「의안(議案) 제20호 신설각부아문의정처소개록(新設各府衙門議定處所開錄)」에 다음과 같이 요약되어 있다.

---

1) 이 내용은 『고종실록』 고종 31년(1894년) 6월 28일(계유) 기사에 수록되어 있으며, 양력으로 환산하면 이 날짜는 1894년 7월 30일에 해당한다.

의정부―그대로 둠
궁내부―전 내무부
내무아문―전 이조
외무아문―교섭아문을 그대로 사용
탁지아문―전 호조
법무아문―전 형조
공무아문―전 공조
학무아문―전 예조
군무아문―전 병조
농상아문―전 사헌부
종정부―전 종친부를 그대로 사용
종백부―전 장흥고

이 내용에 따르면 대부분의 신설 아문은 그 명칭을 달리 했을 뿐 종전에 사용하던 처소를 그대로 사용한 경우에 속하였고, 다만 농상아문이 옛 사헌부의 처소를 물려받게 되었다는 점이 두드러진다. 그 결과 육조 앞길의 관아배치 순서는 광화문 남쪽 동편으로 의정부-내무아문-학무아문-탁지아문-한성부-기로소가 차례로 늘어서고, 길 건너 서편에는 장위영-중추원-농상아문[원래 사헌부 자리]-군무아문-법무아문-공무아문이 나란히 자리하는 형태로 변화하였다.

하지만 8아문 편제는 해를 넘겨 1895년 3월에 7부(部) 편제로 다시 고쳐졌는데, 이 당시 종전의 내무아문은 내부(內部), 종전의 외무아문은 외부(外部), 종전의 탁지아문은 탁지부(度支部), 종전의 법무아문은 법부(法部), 종전의 학무아문은 학부(學部), 종전의 군무아문은 군부(軍部)로 각각 바뀌었고, 종전의 공무아문과 농상아문은 다시 합쳐 농상공부(農商工

部)를 두게 하였다.[2] 이 당시 농상공부는 농상아문 관아를 그대로 차지한 것으로 알려지는데, 이에 따라 공무아문이 사용했던 청사는 비어 있는 상태로 변하였다.

그러나 이 자리는 농상공부의 청사가 협소한 관계로 통신국(通信局)을 따로 떼어 옛 공무아문 자리에 이것을 두게 하였으므로, 이내 통신국의 몫으로 돌아갔다. 이를 계기로 그 이후에 신설된 한성우체사(漢城郵遞司, 1895년)와 전보사(電報司, 1896년) 등 통신 관련 기구들이 모두 이곳 통신국이 자리한 구역 내에 설치되었다.[3] 이에 관해서는 다음과 같은 일련의 기록을 확인할 수 있다.

- 『관보』 1895년 4월 21일자, "농상공부령(農商工部令) 제1호(第1號) 본부(本部)가 전농상아문(前農商衙門)으로 이정(移定)한 후(後)에 각분국과(各分局課)를 포치(舖寘)하매 창우(廠宇)가 극(極)히 협애(狹隘)하고 통신(通信)하는 사무(事務)가 번극(繁劇)하야 전공무아문(前工務衙門)으로 본부(本部)에 속(屬)한 통신국(通信局)을 설치(設寘)함. 개국(開國) 504년(年) 4월(月) 19일(日) 농상공부대신(農商工部大臣) 김가진(金嘉鎭)."

- 『관보』 1895년 6월 11일자, "농상공부 고시(農商工部 告示) 제3호(第3號) 한성우체사(漢城郵遞司)는 통신국내(通信局內)에 개설(開設)하였고 인천우체사(仁川郵遞司)는 인천항 축현서판하 전이운사내(仁川港 杻峴西阪下 前利運社內)로 개설(開設)하였으니 한성인천간(漢城仁川間)에 기신(寄信)하기

---

2) 이 내용 또한 『고종실록』 고종 32년(1895년) 3월 25일(병신) 기사에 수록되어 있으며, 이 날짜를 양력으로 환산하면 1895년 4월 19일에 해당한다.
3) 내각기록과(內閣記錄課)에서 펴낸 『법규유편(法規類編)』(1908) 제1권 관제문(官制門)의 '폐지관제(廢止官制)' 항목, 60~67쪽에는 우체사(郵遞司)와 전보사(電報司)의 관제 개폐 연혁이 잘 요약되어 있다.

를 요(要)하는 시(時)는 차(此)를 인(認)하여 지오(遲誤)를 면(免)함이 가(可)함. 개국(開國) 504년(年) 6월(月) 5일(日) 농상공부대신(農商工部大臣) 김가진(金嘉鎭)."

• 『관보』1896년 8월 1일자, "농상공부령(農商工部令) 제7호(第7號) 본년(本年) 7월(月) 28일(日)로부터 한성(漢城)과 개성(開城)과 평양(平壤)과 의주(義州)에 전보사(電報司)를 설치(設置)하고 전보(電報)를 통신(通信)함. 건양원년(建陽 元年) 7월(月) 30일(日) 농상공부대신(農商工部大臣) 조병직(趙秉稷)."

이곳은 1900년 3월 통신원(通信院) 관제의 제정과 더불어 그 이름을 변경하여 통신 관련 업무를 계속 관장하였으나, 통신원과 부속기관은 1905년 4월 1일 한일통신기관협정서의 체결에 따라 모두 일본정부에 인계되었고, 이에 따라 유명무실해진 통신원은 매동(梅洞) 중추원 자리로 옮겨 갔다가 그 이듬해인 1906년 7월에 관제가 완전히 폐지되고 말았

옛 공조 자리는 농상공부 통신국 시절을 거쳐 1900년 이후 통신원 구역으로 바뀌었다. 왼쪽에 보이는 건물이 한성우체총사(漢城郵遞總司), 가운데가 통신원(通信院), 오른쪽 건물은 한성전보총사(漢城電報總司)이다(로제티, 『꼬레아 에 꼬레아니』 제2편, 1905).

다.[4] 이로써 옛 통신원 구역은 일단 경성우편국분실(京城郵便局分室; 1905년 9월 11일 경성우편국 광화문출장소로 변경되었다가 1906년 7월 1일 광화문우편국으로 승격)로 바뀌었다가 통감부 개청 이후에는 통신관리국(通信管理局)이, 경술국치 이후에는 조선총독부 통신국에 이어 체신국이 계속 그 자리를 차지하는 과정이 이어졌다.

한편, 카를로 로제티(Carlo Rossetti)의 『꼬레아 에 꼬레아니(Corea e Coreani)』 제2편(1905)에는 '통신원' 시절에 촬영된 사진자료가 수록되어 있어서 눈길을 끈다. 여기에는 한성우체총사, 통신원, 한성전보총사의 건물이 나란히 보이는데, 아마도 예전 공조 시절의 청사를 그대로 사용한 것인 듯하다.

종래의 8아문이 7부로 편제가 전면 개편될 무렵, 육조앞길에서는 또 다른 중앙관서의 처소 이접이 단행되었다. 이번에는 경무청(警務廳)이 그 주역이었다.

원래 경무청이 생겨난 것은 갑오개혁의 와중에 옛 우포도청과 좌포도청을 합쳐 내무아문에 속하게 했던 것이 시초였다. 이에 관해서는 『초기(草記)』 1894년 7월 14일자에 수록된 「의안(議案) 제79호 '경무청관제직장(警務廳官制職掌)'」 항목에 그 내용이 담겨 있다.

> 좌우포청을 합설하여 경무청으로 하여 내무아문에 예속하고, 한성부 오부 관내의 일체 경찰사무를 관장하도록 한다(左右捕廳合設警務廳 隸屬內務衙門 掌漢城府五部字內一切警察事務).

---

4) 이에 관해 『황성신문』 1905년 8월 24일자에는 "[신원이접(信院移接)] 통신원(通信院)은 일본우편국(日本郵便局) 분치(分置)된 후(後)에 해원가사(該院家舍)를 상미결정(尙未決定)이라더니 일간(日間) 매동 전중추원(梅洞 前中樞院)으로 이접(移接)한다더라"는 기사가 남아 있다.

동아일보사 앞쪽 태평로 도로변에 설치된 '우포도청터' 표석이다. '경무청'의 모체이기도 한 우포도청의 원위치는 '혜정교 남변'으로 지금의 광화문우체국 자리(종로 1가 89번지 구역)이므로, 이 표석은 위치 설정이 잘못되었다고 볼 수 있다.

이러한 내용에 따라 경무청은 한성부의 경찰업무 일체를 관장하게 되었으며, 그 이듬해인 1895년 4월 29일에는 칙령 제85호 '경무청관제(警務廳官制)가 새로이 제정되어 세부적인 편제가 갖춰지게 되었다.[5] 이를 계기로 경무청은 그 이듬해에 육조앞길 동편에 있던 한성부 자리에 들어섰고, 이와 동시에 한성부는 1895년 5월 1일부로 무교동의 전 군기시 터로 옮겨 가야 하는 처지가 되었다.

그런데 일제강점기에 경성부가 펴낸 『경성부사』에는 포도청과 경무청의 위치에 관한 대목이 몇 군데에 등장한다. 우선 그 내용을 소개하면 다음과 같다.

---

5) 칙령 제85호 경무청관제의 내용은 『관보』 1895년 5월 1일자에 수록되어 있다.

① 『경성부사』 제1권(1934), 638쪽에 표시된 경무청의 위치

"경무청—현 광화문통 체신국보험과(遞信局保險課), 구 기로소(耆老所) 공옥 북방의 청사, 광화문 84번지."

② 『경성부사』 제2권(1936), 397쪽에 표시된 경무청의 위치

"우포도청(右捕盜廳)—현 종로 1정목 89번지 광화문우편국(光化門郵便局)의 자리.

좌포도청(左捕盜廳)—현 수은동(授恩洞, 묘동) 56번지 단성사(團城社)의 자리.

경무청(警務廳)—현 광화문통 49번지 체신국보험과(遞信局保險課), 나중에는 현 광화문통 79번지 경무국위생시험실(警務局衛生試驗室)의 지점으로 이전."

이 가운데 "광화문통 49번지"로 표시된 구절은 "광화문통 149번지"의 인쇄 착오이며, 이 자리는 옛 기로소가 있던 공간이자 나중에 총독부 체신국 간이보험청사가 들어서는 구역을 말한다. 하지만 이곳은 경무청의 처소와 무관하며, 바로 그 위쪽으로 붙어 있던 "광화문통 84번지"라고 해야 올바른 위치가 된다. 이 자리는 1870년 이후 한성부 청사가 줄곧 존재했던 공간이기도 하다.

여기에서 잠깐 경무청의 처소 이전에 관한 내역을 살펴보면, 대략 다음과 같이 정리될 수 있다.

① 1894년 8월 경무청 처소를 예빈시 자리에 설치
- 『초기(草記)』 1894년 8월 14일자, "경무청처소 이전예빈시위정사(警務廳處所 以前禮賓寺爲定事)."

② 1894년 12월 경무청 처소를 박동 육영공원으로 이전
- 『관보』1894년 12월 27일자, "총리대신 내부대신 학무대신 공무서리대신이 아뢰길, 경무청 처소가 협애하니 육영공원으로 옮겨 설치하고, 해당 공원은 전보국으로 이설하며, 해당 국은 지금의 경무청으로 이설하는 것이 어떠하겠나이까 하니, 윤허한다는 성지를 받들었다(總理大臣內部大臣學務大臣工務署理大臣奏 警務廳處所狹隘 移設于育英公院 該公院移設于電報局 該局移設于今警務廳如何, 奉旨依允)."

③ 1895년 5월 경무청을 육조앞길 동편 한성부 자리로 이전
- 『관보』1895년 5월 4일자, "[휘보(彙報)] 관청사항(官廳事項) : 경무청(警務廳)은 금월(今月) 1일(日)에 한성부(漢城府)로 이접(移接)하고 한성부(漢城府)는 동일(同日)에 전군기시(前軍器寺)로 이접(移接)함."

④ 1900년 10월 경부 승격과 동시에 육조앞길 서편 농상공부 자리와 맞교환 이전
- 『대한제국 관보』1900년 10월 3일자, "[궁정록사(宮廷錄事)] 조왈, 농상공부를 경부로 옮겨 설치하고 경부를 농상공부로 이설하라(詔曰 農商工部移設于警部 警部移設于農商工部). 광무(光武) 4년(年) 10월(月) 1일(日) 의정부찬정(議政府贊政) 이윤용(李允用)."

위의 내용을 보면 좌우 포도청이 폐지되고 경무청이 신설되면서 옛 예빈시 자리에다 처소를 정하였다가 몇 달 뒤에 청사가 비좁다는 이유로 경무청은 육영공원으로, 육영공원은 전보국으로, 전보국은 경무청으로 연쇄 이동이 있었던 사실을 파악할 수 있다. 하지만 다시 반년을 넘기지 못하고 경무청 관제가 새로 정해지던 때에 맞춰 육조앞길 동편의 한성부

자리로 옮겨 왔으며, 1900년에 이르러 경무청은 내부의 직속 관할에서 벗어나 경부(警部)로 승격된 것을 계기로 육조앞길 서편에 있던 농상공부와 청사를 맞교환하여 이전하는 과정이 뒤따랐다.

2) 의정부의 명칭 변경과 궐내 이전

아직 8아문 편제가 유지되고 있던 1894년 12월 16일에 의정부를 경복궁 안 수정전(修政殿)으로 옮기라는 칙령이 내려진다. 바로 이곳은 갑오개혁의 전 과정을 주도했던 군국기무처(軍國機務處)가 자리했던 공간이기도 했다.

> 이제부터 국정사무는 짐이 직접 여러 대신들과 토의하여 재결하겠다. 의정부(議政府)를 궁 안으로 옮기되 내각(內閣)으로 고쳐 부르며, 처소는 수정전(修政殿)으로써 이를 삼고, 규장각(奎章閣)은 내각이라고 부르지 말라.[6]

여기에서 규장각을 내각으로 부르지 않도록 한 것은 통칭 '내각(內閣, 내규장각)'이었던 종래의 명칭과 혼동을 피하기 위한 조치였다. 아무튼 이에 따라 광화문 앞쪽으로 의정부와 삼군부가 나란히 포진하여 각각 문무(文武)의 으뜸 기관을 상징했던 육조앞길의 이상적인 관아배치 형태는

---

6) 이 내용은 『관보』 1894년 12월 16일자에 수록되어 있으며, 이를 양력으로 환산하면 1895년 1월 11일에 해당된다. 윌킨슨(W. H. Wilkinson)이 정리한 자료인 『The Corean Government : Constitutional Change, July 1894 to October 1895』, The Statistical Department of the Inspectorate General of Custom, 1897, p.123에 수록된 '부록자료'에는 이것이 '칙령 제16호'라고 구체적으로 표시되어 있다. 한편, 내각은 1896년에 '의정부'로 명칭이 환원되었다가, 1907년 6월에 다시 '내각'으로 이름이 고쳐졌다. 이에 대해서는 『관보』 1896년 9월 25일자(호외) 및 1907년 6월 15일자(호외)를 통해 관련 내용을 확인할 수 있다.

1894년 12월 이후 내각(內閣, 종전의 의정부) 처소로 바뀐 경복궁 수정전의 모습이다. 이 건물은 갑오개혁 당시 '군국기무처'가 자리했던 곳이었다.

완전히 해체되고 말았다. 더구나 의정부는 경복궁 안으로 옮겨 간 이후에 다시 원래의 자리로 되돌아오는 일은 발생하지 않았다.

그렇다면 의정부가 있던 원래 자리에는 과연 어떤 관아가 새로이 들어선 것일까?

이 점에 있어서는 아쉽게도 명쾌한 입증 자료를 찾을 수가 없다. 다만, 『관보』 1896년 6월 30일자에는 다음의 내용이 보인다. 말하자면 "외부(外部)를 중추원으로 옮기고, 중추원(中樞院)은 원래의 자리로 되돌리라"는 내용의 조칙인 셈인데, 미흡하나마 이를 통해 의정부가 궐내로 옮겨 간 이후에 벌어진 후속 관아의 연쇄 이동에 관한 연결고리를 어느 정도 유추해낼 수 있다.

조칙(詔勅) 외부이설우
중추원(外部移設于中樞院)
중추원환설우전중추원(中
樞院還設于前中樞院) 건양
원년(建陽 元年) 6월(月) 28
일(日) 내각총리대신 윤용
선(內閣總理大臣 尹容善) 외
부대신 이완용(外部大臣 李
完用) 탁지부대신 심상훈
(度支部大臣 沈相薰).

옛 이조 자리에 들어선 외부(外部)의 정문이다. 이곳은 이른바 '을사조약' 이후 1년가량 통감부(統監府)가 들어섰던 공간이기도 하다(로제티, 『꼬레아 에 꼬레아니』 제1편, 1904).

우선 '외부'는 통리교섭통상사무아문(統理交涉通商事務衙門, 1882년 12월 설립)이던 시절부터 줄곧 재동 83번지(옛 경성여자고등보통학교 자리, 현 헌법재판소 위치)에 있었고, 육조앞길로 옮겨 온 이후 한 곳에만 머문 것이 확실하다. 그리고 외부의 위치는 나중에 통감부(統監府)가 있던 자리와 일치하는데, 이곳은 전통적으로 이조(吏曹; '내무아문'을 거쳐 '내부'로 개편)의 처소가 있던 구역이었다.[7]

하지만 위의 관보에 수록된 외부의 이전 위치에는 '내부(종전의 이조)'가 아닌 '중추원'이 표시되어 있다. 이는 곧 1896년 6월에 외부가 육조앞길로 진입하기 이전에 이미 내부는 다른 곳으로 옮겨 가고 그 자리는 중추

---

[7] 『경성부사』 제2권(1936), 6쪽에는 통감부 즉 옛 '외부'의 위치를 "광화문통 동측(光化門通 東側) 현 경기도청(現京畿道廳)에서 소로(小路)를 사이에 둔 남린(南隣)의 건물(建物)"이라고 소개하고 있다. 이것을 지번으로 표시하면 '광화문통(세종로) 82번지'의 상단부에 해당한다.

원으로 대체되어 있던 상태였음을 말해준다. 그러던 것이 조칙에 따라 중추원은 원래 자리인 광화문 앞의 서편으로 되돌아가고, 그 빈자리를 외부가 차지하는 상황이 된 것이다.

1902년 12월 발행 『로열 아시아틱 소사이어티 한국지회 회보』에 수록된 유명한 「게일 목사의 서울지도」[8]에는 의정부가 있던 자리에 내부가 표시되어 있고, 내부가 있어야 할 자리에는 외부가 있는 것으로 적혀 있다. 이것으로 미뤄보면, 1894년 말 의정부가 경복궁 안으로 옮겨 간 직후의 어느 시점엔가 그 자리는 내부(內部; 또는 내무아문)의 몫으로 넘겨지고, 원래 내부가 있던 공간은 연쇄적으로 중추원의 처소로 넘겨진 것으로 짐작된다. 다만, 아쉽게도 이 대목에 대해서는 구체적인 입증자료의 확인이 미흡한 상태이므로 정확하게 어느 시점에서 이러한 연쇄 이동이 발생한 것인지에 대해서는 단언하여 말하기가 어렵다.[9]

여기에서 일단 1896년 6월 말에 재동에 있던 외부(外部)가 육조앞길로 옮겨 온 시점을 기준으로 정리하면, 그 당시 육조앞길의 관아배치 순서는 다음과 같이 나열할 수 있다.

즉, 광화문 남쪽 동편으로는 내부[원래 의정부 자리]-외부[원래 이조 자리]-학부-탁지부-경무청[원래 한성부 자리]-기로소가 가지런히 자리했고, 길 건너 서편에는 시위대[원래 삼군부 자리]-중추원-농상공부[원래 사헌부 자리]-군부-법부-통신국[원래 공조 자리]이 차례대로 배치되어 있었다. 조선시대의 육조거리 관아배치와 비교한다면, 불과 수십

---

8) 이 지도의 출처는 『로열 아시아틱 소사이어티 한국지회 회보(Transactions of the Korea Branch of the Royal Asiatic Society)』 Vol. II Part II, 1902, pp.1~43에 수록된 게일(James S. Gale)의 「한양(서울); Han-Yang(Seoul)」이라는 논문에 첨부된 것이다.

9) 이 점과 관련하여 갑오개혁 직후에서 1900년 직전 사이의 시기에 제작된 육조앞길 관아배치 관련 지도가 있었으면 좋겠다는 생각이지만, 아쉽게도 이러한 종류의 자료는 거의 눈에 띄지 않고 있다.

년의 세월이 흐르는 사이에 매우 복잡한 위치 변동이 있었음을 가늠할 수 있다.

의정부 및 내각의 처소 이전 연혁

왕조시대에 있어서 의정부(議政府)는 백관을 통솔하고 서정을 총괄하는 최고의 행정기관이었다. 국왕을 보필하는 재상(宰相)으로서 이곳의 수장인 영의정(領議政)을 가리켜 흔히 '일인지하 만인지상(一人之下 萬人之上)'의 자리라고 일컫는 것은 이러한 위상을 상징적으로 잘 나타내주는 표현이다.

『신증동국여지승람(新增東國輿地勝覽)』에도 서술되어 있듯이 의정부는 육조앞길의 관아배치에 있어서도 가장 으뜸이 되는 공간을 차지하였는데, "광화문 남쪽의 좌측"이 바로 그곳이었다. 하지만 이 자리는 1894년 12월에 갑오개혁이 마무리되는 단계까지만 유지되었고, 그 이후로는 의정부가 육조앞길로 되돌아오는 일은 발생하지 않았다.

이 당시 의정부는 갑오개혁의 현장이기도 했던 군국기무처가 자리했던 경복궁 안 수정전으로 자리를 옮기게 되는데, 이와 동시에 아예 그 명칭조차 '내각(內閣)'으로 바꿨으며 그 수장은 '내각총리대신(內閣總理大臣)'이 되었다.[10] 하지만 그 이후 해를 넘겨 1896년 9월에는 내각을 폐지하고 다시 의정부를 두게 하였는데 『고종실록』 1896년 9월 24일 기사에는 그 연유를 이렇게 적고 있다.

> 조왈(詔曰), "지난번에 난역(亂逆)의 무리들이 국권(國權)을 조롱하고 조정(朝政)을 변경하여 의정부(議政府)를 내각(內閣)으로 고치도록 하기에 이르렀는데 솔다(率多)히 교제(矯制; 왕의 명령이라고 거짓으로 꾸며대는 일)한 것이었다. 이 때문에 제도와 법이 무너지고 중앙과 지방이 소란해졌으므로 백관만민(百官萬民)이 걱정하고 분해하며 통탄하고 놀라워한 지가 이제는 3년이 되었다. 국가

---

10) 의정부의 수장을 일컬어 '영의정'이 아닌 '총리대신'이라고 부르기 시작한 것은 1894년 6월 28일이다. 이날 군국기무처의 논의에 따라 의정부 및 각 아문의 관제개편에 따라 의정부에는 '총리대신(總理大臣)'을 비롯하여 좌찬성(左贊成)과 우찬성(右贊成)을 각각 1인씩 두기로 결정되었다.

의 오륭(汚隆)에 관계되는 것이 역시 크니 이제부터 내각(內閣)을 폐지하고 도로 의정부(議政府)라고 고쳐 부를 것이다. 신정전칙(新定典則)은 바로 옛 법을 그대로 따르되 새 규정을 참고하여 무릇 민국(民國)의 편의에 관한 것이라면 참작하고 절충하여 되도록 꼭 실행되도록 해야 할 것이다. 요즈음 백도(百度)가 창황(倉皇)하게 개혁(改革)이 다단(多端)하였으므로 의당 민심이 안정되지 못하고 조령(朝令)이 믿음을 받지 못할 것인 바 이번의 전칙(典則)은 짐(朕)이 밤낮으로 근심하고 애쓰면서 타당하게 만든 것이니 무릇 모든 사람들은 다 잘 알아야 할 것이니라." 하였다.

이러한 조칙(詔勅)이 내려진 때는 아관파천(俄館播遷) 이후인데, 여기에서 난역의 무리들이라고 함은 '김홍집 내각'을 일컫는 말이다. 그 당시 내각총리대신이었던 김홍집(金弘集, 1842~1896)은 갑오개혁의 전 과정을 주도했고 특히 을미사변(乙未事變) 직후 단발령(斷髮令)을 시행한 인물이었으나, 이 과정에서 개혁을 빌미로 제멋대로 재가를 강청하거나 군주의 머리카락을 억지로 자르게 하는 등 위협적인 언행을 일삼은 죄로 역적의 수괴로 지목되었으며 그 결과 그는 1896년 2월 11일 아관파천 당일에 내각의 붕괴와 더불어 광화문 경무청 앞길에서 성난 민중들에 의해 참살당하였다.

요컨대 내각을 의정부로 환칭(還稱)하도록 조칙을 내린 일은 김홍집 내각에 대한 임금의 분노와 반감이 그만큼 컸음을 말해준다. 이에 따라 '의정부 관제'가 다시 반포되었고, 내각총리대신이라는 명칭은 사라지는 대신에 '의정부 의정(議政府 議政)'이 그 자리를 대신하게 되었다.[11]

이러한 상태에서 10년 가까운 세월이 흐른 뒤인 1907년 6월에 이르러 의정

---

11) 이 당시 제정된 '의정부 관제'에 따르면 내부대신(內部大臣)으로 하여금 참정(參政)을 겸임하게 하였고, 참정은 의정(議政)이 신병(身病)이나 기타 사고가 있을 경우에는 회의에서 수석이 되며 필요한 경우에는 의정의 사무를 대리(署理)하도록 되어 있었다. 하지만 그 이후 1898년 6월 18일 칙령 제18호 의정부 관제의 개정에 따라 내부대신이 참정을 겸하는 것은 직무가 서로 방해된다 하여 별도의 '참정'을 두도록 하였다.

3. 갑오개혁 시기의 관아 재배치

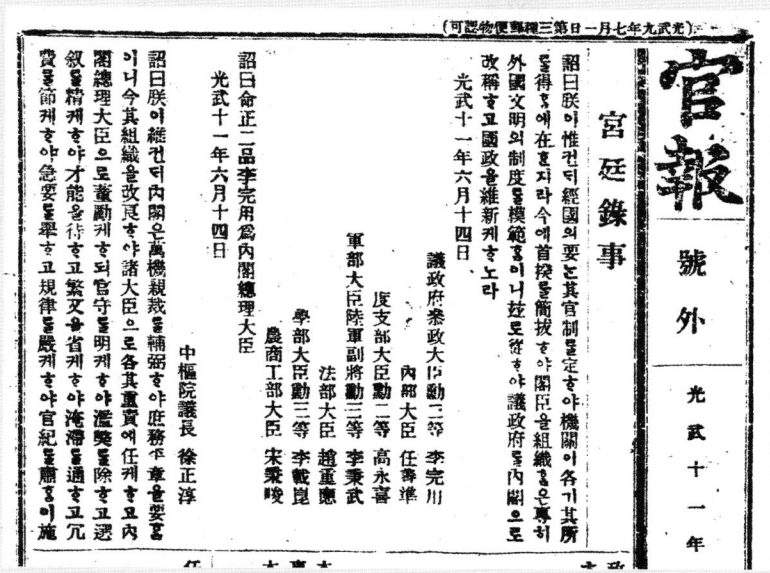

『대한제국 관보』 1907년 6월 15일자(호외)에는 '의정부'를 개칭하여 '내각'으로 하라는 내용의 조칙과 더불어 의정부 참정대신 이완용(李完用)을 내각총리대신으로 임명한다는 구절이 함께 수록되어 있다.

부는 다시 '내각'으로 고쳐졌다. 이에 관해서는 『고종실록』 1907년 6월 14일 기사에 다음과 같은 내용이 남아 있다.

　　조왈(詔曰), "짐(朕)이 생각건대 경국(經國)의 요점은 관제를 정하여 기관(機關)이 각기 제자리를 얻게 하는 데 있다. 이번에 수규(首揆; 수상을 뜻하는 표현)를 선발하여 각신(閣臣)을 조직하는 것은 오로지 각국의 문명한 제도를 본받는 것이니, 이제부터 의정부(議政府)를 내각(內閣)으로 개칭하여 국정(國政)을 유신(維新)케 하노라." 하였다.

　　또 조왈(詔曰), "짐이 생각건대 내각은 만기친재(萬機親裁)를 보필(輔弼)하여 모든 정사를 잘하기 위한 것이니 이번에 그 조직을 개량(改良)하여 여러 대신들이 각기 그 중책을 맡게 하고 내각총리대신(內閣總理大臣)에게 감독 격려하게 하되 관수(官守)를 명백하게 하여 남폐(濫弊)를 없애고 선서(選敍)를 정확하게 하여 재능을 우대하고 복잡한 문서를 줄이게 하며 막힌 것을 통하게 하고 용비(冗費)를 절약하게 하여 급하고 요긴한 일을 시행하고 규율을 엄하게 하여 관기(官紀)를 엄숙하게 하는 것이 시정정리(施政整理)의 중요한 임무이니 제신(諸臣)은 각기 짐의 뜻을 체득하여 겉치레를 없애고 내실을 힘써서 중흥(中興)의 위업을 융성하게 하기 바라노니, 힘쓸지어다." 하였다.

이러한 조치와 더불어 종래의 '의정부 의정대신'이라는 호칭은 다시 '내각총리대신'으로 고쳐졌으며, 이때 의정부 참정대신이던 이완용(李完用, 1858~1926)이 신임 내각총리대신에 임명되었다.

그렇다면 경복궁 수정전으로 자리를 옮긴 이후 의정부 및 내각의 처소 이전에 관한 연혁은 어떻게 정리될 수 있을까? 이에 관해서는 관련 기록이 아주 세밀하게 남아 있지는 못한 형편이지만, 미흡하나마 관보의 기록과 당시의 신문자료 등을 종합하면 대략 다음과 같은 결과가 나온다.

① 1894년 12월 의정부 처소를 경복궁 수정전으로 이전
- 『관보』 1894년 12월 16일자, "칙령(勅令) 자금국정사무짐친순각대신결재(自今國政事務朕親詢各大臣裁決) 의정부이설우궁내개칭내각처수이수정전위지(議政府移設于宮內改稱內閣處所以修政殿爲之) 규장각물칭내각(奎章閣勿稱內閣). 총리대신 각아문대신(總理大臣 各衙門大臣) 봉칙(奉勅)."

② 1901년 6월 의정부 처소를 정동 돈례문 밖 예식원 자리로 이전
- 『통첩(通牒)』(규 17822), 1901년 6월 11일 발송, "1901년 6월 11일에 의정부(議政府)를 돈례문(敦禮門) 밖 예식원(禮式院)으로 이접(移接)한다는 통첩(通牒)."

- 『황성신문』 1901년 6월 14일자, "[진찬처소(進饌處所)] 명헌태후망팔순진찬처소(明憲太后望八旬進饌處所)를 의정부(議政府)로 정(定)하고 정부(政府)는 예식원(禮式院)으로 고위권설(姑爲權設)하더라."

③ 1902년 5월 의정부 처소를 경운궁 포덕문 내 화경당으로 이전

- 『황성신문』 1902년 5월 15일자, "[전호부이(殿號府移)] 법전(法典)은 금장영건(今將營建)하는데 전호(殿號)는 중화전(中和殿)으로 위지(爲之)하고 전중화전(前中和殿)은 즉조당(卽阼堂)으로 환칭(還稱)하였고 의정부(議政府)는 포덕문내(布德門內) 화경당(和敬堂)으로 이접(移接)하였더라."

④ 1904년 4월 경운궁 화재사건으로 의정부 처소를 옛 시종원 자리로 이전

- 『수첩래안(輪牒來案)』(규 17800), 1904년 4월 17일 발송, "의정부(議政府)를 전 시종원(前 侍從院)으로 이접(移接)하였다는 통첩(通牒)."

⑤ 1904년 8월 의정부 처소를 정동 수옥헌 내 신건처소로 이전

- 『황성신문』 1904년 8월 30일자, "[정부이소(政府移所)] 의정부(議政府)를 수옥헌내(漱玉軒內) 신건처소(新建處所)로 이접(移接)하였다고 정부(政府)에서 각부(各部)에 통첩(通牒)하였더라."
- 『대한매일신보』 1904년 9월 1일자, "[정부이설] 의정부가 원래 궐문외에 있더니 수옥헌 안에 처소를 신건하여 준공이 된지라 재작일 하오 칠시에 의정부를 그리로 이설하고 각부부원청에 통첩하였더라."

⑥ 1906년 6월 의정부 처소를 경복궁 수정전으로 이전

- 『황성신문』 1906년 6월 12일자, "[정부지칙(政府指飭)] 정부(政府)에서 각부(各部)로 통첩(通牒)하되 의정부(議政府)를 북궐내(北闕內) 전의정부(前議政府)로 이설(移設)하였삽기 자이앙포(玆以仰佈)하오니 조량후(照亮後)에 소속

관청(所屬官廳)에 지칙(指飭)하여 일체지위(一切知委)케 하라 하였다더라."

• 『황성신문』 1906년 6월 14일자, "[정회내각(政會內閣)] 의정부(議政府)를 북궐내(北闕內) 전내각(前內閣)으로 이접(移接)함은 이기(已記)하였거니와 재작일(再昨日) 정부(政府)에 각대신(各大臣)이 회동(會同)하는데 광화문(光化門)을 동개(洞開)하고 출입(出入)한다더라."

⑦ 1907년 7월 내각 처소를 경운궁 포덕문 내 시강원 자리로 이전

• 『황성신문』 1907년 7월 24일자, "[내각이설(內閣移設)] 내각(內閣)에서는 하사건(何事件)을 인연(因緣)함인지 부지(不知)하거니와 작일(昨日)에 내각(內閣)을 포덕문내(布德門內)로 이접(移接)하였다는 설(說)이 유(有)하다더라."

• 『황성신문』 1907년 7월 29일자, "[내각이접(內閣移接)] 내각(內閣)을 경운궁 포덕문내(慶運宮 布德門內)로 이접(移接)한다 함은 이위게보(已爲揭報)어니와 재작일(再昨日)에 해처소(該處所)를 포덕문내 시강원(布德門內 侍講院)으로 결정(決定)하여 사용(使用)하는 제반물품(諸般物品)을 몰수이거(沒數移去)하였고 외사국 기록과 급 회계과(外事局 記錄課 及 會計課)만 잉존시무(仍存視務)케 하였다더라."

• 『황성신문』 1907년 8월 1일자, "[삼과반이(三課搬移)] 경복궁내(景福宮內)의 내각(內閣)을 경운궁내(慶運宮內)로 반이(搬移)하고 회계과(會計課), 기록과(記錄課), 외사국(外事局)은 잉존시무(仍存視務)케 하더니 갱문(更聞)한즉 해 삼과(該三課)도 경운궁내(慶運宮內)에 내인처소(內人處所)로 이접(移接)한다더라."

⑧ 1907년 12월 내각 처소를 창덕궁 돈화문 내 옛 약방 및 옥당 자리로 이전

• 『대한제국 관보』 1907년 12월 17일자, "[광고(廣告)] 경운궁내(慶運宮內)에 설치(設置)하였던 내각관청(內閣官廳)을 금월(今月) 15일(日)에 창덕궁 돈화문내(昌德宮 敦化門內), 위치(位置) 구약방 급 옥당(舊藥房 及 玉堂)으로 이접(移

接)함. 융희 원년(隆熙 元年) 12월(月) 16일(日) 내각(內閣)."

여기에서 보듯이 육조앞길에 있던 종전의 처소를 떠난 이래로 의정부 및 내각 청사는 꽤나 빈번하게 옮겨 다닌 것을 알 수 있다. 권력의 중심축이 전통적인 육조앞길을 벗어나 이미 경운궁 쪽으로 이동한 상태이고, 더구나 1907년 헤이그 특사사건의 여파로 고종황제가 물러난 이후 또다시 순종황제의 거처가 창덕궁으로 옮겨짐에 따라 최고통치자를 보필하는 의정부 및 내각의 처지 또한 그러한 행로와 비슷한 길을 걸을 수밖에 없었던 탓이 아닌가 풀이된다.

4. 대한제국 시기의 육조앞길과 공간 재구성

1) 경부와 헌병사령부의 설치

육조앞길의 위치 변동은 1897년 대한제국의 출범과 아울러 국정 운영의 중심축이 경운궁이 있는 정동 지역으로 옮겨진 이후에도 지속되었다. 새로운 제도의 도입에 따라 관제의 개편이 이어지고, 그때마다 이들 기관을 위한 새로운 공간이 필요했기 때문이었다.

경무청에서 승격된 경부(警部)가 1900년 10월에 농상공부와 자리를 맞바꾸었고, 같은 시기 중추원은 광제원으로 옮겨 설치하는 대신 헌병사령부(憲兵司令部)가 그 자리를 차지한 것이 대표적인 사례이다.

이 가운데 경무청은 이미 1895년 5월에 관제의 신설과 더불어 육조앞길 동편의 옛 한성부 자리에 터전을 잡았으나, 그 후 1900년 6월 12일 '칙령 제20호 경부관제(警部官制)'가 공포되면서 내부의 직속 관할에서 벗어나 '경부'로 독립 승격되기에 이르렀고, 이를 계기로 길 건너편에 있던 농상공부와 청사를 서로 맞바꾸는 결정이 내려졌던 것이다. 이에 관해서는 다음과 같은 관련 기록을 확인할 수 있다.

• 『대한제국 관보』 1900년 6월 12일자, "[궁정록사(宮廷錄事)] 조왈, 경장 초기에 경무청을 비록 내부의 직할로 소속시켰지만 현재 국내의 경찰사무가 점차 번다해지고 있는 까닭에 때에 맞춰 조절하는 일은 조금도 늦추기가 어려우니 따로 경부를 설치하고 관제를 새로 정하는 것은 의정부에서 빠른 시일 내에 회의하여 들이도록 하라(詔曰 更張之初警務廳雖屬內部直轄 而現今國內警察事務漸次殷繁 因時制宜不容少緩 另設警部新定官制 令政府不日會議以入). 광무(光武) 4년(年) 6월(月) 9일(日) 의정부의정(議政府議政) 윤용선(尹容善)."

• 『대한제국 관보』 1900년 10월 3일자, "[궁정록사(宮廷錄事)] 조왈, 농상공부를 경부로 옮겨 설치하고 경부를 농상공부로 이설하라(詔曰 農商工部移設于警部 警部移設于農商工部). 광무(光武) 4년(年) 10월(月) 1일(日) 의정부찬정(議政府贊政) 이윤용(李允用)."

• 『대한제국 관보』 1900년 10월 4일자, "[궁정록사(宮廷錄事)] 조왈, 중추원을 광제원으로 이설하고 헌병사령부를 중추원에 설치하라(詔曰 中樞院移設于廣濟院 憲兵司令部設寘于中樞院). 광무(光武) 4년(年) 10월(月) 2일(日) 의정부찬정 학부대신(議政府贊政 學部大臣) 김규홍(金奎弘)."

• 『대한제국 관보』 1900년 10월 9일자, "[궁정록사(宮廷錄事)] 의정부찬정 경부대신 겸임 원수부 군무국총장 육군부장 신 이종건이 삼가 아뢰길, 음력 금월 14일 본부를 농상공부로 이접하라는 조칙의 뜻을 흠봉함을 삼가 아뢰나이다(議政府贊政警部大臣兼任元帥府軍務局摠長陸軍副將臣李鍾健謹奏 欽奉詔勅陰曆今月十四日本部移接于農商工部之意謹奏). 광무(光武) 4년(年) 10월(月) 6일(日) 아뢴 대로 하라는 성지를 받듭니다(奉旨依奏)."

하지만 경부는 미처 1년을 넘기지 못한 시점에서 경부를 신설한 실효가 없다는 조령을 내린 적이 있었는데, 『고종실록』 1901년 3월 15일 기사에는 그 내용이 다음과 같이 기록되어 있다.

> 조왈(詔曰), "경부(警部)를 신설한 것은 그 사무를 확장하기 위함이었으나 아직 실효는 없고 폐단만 더욱 늘어나 철회하는 것을 꺼릴 수 없는 상황이 되었도다. 이제부터 관제(官制)는 전에 경무청(警務廳)을 시행했을 때 제정한 장정(章程)에 의거하고 의정부(議政府)로 하여금 잘 상의해서 바로잡게 하라." 하였다.

그 이후 1902년 2월 18일에 실제로 경무청 관제가 반포되면서 경부는 불과 20개월 만에 완전히 폐지되는 과정을 거친다. 이때 환원된 경무청은 다시 1907년 7월 27일 경시청(警視廳)으로 그 이름이 바뀌었고, 그나마 경술국치 직전에 일제에 의해 경찰권 위임의 협약이 강요됨에 따라 경시청 관제마저도 1910년 6월 30일에 끝내 사라지고 말았다.

헌병사령부(憲兵司令部)는 1900년 6월 30일 헌병조례의 제정과 더불어 신설되었으며, 옛 중추원이 있던 청사가 그들의 것으로 주어졌다.[1] 바로 위쪽으로 시위대(侍衛隊)가 자리한 위치인데다 그다지 너른 공간을 필요로 하지 않았기 때문에 이 자리가 헌병사령부로 안배된 것인 듯이 보인다. 경부는 작은 길 하나를 사이에 두고 헌병사령부의 남측에 인접하였

---

1) 이 과정에 대해서는 『고종실록』 1900년 6월 30일 기사를 참조할 수 있으며, 나중에 헌병사령부는 1907년 군대해산의 와중에 『대한제국 관보』 1907년 8월 28일자에 수록된 '칙령 제13호 군부소관 관청관제 급 조규의 폐지하는 건'에 의해 헌병사령부의 설치 근거였던 '헌병조례' 등이 일체 폐지됨에 따라 사라졌다. 헌병관련법규의 연혁에 대해서는 내각기록과(內閣記錄課)가 펴낸 『법규유편(法規類編)』 제6권 군려문(軍旅門), 1908, 11~13쪽에 잘 요약되어 있다. 한편, 『경성부사』 제2권(1936), 36쪽에는 헌병사령부의 위치에 대해 "전기(前記) 군부(軍部)의 이웃으로 현 군사령부 부속청사(現 軍司令部附屬廳舍)의 북방(北方)인 경관양성소숙사(警官養成所宿舍)의 자리"라고 소개하고 있다.

4. 대한제국 시기의 육조앞길과 공간 재구성   93

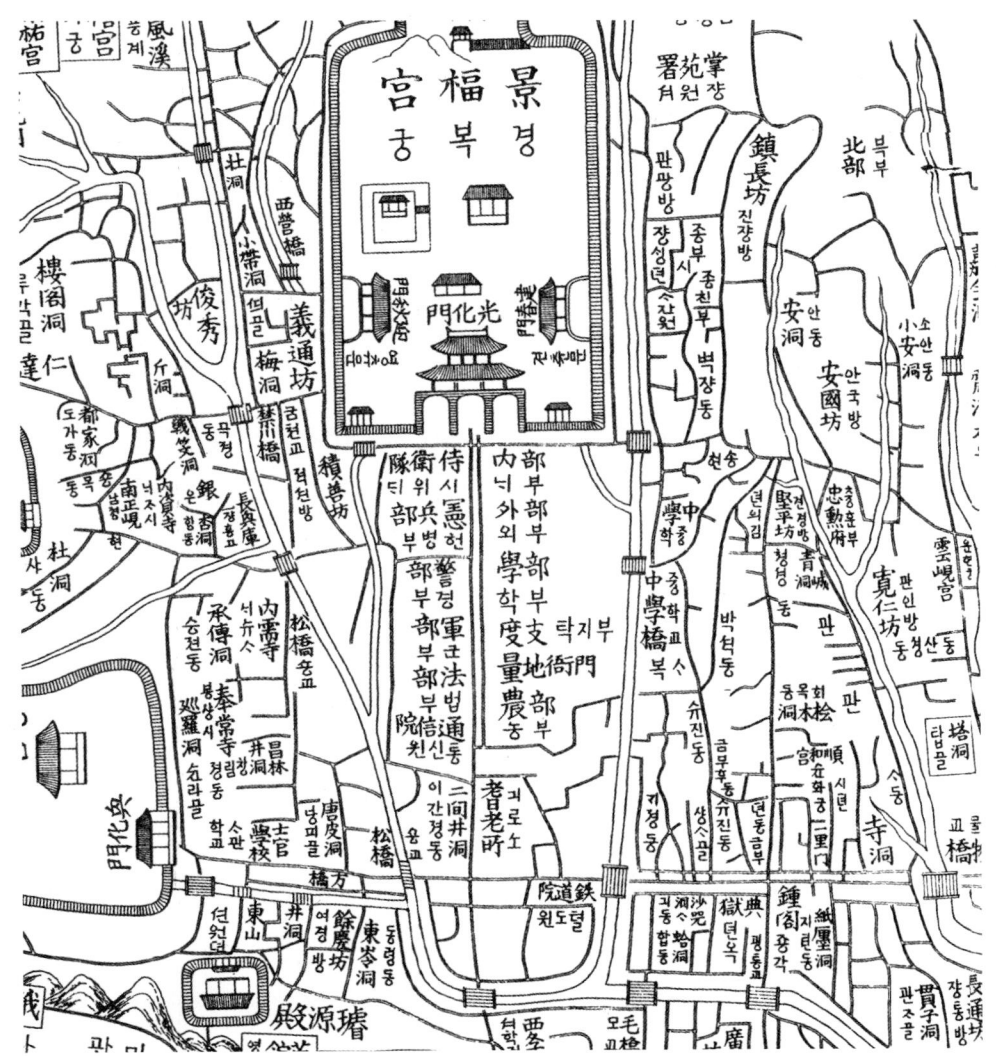

1902년 12월에 발행된 게일 선교사의 '서울지도'는 1900년 이후 관제 변화에 따른 육조앞길의 공간 변화를 일목요연하게 담아내고 있다. 여기에 표시된 내용을 통해 전에 없던 '헌병사령부'와 '경부'의 등장은 물론이고 농상공부, 내부, 외부 등의 위치 이동이 이뤄진 상황을 가늠할 수 있다.

으므로, 결과적으로 신설된 두 관아가 아래위로 나란히 배열된 모습으로 자리하게 되었다.

한편, 헌병사령부에게 원래의 처소를 내어준 중추원(中樞院)은 조칙(詔勅)에 따라 재동의 광제원 자리로 옮겨 가게 되었으나, 실제로는 이곳에 그대로 머물지 못하고 다시 다른 곳으로 옮겨야 했던 것으로 드러난다.[2] 그리고 그 이후로도 매우 빈번하게 청사를 옮겨 다니는 처지가 되었는데, 그 내역을 살펴보면 대략 다음과 같이 간추려진다.

- 『관보』 1896년 6월 30일자, "[조칙(詔勅)] 외부(外部)를 중추원으로 옮기고, 중추원(中樞院)은 원래의 자리로 되돌리라. 건양 원년(建陽 元年) 6월(月) 28일(日) 내각총리대신 윤용선(內閣總理大臣 尹容善) 외부대신 이완용(外部大臣 李完用) 탁지부대신 심상훈(度支部大臣 沈相薰)."

- 『대한제국 관보』 1900년 10월 4일자, "[궁정록사(宮廷錄事)] 조왈(詔曰), 중추원을 광제원으로 이설하고 헌병사령부를 중추원에 설치하라. 광무(光武) 4년(年) 10월(月) 2일(日) 의정부찬정 학부대신(議政府贊政 學部大臣) 김규홍(金奎弘)."

---

2) 1894년 갑오개혁 당시 '중추원(中樞院)'은 종전의 중추부(中樞府)와 마찬가지로 "문관(文官), 무관(武官), 음관(蔭官)으로 자헌대부(資憲大夫) 이상의 실직이 없는 사람들을 단부(單付)하여 고문(顧問)으로 채우는 곳"으로 되어 있었으나, 그 이듬해인 1895년 3월 25일에 '칙령 제40호 중추원관제 및 사무장정'이 반포되면서 "중추원은 내각(內閣)의 자문에 응하여 법률(法律), 칙령안(勅令案), 그리고 임시로 내각에서 문의하는 사항을 심사하고 토의 결정하는 처소"로 그 기능이 구체화하였다. 그 이후 다시 1898년 11월 2일에 '칙령 제36호 중추원관제 개정'에 의해 중추원은 "1. 법률(法律), 칙령(勅令)의 제정과 폐지 혹은 개정하는 것에 관한 사항, 2. 의정부(議政府)에서 토의를 거쳐 임금에게 상주하는 일체 사항, 3. 칙령에 따라 의정부에 문의하는 사항, 4. 의정부에서 임시 건의하는 것에 대하여 문의하는 사항, 5. 중추원에서 임시 건의하는 사항, 6. 백성들이 의견을 올리는 사항 등을 심사(審査)하고 의정(議定)하는 곳"으로 정해졌다.

• 『황성신문』 1900년 10월 6일자, "[헌병주원(憲兵住院) 작일(昨日)에 헌병대(憲兵隊)가 중추원(中樞院)에 주접(住接)하였는데 해원장 신기선씨(該院長 申箕善氏)가 내부(內部)에 조회(照會)하되 광제원(廣濟院)을 속이타처(速移他處)하여 거접공무(居接公務)에 방애(防碍)함이 무(無)케 하라 하였더라."

• 『황성신문』 1900년 11월 3일자, "[교원상환(校院相換)] 중추원(中樞院)은 매동소학교(梅洞小學校)와 상환(相換)하기로 의정(議定)하였더라."

• 『황성신문』 1900년 11월 13일자, "[원조이소(院照移所)] 중추원(中樞院)에서 매동소학교(梅洞小學校)로 이설(移設)한다더니 갱(更)히 학부(學部)로 공함(公函)하되 관상소(觀象所)를 타처(他處)로 이정(移定)하여 본원이사(本院移徙)에 구애(拘碍)함이 무(無)케 하라 하였더라."

• 『대한제국 관보』 1900년 12월 11일자, "[궁정록사(宮廷錄事)] 조왈(詔曰), 중추원을 매동관립소학교(梅洞官立小學校)로 이접하라. 광무(光武) 4년(年) 12월(月) 8일(日) 의정부찬정 내부대신(議政府贊政 內部大臣) 이건하(李乾夏)."

• 『황성신문』 1900년 12월 13일자, "[이교수품(移校輸品)] 중추원(中樞院)을 금일(今日)에 매동소학교(梅洞小學校)로 이정(移定)하기로 해교학도(該校學徒)는 부근교(附近校)로 부속(付屬)하고 교용물품(校用物品)은 학부(學部)에 수치(輸置)하였더라."

• 『황성신문』 1901년 6월 20일자, "[택지이교(擇地移校)] 작년(昨年)에 중추원(中樞院)을 매동소학교(梅洞小學校)로 이설(移設)하매 해학교(該學校)는

상금(尙今) 완정처(完定處)가 무(無)하여 자문감(紫門監)이나 금부당직청(禁府當直廳)이나 대령청(待令廳) 삼처중(三處中)으로 택정(擇定)하기로 하고 수리비(修理費)를 청구(請求)하더라."

• 『대한매일신보』1904년 11월 14일자, "[중추원 이설] 국장도감을 중추원으로 설시하고 중추원은 농상공학교 안으로 옮겨 설시하였더라."

• 『대한제국 관보』1905년 3월 9일자, "[궁정록사(宮廷錄事)] 조왈(詔曰), 중추원을 전교육부(前敎育部)로 이설하라. 광무(光武) 9년(年) 3월(月) 7일(日)."

• 『황성신문』1905년 3월 9일자, "[원즉호의(院則好矣)] 중추원(中樞院)은 일정(一定)한 처소(處所)가 무(無)하여 누차(屢次) 천이(遷移)하더니 혜정교변 교육부(惠政橋邊 敎育部)로 이설(移設)하라 하옵셨더라."

• 『황성신문』1905년 6월 14일자, "[추원우이(樞院又移)] 통신기관(通信機關)을 일본우편국장(日本郵便局長) 지전(池田, 이케다) 씨(氏)가 인계사무(引繼事務)한 후(後)에 관사(官舍)를 전중추원(前中樞院)이나 전철도원(前鐵道院)이나 양관청중(兩官廳中)으로 정급(定給)하라 일공사(日公使)가 외부(外部)에 누차(屢次) 교섭(交涉)하더니 근일(近日)에 갱문(更聞)한 즉(則) 해안건(該案件)이 결과(決果)되었는데 작일(昨日)에 참정대신(參政大臣) 심상훈씨(沈相薰氏)가 중추원의장(中樞院議長) 민종묵씨(閔種默氏)에게 조회(照會)하되 중추원(中樞院)은 전혜민원(前惠民院)으로 이정(移定)하라 하였더라."

• 『황성신문』1905년 6월 15일자, "[추원이거(樞院移去)] 중추원(中樞院)

을 전혜민원(前惠民院)으로 이설(移設)한다더니 신문내 군제이정소(新門內軍制厘正所)로 작일(昨日)에 이접(移接)하였더라."

• 『황성신문』1905년 11월 11일자, "[원우사가(院寓私家)] 중추원(中樞院)은 이등대사(伊藤大使)의 수종병(隨從兵)이 입처(入處)하므로 장교 윤주사 영권씨가(長橋 尹主事 永權氏家)로 이주(移住)하였더라."

• 『황성신문』1906년 7월 11일자, "[추원실소(樞院失所)] 시종원(侍從院)은 정부(政府)가 이접(移接)되는 고(故)로 중추원거접처소(中樞院居接處所)에는 시종원(侍從院)을 이주(移住)케 하라신 처분(處分)이 내하(內下)한 고(故)로 추원(樞院)은 처소(處所)가 무(無)하여 도중(途中)에 방황(彷徨)한다더라."

• 『황성신문』1906년 8월 30일자, "[추원이접(樞院移接)] 중추원(中樞院)을 미동 전시종원(美洞 前侍從院)으로 이접(移接)하는데 수리비(修理費) 오천여원(五千餘圓)을 정부(政府)에서 지발(支撥)한다더라."

• 『황성신문』1907년 3월 25일자, "[추원유청(樞院有廳)] 전외부(前外部)에 설치(設置)하였던 통감부(統監府)를 신건축(新建築)한 처소(處所)로 이접(移接)하였다 함은 이위게보(已爲揭報)어니와 해처소(該處所)에는 재작일(再昨日)에 중추원(中樞院)을 이설(移設)하였더라."

요컨대, 역대로 중추원의 처소 이전 연혁을 정리하면 "종래의 중추부 자리(세종로 78번지, 정부중앙청사 남단부) → 내부 자리(1895년 추정; 세종로 82번지 상단부) → 원래 자리(1896년 6월 환설) → 재동 광제원 자리(1900년

일제강점기 조선총독을 위한 자문기관으로 전락한 중추원(中樞院, 서소문동 38번지)의 모습이다. 1925년에 신설된 '조선사편수회(朝鮮史編修會)'도 바로 이곳에 터를 잡았다. 이 건물은 한국전쟁 이후 법무부 청사로도 사용되었으며, 지금은 그 자리에 서울시청 서소문별관이 서 있다(중추원, 『조선구관제도조사사업개요』, 1938).

10월) → 매동관립소학교 자리(1900년 12월) → 수송동 농상공학교(1904년 11월) → 종로 혜정교 옆 교육부 자리(1905년 3월; 옛 철도원 자리) → 새문안 군제이정소 자리(1905년 6월) → 장통교 윤영권 씨 가옥(1905년 11월) → 미동 시종원 자리(1906년 8월) → 통감부 자리(1907년 3월; 세종로 82번지 상단부)"의 순서로 이어진다.[3]

그런데 이 시기 육조앞길의 관아배치 형태를 가장 일목요연하게 보여주는 자료는 앞서 잠깐 언급한 『게일의 서울지도』이다. 여기에는 광화문 남쪽 동편으로 내부[옛 의정부 자리]-외부[옛 이조 자리]-학부-탁지부-양지아문-농상공부[원래 경무청 자리]-기로소가 표시되어 있고, 길 건너 서편으로 시위대-헌병부[원래 중추원 자리]-경부[원래 농상공부 자리]-군부-법부-통신원[원래 통신국 자리]의 위치가 차례대로 적혀 있다.

이 지도에는 종전에 '중추원'이 있었던 공간은 '헌병사령부'로 대체되었으며, 농상공부가 있던 자리에는 '경부'가, 그리고 경부로 승격하기 직전 '경무청'이 있었던 공간에는 '농상공부'가 각각 자리 맞바꿈으로 옮겨 와 있는 상황이 잘 반영되어 있다. 또한 여기에 보이는 통신원(通信院)은 원래 농상공부 통신국이었던 것을 1900년 3월 확대 개편하여 관제를 신설한 기구인데, 1905년 4월 한일통신기관협정서의 체결에 따라 그 기능은 사실상 중단되었다.

---

3) 이 중추원은 경술국치 당시 『조선총독부 관보』 1910년 9월 30일자에 게재된 '칙령 제355호 조선총독부 중추원관제'에 의해 "조선총독에 예속되어 총독의 자문에 응하는 기관"으로 변모하였으며, 이곳에는 주로 일제로부터 작위를 받은 조선귀족이나 관료출신의 친일인사들이 선별되어 활동하였다. '중추원관제'에 따라 의장은 정무총감(政務總監)이 맡았고 부의장 이하 고문(顧問), 찬의(贊議), 부찬의(副贊議)는 다수의 조선인들이 임명되었는데, 1921년 4월에는 찬의와 부찬의 직책을 없애고 이를 참의(參議)로 고쳤다. 일제강점기 직후 중추원의 처소는 경복궁 안 수정전에 두기로 되었으나 이내 정동의 옛 탁지부 청사(서소문동 38번지 구역, 현 서울시청 서소문별관 2동 및 서울시의회 의원회관 자리; 1965년에 건물 철거)로 옮겼다가 바로 이웃하는 공간에 새로운 청사(서소문동 38번지, 현 서울시청 서소문별관 자리; 1971년에 건물 철거)를 마련한 것으로 알려진다. 이 과정에 대해서는 『매일신보』 1910년 9월 17일자, 「추원잔무정리(樞院殘務整理)」; 『매일신보』 1910년 10월 4일자, 「추원위치(樞院位置)」; 『매일신보』 1910년 10월 7일자, 「도청문패(道廳門牌)」 및 「추원이접(樞院移接)」; 『매일신보』 1910년 10월 29일자, 「중추원휴무(中樞院休務)」; 『매일신보』 1911년 10월 13일자, 「고등법원 이전(高等法院移轉)」 등 제하의 기사를 통해 확인할 수 있다.

2) 양지아문과 지계아문의 등장

『게일의 서울지도』에 수록된 여러 관아들 가운데 다소간 위치 판단에 혼동을 줄 여지를 포함하고 있는 것은 바로 양지아문(量地衙門)이다. 이것은 원래 토지 측량에 관한 업무를 관할하기 위해 1898년에 신설한 기관으로, 한동안 종로 혜정교 남쪽에 있던 한성재판소 자리에 두었다가 1900년 5월 육조앞길 탁지부의 구내로 다시 옮겨 오게 되는 과정을 거쳤다. 따라서 양지아문은 탁지부의 부속청사에 거처를 두었을 뿐 별개의 독자구역을 가진 것은 아니었다는 점에 유의할 필요가 있다.

『황성신문』 1899년 4월 29일자 이후에 연속 게재된 분실물 광고문안이다. 여길 보면 양지아문에서 토지측량을 하다가 잃어버린 추를 찾는다는 내용이 담겨있다.

우선 양지아문의 설치 과정에 대해 살펴보면, 『고종실록』 1898년 7월 2일 기사에 "토지를 측량하는 일에 관해서는 이미 의정부(議政府)에서 아뢰어 재결받은 것이 있으니 별도로 양지아문(量地衙門)을 설치하고, 처무규정은 의정부에서 의정(議定)하여 들이도록 하라"는 조칙이 내려진 바 있고, 나흘 뒤에는 '칙령 제25호 양지아문 직원 및 처무규정'이 반포된 사실이 확인된다.

그리고 양지아문의 처소가 결정되는 과정과 그 이후 탁지부 구내로 옮겨 오는 내용에 대해서는 다음과 같은 자료들이 눈에 띈다.

- 『독립신문』 1898년 8월 9일자, "[아문이설] 양지아문은 지금 한성부재판소로 설시하고 한성부재판소는 한성부로 옮긴다더라."

- 『매일신문』 1898년 9월 17일자, "양지아문을 내부 후원에 권설하였더니 그전 한성재판소로 옮기려고 방장 수리를 분주히 하더라."

- 『대한제국 관보』 1898년 9월 20일자, "양지아문령(量地衙門令) 제1호(第1號) 본아문(本衙門) 위치(位置)를 좌(左)같이 정(定)하는 사(事). 양지아문(量地衙門); 중서 서린방 일영대계(中署 瑞麟坊 日影臺契) 혜정교남변(惠政橋南邊) 전한성부재판소(前漢城府裁判所)."

- 『대한제국 관보』 1900년 5월 9일자, "[궁정록사(宮廷錄事)] 양지아문총재관 신 조병식, 신 박정양, 신 심상훈 등이 삼가 아뢰길, 본 아문의 사무가 점차 늘어나고 있으나 처소의 간살이 협착하여 용접하기 어려움이 있사오니 탁지부내 공해로써 이설함이 어떠한지 삼가 상주하나이다(量地衙門總裁官臣趙秉式臣朴定陽臣沈相薰等謹奏 本衙門事務漸爲浩大間架狹窄有難容接 以度支部內公廨移設何如謹上奏). 광무(光武) 4년(年) 5월(月) 6일(日) 아뢴 대로 하라는 성지를 받듭니다(奉旨依奏)."

위의 내용에 따라 양지아문은 설치 직후 '내부 후원'에 처소를 마련하였다가 혜정교 남변에 있던 옛 한성부재판소 자리를 거쳐 다시 육조앞길 동편의 탁지부 구내로 옮겨 왔다는 사실을 파악할 수 있다. 하지만 이 양지아문은 1901년 10월 지계아문(地契衙門)이 신설될 때에 이미 업무가 정지된 것이나 다를 바 없는 상태였으므로, 결국 그 이듬해인 1902년 3월에 이르러 사실상 이곳에 흡수되고 청사도 그대로 지계아문으로 넘겨졌다.

지계아문이 양지아문의 처소로 들어오게 되는 과정에 대해서는 다음과 같은 구절이 남아 있음을 확인할 수 있다.

• 『대한제국 관보』 1902년 1월 27일자, "[궁정록사(宮廷錄事)] 지계아문 총재서리부총재 신 이용익 삼가 아뢰길, 본 아문의 사무소는 처음 탁지부 내에 두어 우선 시무를 보게 하였으나 현재 사무가 확장되매 장애를 받는 일이 많이 있고 불용불편하와 양지아문이 지금 사무가 정지된 상태인즉 본 아문을 옮겨 가는 처소로 정하자는 뜻을 삼가 상주하나이다(地契衙門總裁署理副總裁臣李容翊謹奏 本衙門事務所姑定于度支部內先爲視務矣現今事務擴張多有掣碍之端不容不便定而量地衙門今旣停務則本衙門移定入處之意謹上奏). 광무(光武) 6년(年) 1월(月) 21일(日) 아뢴 대로 하라는 성지를 받듭니다(奉旨依奏)."

그리고 『고종실록』 1902년 3월 17일 기사에는 의정부의 요청에 따라 양지아문을 지계아문에 소속시키는 결정 내용이 다음과 같이 수록되어 있다.

의정부의정(議政府議政) 윤용선(尹容善)이 아뢰기를, "토지타량(土地打量)과 권계수선(券契修繕)은 직무가 서로 밀접하므로 아문(衙門)을 따로 둘 필요가 없으니, 양지(量地)와 지계(地契) 두 아문을 지금 우선 합설(合設)하는 것이 어떻겠습니까?" 하니, 제칙을 내리기를, "아뢴 대로 하되 양무(量務 : 토지측량 업무)는 지계아문(地契衙門)에 넘겨 전적으로 시행하게 하라." 하였다.

그러나 이 지계아문 역시 1904년 4월 19일 칙령 11호에 의해 폐지되고, 그 대신 탁지부에 "국내 토지의 측량과 전답(田畓), 가옥(家屋), 산림(山林),

천택(川澤)의 소관 사무를 관장"하는 양지국(量地局) 관제가 신설되어 그 기능이 이어졌던 것으로 확인된다. 그리고 지계아문이 없어진 공간에는 새문밖 경기감영터에 있던 한성재판소가 새로 들어와 그 자리를 채웠으나, 나중에 이 건물은 화재로 소실되고 말았다.[4]

한편, 1908년에 내각기록과(內閣記錄課)에서 편찬한 『법규유편(法規類編)』 제1권 '관제문(官制門)', 58~59쪽에 수록된 '폐지관제(廢止官制)' 항목에는 양지아문과 지계아문의 연혁이 잘 요약되어 있는데 그 부분을 참고 삼아 옮겨보면 다음과 같다.

양지아문(量地衙門)
- 광무 2년(1898년) 7월 6일 칙령 제25호로 양지아문직원급처무규정(量地衙門職員及處務規程)을 설(設)하고 총재관(조칙으로 피명) 3원, 부총재관(조칙으로 피명) 2원, 기사원(농상공부주임 중 추천) 3원, 서기(농상공부판임 중 선정) 6원을 치(置)하여 내부(內部)와 농상공부(農商工部)에서 청의(請議)하는 사항을 판리(辦理)함.
- 광무 6년(1902년) 3월 17일 의정부주본(議政府奏本)으로 양무부속어 지계아문(量務附屬於地契衙門)함.
- 광무 8년(1904년) 4월 19일 칙령 제11호로 지계아문직원급처무규정(地契衙門職員及處務規程)을 폐지(廢止)하고 탁지부 양지국관제(度支部 量地局官制)를 설(設)하여 국장 1인, 기사 3인, 주사 6인, 기수 10인을 치(置)하였

---

4) 이에 관해서는 『대한제국 관보』 1904년 4월 9일자, "[궁정록사(宮廷錄事)] 조왈, 한성재판소를 전 지계아문으로 이접하라(詔曰漢城裁判所移接于前地契衙門). 광무(光武) 8년(年) 4월(月) 6일(日) 의정부찬정 이하영(議政府贊政 李夏榮)"이라는 구절이 남아 있고, 한성재판소의 화재사건에 대해서는 『황성신문』 1907년 4월 4일자, 「탁지화재(度支火災)」; 『황성신문』 1907년 4월 5일자, 「한재이설(漢裁移設)」 및 「탁지실화 후문(度支失火後聞)」; 『황성신문』 1907년 4월 17일자, 「한재수비(漢裁修費)」 등 제하의 기사를 참조할 수 있다.

더니,
- 광무 9년(1905년) 2월 26일 칙령 제19호로 탁지부관제중(度支部官制中) 양지국(量地局)을 폐지(廢止)하고 양안조사사항(量案調査事項)은 탁지부 사세국(度支部 司稅局)에 편입(編入)함.

지계아문(地契衙門)
- 광무 5년(1901년) 10월 20일 칙령 제21호로 지계아문직원급처무규정(地契衙門職員及處務規程)을 정하고 총재관 1인, 부총재관 2인, 위원 8인, 기수 2인을 치(置)하여 한성부(漢城府)와 13도(道)의 전토계권정리실시(田土契券整理實施)하는 사무를 전행(專行)케 함.
- 동(同) 24일 부총재관 2인을 3인으로 부표(付票)함.
- 동(同) 11월 11일 직원급규정(職員及規程)을 전체개정(全體改正)하여 총재 1인, 부총재 3인(모두 칙임), 감리 13인, 위원 4인(모두 주임), 주사 6인(판임)을 치(置)함.
- 동(同) 21일 부총재 차(次)에 기사원 3인을 부표증치(付票增置)하고,
- 광무 6년(1902년) 12월 30일 부총재 3인은 1인으로, 기사원 3인은 4인으로 부표(付票)하고,
- 광무 7년(1903년) 4월 1일 부총재 1인을 2인으로 부표(付票)하고,
- 동(同) 8월 29일 기사원 4인은 5인으로, 위원 4인은 5인으로 부표(付票)하고,
- 동(同) 12월 7일 부총재 차(次)에 지계국장(地契局長, 2등) 1인을 증치(增置)하고 기사원 5인은 4인으로 부표(付票)하였더니,
- 광무 8년(1904년) 4월 19일 칙령 제11호로 지계아문(地契衙門)을 폐지(廢地)함.

게일 목사의 『서울지도』에 대한 설명

근대시기와 관련한 여러 저작물을 통틀어 인용 빈도가 아주 높은 지도자료가 하나 있다. 이른바 『게일의 서울지도』가 바로 그것이다.

무엇보다도 기본적인 지형과 공간 구성에 충실한 편이라서 지도로서의 효용성이 높고, 한자를 곁들이기는 했지만 한글 표기가 그 시절의 지명 그대로 채록되어 있으므로 여러모로 정감이 가는 자료로 평가된다. 시기적으로도 대한제국 시절의 단면을 비교적 풍부하고도 일목요연하게 담아내고 있어서 이 지도가 지닌 상징적인 가치도 주목이 되는 부분이라고 하겠다.

이 지도의 출처는 『로열 아시아틱 소사이어티 한국지회 회보(Transactions of the Korea Branch of the Royal Asiatic Society)』 제2권 제2부(Vol. II Part II)에 수록된 것으로, 선교사 게일(James Scarth Gale, 奇一; 1863~1937)이 기고한 「한양(서울); Han-Yang(Seoul)」(pp.1~43)이란 논문에 첨부되어 있는 것이다. 게일은 자신이 이 같은 기고하게 된 동기를 이렇게 적었다.

> 이 논문은 현재 수도인 서울에 대한 가이드북을 만들려는 목적에서가 아니라, 섭렵할 수 있는 문헌들로부터 가능한 만큼이라도 수집하고 또한 과거 서울의 모습을 그려볼 수 있도록 하여 지금의 도시와 그것을 비교할 수 있게끔, 이 도시의 역사를 보여주고자 하는 목적에서 준비된 것이다.

이 글의 발행 시기는 책의 표지에 '1902년'이라고만 표시되어 있으나 정확하게는 '1902년 12월'이다. 『더 코리아 리뷰(The Korea Review)』 1903년 1월호의 서두에 「서울에 관한 주목할 만한 한 논문(A Notable Paper on Seoul)」이라는 제목으로 수록된 서평 형식의 글 가운데 "『로열 아시아틱 소사이어티 한국지회 회보』의 제2권 제2부가 지난달 중에 발간되었다"고 소개하고 있는 것이 그 근거이다.

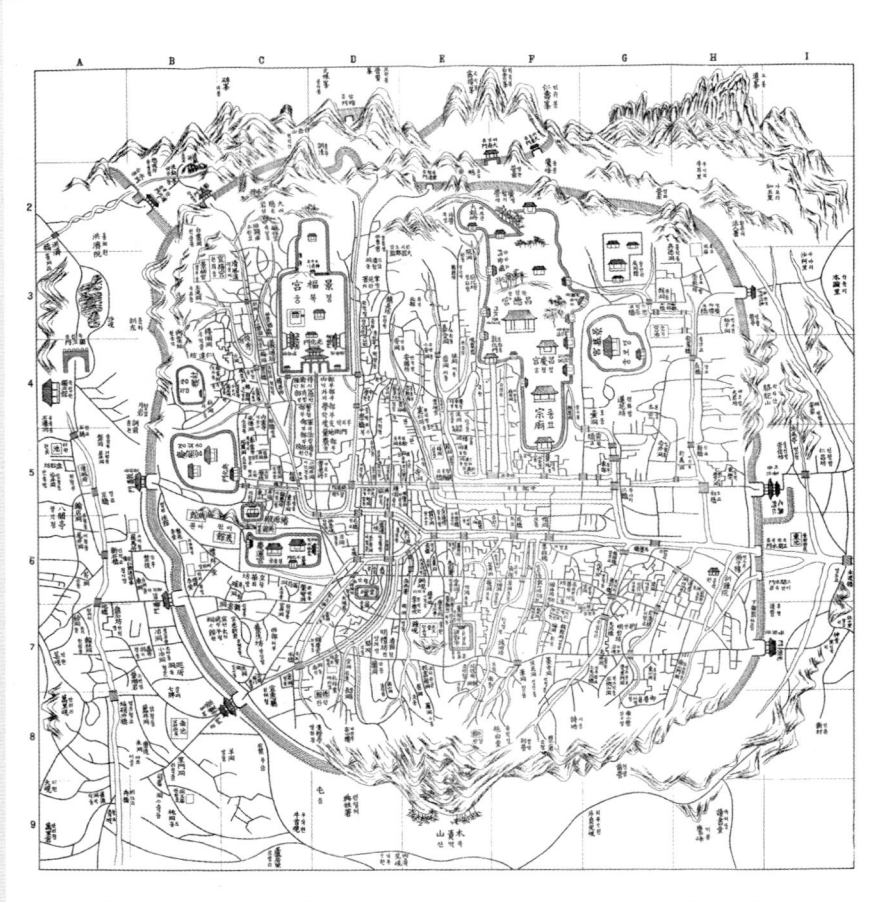

『로열 아시아틱 소사이어티 한국지회 회보』 제2권 제2부(1902년 12월)에 수록된 '게일의 서울지도'는 근대시기 서울의 공간 연구에 있어서 필수적인 인용 자료의 하나로 활용되고 있다.

이 지도의 제작 주체에 대해서는 정확하게 알려진 바가 없으나 그 당시 『더 코리안 리포지토리(The Korean Repository)』와 『더 코리아 리뷰(The Korea Review)』와 같은 영문월간지가 한국 관련 서양인 저작물의 기초자료로 충실히 활용되었듯이, 이 자료 역시 서울 거주 서양인들을 중심으로 널리 배포되어 사용되었던 것으로 짐작된다. 실제로 서울 주재 이탈리아 영사를 지낸 카를로 로제티(Carlo Rossetti, 1876~1948)의 『꼬레아 에 꼬레아니(Corea e Coreani)』 제1편(1904)에는 이 지도를 그대로 밑그림으로 활용하여 서울 전역의 주요 명소와 관공서 등을 표시한 '서울지도(Pianta di Seul)'가 작성된 사례도 발견할 수 있다.

그렇다면 이 지도의 제작 연대는 언제라고 볼 수 있을까? 이에 관해서는 이 지도의 원본 출처가 간행된 때가 1902년 12월이라는 사실이 드러나 있으므로, 이미 절반쯤은 그 해답이 주어진 셈이다.

그렇더라도 지도상에 표시된 지명과 관아명칭을 통해 이 지도의 구체적인 작성 시점을 축약해볼 수 있을 듯하다.

우선 육조앞길에 포진한 헌병사령부와 경부가 신설된 시점과 새문 밖 경인철도정거장이 들어서고 경운궁 북쪽 구역에 새로 선원전(璿源殿)이 마련된 시기가 모두 1900년이라는 점에 비춰보면 이 지도는 그 이후의 상황을 반영한 것이 확실하다. 하지만 이보다 좀 더 시기를 구체화할 수 있는 판단 근거는 '한성부'와 '덕관(德館, 독일영사관)'의 표기 위치이다.

게일의 지도에는 한성부가 돈의문 밖 옛 경기감영이 있던 곳에 표시되어 있는데, 한성부가 이 자리로 옮겨 가기로 결정되어 조칙이 내려진 때는 1902년 4월 16일이다. 그리고 독일영사관의 경우 상동(尙洞)의 예배당 아래쪽에 있는 것으로 표기되어 있는 바 원래 서소문동 38번지에서 이 자리로 옮겨 온 것은 1902년 5월 16일의 일이었다. 따라서 이 지도는 논문이 발표되던 바로 그해의 상황까지 고스란히 담아내고 있었던 것으로 볼 수 있다. 다만 이 지도가 최종 완성될 당시에는 육조앞길의 '양지아문'은 '지계아문'으로 대체된 상태였을 것이지만 이 부분은 제대로 반영되지 못했던 것으로 보인다.

요컨대 이 지도가 게일 자신의 논문을 위해 그가 직접 관여하여 만든 것인지는 분명하지 않지만, 적어도 그가 글을 정리하고 있던 때에 가장 근접하여 최종 제작이 마무리된 것은 틀림이 없는 사실이다.

5. 통감부 설치 이후의 변화

1) 국권 피탈과 외부·군부·법부의 폐지

　육조앞길의 관아배치와 관련한 공간 변화는 이른바 '을사조약'을 계기로 더욱 극적인 형태로 진행되었다. 1904년에 발생한 러일전쟁의 결과는 국제사회에서 더 이상 일본을 견제할 수 있는 나라가 없도록 만들어주었고, 이에 따라 대한제국의 국권을 빼앗아 가는 속도는 그만큼 빨라졌던 것이다. 러일전쟁에서 승리한 일본이 1905년 9월 5일의 '포츠머스강화조약'을 통해 "······ 한국에서 정치상, 군사상, 경제상의 특별한 이권을 가지며, 일본정부가 한국에서 필요하다고 인정하는 지도, 보호 및 감리의 조치를 취함에 대하여 이를 저해하거나 간섭받지 않는다"라는 사실을 확인받자마자 이른바 '보호권'을 명분으로 외교권을 앗아 가는 조약의 체결을 강압하고 나선 것도 바로 이러한 맥락이었다.

러일전쟁 이후 일제에 의한 국권 침탈의 주요 내용

일자	주요 내용	비고
1904. 2. 9.	러일전쟁 개시	-
1904. 2. 23.	한일의정서	군략상 필요지점 수용
1904. 8. 1.	제1차 한일협약	재정고문, 외교고문 고빙

1905. 1. 18.	화폐조례의 공포	일본통화 유통 공인
1905. 1. 31.	국고금취급 및 화폐정리사무 위탁	제일은행권 강제 유통
1905. 4. 1.	통신기관 합동연락에 관한 협정서	통신관리국 설치
1905. 4. 12.	군대정리축소	병력 절반 감소
1905. 7. 27.	카츠라 태프트 밀약	일본의 한국에 대한 보호권 용인
1905. 9. 5.	포츠머스 강화조약	열강에 의한 보호권 확인
1905. 11. 17.	제2차 한일협약	외교권박탈, 통감 주재
1906. 2. 1.	일본공사관 폐쇄 및 통감부 개청	외부 폐지, 통감정치 개시
1906. 7. 1.	통감부 철도관리국 관제	경부, 경인철도 일본 매수
1907. 7. 24.	한일신협약	통감의 내정감독권한, 차관정치
1907. 7. 31.	군대해산에 관한 조칙	군부 폐지(1909년)
1907. 10. 29.	재한일본신민에 대한 경찰사무집행협정	일본인 경찰관에 의한 집행
1909. 7. 12.	사법 및 감옥사무 위탁에 관한 약정서	법부 폐지
1910. 6. 24.	경찰사무 위탁에 관한 각서	경시청 폐지, 경무총감부 설치
1910. 8. 22.	강제병합조약	경술국치
1910. 10. 1.	조선총독부 및 부속관서 관제 시행	식민지배 본격 개시

일제에 의한 이러한 국권 피탈이 노골화하면서 기존의 핵심 중앙관서가 잇달아 폐지되거나 아예 다른 지역으로 옮겨 가는 일도 심심찮게 발생하였고, 그때마다 통감부의 부속기관들이 그 빈자리를 속속 메웠다는 것이 이 시기 청사 이동의 특징이었다. 이들 기관이 장차 경술국치 이후 식민통치의 주요 기능을 담당하게 되었음은 물론이었다.

우선 1905년 을사조약의 체결에 따른 당장의 변화는 외부(外部)가 폐지되고 바로 그 자리가 통감부로 전환되었다는 사실이다.[1]

---

1) 『대한제국 관보』1906년 1월 19일자에 수록된 '칙령 제5호 외부관제(外部官制) 개정건'에 의해 종전의 외부(外部)는 1906년 1월 17일을 기준으로 소관 사무를 비롯하여 조약서 및 공문서류 일체가 의정부(議政府)에 이속됨과 동시에 외사국(外事局)으로 개칭되는 과정을 거쳤는데, 이는 사실상 외부의 폐지에 해당한다.

48. Offices of the Residency-General as first established; formerly the Korean Foreign Office.

통감부의 첫 개설지였던 육조앞길 구 외부의 구내건물이다. 사진 속에 제복 차림의 사람들이 여럿 보이는 것은 이곳이 '임시토지조사국원양성소' 또는 '경찰관연습소'이던 때에 촬영된 탓이 아닌가 여겨진다(조선은행, 『픽토리얼 초센 앤드 만추리아』, 1919).

1906년 2월 1일 그 당시 하세가와 요시미치(長谷川好道, 1850~1924) 한국주차군사령관이 초대 한국통감 이토 히로부미(伊藤博文, 재임 1905. 12. 21~1909. 6. 15)의 정식 부임에 앞서 임시통감대리의 자격으로 참석하여 통감부의 개청식이 거행되었으며, 이와 동시에 일본공사관(日本公使館)은 폐쇄되었다. 일본 측은 남산 왜성대(倭城臺)에 통감부 신청사의 건립에 착수하여 그 이듬해 완공을 보았고, 이에 따라 1907년 1월 25일 통감부는 육조앞길을 떠나 남산 아래로 옮겨 갔다.

『경성부사(京城府史)』 제2권(1936)에는 통감부의 설치와 청사 이전에 관해 다음과 같이 서술하고 있다.

1907년 1월에 완공된 남산 왜성대의 통감부 신청사이다. 이곳은 경술국치 이후 그대로 조선총독부로 전환됨과 동시에 주변 일대가 증축되어 1926년까지 사용되었다(통감부, 『한국사진첩』, 1910).

…… 그런데 명치 38년(즉 1905년) 11월 17일 제2차 일한협약(日韓協約)의 결과 한국이 외교사무를 일본정부에 위임하기에 이르러 일본정부는 재경성 일본공사관(日本公使館)을 철폐하고 통감부(統監府)를 설치하여 통감을 주차(駐箚)시키며, 종래의 각영사관을 고쳐 이사청(理事廳)으로 하도록 결정하여, 명치 38년(즉 1905년) 11월 칙령 제240호로써 '통감부 및 이사청을 한국에 설치하는 건'을 발포했고, 이어서 동년 12월 20일 칙령 제267호로써 '통감부 및 이사청 관제'를 발포했다.

통감부 관제 발포의 다음 12월 21일 추밀원의장(樞密院議長) 후작(侯爵) 이토 히로부미(伊藤博文)가 통감(統監)에 친임(親任)되고, 동시에 총무장관

(總務長官)에 츠루하라 사다키치(鶴原定吉), 농상공무부총장(農商工務部總長)에 키우치 쥬시로(木內重四郞), 경무총장(警務總長)에 오카 키시치로(岡喜七郞)가 임명되었으며, 명치 40년(1907년) 3월 외무총장(外務總長)에 나베시마 케이지로(鍋島桂次郞)가 임명되었다.

명치 39년(즉 1906년) 1월 29일 츠루하라 총무장관이 먼저 내임(來任)했고, 이어서 키우치, 오카의 양 총장도 서로 앞서거나 뒤서거니 착임하여 통감부 개청의 준비를 했다. 동년 1월 31일부로 공사관은 폐쇄(閉鎖)되고, 2월 1일 임시통감대리(臨時統監代理) 육군대장 하세가와 요시미치(長谷川好道)가 간단한 통감부개청식(統監府開廳式)을 거행하고는 광화문통 구외부(光化門通 舊外部)에서 즉각 사무를 개시했다. 다년간 일한외교(日韓外交)의 난국(難局)을 감당했던 하야시공사(林公使)는 2월에 들어서 경성에서 물러나 21일 동경에 도착했다.

…… 통감부 개청과 동시에 남산 기슭에서 부내(府內)를 내려다보는 좋은 위치를 골라 임시로 목조청사(木造廳舍)의 건축을 계획하여 40년(즉 1907년) 2월에 낙성(落成)하고 28일 구외부(舊外部)에서 이곳으로 이전했다. 지금의 왜성대 은사과학관(恩賜科學館) 건물 북단(北端)의 일동(一棟)이 곧 이것이다. 통감의 관저는 지금의 총독관저이고 구 공사관으로써 이에 충당했으며, 기타는 관사(官舍)가 부족한 탓에 총무장관은 현 수정(壽町, 코토부키쵸) 관사 10호의 장소, 키우치 총장은 현 남산정(南山町, 난산쵸) 3정목 31번지, 오카 총장은 현 대화정(大和町, 야마토마치) 1정목 39번지에 거소를 정했고, 기타의 관리는 종래의 공사관 관사 및 소재의 민가에 들었다. 통감부청사의 건축에 착수하는 것과 동시에 통감저 부근을 중심으로 하여 기타 각소에 관사의 건축을 서둘러 종래 극히 적막했던 왜성대 일대(倭城臺 一帶)에는 당시 경성 사람들에게 낯설었던 동경풍(東京風)의 관사가 처마를 잇기 시작했다.

다만, 여기에서는 통감부 청사를 남산 왜성대로 옮긴 때를 1907년 2월 29일이라고 적고 있으나, 그 당시 『대한매일신보』 1907년 1월 26일자에 수록된 「감부이설(監府移設)」 및 『황성신문』 1907년 1월 26일자에 게재된 「통부이접(統府移接)」 등의 신문기사에 따르면 진고개(泥峴)에 신건축한 가옥으로 통감부를 이설한 것은 한결같이 '1907년 1월 25일'이라고 적고 있는데, 아무래도 이쪽의 기록이 더 신빙성이 있다고 보아야 할 것이다.[2)]

아무튼 1년 가까이 통감부로 사용됐던 옛 외부 청사 구역은 그 직후 통감부법무원(統監府法務院)이 옮겨 와서 다시 사용하였다. 그 사이에 이곳 구내에는 중추원(中樞院)이 다시 설치되는 한편 경찰관연습소(警察官練習所)가 들어섰고, 1909년 11월에 통감부법무원이 폐지된 이후에는 한성부(漢城府)가 함께 옮겨 들어오는 등 다소 혼란스러운 공간배치가 이뤄지기도 했다. 이와 관련한 당시의 신문자료를 뽑아보면, 대략 다음과 같이 정리된다.

- 『황성신문』 1907년 3월 25일자, "[추원유청(樞院有廳)] 전외부(前外部)에 설치(設置)하였던 통감부(統監府)를 신축(新築)한 처소(處所)로 이접(移接)하였다 함은 이위게보(已爲揭報)어니와 해처소(該處所)에는 재작일(再昨日)에 중추원(中樞院)을 이설(移設)하였더라."

---

2) 『통감부 공보』 1907년 2월 6일자에 수록된 '휘보; 관청사항'의 내용에 따르면 "[통감부 이전(統監府 移轉)] 경성 왜성대 본부청사 신축낙성에 따라 동소(同所)로 이전하고 오는 28일부터 사무를 취급함"이라고 기록되어 있는데, 아마도 이런 구절 때문에 통감부의 이전 시기를 2월 28일로 적고 있는 듯이 보인다. 하지만 이 날짜는 업무를 재개한 것을 표시한 것이며, 실제로 이전을 한 것은 위의 신문기사에 적혀 있듯이 '1907년 1월 25일'로 보는 것이 맞을 듯하다. 실제로 통감부 이전 사항의 안내문에 뒤이어 "[통감부법무원 이전(統監府法務院 移轉)] 통감부법무원은 작(昨) 28일 경성부 황토현(京城府 黃土峴)으로 이전했음"이라는 대목이 함께 수록되어 있는데, 이는 통감부법무원이 '1월 28일'에 옮겨 갈 시점에는 종전의 통감부 청사(옛 외부 청사)가 이미 비어 있었다는 상황을 말해주는 것이다.

• 『황성신문』1908년 2월 23일자, "[상차악습(尙此惡習)] 측량강습소(測量講習所)를 중추원내(中樞院內) 전외부 회계과(前外部 會計課)로 이설(移設)하였다가 재작일(再昨日)에 해소(該所)에서 전탁지부(前度支部)로 이접(移接)하므로 해원관리제씨(該院官吏諸氏)가 이거(移去)한 가사(家舍)를 시찰(視察)한즉 하허인(何許人)의 소위(所爲)인지 퇴헌(退軒) 6간(間)을 철거(撤去)하였다더라."

• 『황성신문』1908년 8월 30일자, "[경찰관연습(警察官練習)] 내부경무국(內部警務局)에서 신임교습급지방순사부장(新任敎習及地方巡査部長)에게 사무(事務)를 연습(練習)케 하기 위(爲)하여 경찰관연습소(警察官練習所)를 설(設)하고 본월말(本月末) 혹(或) 내월초순(來月初旬)부터 개시(開始)할 차(次)로 광화문전(光化門前) 전중추원내 건축물(前中樞院內 建築物)을 청사(廳舍)로 사용(使用)한다는데 신모(新募)한 순사(巡査)는 채용시험(採用試驗)에 합격(合格)한 자(者)에게 삼개월간(三個月間) 한어(韓語), 한국사정(韓國事情), 조련(操鍊), 필요(必要)한 법규(法規)를 교습(敎習)하고 지방경찰관(地方警察官)은 경찰서장(警察署長)으로 하여금 순사(巡査) 우(又)는 순사부장중(巡査部長中) 적당(適當)한 자(者)를 추선(推選)케 하여 오개월간(五個月間) 사무(事務)를 연습(練習)케 하고 본년(本年)의 순사모집(巡査募集)은 30명(名, 日人), 강습생(講習生)은 20명(名)이니 제일회(第一回)는 회계사무(會計事務)에 관(關)한 사(事)를 강습(講習)한다더라."

• 『황성신문』1908년 10월 1일자, "[송정훈시(松井訓示)] 중추원내(中樞院內)에 신설(新設)한 경찰관연습소(警察官練習所)에서 금번(今番) 채용(採用)한 일본순사(日本巡査) 30명(名)과 사무강습생(事務講習生) 21명(名, 각지방경찰서 재근자)과 금번(今番) 채용(採用)한 한인경부(韓人警部) 10여명(餘名)

을 수용(收容)하여 각강사(各講師)가 열석후(列席後)에 송정(松井, 마츠이) 경
무국장(警務局長)이 훈시연설(訓示演說)할 터이라더라."

• 『황성신문』1908년 10월 22일자, "[경찰개강식(警察開講式)] 내부 경찰
국(內部 警察局)에서 금번(今番) 채용(採用)한 경부(警部) 장계택외(張啓澤外)
10명(名)에 대(對)하여 2개월간(個月間) 실지사무(實地事務)를 연습(鍊習)하
기로 하고 작일(昨日) 중추원내(中樞院內) 경찰관연습소(警察官鍊習所)에 개
강식(開講式)을 행(行)하고 송정(松井, 마츠이) 경무국장(警務局長), 위생국장
(衛生局長) 염중모(廉仲模), 와곡(窪谷, 쿠보노야) 연습소장(鍊習所長)이 훈시
(訓示)하고 십시(拾時)에 파회(罷會)하였다더라."

• 『황성신문』1909년 10월 5일자, "[경관연습소 수리기(警官鍊習所 修理
期)] 무관학교(武官學校)를 내부(內部)에서 인계관할(引繼管轄)한다 함은 별
항(別項)과 여(如)하거니와 목하(目下) 중추원부속사(中樞院附屬舍)에 거접
(居接)한 경찰관연습소(警察官鍊習所)는 협착(狹窄)하여 해교(該校)를 수리
(修理)하고 이접(移接)할 터이나 본년도(本年度)는 경비(經費)가 부족(不足)
하므로 명년도경비(明年度經費)로 내춘(來春)부터 수리공사(修理工事)에 착
수(着手)한다더라."

• 『황성신문』1909년 12월 21일자, "[신이성부수리(新移城府修理)] 한성
부(漢城府)를 중추원내(中樞院內) 경찰관연습소 급 전통감부법무원(警察官
鍊習所 及 前統監府法務院)으로 이접(移接)하기 위하여 작일(昨日)부터 수리
공역(修理工役)에 착수(着手)하였다더라."

• 『황성신문』1910년 3월 2일자, "[한성부 이접기(漢城府 移接期)] 한성부

(漢城府)를 중추원내(中樞院內) 전통감부법무원(前統監府法務院)으로 이접(移接)키 위(爲)하여 수리(修理)한다 함은 이보(已報)하였거니와 해수리(該修理)의 공역(工役)이 준공(竣工)됨으로 내(來) 5일(日)에 이접(移接)하기로 결정(決定)하였다더라."

• 『황성신문』1910년 3월 6일자, "[한부과이(漢府果移)] 전보(前報)와 여(如)히 한성부(漢城府)를 중추원내(中樞院內) 전통감부법무원(前統監府法務院)으로 작일(昨日) 이접(移接)하였다더라."

다음으로 일제에 의한 국권 침탈로 인해 국가 운영에 있어서 중추적인 중앙관제가 폐지된 또 하나의 사례는 군부(軍部)이다. 잘 알려진 바대로 1907년 헤이그 특사사건의 여파로 고종 퇴위가 강요되고, 그와 동시에 군대해산(軍隊解散)까지 당하게 되어 군부는 사실상 실체가 없는 허울뿐인 중앙관제로 전락하고 말았던 것이다.

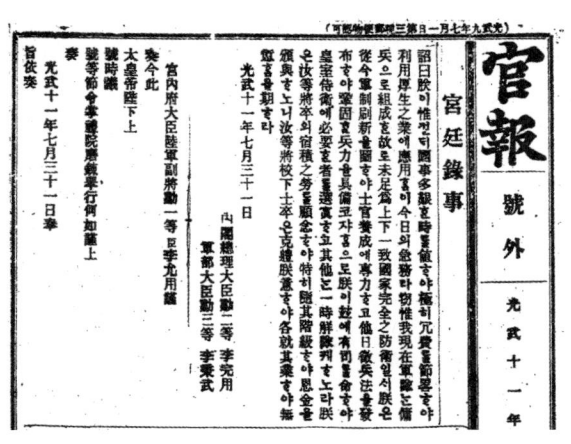

『대한제국 관보』1907년 8월 1일자(호외)에 수록된 '군대해산에 관한 조칙'이다. 장차 징병제를 실시하기 위해 일시적으로 군대를 해산한다는 내용을 담고 있으나, 결코 그러한 일은 벌어지지 않았다.

『대한제국 관보』1907년 8월 1일자(호외)에 수록된 '군대해산에 관한 조칙'은 이렇게 이어진다.

조왈(詔曰), 짐(朕)이 유(惟)컨대 국사다간(國事多艱)한 시(時)를 치(値)하여 극(極)히 용비(冗費)를 절약(節略)하여 이용후생지업(利用厚生之業)에 응용(應用)함이 금일(今日)

의 급무(急務)라. 절유(竊惟) 아현재군대(我現在軍隊)는 용병(傭兵)으로 조성(組成)한 고(故)로 미족위상하일치국가완전지방위(未足爲上下一致國家完全之防衛)일새 짐(朕)은 종금군제쇄신(從今軍制刷新)을 도(圖)하여 사관양성(士官養成)에 전력(專力)하고 타일(他日) 징병법(徵兵法)을 발포(發布)하여 공고(鞏固)한 병력(兵力)을 구비(具備)코자 하므로 짐(朕)이 자(玆)에 유사(有司)를 명(命)하여 황실시위(皇室侍衛)에 필요(必要)한 자(者)를 선치(選置)하고 기타(其他)는 일시해대(一時解隊)케 하노라. 짐(朕)은 여등장졸(汝等將卒)의 숙적지로(宿積之勞)를 고념(顧念)하여 특(特)히 수기계급(隨其階級)하여 은금(恩金)을 반여(頒與)하노니 여등장교하사졸(汝等將校下士卒)은 극체짐의(克體朕意)하여 각취기업(各就其業)하여 무건(無愆)함을 기(期)하라. 광무(光武) 11년(年) 7월(月) 31일(日) 내각총리대신 훈이등 이완용(內閣總理大臣 勳二等 李完用), 군부대신 훈삼등 이병무(軍部大臣 勳三等 李秉武).

여기에서는 "장차 징병법을 발포하여 공고한 병력을 구비코자 한다"는 구차한 이유를 달고 있었지만, 액면 그대로 그런 일이 정말로 이루어질 거라고 믿을 수 있는 상황은 전혀 아니었던 것이다. 그나마 이 와중에 우리나라의 군사조직으로는 황궁(皇宮)의 의장(儀仗)과 수위(守衛)를 전담할 목적으로 간신히 '근위보병대' 1개 대대와 '근위기병대' 1개 중대가 유일하게 남겨졌다.[3]

이러한 상태에서 유명무실했던 군부는 결국 1909년 7월 30일에 이르

---

3) 근위보병대(近衛步兵隊)와 근위기병대(近衛騎兵隊)는 『대한제국 관보』 1907년 8월 1일자(호외), '칙령 제16호 근위보병대편제건' 및 『대한제국 관보』 1907년 12월 25일자, '칙령 제58호 근위기병대편제건'에 의거 재편되어 각각 시위대(옛 삼군부) 자리와 경복궁 구내(서십자각 모서리구역 인접지)에 주둔하였으며, 경술국치 이후 조선보병대(朝鮮步兵隊)와 조선기병대(朝鮮騎兵隊)라는 이름으로 전환되었다. 시대의 흐름에 따라 조선기병대는 1913년 4월에 이르러 진즉에 폐지되었고, 병력 규모가 계속 축소된 조선보병대는 20년 가까운 세월이 흐른 뒤 1931년 4월 8일에 이르러 최종 해산되었다.

러 '군부와 무관학교의 폐지에 관한 조칙'과 '칙령 제16호 군부폐지건'이 내려짐에 따라 완전히 사라지게 되었다. 이 당시 군부의 폐지와 더불어 궁중에 친위부(親衛府)의 관제를 대신 설치하기로 하였으므로, 군부가 사용하던 청사는 이내 친위부 청사로 전환되기에 이른다.[4]

이와 비슷한 시기인 1909년 7월 12일에 일제의 강압으로 체결된 '사법 및 감옥사무의 위탁에 관한 약정서'는 군부에 이어 법부(法部)의 폐지까지 불러오게 되었다. 이 각서는 다음과 같은 구절로 이뤄졌다.

> 한국정부(韓國政府) 및 일본국정부(日本國政府)는 한국사법(韓國司法) 및 감옥사무(監獄事務)를 개선(改善)하고 한국신민(韓國臣民)과 재한국외국신민(在韓國外國臣民) 및 인민(人民)의 생명재산보호(生命財産保護)를 확실(確實)케 할 목적(目的)과 한국재정(韓國財政)의 기초(基礎)를 공고(鞏固)케 할 목적(目的)으로써 좌개조관(左開條款)을 약정(約定)함.
>
> 제1조 한국(韓國)의 사법(司法) 및 감옥사무(監獄事務)가 완비(完備)함으로 인(認)할 시(時)까지는 한국정부(韓國政府)는 사법(司法) 및 감옥사무(監獄事務)를 일본국정부(日本國政府)에 위탁(委託)함.
>
> 제2조 일본국정부(日本國政府)는 일정(一定)한 자격(資格)을 유(有)한 일본인(日本人) 및 한국인(韓國人)을 재한국일본재판소(在韓國日本裁判所) 및 감옥(監獄)의 관리(官吏)에 임용(任用)함.
>
> 제3조 재한국일본재판소(在韓國日本裁判所)는 협약(協約) 우(又)는 법령

---

[4] 친위부 관제는 『대한제국 관보』 1909년 7월 31일자에 수록된 '포달(布達) 제3호'의 내용에 포함되어 있다. 그리고 이 친위부의 최후에 대해서는 『한성신문』 1910년 9월 3일자에 "[친위문패철거(親衛門牌撤去)] 친위부(親衛府)를 통감부(統監府)로 인계(引繼)한다 함은 이보(已報)하였거니와 작일(昨日)에 친위부(親衛府)의 문패(門牌)를 철폐(撤廢)하였다더라"는 구절을 찾을 수 있다. 한편, 『경성부사』 제2권(1936), 36쪽에는 군부의 위치에 대해 "현 광화문통 경성중앙전화국 광화문분국(京城中央電話局 光化門分局)의 자리"라고 소개하고 있다.

(法令)에 특별(特別)한 규정(規定)이 유(有)한 자(者)에는 한국신민(韓國臣民)을 대(對)하여는 한국법규(韓國法規)를 적용(適用)함.

제4조 한국지방관청(韓國地方官廳) 및 공리(公吏)는 각기직무(各其職務)를 응(應)하여 사법(司法) 및 감옥사무(監獄事務)에는 재한국일본당해관청(在韓國日本當該官廳)의 지휘명령(指揮命令)을 승(承)하고 우(又)는 차(此)를 보조(補助)함. 일본국정부(日本國政府)는 한국사법(韓國司法) 및 감옥(監獄)에 관(關)한 일체경비(一切經費)를 부담(負擔)함.

우상(右上) 각기본국정부(各其本國政府)의 위임(委任)을 승(承)하여 각서(覺書) 한일문(韓日文) 각이도(各二度)를 작성(作成)하여 차(此)를 교환(交換)하고 후일(後日)의 증거(證據)로 하기 위(爲)하여 기명조인(記名調印)함이라.

융희(隆熙) 3년(年) 7월(月) 12일(日) 내각총리대신 이완용(內閣總理大臣 李完用).

명치(明治) 42년(年) 7월(月) 12일(日) 통감 자작 소네 아라스케(統監 子爵 曾禰荒助).

이러한 내용에 따라 미처 두 달을 넘기지 못한 1909년 10월 31일을 기준으로 종래의 사법관련제도 일체는 폐지되고, 그 다음 날인 1909년 11월 1일부터는 일본이 정한 '칙령 제236호 통감부재판소령'에 따라 통감의 직속으로 통감부재판소의 관할로 변경되고 말았다. 이와 아울러 사법권 일체가 통감부의 관할로 변경된 마당에 존재 이유를 상실한 법부관제(法部官制)도 함께 사라졌다. 이 당시에 한꺼번에 폐지된 관련 법률과 칙령의 목록을 간추려보면 그 내용은 대략 다음과 같다.

- 법률 제28호 융희 원년 법률 제8호 재판소구성법 폐지
- 법률 제29호 융희 원년 법률 제9호 재판소구성법시행법 폐지

- 법률 제30호 융희 원년 법률 제10호 재판소설치법 폐지
- 법률 제31호 광무 11년 법률 제1호 민사형사의 공소에 관한 건 폐지
- 법률 제32호 융희 2년 법률 제18호 미개청구재판소사무처리에 관한 건 폐지
- 법률 제33호 융희 3년 법률 제18호 변호사법 폐지
- 법률 제34호 융희 2년 법률 제13호 민형소송규칙중 개정
- 법률 제35호 융희 2년 법률 제24호 형사재판비용규칙중 개정
- 칙령 제84호 법학교 관제 제정 및 융희 원년 칙령 제53호 법관양성소 관제 폐지
- 칙령 제85호 융희 원년 칙령 제51호 법부 관제 폐지
- 칙령 제86호 융희 원년 칙령 제70호 형사검사관등정원 및 봉급령 폐지
- 칙령 제87호 융희 원년 칙령 제71호 재판소서기장 및 재판소서기관등 정원령 폐지
- 칙령 제88호 융희 원년 칙령 제72호 재판소번역관 및 재판소법역관보 관제 폐지
- 칙령 제89호 융희 원년 칙령 제52호 감옥 관제 폐지
- 칙령 제90호 융희 2년 칙령 제53호 미결수 및 기결수압송규칙 폐지
- 칙령 제91호 광무 2년 칙령 제3호 감옥규칙 폐지
- 칙령 제92호 융희 2년 칙령 제52호 경찰서유치장에서 행하는 유치, 구류 및 형벌집행에 관한 건 폐지
- 칙령 제93호 융희 2년 칙령 제33호 감옥관제복 및 제등휘장제정건 폐지
- 칙령 제94호 융희 3년 칙령 제48호 법관임용령 폐지
- 칙령 제95호 종래 법부의 토지가옥증명에 관한 사무의 내부 이관에 관한 건

이러한 결과로 새로운 재판소의 종류는 고등법원(高等法院)―공소원(控訴院)―지방재판소(地方裁判所)―구재판소(區裁判所)의 직제로 변경되었으며, 종전의 '통감부법무원'도 통감부재판소령의 편제 안으로 흡수되어 사라지게 되었다.[5]

그런데 이러한 법부가 폐지되기 이전에 옛 형조 자리였던 원래의 처소에서 벗어나 다른 곳으로 공간 이동이 이뤄진 사실이 눈에 띈다. 말하자면 법부는 1908년 5월 종로에 있는 평리원(平理院: 공평동 193번지 현 SC제일은행 본점 자리)으로 청사를 한 번 이전하였다가 그해 8월에 다시 옛 탁지부 임시재원조사국이 있던 처소로 자리를 옮긴 상태였던 것이다. 이 과정에 대해서는 우선 다음의 두 가지 기록을 통해 확인된다.

- 『대한제국 관보』 1908년 5월 28일자, "법부고시(法部告示) 제4호(第4號), 본부(本部)를 본월(本月) 23일(日)에 재종로 평리원내(在鍾路 平理院內)로 이전(移轉)함이라. 융희(隆熙) 2년(年) 5월(月) 25일(日) 법부대신(法部大臣) 조중응(趙重應)."

- 『대한제국 관보』 1908년 8월 5일자, "법부고시(法部告示) 제7호(第7號), 본부(本部)를 본월(本月) 2일(日)에 광화문전로(光化門前路) 구탁지부 임시재원조사국청사(舊度支部 臨時財源調査局廳舍)로 이전(移轉)함이라. 융희(隆熙) 2년(年) 8월(月) 3일(日) 법부대신(法部大臣) 고영희(高永喜)."

---

5) 역대 사법제도의 변천과 관련하여 최고재판소의 명칭은 '재판소구성법' 제정 이후 고등재판소(高等裁判所: 1895. 4. 1) → 평리원(平理院: 1899. 5. 30) → 대심원(大審院: 1908. 1. 1) → 고등법원(高等法院: 1909. 11. 1)의 순서로 바뀌었다. 단, 대심원의 경우 1907년 12월 23일 제정 법률 제10호 재판소설치법에 "각 재판소의 개청 기일은 법부대신이 정한다"는 단서조항과 1908년 7월 20일자 법부령(法部令) 제11호에 의해 재판소 개청 기일은 "본년 8월 1일"로 확정된 바 있었으므로 실제로는 8개월 후부터 정식 편제가 가동되었던 것으로 볼 수 있다.

옛 의금부 자리에 들어선 평리원(平理院) 청사의 전경이다. 대문 기둥에 '대심원' 간판이 걸린 것으로 보아, 1908년 8월 1일에 대심원(大審院)이 정식 출범한 이후에 촬영된 사진으로 보인다. 일제강점기에 법원청사가 정동으로 옮겨진 이후 이곳은 종로경찰서(1929. 9~1943. 10)로 사용되었다.

이 당시 법부가 옮겨 갔다는 임시재원조사국이라고 하는 것은 옛 지계아문 자리이기도 했던 한성부재판소가 있었던 공간을 말하는데, 아래에서 인용한 그 당시의 신문 기록을 통해 그러한 사실관계를 파악할 수 있다.

- 『황성신문』 1908년 5월 9일자, "[법부이접(法部移接)] 법부(法部)에서 사무(事務)가 번극(繁劇)하고 부원(部員)이 증가(增加)하여 현재청사(現在廳舍)로는 심(甚)히 협착(狹窄)하여 시무상(視務上)에 불편(不便)한 고(故)로 해부(該部)에서 평리원(平理院)에 신건축(新建築)한 청사(廳舍)로 이접(移接)한다는데 6월(月) 1일(日)부터 개청(開廳)할 대심원(大審院), 경성공소원(京城控訴院)은 해신축청사(該新築廳舍)로 합설(合設)하고 경성지방재판소(京城地方裁判所)와 구재판소(區裁判所)는 현재한성재판소(現在漢城裁判所)로 설

시(設始)한다더라."

• 『황성신문』 1908년 7월 18일자, "[재차이접(再次移接)] 낭일(曩日) 법부(法部)에서 종로청사(鍾路廳舍)로 이접(移接)하였으나 해처(該處)가 협애(狹隘)하여 시무(視務)에 불편(不便)한 고(故)로 임시재원조사국(臨時財源調査局)으로 이접(移接)하고 해국(該局)은 탁지부 통계과청사(度支部 統計課廳舍)로 이접(移接)한다더라."

• 『황성신문』 1908년 7월 31일자, "[법회개청(法會開廳)] 내(來) 토요일(土曜日)부터 법부(法部)를 전탁지부내 임시재원조사국 기지(前度支部內 臨時財源調査局 基址)에 이접(移接)하게 되었는데 현재신축청사(現在新築廳舍)에는 대심원(大審院), 공소원(控訴院), 지방재판소(地方裁判所), 구재판소(區判裁所)를 개청(開廳)하기로 결정(決定)하였다다더라."

• 『황성신문』 1908년 8월 4일자, "[법부이접(法部移接)] 법부(法部)는 작일(昨日)부터 탁지부 임시재원조사국(度支部 臨時財源調査局)으로 이접(移接)하여 작일(昨日)부터 시무(視務)한다더라."

• 『황성신문』 1908년 8월 5일자, "[이접청사수리(移接廳舍修理)] 법부(法部)를 전한성재판소(前漢城裁判所)로 이접(移接)함은 작보(昨報)에 게재(揭載)하였거니와 해청사(該廳舍)의 퇴락(頹落)한 처(處)가 다(多)하므로 일간(日間) 수리(修理)한다더라."

한편, 법부가 빠져나간 육조앞길 서편의 원래 자리에는 1908년 9월에 한성부가 들어섰다는 사실은 앞에서도 이미 설명한 바 있다.[6] 하지만 한성부가 들어선 자리조차도 결국 남쪽으로 이웃하던 통감부 통신관리국(通信管理局)의 영역으로 이내 잠식을 당함에 따라, 한성부는 다시 길 건너편에 통감부법무원이 있던 공간으로 재이전되는 신세가 되고 말았다.

- 『황성신문』1909년 4월 2일자, "[일체축출(一切逐出)] 한성부청사(漢城府廳舍)의 남부익랑(南部翼廊) 급(及) 공대(空垈)는 통감부 통신관리국청사 증축지(統監府 通信管理局廳舍 增築地)에 범입(犯入)하여 기(旣)히 개역중(開役中)인데 해부사령 급 기타무가자(該府使令 及 其他無家者)의 거접(居接)한 인(人)이 유(有)한데 차(此)를 수일내(數日內)에 훼철(毀撤)할 터인 고(故)로 해주거자(該住居者)를 금일(今日)까지 한(限)하여 일체축출(一切逐出)한다더라."

- 『황성신문』1909년 8월 24일자, "[한부개축(漢府改築)] 한성부(漢城府)의 현청사(現廳舍)는 통감부통신관리국(統監府通信管理局)에 이차(已借)인데 장구(長久)히 거접(居接)키 난(難)하여 금번(今番)에 해청사(該廳舍)를 신축(新築)함이 가(可)하다 하여 내부(內部)와 탁지부(度支部)가 해경비(該經費)를 교섭(交涉)하는 중(中)이라더라."

- 『황성신문』1909년 12월 1일자, "[부속(附屬)과 이접(移接)] 현금(現今)

---

[6] 이와 관련한 내용은 '한성부와 한성재판소의 처소 이전 연혁' 항목에 수록되어 있다. 참고로, 이 당시 경기감영터에 있던 한성부를 육조앞길 서편 옛 법부 청사로 이전하도록 결정한 내용에 대해서는 『대한제국 관보』1908년 9월 5일자에 수록된 "내부고시(內部告示) 제33호(第33號) 한성부청(漢城府廳)은 본월(本月) 5일(日)로부터 경성 서서 적선방(京城 西署 積善坊) 광화문전 구법부(光化門前 舊法部)로 이전(移轉)함. 융희(隆熙) 2년(年) 9월(月) 4일(日) 내부대신(內部大臣) 송병준(宋秉畯)"이라는 구절로도 확인된다.

전법부(前法部)에 거접(居接)한 한성부(漢城府)는 통신관리국(通信管理局)으로 부속(附屬)되고 해부(該府)는 중추원(中樞院)으로 이접(移接)하고 중추원(中樞院)은 상당(相當)한 관청(官廳)을 택(擇)하여 이접(移接)하기로 목하(目下) 협의중(協議中)이라더라."

• 『황성신문』 1910년 3월 10일자, "[분통신원이(分通信員移)] 통신관리국(通信管理局)에서 전법부기지(前法部基址)에 가옥(家屋)을 확건축(擴建築)함은 일반지료(一般知了)하는 바어니와 통신관리국(通信管理局) 사무원(事務員) 일부분(一部分)이 장차(將次) 해가옥(該家屋)으로 분이(分移)한다더라."

여기에서 말하는 통신관리국은 1905년 4월 1일 한일통신기관협정서의 체결이 강요될 때에 그 결과로서 생겨난 기관이며, 우리나라의 통신기관 일체를 접수한 주체이기도 하였다. 이에 따라 사실상 유명무실해진 직제로 전락한 기존의 통신원(通信院)은 일단 매동의 중추원 자리로 옮겨 갔다가 그 이듬해인 1906년 7월에 완전히 폐지되는 수순을 밟았다.

이 당시 옛 통신원 구역은 일제가 파견한 한국통신사무인계위원부(韓國通信事務引繼委員部)에 의해 접수되는 동시에 경성우편국분실(京城郵便局分室)로 바뀌었다가 통감부 개청 이후에는 통신관리국(通信管理局)의 차지로 탈바꿈하는 과정이 이어졌다. 이에 대해서는 다음의 몇 가지 기록이 남아 있다.

• 『황성신문』 1905년 5월 19일자, "[통신원파수(通信院把守)] 통신기관(通信機關)을 일본접수위원장(日本接受委員長) 이케다 쥬자부로씨(池田十三郎氏)에게 부여(付與)하라고 정부(政府)에서 통신원총판(通信院總辦)에게 전화(電話)로만 전(傳)하고 정식(正式)의 공문(公文)이 무(無)하기로 교부(交

付)치 아니하고 상금(尙今) 연타미결(延拖未決)하더니 작일(昨日)에 일본우편국(日本郵便局) 관인수명(官人數名)과 일헌병(日憲兵)이 통신원(通信院)에 래(來)하여 인계시무(引繼視務)함을 의합동조약시행(依合同條約施行)코저 하나 총판(總辦) 장화식씨(張華植氏)가 정부공문(政府公文)이 유(有)하기 전(前)에는 결단(決斷)코 교부(交付)치 못한다 항거(抗拒)함으로 위원장(委員長) 이케다씨(池田氏)는 정부(政府)로 직입(直入)하여 최촉(催促)한다 하고 일헌병(日憲兵)은 해원전후문(該院前後門)에 파수(把守)하여 출입인(出入人)을 검사(檢査)하며 통신(通信)을 금지(禁止)하고 해원문(該院門)에는 경성우편국분실(京城郵便局分室)이라고 대서게부(大書揭付)하였더라."

• 『황성신문』 1905년 6월 1일자, "[일관공함(日館公函)] 일관(日館)에서 통신원총판(通信院總辦)에게 공함(公函)하되 통신기관(通信機關)을 인계(引繼)하고 사무소(事務所)를 별정차여(別定借與)하라고 귀정부(貴政府)에 조청(照請)하였더니 상금(尙今)토록 여하판리(如何辦理)가 무(無)하니 본사무소(本事務所)는 통신원(通信院)으로 정(定)하고 취용(取用)할 터이니 해원(該院)에 소재즙물(所在汁物)을 타처(他處)로 이거(移去)하여 비편취용(俾便取用)케 하라 하였다더라."

• 『구한국외교문서(舊韓國外交文書)』 제7권, 일안(日案) 8798호, 광무 9년(1905년) 7월 11일자, "일본공사 하야시 곤스케(日本公使 林權助)는 일본(日本)의 통신인계위원(通信引繼委員)이 사무감독편의상(事務監督便宜上) 그 본부사무실(本部事務室)을 전한성우체사(前漢城郵遞司) 및 전보사(電報司) 자리인 현경성우편국분실구내 소재(現京城郵便局分室構內 所在) 한국통신원청사(韓國通信院廳舍)의 전부(全部)를 사용(使用)할 것과 한국통신원(韓國通信院)은 통신인계위원(通信引繼委員)이 사용중(使用中)인 원보성전문학

교(元普成專門學校) 자리로 이전(移轉)할 것을 통신원서리총판(通信院署理總辦) 김재순(金在珣)과 협의(協議), 총판(總辦)도 이의(異議)가 없는 취지(趣旨)로 양해(諒解)하였기 교환(交換) 사용(使用)함을 통고(通告)하여 오다."

• 『황성신문』 1905년 8월 24일자, "[신원이접(信院移接)] 통신원(通信院)은 일본우편국(日本郵便局) 분치(分寘)된 후(後)에 해원가사(該院家舍)를 상미결정(尙未決定)이라더니 일간(日間) 매동 전중추원(梅洞 前中樞院)으로 이접(移接)한다더라."

그런데 통신원 구역을 차지한 경성우편국 분실은 곧이어 1905년 9월 11일부터 경성우편국 광화문출장소(京城郵便局 光化門出張所)로 변경되었다가 다시 그 이듬해인 1906년 7월 1일에는 광화문우편국(光化門郵便局)으로 정식 승격되는 절차를 밟았던 것으로 확인된다.[7] 그리고 이 광화문우편국은 두 달 남짓도 못 되어 옛 우포도청 자리이기도 한 혜정교 남변으로 청사를 옮겼는데, 이곳은 지금의 광화문우체국(光化門郵遞局, 종로1가 89번지)에 해당하는 공간이다. 그리고 이보다 한 달 앞서 광화문우편국이 있던 자리에는 통신관리국이 옮겨 왔으며, 이와 관련한 사항들은 다음의 기록으로 확인할 수 있다.

• 『일본제국 관보』 1906년 8월 1일자, "통감부 고시(統監府 告示) 제71호(第71號), 7월(月) 6일(日)부터 통감부 통신관리국(統監府 通信管理局)을 한성

---

7) 경성우편국 광화문출장소의 설치에 관한 사항은 『대한제국 관보』 1905년 10월 3일자에 수록된 한국통신사무인계위원(韓國通信事務引繼委員)의 공고 내용에 수록되어 있으며, 경성우편국의 승격에 대한 사항은 『일본제국 관보』 1906년 6월 12일자에 수록된 '통감부 고시 제37호' 및 '통감부 고시 제38호'의 내용에 포함되어 있다. 여기에는 경성우편국의 위치를 '경성 서서 적선방 광화문외 공조후동(京城 西署 積善坊 光化門外 工曹后洞)'으로 적고 있는 것이 눈에 띈다.

5. 통감부 설치 이후의 변화   129

部員委繼引務事信通國韓元

元韓國中樞院廳舍ニシテ今ハ光化門郵便局舍
ニ充ツ爾後改築シ殆ンド舊時ノ觀ヲ存セス

한국통신사무인계위원부가 들어섰던 옛 우포도청 자리는 이내 광화문우편국으로 바뀌었다. 이곳은 통감부 통신관리국이 처음 들어섰던 공간이기도 하다(조선총독부 체신국, 『조선통신사업연혁소사』, 1914).

부 서서 적선방 광화문외(漢城府 西署 積善坊 光化門外)로 이전(移轉)함. 명치(明治) 39년(年) 7월(月) 25일(日) 통감 후작 이토 히로부미(統監 侯爵 伊藤博文)."

• 『일본제국 관보』 1906년 9월 4일자, "통감부 고시(統監府 告示) 제87호(第87號), 8월(月) 25일(日)부터 좌기(左記) 우편국(郵便局)을 이전(移轉)함. 광화문우편국(光化門郵便局), 현위치(現位置) 한성부 서서 적선방(漢城府 西署 積善坊), 이전위치(移轉位置) 한성부 중서 서린방(漢城府 中署 瑞麟坊). 명

치(明治) 39년(年) 8월(月) 23일(日) 통감 후작 이토 히로부미(統監 侯爵 伊藤
博文)."

　이 당시 통신관리국의 처소로 표시된 '한성부 중서 서린방'은 곧 '광화
문우편국'이 옮겨 간 그 자리에 해당하는 것으로 보이는데, 요컨대 통신
관리국과 광화문우편국은 서로 청사를 맞교환하는 형태로 이전된 것이
아닌가 짐작할 수 있다. 그리고 1914년에 펴낸 『조선통신사업연혁소사
(朝鮮通信事業沿革小史)』, 12쪽에는 '한국통신사무인계위원부(韓國通信事
務引繼委員部)'의 처소를 사진자료와 더불어 "원래 한국 중추원 청사로서
지금은 광화문우편국"이라고 소개하는 구절이 포함되어 있으므로, 1905
년 12월 20일에 칙령 제268호 통감부 통신관서 관제가 제정되면서 '통신
관리국'이 설치될 당시에는 그 청사를 그곳에 두었던 것으로 보인다.[8]

　아무튼 이러한 과정을 거쳐 옛 공조 자리이자 종전의 통신원 구역은
통감부 통신관리국 수중에 들어갔으며, 여기에 더하여 바로 북쪽으로 이
웃하던 한성부의 구역까지 확장하여 이 일대가 모두 통신관리국 영역으
로 편입하기에 이르렀던 것이다. 경술국치 이후에는 양쪽 구역이 하나의
지번으로 묶인 상태로 조선총독부 통신국 시절을 거쳐 체신국(遞信局)의
구내로 전환되며, 특히 옛 법부 청사가 있던 공간에는 우편위체저금관리
소(郵便爲替貯金管理所)가 건립되어 일제강점기 내내 존속하기도 했다.

---

8) 여기에서 "광화문우편국 자리가 원래 중추원 청사였다"고 서술한 대목은, 앞서 중추원
(中樞院)의 처소 이전에 관한 연혁에서도 보았듯이 이곳이 곧 종로 혜정교 옆 옛 철도원
및 교육부가 자리했던 곳과 동일한 공간이라는 사실을 입증해준다. 이렇게 보면 원래
우포도청이 있던 처소는 한성부재판소, 양지아문, 철도원, 교육부, 중추원, 한국통신사
무인계위원부, 통신관리국 등의 시절을 거쳐 최종적으로 광화문우편국 자리로 전환되
었던 것으로 정리된다.

통감부와 소속 관서의 설치와 개폐 과정

지극히 당연한 얘기이겠지만, 1905년 11월 17일 일제의 강요에 의해 이른바 '을사조약'이 체결된 이후에 육조앞길에 등장하여 마치 새로운 주인처럼 행세했던 주체는 바로 통감부(統監府)와 그 소속 관청들이었다.

실제로 통감부는 1906년 2월 1일부터 사무를 개시할 당시 그 청사를 옛 외부(外部)가 있던 공간(세종로 82번지, 현 대한민국역사박물관 건립 예정지; 종전의 문화관광체육부 청사 자리)에 두었으며, 그 이듬해에 남산 왜성대(南山 倭城臺)에 새로 완공한 신청사(예장동 8번지, 현 남산애니메이션센터 자리)로 옮겨 갈 때까지 1년 가까운 기간을 육조앞길에 머물렀던 내력을 지녔다. 더구나 통감부가 이곳을 물러나자마자 바로 그 청사를 통감부법무원(統監府法務院)이 차지하게 되었으므로 통감부에 의한 공간 점거는 그대로 이어지는 상태가 되었다.

이곳 말고도 길 건너편 옛 통신원이 있던 구역(세종로 81번지, 현 세종문화회관 남단부)은 1905년 이후 경성우편국 광화문출장소와 광화문우편국 시절을 거쳐 통감부 통신관리국의 영역으로 편입되었고, 경술국치 직전인 1910년 7월에는 경찰사무에 관한 권한 일체가 일제의 수중으로 넘겨지면서 헌병경찰제도가 개시됨에 따라 종전의 경시청 구역(세종로 79번지, 현 세종로공원 북단부)이 경성제2헌병분대의 주둔지로 바뀌는 일이 이어졌다. 이로써 육조앞길은 이미 식민통치기로 접어들기 이전부터 벌써 통감부에 소속된 관공서들로 크게 잠식당하고 있었던 사실이 드러나는 셈이다.

그런데 『경성부사(京城府史)』 제2권(1936), 69~70쪽에는 "통감부의 소속 관서로서 다음의 여섯 관아를 두었다"고 전제하면서, "통신관서(통신관리국/우편국), 철도관리국, 법무원, 재정감사청, 관측소가 있었고, 이 밖에 권업모범장과 영림창이 있었으나 경성과는 관계가 없는 고로 이를 생략한다"고 서술한 구절이 남아 있다. 하지만 이러한 설명은 제대로 된 것이라고 보기는 어렵다. 여기에는 실제로 존재했던 여러 통감부 부속기관들이 명단에서 누락된 상태이기 때문이다.

이 대목에서 통감부와 그 소속 관청의 설치 연혁에 관한 자료를 일괄 취합하여 정리하면, 대략 다음과 같은 결과가 나온다. 다만, 아래의 표에 정리된 내역 가운데 '칙령(勅令)'이라고 표기된 항목은 '일본제국의 칙령'을 나타낸 것이라는 점에 혼동이 없었으면 한다는 사실을 따로 적어둔다.

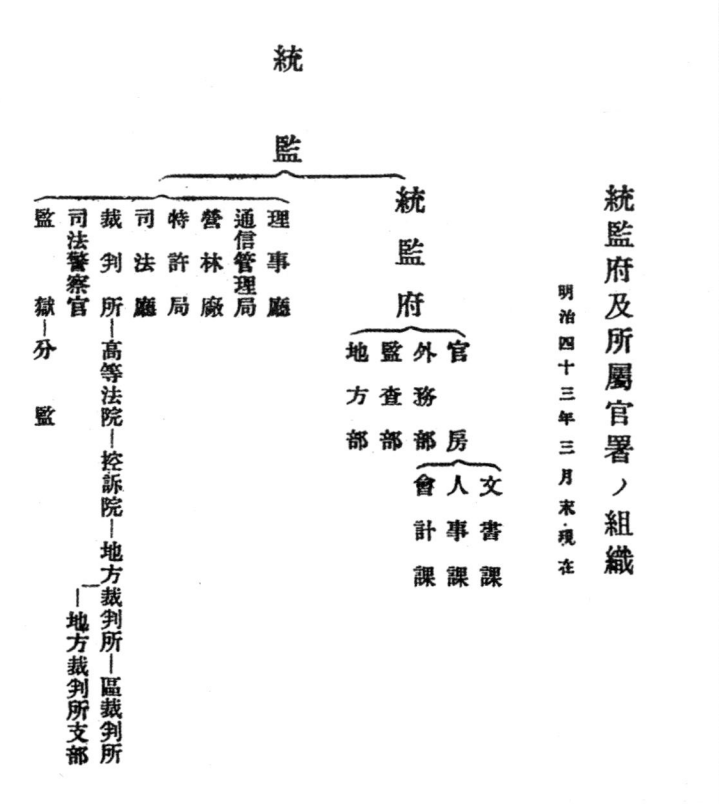

1910년 3월 말 현재로 작성된 '통감부 및 소속 관서의 조직표'에는 통신관리국, 영림창, 특허국, 사법청, 재판소, 감옥 등의 부속기구가 두루 보인다. 이것들은 대부분 대한제국에 대한 국권 침탈 과정에서 빼앗아 간 통치기능을 대체하기 위한 실무기관으로 설치된 것이라는 공통점을 지녔다(조선총독부, 『제3차 시정연보(1909년도판)』, 1911).

통감부와 소속 관서의 설치에 관한 연혁

구분	설치 연혁	비고
통감부 (統監府)	• 1905. 11. 17. 제2차 한일협약(이른바 '을사조약') • 1905. 11. 22. 칙령 제240호 '한국에 통감부 및 이사청을 설치하는 건' 공포(당분간 종래의 일본공사관과 영사관이 직무 집행) • 1905. 12. 20. 칙령 제267호 '통감부 및 이사청 관제' 제정 • 1906. 2. 1. 통감부 사무 개시	일본공사관 폐쇄
이사청 (理事廳)	• 1905. 12. 20. 칙령 제267호 '통감부 및 이사청 관제' 제정 • 1906. 2. 1. 경성이사청 사무 개시	일본영사관 폐쇄
통신관리국 (通信管理局)	• 1905. 4. 1. 한국통신기관위탁에 관한 협정서 • 1905. 12. 20. 칙령 제268호 '통감부 통신관서 관제' 제정 • 1906. 1. 10. 통신관리국 사무 개시	육조앞길 이전 (1906. 7. 6)
권업모범장 (勸業模範場)	• 1906. 3. 28. 칙령 제91호 '통감부 권업모범장 관제' 제정 • 1906. 6. 15. 경기도 수원에서 개설 • 1907. 3. 28. 칙령 제69호 '통감부 권업모범장 관제 폐지' • 1907. 4. 1. 한국정부의 관리로 이관	한국정부 이관 (수원)
법무원 (法務院)	• 1906. 6. 25. 법률 제56호 '한국에 있어서 재판사무에 관한 건' 공포 • 1906. 6. 25. 칙령 제164호 '통감부법무원 관제' 제정 • 1909. 10. 16. 칙령 제236호 '통감부재판소령' 부칙에 따라 '통감부법무원 관제 폐지'	육조앞길 이전 (1907. 1. 28)
철도관리국 (鐵道管理局)	• 1906. 3. 31. 법률 제18호 '경부철도매수법' 공포 • 1906. 6. 29. 칙령 제176호 '철도관리국 관제' 제정 • 1906. 7. 1. 경부철도 및 경인철도 국유 매수 • 1906. 7. 1. 통감부 고시 제61호 경성 남대문외 구 경부철도주식회사 경성지점에 통감부 철도관리국을 설치 • 1906. 9. 1. 경의, 마산 군용철도선 통감부 관리 귀속 • 1909. 6. 18. 칙령 제160호 '통감부 철도청 관제' 부칙에 따라 '통감부 철도관리국 관제 폐지' • 1909. 12. 15. 칙령 제336호 '철도원 관제중 개정' 부칙에 따라 '통감부 철도청 관제 폐지' • 1909. 12. 15. 칙령 제340호 '한국에 있어서 제국이 경영하는 철도에 대한 통감 및 한국주차군사령관의 권한에 관한 건' 제정	용산 이전 (1908. 11. 11)
재정감사청 (財政監査廳)	• 1907. 3. 5. 칙령 제19호 '통감부 재정감사청 관제' 제정 • 1907. 9. 19. 칙령 제299호 '통감부 재정감사청 관제 및 통감부 재정감사청 직원관등급여령 폐지'	폐지

관측소 (觀測所)	• 1907. 3. 28. 칙령 제70호 '통감부 관측소 관제' 제정 • 1908. 3. 29. 칙령 제56호 '통감부 관측소 관제 폐지' • 1908. 4. 1. 한국정부의 관측소로 사무 인계	한국정부 이관 (인천)
영림창 (營林廠)	• 1906. 10. 19. 압록강 및 두만강 연안의 삼림경영에 관한 협동약관 • 1907. 3. 28. 법률 제24호 '한국삼림특별회계법' 공포 • 1907. 3. 28. 칙령 제72호 '통감부 영림창 관제' 제정	신의주
임시간도파출소 (臨時間島派出所)	• 1908. 4. 9. 칙령 제86호 '통감부 임시간도파출소 관제' 제정 • 1909. 10. 29. 칙령 제315호 '통감부 임시간도파출소 관제 폐지' • 1909. 11. 1. 관제 폐지 후 간도일본총영사관에 사무 인계	간도협약 (1909. 9. 4)
특허국 (特許局)	• 1908. 8. 12. 칙령 제196호 '한국특허령' 제정 • 1908. 8. 12. 칙령 제197호 '한국의장령' 제정 • 1908. 8. 12. 칙령 제202호 '통감부 특허국 관제' 제정 • 1908. 8. 16. 특허국 개국 • 1910. 8. 29. 칙령 제321호 '통감부 특허국 관제 폐지' • 1910. 8. 29. 칙령 제335호 '특허법 등을 조선에 시행하는 건' 공포	저동1가 이전 (1909. 2. 10)
통감부재판소 (統監府裁判所)	• 1909. 7. 12. 사법 및 감옥사무 위탁에 관한 약정서 • 1909. 10. 16. 칙령 제236호 '통감부재판소령' 제정 • 1909. 11. 1. 통감부재판소 사무 개시	
사법청 (司法廳)	• 1909. 10. 16. 칙령 제242호 '통감부 사법청 관제' 제정 • 1909. 11. 1. 사법청 사무 개시	
사법경찰관 (司法警察官)	• 1909. 10. 16. 칙령 제244호 '통감부 사법경찰관 관제' 제정 • 1910. 6. 29. 칙령 제296호 '통감부 경찰관서 관제' 부칙에 따라 '통감부 사법경찰관 관제 폐지'	폐지 (1910. 7. 1)
통감부감옥 (統監府監獄)	• 1909. 10. 16. 칙령 제243호 '통감부 감옥 관제' 제정 • 1909. 10. 21. 통감부령 제31호 '통감부 감옥 설치의 건' • 1909. 11. 1. 통감부 감옥 사무 개시	
통감부중학교 (統監府中學校)	• 1910. 3. 26. 칙령 제99호 '통감부 중학교 관제' 제정 • 1910. 4. 1. 통감부 중학교 관제 시행	경희궁 구내 (1910. 11. 21)
경무총감부 (警務總監部)	• 1910. 6. 24. 경찰사무위탁에 관한 각서 • 1910. 6. 29. 칙령 제296호 '통감부 경찰관서 관제' 제정 • 1910. 7. 1. 경무총감부 관제 시행	한국주차헌병대 사령부(필동)

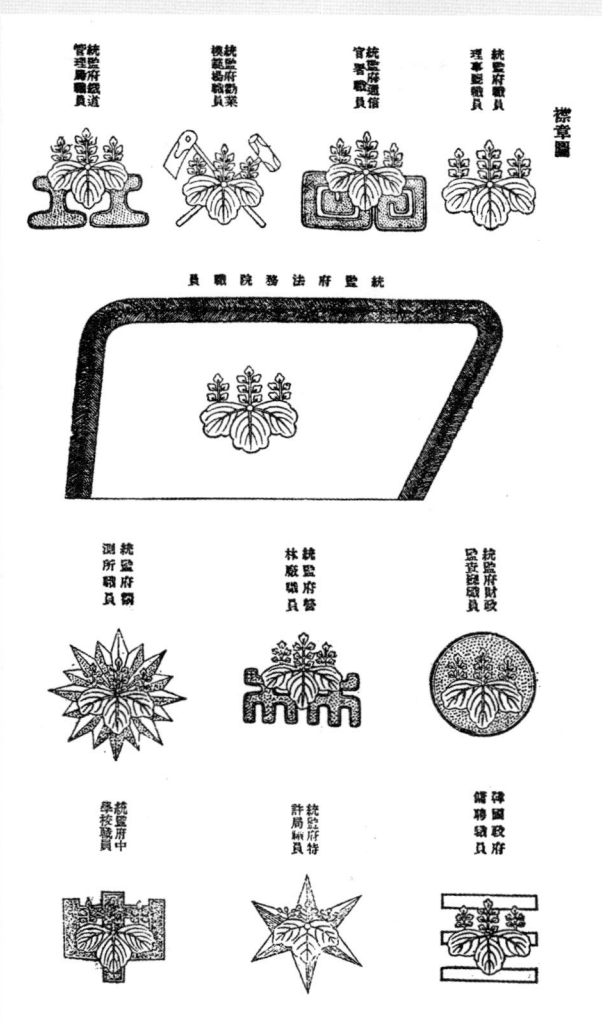

'통감부령'으로 제정된 통감부 및 소속 관서 직원의 금장(襟章, 제복의 옷깃에 다는 기장)이다. 오른쪽 상단에 보이는 것이 통감부 직원의 금장이고, 나머지는 소속 관서 직원의 것이다.

여기에서 보듯이 '통감부'와 '이사청'이란 종전의 '일본공사관'과 '일본영사관'의 위상을 그대로 대체한 조직이라고 볼 수 있으며, 이 밖에 다른 기관들은 필요에 따라 수시로 별도의 편제를 두었던 것을 알 수 있다.

이 가운데 권업모범장(勸業模範場, 수원)과 통감부관측소(統監府觀測所, 인천)는 설치 후 대략 1년 후에 한국정부에 이관 처리하는 방식으로 폐지되었으며, 임시간도파출소(臨時間島派出所)는 1909년 이른바 '간도협약(間島協約)'에 따라 통감부의 편제에서 제외되었다. 그리고 재정감사청(財政監査廳)과 같은 경우에는 탁지부 재정고문 메가타 타네타로(目賀田種太郎, 1853~1926)가 이끄는 재정고문부(財政顧問部)와 인적 구성 및 기능이 그대로 중첩되었으므로 설치된 지 불과 6개월 만에 이 관제는 폐지되었다.

통감부법무원(統監府法務院)은 1906년 6월에 설치된 것으로 그 연혁에 대해 『경성부사』 제2권(1936), 69쪽에 "종래 한국재근영사(韓國在勤領事)의 재판에 대해서는 나가사키공소원(長崎控訴院)과 더불어 대심원(大審院)에 공소상고하는 규정이 있었으나 명치 39년(1906년) 6월 재판사무에 관한 제도가 정해져 통감부법무원이 종심(終審)으로서 이사청 재판에 대한 상소(上訴)를 관할하는 것으로 되었다"고 설명하고 있다.[9] 이 통감부법무원은 3년 후 '사법 및 감옥사무위탁약정서' 체결이 강요된 결과로 일제에 의해 '통감부재판소령'이 공포되면서 그해 11월 1일부로 폐지되었다.

그런데 이 통감부법무원의 공간 변천에 대해서는 『경성부사』 제2권(1936), 494쪽에 다음과 같이 정리되어 있다.

---

9) 이 구절에 대한 각주를 통해 '통감부법무원'의 위치에 대해 "현 종로경찰서, 평리원(平理院)의 위치에 있었다"고 적은 구절이 눈에 띄지만, 이 부분은 잘못된 서술인 듯이 보인다. 통감부법무원은 처음 서소문 쪽에 설치되었다가 1907년 1월 28일에 종전의 통감부처소(옛 외부 청사)로 옮겨 온 내력을 지녔기 때문이다. 이와 아울러 『황성신문』 1906년 8월 27일자에 수록된 「각대신참식(各大臣參式)」 제하의 기사에는 "재작일(再昨日) 통감부에서 법무원 개청식을 서소문내(西小門內)에서 실행하였는데 참정(參政) 이하 각부대관을 청요 왕참하였다더라"는 내용이 남아 있다.

법무원은 명치 39년(1906년) 현 서소문정 경성여자기예학교(京城女子技藝學校) 자리인 구한국세관공사부(舊韓國稅關工事部)에서 개청했다. …… 명치 40년(1907년) 2월 통감부가 남산으로 이전하자 같은 달 28일 법무원을 이 자리에 이전했던 것이다.

하지만 이 설명 가운데 통감부법무원이 종전의 통감부 청사로 옮긴 시점에 대해서는 『통감부 공보』 1907년 2월 6일자에 "[통감부법무원 이전(統監府法務院 移轉)] 통감부법무원은 작(昨) 28일 경성부 황토현(京城府 黃土峴)으로 이전했음"이라는 대목이 수록되어 있으므로 그 시기를 '1907년 1월 28일'로 바로잡는 것이 옳겠다.

이 밖에 특허국(特許局)은 경술국치 그 시점에서 일본 특허법의 적용을 받았으므로 즉시 관제의 폐지가 이뤄졌으나, 나머지 통신관리국(通信管理局), 경무총감부(警務總監部), 통감부감옥(統監府監獄), 통감부중학교(統監府中學校) 등의 부속기관들은 대개 경술국치 이후 조선총독부의 편제로 그대로 흡수되어 식민통치기구의 하나로 승계되는 과정이 이어졌다.[10]

---

10) 『통감부 공보』 1909년 2월 13일자에 수록된 '통감부 고시 제10호'에는 "통감부 특허국이 명치 42년(1909년) 2월 10일 이를 경성 영락정(永樂町) 1정목(丁目) 원 위수병원자리(元衛戍兵病院跡)로 이전함"이라는 내용이 포함되어 있는데, 이것으로 특허국의 청사 이전 사실과 그 시기를 파악할 수 있다. 한편, 『경성부사』 제1권(1934), 361쪽에는 "융희 3년(1909년) 6월 영희전(永禧殿, 영락정 2정목 61번지)의 전각을 훼철하고 그 터에 통감부 특허국을 세웠다가 병합 후에 이르러 동국(同局)을 훼철하여 관사(官舍)를 건립했다"고 하였고, 다시 『경성부사』 제2권(1936), 275쪽에는 "특허국 청사는 명치 43년(1910년) 7월부터 현 영락정 2정목 조선총독부 관사의 지점에 특설했다"는 내용이 남아 있는데, 특허국 청사의 건립 시기와 주소지가 약간 다르게 서술되고 있다는 점은 사실관계 재확인이 필요한 대목인 듯하다.

2) 농상공부와 탁지부의 타 지역 이동

통감부 시기로 접어든 이후에 육조앞길의 터줏대감이기도 했던 핵심 관아가 아예 다른 지역으로 옮겨 간 사례도 없지 않았는데, '농상공부'와 '탁지부'의 경우가 바로 여기에 속한다.

우선 농상공부(農商工部)는 1895년 3월의 관제개편에 따라 종전의 농상아문(農商衙門)과 공무아문(工務衙門)이 합쳐 만들어진 것으로, 갑오개혁 당시 육조앞길 동편의 옛 사헌부 자리(세종로 79번지, 현 세종로공원 북단부)를 넘겨받아 처소로 사용한 바 있었다. 그 후 경무청이 경부(警部)로 승격되고 나서 1900년 10월에 서로 청사를 맞바꾸는 과정이 있었으므로, 이때부터는 육조앞길 동편으로 자리를 옮기는 상황이 이어지게 되었다. 이곳은 탁지부 처소의 바로 남측에 해당하는 구역(세종로 84번지, 현 KT 광화문지사 남단부 일대)이다.

『매일신보』 1912년 5월 4일자에 소개된 '구리개 조선귀족회관'의 모습이다. 하지만 대문 기둥에 '농상공부'라는 간판이 걸려 있는 것으로 보아 이 사진은 1910년 이전에 촬영된 것임을 짐작할 수 있다.

그러다가 농상공부는 아예 육조앞길을 떠나 지금의 을지로 2가에 해당하는 '구리개'로 자리를 옮기게 되었으니, 이때가 1907년 12월이다. 이에 관해서는 다음과 같은 기록을 확인할 수 있다.

『대한제국 관보』 1907년 12월 25일자, [광고(廣告)] 광화문전(光化門前) 농상공부(農商工部)를 본월(本月) 25일(日)에 동현[銅峴, 대동구락부(大東俱樂部)]로 이접(移接)함. 융희(隆熙) 원년(元年) 12월(月) 23일(日) 농상공부(農商工部).

여기에 나오는 '대동구락부'는 1904년 9월 무렵에 일본공사관의 서기관 하기와라 모리카즈(萩原守一)가 발기하여 조직했던 한일 관민의 친목단체였다고 알려졌다. 완순군 이재완(完順君 李載完)이 이 단체의 총재로 추대되었으며, 1904년 구리개 제중원(濟衆院; 을지로 2가 193번지, 현 한국외환은행 본점의 동쪽 구역)이 한국정부로 반환될 때 그 자리를 바로 이 대동구락부가 차지했던 내력이 있었다.[11]

그리고 이곳은 1907년 가을에 서울 최초의 박람회였던 경성박람회(京城博覽會; 개최기간 1907. 9. 15~11. 15)가 열린 자리로도 잘 알려진 공간이다. 대동구락부 건물을 본관으로 삼고 그 뒤편의 언덕 일대를 전부 진열공간으로 삼아 개최했던 이 박람회는 때마침 일본 황태자가 한국을 방문했던 시기와 겹친 탓에 서울 거주 일본인들로서는 꽤나 홍청거렸던 행

---

11) 구리개 농상공부에 대해서는 경성부, 『경성부사』 제2권(1936), 794쪽에 "[대동구락부] 현 황금정 2정목 193번지로 명치 18년(1885년) 2월 25일부터 미국공사관부 의관, 나중의 공사 알렌이 제중원(濟衆院)이란 병원을 개설했던 위치"라고 적고 있다. 같은 책, 114~115쪽에도 "농상공부는 최초 광화문통에 있었으나, 명치 40년(1907년) 12월 15일부터 황금정 2정목 192번지의 대동구락부에 이전했다. 대동구락부의 땅은 명치 17년(1884년)경 미국공사관부 의원으로 도래하여 나중에 공사로 승진했던 알렌이 제세원(濟世院)이란 병원을 설립했던 곳이다"라고 적었는데, 다만 이곳의 주소지를 '황금정 2정목 192번지'로 적은 것은 '황금정 2정목(을지로 2가) 193번지'로 바로잡는 것이 맞다.

사였다.

　경성박람회가 종료된 직후 이곳으로 옮겨 온 농상공부는 나중에 이른 바 '강제병합조약'이 체결되던 1910년 8월 22일 바로 그날 중부 저동(苧洞)에 새로 지은 청사로 옮겨 갔으며, 종전의 농상공부 건물은 경술국치 이후 친일 귀족들의 결사체인 조선귀족회(朝鮮貴族會; 1912년 1월 22일 발족)의 수중으로 넘겨져 그들의 본부인 '조선귀족회관(朝鮮貴族會館)'으로 사용되었다.

　이에 앞서 농상공부가 구리개 옛 제중원 자리에 있다가 저동으로 옮겨 갈 당시 신청사 건립과정에 대한 신문기사를 정리하면 그 내역은 대략 다음과 같다.

　　• 『황성신문』 1908년 12월 10일자, "[농부 명년신축(農部 明年新築)] 농상공부(農商工部)는 명년도(明年度)에 해청사(該廳舍)를 전 위수병원(前 衛戍病院)에 신축(新築)하고 이전(移轉)할 터인데 현금(現今) 청사(廳舍)는 대동구락부(大東俱樂部)에서 상품진열관(商品陳列館)으로 사용(使用)할 계획(計劃)이라더라."

　　• 『황성신문』 1909년 3월 5일자, "[건물매각 입찰광고(建物賣却 入札廣告)] 농상공부 신축청사기지(農商工部 新築廳舍基址), 전양향청내(前糧餉廳內) 건물(建物) 22좌(座)를 본월(本月) 22일(日)에 입찰(入札)로 매각(賣却)할 터이니 희망자(希望者)는 6일(日) 이후(以後) 관보 급 본소게시판(官報 及 本所揭示板)을 열람(熱覽)할 사(事). 건축소(建築所)."

　　• 『황성신문』 1909년 4월 2일자, "[농부신축(農部新築)] 전위수병원(前衛戍病院)에 신건축(新建築)하는 농상공부청사(農商工部廳舍), 연와조이층옥

(煉瓦造二層屋)은 근간(近間)에 기공사(其工事)에 착수(着手)하기로 하여 해 병원 구건물(該病院 舊建物)은 작일(昨日)부터 훼철(毁撤)한다더라."

• 『황성신문』 1909년 5월 22일자, "[도량형분과 합설(度量衡分課 合設)] 농상공부(農商工部)에서 청사(廳舍)를 증축(增築)한다 함은 별항(別項)과 여(如)하거니와 용산(龍山)에 분설(分設)하여 피손(被損)한 도량형기(度量衡器)를 수리(修理)하던 상공국 도량형과분과(商工局 度量衡課分課)도 합설(合設)한다더라."

• 『황성신문』 1909년 12월 1일자, "[농부청사증축(農部廳舍增築)] 농상공부(農商工部)에서는 청사(廳舍)가 협애(狹隘)하다고 산림국(山林局)과 도량형과(度量衡課)를 분설(分設)하였더니 사무처리상(事務處理上)에 불편(不便)함이 다(多)하다 하여 일처(一處)로 집합(集合)하기로 정(定)한 후(後) 목하(目下) 청사(廳舍)를 증축중(增築中)인데 내년춘기(來年春期)에는 낙성(落成)될 터이라더라."

• 『황성신문』 1910년 3월 9일자, "[건축준공기(建築竣工期)] 내부청사 급 농상공부청사(內部廳舍 及 農商工部廳舍)는 작년(昨年)부터 건축공사(建築工事)에 착수(着手)함은 인소공지(人所共知)하는 바어니와 해공사(該工事)를 본년말(本年末)에 준공(竣工)하기로 예정(預定)하였다더라."

• 『황성신문』 1910년 8월 17일자, "[농부이전상보(農部移轉詳報)] 농상공부(農商工部)에서 특허국전(特許局前)에 신축양제관(新築洋製館)으로 이전(移轉)한다 함은 기보(旣報)어니와 이전일자(移轉日字)는 내(來) 21일(日) 일요(日曜)오 이전국과(移轉局課)는 대신관방 급 농무상공 양국(大臣官房 及 農

務商工 兩局)이오 수산광무산림 삼국(水産鑛務山林 三局)은 의연(依然)히 구사(舊舍)에 치(置)한다더라."

• 『황성신문』 1910년 8월 19일자, "[농상공부 이접기(農商工部 移接期)] 농상공부(農商工部)에서는 내(來) 21일(日)에 저동(苧洞) 신건축(新建築)한 청사(廳舍)로 이접(移接)한다더라."

• 『황성신문』 1910년 8월 25일자, "[산림국신건축(山林局新建築)] 농상공부(農商工部)가 일작(日昨)에 저동(苧洞) 신건축(新建築)한 청사(廳舍)로 이접(移接)함은 기보(旣報)하였거니와 해부 산림국(該部 山林局)은 동부 전청사(同部 前廳舍)로 고위거접(姑爲居接)하였는데 장차(將次) 신건축(新建築)한다더라."

농상공부의 신축에 따른 청사 이전에 대해서는 『대한제국 관보』 1910년 8월 24일자의 휘보란에 "[관청사항(官廳事項)] 농상공부관방(農商工部官房), 농무국(農務局), 상공국(商工局)을 본월(本月) 22일(日) 경성(京城) 영락정(永樂町; 저동) 1정목(丁目) 신축청사(新築廳舍)로 이접(移接)함"이라는 구절로 확인할 수 있다. 여기에 나오는 영락정 신축청사(저동 1가 1번지 및 2번지, 현 남대문세무서 자리)는 경술국치 이후 한때 조선총독부 취조국이 사용했다가 1912년 11월부터 상품진열관이 되었으며, 나중에는 총독부 전매국 청사와 경성세무서로 자리매김되는 과정이 이어졌다.

한편, 농상공부가 떠난 육조앞길의 옛 청사에는 이내 법관양성소(法官養成所)가 그 빈자리를 차지했다. 법관양성소는 원래 1895년 법부의 소관으로 설립된 법률교육기관으로, 초기에는 6개월간 속성으로 졸업생을 배출하였으나, 그 후 일시 중단되었다가 1903년 3월에 재차 개소하고,

경술국치 직전인 1910년 8월에 완공된 저동(苧洞)의 농상공부 신축 청사의 모습이다. 이 건물은 일제강점기로 접어든 이후 상품진열관, 총독부 전매국, 경성세무서 등의 용도로 사용되었다.

수업 연한도 1년 6개월로 늘어났다가 1907년에는 최종적으로 3개년으로 확대되었다. 하지만 이 학교는 1909년 10월 법부가 폐지되면서 학부 소관의 법학교(法學校)가 되기에 이른다.

- 『대한제국 관보』 1908년 2월 28일자, "[관청사항(官廳事項)] 법부소관(法部所管) 법관양성소(法官養成所)를 2월(月) 6일(日)에 전농상공부(前農商工部)로 이접(移接)함."

- 『대한제국 관보』 1909년 10월 29일자, "칙령 제84호 법학교관제의 부칙에 따라 법관양성소관제 폐지."

경술국치 이후에는 1911년 11월 1일 경성전수학교(京城專修學校)로 개칭되었다가 1916년 4월 조선총독부전문학교 관제의 발포에 따라 전문학교의 지위를 얻었으며, 1922년 4월에는 다시 이름을 고쳐 경성법학전문학교로 바뀌었다.[12] 이 학교는 일제강점기 후반까지 옛 농상공부 자리에 그대로 머물렀다가 1938년 4월에 경성농업학교(京城農業學校) 터가 있던 청량리(淸凉里)로 학교교사를 이전하였다.

다음으로 1907년 농상공부가 구리개로 청사를 옮긴 데 이어, 육조앞길을 벗어나 다른 지역으로 자리를 옮긴 대표적인 중앙관서는 탁지부(度支部)였다.

그동안 탁지부는 특이하게도 개국 초기 호조에서 출발한 이래로 단 한 차례도 그 자리를 벗어난 적이 없이 동일한 처소에만 머문 전통을 지녔다. 그러던 것이 탁지부가 청사 이전을 결정한 때는 1908년 1월 27일이었다. 이에 대해서는 당시의 관보 자료에서 그 흔적을 확인할 수 있는데, 이와 아울러 그 이듬해에 동일한 공간으로 옮겨진 탁지부건축소(度支部建築所)의 이전 사실에 관한 내용을 함께 소개하면 다음과 같다.

• 『대한제국 관보』 1908년 1월 30일자, "[광고(廣告)] 탁지부(度支部)를 본년(本年) 1월(月) 31일(日)에 서서 정동(西署 貞洞) 내각신건축(內閣新建築)한 청사(廳舍) 대한문 우변(大漢門 右邊)으로 행장이접(行將移接)함. 융희(隆熙) 2년(年) 1월(月) 27일(日) 탁지부(度支部)."

---

12) 법관양성소를 거쳐 경성법학전문학교에 이르기까지 학교연혁에 대해서는 니시무라 로쿠야(西村綠也) 편, 『조선교육대관(朝鮮敎育大觀)』(조선교육대관사, 1932), '대학 및 전문학교' 항목, 5쪽에 수록된 경성법학전문학교의 설명 부분에 잘 요약되어 있다. 법관양성소는 1908년 2월 이후 육조앞길의 옛 농상공부 터에 머물렀으며, 이는 일제강점기 경성법학전문학교 시절에도 마찬가지였다.

정동에 새로 건립된 탁지부 청사의 모습이다. 원래는 내각 청사로 지어졌으나 완공 당시에는 이미 창덕궁 쪽으로 옮겨 간 상태가 되었으므로 탁지부가 그 공간을 대신 차지하게 되었다.

• 『대한제국 관보』 1909년 9월 20일자, "[관청사항(官廳事項)] 건축소(建築所)는 본월(本月) 18일(日) 정동(貞洞) 탁지부구내(度支部構內)로 이전(移轉)함."

여기에 보이듯이 탁지부가 옮겨 가기로 한 공간은 정동(貞洞)에 새로 지은 내각청사(內閣廳舍)였던 것이다. 이 건물은 1907년 4월에 착공하여 그해 12월에 완공을 보았으며, 원래 내각(종전의 의정부) 청사로 설계한 것이었으나 완공 직후 탁지부 청사로 사용하기로 변경되었다.[13] 이 당시 순

---

13) 서소문동 38번지에 자리한 이 건물의 유래에 대해서는 윤일주, 『한국양식건축 80년사』(야정문화사, 1966), 22~23쪽에 잘 설명되어 있다. 이 책의 집필 당시 이 건물이 '서울형사지방법원'으로 사용 중인 것으로 표시되어 있으나, 실제로는 바로 이 자리에 '법원청사'가 신축(1965년 5월 20일 착공, 1966년 12월 27일 준공)되었으므로, 옛 탁지부 청사는 1965년 상반기쯤에 철거되어 사라진 것으로 보인다. 이 당시 신축된 '법원청사'는 현재 '서울시청 서소문별관 2동'으로 사용되고 있는 건물과 동일하다.

종황제의 창덕궁 이어(昌德宮 移御)와 더불어 내각도 1907년 12월에 돈화문 안쪽 옛 약방 및 옥당 자리로 처소를 옮겼기 때문에, 막 준공된 신청사는 탁지부의 몫으로 돌려졌던 것으로 보인다.

일제강점기로 접어든 직후에도 이곳은 여전히 탁지부가 사용하였으나 1911년 여름에 총독부 청사의 제2차 증축공사가 완료되면서 남산 왜성대(예장동 8번지, 현 리라초등학교 자리)로 옮겨 가고, 그 자리는 1911년 12월 이후 고등법원(高等法院) 청사로 넘겨졌다. 이 당시의 신문에 수록된 관련 기사들을 간추리면, 대략 다음과 같이 정리된다.

- 『매일신보』1911년 4월 8일자, "[총독부(總督府)의 대증축(大增築)] 향자(向者) 총독부(總督府)에서는 내무부(內務部)를 이접(移接)케 하기로 증축공사(增築工事)를 행(行)하였는데 금회(今回)에 갱(更)히 탁지부(度支部) 급(及) 사법부(司法部)를 이접(移接)케 할 계획(計劃)으로 일간(日間) 동청내(同廳內)에 증축공사(增築工事)에 착수(着手)할 터이오 준공기(竣工期)는 본년(本年) 9월경(月頃)이라더라."

- 『매일신보』1911년 8월 19일자, "[탁지부(度支部)의 이전기(移轉期)] 왜성대(倭城臺)에 신축중(新築中)인 총독부청사(總督府廳舍)는 대략(大略) 필료(畢了)하였으므로 탁지부(度支部)에서는 내(來) 28일경(日頃)에 이전(移轉)한다더라."

- 『매일신보』1911년 8월 20일자, "[각청사이전기(各廳舍移轉期)] 예보(豫報)와 여(如)히 공사(工事)에 급급중(急急中)이던 총독부 증축공사(總督府 增築工事)는 근경(近頃)에 완성(完成)하였으므로 재작(再昨) 18일(日)에 각부(各部) 대표자(代表者)가 총독부(總督府)에 집합(集合)하여 청사이전기일(廳

舍移轉期日)에 대(對)하여 협의(協議)한 바가 유(有)하였는데 내(來) 22일(日)부터 26일내(日內)에 청사 전부(廳舍 全部)가 이전(移轉)하되 22일(日)은 영선과(營繕課), 24일(日)은 탁지부(度支部), 25일(日)은 사법부(司法部), 26일(日)은 농상공부(農商工部)라더라."

• 『매일신보』1911년 8월 24일자, "[고등법원 이접기(高等法院 移接期)] 고등법원(高等法院)은 총독부증축공사(總督府增築工事)로 이전(移轉)할 구 탁지부(舊度支部)로 이전(移轉)하기를 결정(決定)하였으므로 본일(本日) 탁지부(度支部)의 이전(移轉)을 대(待)하여 다소간(多少間) 수선(修繕)하고 기공사(其工事)를 종료(終了)한 후(後)에 차제(次第) 이전(移轉)할 터이라더라."

• 『매일신보』1911년 10월 13일자, "[고등법원 이전(高等法院 移轉)] 정동(貞洞) 구사법부(舊司法部)는 금회(今回)에 고등법원(高等法院)에 이전(移轉)하고 탁지부(度支部) 누상(樓上)은 중추원(中樞院)으로 하고 동계하(同階下)는 종래(從來)와 여(如)히 전매국(專賣局)으로 하고 차(且) 기일부(其一部)는 세무과(稅務課)의 연초조사부속실(煙草調査附屬室)로 사용(使用)할 사(事)를 결정(決定)하고 일간(日間) 이전(移轉)한다더라.

• 『매일신보』1911년 12월 2일자, "[고등법원(高等法院)의 이전(移轉)] 본월(本月) 15일(日)에 이전(移轉)할 터이던 고등법원(高等法院)은 사기(事機)에 인(因)하여 재작(再昨) 30일(日)에 급(急)히 전사법부(前司法部), 중추원(中樞院), 탁지부(度支部)에서 공용(共用)하던 청사(廳舍)로 이전(移轉)하여 작(昨) 1일(日)부터 동소(同所)에서 집무중(執務中)이라는데 금(今)에 기실할(其室割)을 문(聞)한즉 좌(左)와 여(如)하더라. …… (이하 생략)"

3) 학부와 내부의 청사 신축과 그 후

　1905년 이른바 '을사조약' 이후 통감부 시대가 도래하면서 국권 피탈의 결과로 외부(外部, 1906년 1월 폐지), 군부(軍部, 1909년 7월 폐지), 법부(法部, 1909년 10월 폐지)가 잇달아 사라지고, 여기에 더하여 농상공부(農商工部, 1907년 12월 구리개로 이전)와 탁지부(度支部, 1908년 1월 정동으로 이전)가 다른 지역으로 처소를 옮겨 감에 따라 원래의 자리를 고수하고 있는 중앙관서는 대부분 사라지고 말았다. 그나마 육조앞길에서 수십 년 이상 같은 자리를 끝까지 유지한 경우는 내부(內部)와 학부(學部) 정도를 제외하곤 더 이상 찾아보기 어려운 지경이 되었던 것이다.

　하지만 이들 내부와 학부 역시 비록 자리를 옮기지는 않았지만, 옛 건물이 태반 사라지고 그 자리에 서양식으로 건립한 새 청사가 들어서는 큰 변화를 겪었다.

　이 가운데 학부는 원래 예조였을 당시인 1865년 삼군부가 부활된 것을 계기로 육조앞길 서편에 있던 옛 한성부 청사(세종로 82번지 중간부, 현 미국대사관 건물 북단부 자리)로 옮겨 왔고, 그 이후 갑오개혁 때 '학무아문'이 되었다가 그 이듬해 다시 '학부'로 관제가 개편되는 과정을 거치는 동안 동일한 자리에 그대로 머문 상태였다. 학부의 청사 신축 공사는 1908년 9월에 동 구역 내 회계과와 문서과가 들어 있던 가옥을 방매 훼철하는 것으로 시작되어, 불과 3개월 만인 그해 12월에 2층 양옥으로 준공을 봄에 따라 신청사에 입주를 완료하였다. 이 과정에 대해 그 당시의 신문자료에는 다음과 같은 기록들이 보인다.

　　• 『황성신문』 1908년 7월 25일자, "[선착측량(先着測量)] 학부(學部)에서 문서과(文書課)와 회계과(會計課)를 일절훼철(一切毀撤)하고 삼층양옥(三層

洋屋)으로 불일간(不日間) 건축(建築)하기로 예정(預定)하였는데 작일(昨日)부터 측량사무(測量事務)에 착수(着手)하였다더라."

• 『황성신문』1908년 7월 25일자, "[학부역비 이만원(學部役費 二萬圓)] 학부(學部)에서 양제(洋制)로 공해신건축(公廨新建築)한다 함은 별항(別項)과 여(如)하거니와 소입역비(所入役費)는 이만원가량(二萬圓假量)이라더라."

• 『황성신문』1908년 8월 9일자, "[양과옥 방매(兩課屋 放賣)] 학부(學部)를 양제(洋制)로 신건축(新建築)한다 함은 이보(已報)어니와 해부내(該部內)의 회계문서양과가옥(會計文書兩課家屋)을 방매훼철(放賣毀撤)케 한다더라."

• 『황성신문』1908년 8월 19일자, "[건축개설(建築開設)] 학부(學部) 회계과(會計課)와 문서과(文書課)를 일절훼철(一切毀撤)하고 양옥(洋屋)으로 건축(建築)한다 함은 전보(前報)에 게재(揭載)하였거니와 해역사(該役事)를 금명간(今明間) 착수(着手)한다더라."

• 『황성신문』1908년 8월 21일자, "[물품이치(物品移置)] 학부(學部) 문서급 회계 양과(文書 及 會計 兩課)를 훼철(毀撤)하고 양제(洋制)로 신건축(新建築)한다는 사항(事項)은 이게(已揭)어니와 해공역(該工役)을 불일간(不日間) 착수(着手)할 터이므로 기양과(其兩課)에 응용(應用)하는 물품(物品)을 작일(昨日)에 해부대청(該部大廳)으로 이치(移置)하였다더라."

• 『대한매일신보』1908년 9월 2일자, "[학부건축] 학부를 양제로 건축한다더니 그 역사를 작일부터 시작하였다더라."

• 『황성신문』1908년 9월 5일자, "[도매산매(都買散賣)] 학부(學部) 문서과(文書課)와 회계과(會計課)를 훼철(毁撤)하고 양옥(洋屋)으로 일신(一新)히 건축(建築)할 차(次)로 착수개공(着手開工)하였다 함은 전보(前報)에 게재(揭載)하였거니와 훼철(毁撤)하는 가옥(家屋)은 일본인(日本人)이 매간(每間)에 십원씩(拾圓式) 도매(都買)하여 본국인(本國人)에게 십오원씩(拾五圓式) 산매(散賣)하였다더라."

• 『황성신문』1908년 10월 24일자, "[역비(役費)와 준공기(竣工期)] 현금(現今) 신축(新築)한 학부청사(學部廳舍)는 공역비(工役費) 약(略) 이만사천여원(二萬四千餘元)이니 준공기한(竣工期限)은 내월말(來月末)이오 현재(現在) 청사본청(廳舍本廳)은 회의실(會議室) 식당(食堂)에 사용(使用)하고 본청내(本廳內) 사무실(事務室)은 편집국(編輯局)으로 사용(使用)한다더라."

• 『황성신문』1908년 12월 10일자, "[학부신축(學部新築)의 낙성(落成)] 학부(學部)에서는 해청사(該廳舍)를 신축(新築)하여 근일(近日)에 낙성(落成)이 된 고(故)로 목하(目下) 기실내(其室內)를 장식중(裝飾中)인데 본월(本月) 20일경(日頃)에는 신건축(該新建)한 청사(廳舍)에서 시무(視務)한다더라."

• 『황성신문』1908년 12월 12일자, "[십오일 이접(十五日 移接)] 학부(學部)에서 내(來) 10일경(日頃)에 신건축(新建築)한 청사(廳舍)로 이접(移轉)한다 함은 이보(已報)하였거니와 갱문(更聞)한즉 내(來) 15일(日)에 이접(移接)하기로 결정(決定)하였다더라."

• 『황성신문』1908년 12월 23일자, "[삼과선이(三課先移)] 학부(學部)에서

신축(新築)하는 청사(廳舍)는 기(旣)히 낙성(落成)된 고(故)로 학무국(學務局) 문서과(文書課), 회계과(會計課)는 내(來) 27, 8일경(日頃)에 신축(新築)한 청사(廳舍)로 이접(移接)한다더라."

• 『황성신문』1908년 12월 25일자, "[이전연기(移轉延期)] 학부(學部)에서 신건축(新建築)한 청사(廳舍)로 본월내(本月內)에 이접(移接)한다 함은 이보(已報)어니와 해청사(該廳舍)의 설비(設備)가 만족(滿足)치 못하므로 명년도(明年度) 일월(一月)이나 이접(移接)할 계획(計劃)이라더라."

• 『황성신문』1908년 12월 29일자, "[학부(學部)의 신청이건(新廳移建)] 학부(學部) 각국과(各局課)는 작일(昨日)에 신건축(新建築)한 청사(廳舍)로 거개이접(擧皆移接)하였더라."

옛 의정부(세종로 76번지, 현 광화문시민열린마당 자리)의 처소를 물려받았던 내부(內部)의 경우에는 학부에 뒤이어 1년 남짓 후에 신청사 건립이 개시되었다.

이 공사에 대해 윤일주 교수의 『한국양식건축 80년사』(야정문화사, 1966), 87쪽에는 2층 벽돌로 지은 내부 청사(현 경기도청, 연건평 472평)의 공사기간이 "1909년 7월부터 1910년 8월까지"였다고 소개하고 있으나, 실제로는 준공시점이 약간 더 뒤로 미뤄진 듯하다. 그 당시의 신문자료에 수록된 내부 청사의 건립과정은 대략 다음과 같이 간추려진다.

• 『황성신문』1908년 7월 30일자, "[청사시역(廳舍始役)] 각부청사(各部廳舍)는 전탁지부청사기지(前度支部廳舍基址)에 합동건축(合同建築)할 터인데 기소입비(其所入費) 약(略) 사십만원(四十萬圓)을 현금(現今) 재정군출(財

政窘絀)한 경우(境遇)에 판출(辦出)함이 곤란(困難)하므로 기방침(其方針)을 변경(變更)하여 각부(各部)의 현재청사중(現在廳舍中) 시무상(視務上) 무애(無碍)한 자(者)는 잉치(仍置)하고 불가불(不可不) 신축(新築)할 자(者)는 각 청사(各廳舍)를 각기건축(各其建築)하기로 하여 내부(內部)에서는 현청사 전정(現廳舍 前庭)에 건축(建築)하기로 결정(決定)하고 근근(近近)히 시역(始役)하여 본년중(本年中)에 준공(竣工)케 할 터이라더라."

• 『황성신문』 1908년 9월 19일자, "[청사기지평수(廳舍基地坪數)] 내부 경무국전(內部 警務局前)에 신청사(新廳舍)를 건축(建築)한다 함은 이보(已報)하였거니와 근근(近近)히 시역(始役)한다는데 평수(坪數)가 240평(坪)이라더라."

• 『황성신문』 1908년 10월 3일자, "[도면측량(圖面測量)] 각부부원청(各府部院廳)을 양제(洋制)로 신건축(新建築)한다 함은 이보(已報)어니와 학부(學部)에서는 현금 건축중(現今 建築中)이오 내부(內部)에서도 본년도(本年度)에 건축공역(建築工役)을 착수(着手)한다는데 해도면(該圖面)을 측량(測量)하였다더라."

• 『황성신문』 1908년 11월 4일자, "[내부건축(內部建築)] 내부(內部)에서는 금년내(今年內)에 해부 사령청 급 고간(該部 使令廳 及 庫間)을 훼철(毁撤)하고 이층양옥(貳層洋屋)으로 광대(廣大)히 건축(建築)하여 상층(上層)은 대신관방 급 차관관방(大臣官房 及 次官官房)과 지방국장관방 급 경무국장관방(地方局長官房 及 警務局長官房)과 비서과(秘書課)와 응접실(應接室) 양처(兩處)를 설(設)하고, 하층(下層)은 지방국(地方局), 경무국(警務局), 회계과(會計課), 문서과(文書課), 지리과(地理課)와 대청직방(大廳直房)을 설(設)하

5. 통감부 설치 이후의 변화

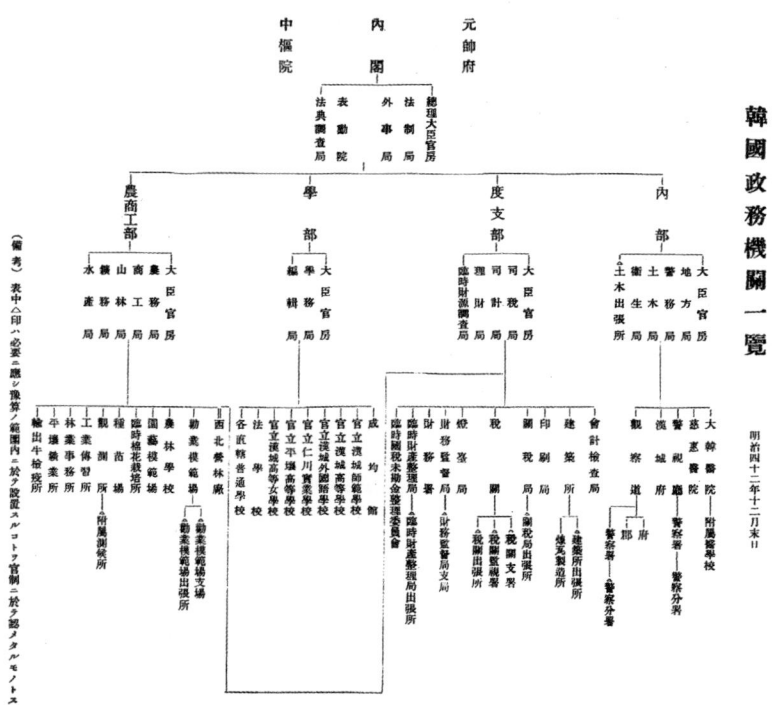

1909년 12월 말 현재로 작성된 '한국정무기관의 일람표'에는 내부, 탁지부, 학부, 농상공부 등 4개의 중앙관서만 단출하게 남아 있는 모습이 눈에 띈다. 일제에 의한 잇따른 국권 침탈의 결과 종전의 외부, 군부, 법부는 진즉에 사라지고 그 흔적을 찾을 수가 없는 상태가 되고 말았다(조선총독부, 『제3차시정연보(1909년도판)』, 1911).

고 위생국(衛生局)은 현금응용(現今應用)하는 대청(大廳)으로 설(設)하고 토목국(土木局)은 위생국(衛生局)으로 이접(移接)하고 현용(現用)하는 경무국(警務局)은 사령청(使令廳)으로 응용(應用)한다는데 해건축(該建築)은 명년도(明年度) 5월(月)에 준공(竣工)하기로 정(定)하였다더라."

• 『황성신문』 1909년 5월 15일자, "[건축비예산(建築費豫算)] 각부청사중(各部廳舍中) 학부본청사(學部本廳舍)는 신축(新築)하였으나 기타 각부(其他 各部)는 탁지부건축소(度支部建築所)에서 공사(工事)를 계산중(計算中)인데 기중(其中) 내부(內部)와 농상공부(農商工部)는 제도(製圖)가 완료(完了)됨으로 내월초순(來月初旬)부터 공사(工事)에 착수(着手)하여 총(總)히 연와제 이층양옥(煉瓦製 二層洋屋)으로 건축(建築)하되 내부(內部)는 면적(面積)이 250평(坪)이오 농상공부(農商工部)는 면적(面積)이 200평(坪)이라 하며 우(又) 위치(位置)는 내부(內部)는 현청내 전면광지(現廳內 前面廣地)로 농상공부(農商工部)는 명치정(明治町) 위수병원소건지(衛戍病院所建地)라 하고 차외(此外)에 법부(法部)는 금년내(今年內)로 신축(新築)하기로 현금(現今) 설계중(設計中)이나 위치(位置)는 확정(確定)이 무(無)하며 탁지부(度支部)는 본청사(本廳舍)에 설축(設築)할 터이오 군부(軍部)는 신축(新築)치 아니한다는데 내농 이부(內農 二部)에 건축비(建築費)는 30만원(萬圓)으로 예산(豫算)하였다더라."

• 『황성신문』 1909년 5월 22일자, "[각관청(各官廳)의 신건축(新建築)] 아정부(我政府)에서는 내부(內部)와 농상공부(農商工部)의 양청사(兩廳舍)를 일신(一新)히 양제(洋制)로 건축(建築)한다 함은 전보(前報)에 기게(旣揭)하였거니와 금년도(今年度)에 양제(洋制)로 일신건축(一新建築)할 관청(官廳)은 대구(大邱), 평양(平壤)의 양공소원(兩控訴院), 공주(公州), 해주(海州), 함흥(咸興)의 삼지방재판소(三地方裁判所), 경성(京城), 평양(平壤), 대구(大邱)의 삼감옥서(三監獄署), 각도경찰서(各道警察署) 60소(所), 각군관아(各郡官衙) 230소(所), 재무감독국(財務監督局) 2소(所), 재무서(財務署) 10소(所), 탁지부 사세국 삼정과(度支部 司稅局 蔘政課) 급(及) 동 인삼제조소(仝 人蔘製造所), 광량만제염사무소(廣梁灣製鹽事務所), 인천세관청사(仁川稅關廳舍),

동창고상옥(同倉庫上屋), 검역소(檢疫所), 진남포(鎭南浦), 부산(釜山)의 양세관청사(兩稅官廳舍), 검역소(檢疫所), 평양세관지서(平壤稅關支署), 부산어항장(釜山漁港場) 등(等)인데 공사비(工事費)는 합계(合計) 280여만원(餘萬圓)인데 건축재료(建築材料)는 영림창(營林廠)에서 취(取)하고 연와(煉瓦), 토관(土管), 와(瓦) 등(等)은 탁지부소관 마포연와제조소(度支部所管 麻浦煉瓦製造所)에서 지급(支給)한다더라."

• 『황성신문』1909년 5월 26일자, "[고옥급병 매각광고(古屋及塀 賣却廣告)] 내부청사기지내(內部廳舍基址內) 소유고옥(所有古屋) 10좌(座) 급(及) 병(塀)을 6월(月) 3일(日)에 입찰(入札)로 매각(賣却)할 터이니 상세(詳細)한 내용(內容)은 본소(本所)에 래(來)하여 게시(揭示)를 견(見)할 사(事). 건축소(建築所)."

• 『황성신문』1909년 6월 8일자, "[공역착수(工役着手)] 내부(內部)를 양제(洋制)로 신건축(新建築)한다 함은 이보(已報)하였거니와 작일(昨日)부터 해공역(該工役)에 착수(着手)하여 삼문간(三門間)을 훼철(毀撤)하였다더라."

• 『황성신문』1909년 6월 10일자, "[낙성기한(落成期限)] 내부(內部)를 양제(洋制)로 신건축(新建築)할 차(次)로 개설(開設)함은 일반지료(一般知了)하는 바어니와 기공설(其工設)의 기한(期限)을 명년도(明年度) 8월경(月頃)에 낙성식(落成式)을 거행(擧行)할 예정(預定)이라더라."

• 『황성신문』1909년 8월 21일자, "[한역파공(韓役罷工)] 내부신건축공장(內部新建築工場)에서 작일(昨日) 상오(上午) 11시경(時頃)에 일인역부(日人役夫) 1명(名)이 본국역부(本國役夫) 십장(十長)과 하등층절(何等層節)이 유

(有)하든지 목봉(木棒)으로 구타(毆打)하는데 경찰부장(警察部長)이 차(此)를 견(見)하고 설유(說諭)하려하매 해일인(該日人)은 도주(逃走)하였고 본국 역부(本國役夫)는 동맹파공(同盟罷工)하기로 결정(決定)하였다더라."

• 『황성신문』1910년 3월 9일자, "[건축준공기(建築竣工期)] 내부청사 급 농상공부청사(內部廳舍 及 農商工部廳舍)는 작년(昨年)부터 건축공사(建築工事)에 착수(着手)함은 인소공지(人所共知)하는 바이니와 해공사(該工事)를 본년말(本年末)에 준공(竣工)하기로 예정(預定)하였다더라."

• 『황성신문』1910년 8월 7일자, "[내부청사 준공기(內部廳舍 竣功期)] 목하(目下) 신축(新築)하는 내부청사(內部廳舍)는 본월말일경(本月末日頃)에 대략(大略) 종료(終了)될 터이오 내월중순경(來月中旬頃)에는 신청사(新廳舍)로 이접시무(移接視務)할 예정(豫定)이라더라."

• 『매일신보』1910년 11월 11일자, "[경기도청(京畿道廳)의 이전기(移轉期)] 내무부 구내(內務部 構內)에 신축(新築)하는 청사(廳舍)는 대략고성(大略告成)된 고(故)로 내(來) 30일경(日頃)에 경기도청 이외(京畿道廳 以外) 경성부청(京城府廳)과 경성헌병대본부(京城憲兵隊本部) 급(及) 도청 경무부(道廳警務部) 등을 이전(移轉)할 터이라더라."

그런데 위의 기사를 살펴보면 학부 청사의 건립 공사가 진행되고 있던 당시부터 이미 내부와 농상공부의 청사 신축에 대비한 부지 선정과 설계 도면이 준비되어 있었던 것으로 보아, 이들 청사 신축 공사는 진즉부터 추진되고 있었음을 엿볼 수 있다. 하지만 완공을 앞둔 시점에서 일제에 의해 이른바 '한일병합조약'이 강요되었기 때문에, 막 지은 새 청사를 제

5. 통감부 설치 이후의 변화 157

옛 의정부 자리에 들어선 내부 청사의 전경이다. 건물 앞쪽에는 해태상의 모습도 눈에 띈다. 하필이면 경술국치를 눈앞에 둔 시점에 이 건물이 준공되는 바람에 이곳은 이내 조선총독부에 의해 경기도청 자리로 바뀌었다.

대로 한번 사용해보기는커녕 일제강점기로 접어들어 이내 경기도청(京畿道廳)에게 그 주인 자리를 내주어야 하는 지경이 되고 말았다.[14]

---

14) 원래 경기감영 자리는 돈의문 밖에 있었으나 1895년 윤 5월 1일부터 지방제도를 고쳐 전국을 23부(府)로 개편할 당시 한성부관찰부로 칭했다가 다시 1896년 8월에 13도(道)로 개편할 때 경기관찰부로 부활하는 동시에 수원으로 옮겨 가게 하였는데, 경술국치 직후에 경기도청으로 개편되면서 육조앞길 옛 내부청사 자리로 옮겨 와 그곳에 자리를 잡게 되었다. 이에 관해 『조선총독부 관보』 1911년 1월 6일자의 '휘보란'에는 "[청사이전] 광화문전 소재의 조선총독부 경기도청은 작년 12월 30일 원 내부신축청사(元 內部新築廳舍)로 이전하였다"는 구절이 남아 있다.

4) 경술국치 직전의 육조앞길과 공간 변화

통감부 설치 이후 육조앞길에서 벌어진 급격한 공간 변화의 단면을 한눈에 보여주는 자료는 '광화문외제관아실측평면도(光化門外諸官衙實測平面圖)'이다. 이 평면도는 지난 2003년부터 본격 소개되기 시작한 국가기록원 소장자료인데, 육조앞길의 원형을 비교적 정확히 측정한 자료를 바탕으로 담아내고 있을 뿐만 아니라 그 당시 사용 중인 관아별 배치 형태와 관아명칭을 정확하게 전달해주고 있으므로 활용가치의 측면에서 단연 돋보이는 근대사 자료의 하나라고 평가된다.

이 평면도의 제작 시기는 1908년 상반기 무렵으로 추정된다. 무엇보다도 1908년 2월 6일자로 옛 농상공부 청사로 이전한 법관양성소가 해당 위치에 표시되어 있는 한편 1908년 5월 23일 종로의 평리원으로 처소를 옮겨 가는 법부가 여전히 원래의 자리에 있는 것으로 표시되어 있는 점이 바로 그 판단 근거이다.

이 자료를 살펴보면, 여기에는 광화문 남쪽 동편으로 내부-법무원[원래 외부 및 통감부 자리]-학부-탁지부-법관양성소[원래 농상공부 자리]가 차례대로 배치되어 있고, 길 건너 서편으로 근위대대[원래 시위대 자리]-경시청[원래 헌병사령부 자리]-경시청[원래 경무청 자리]-군부-법부-통신관리국[원래 통신원 자리]의 위치가 표시되어 있다. 종전의 관아배치에 비해, 대부분의 구역에서 이미 상당한 변화가 진행되었음을 엿볼 수 있는 대목이다.

그리고 육조앞길 서편으로 '경시청'이 두 군데나 연속 표기된 것은, 원래 헌병사령부(憲兵司令部)였던 자리가 1907년 군대해산으로 인해 폐지되면서 그 공간마저도 바로 남쪽으로 이웃하던 경시청이 차지한 결과로 풀이된다.[15] 실제로 『황성신문』 1907년 10월 23일자에는 내부 경무고문실

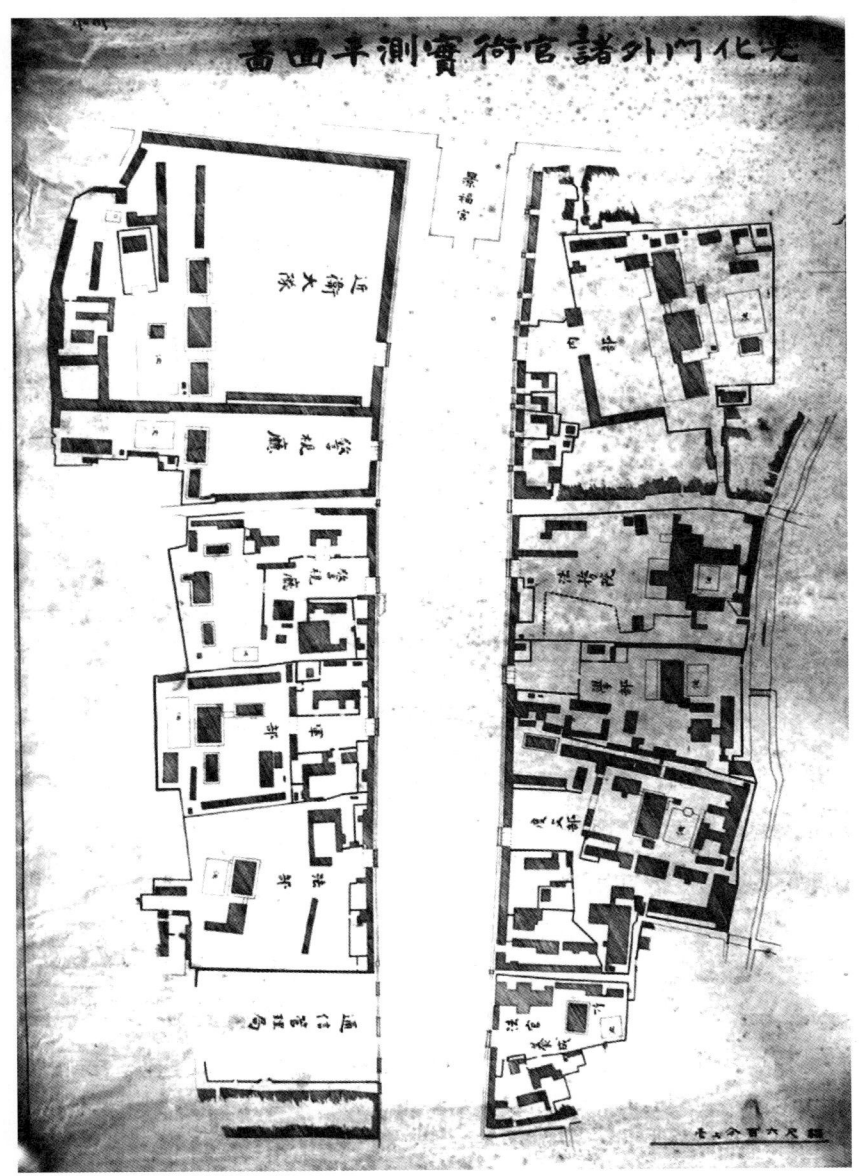

국가기록원 소장자료인 '광화문외제관아실측평면도(光化門外諸官衙實測平面圖)'이다. 이 평면도의 제작 시기는 '법부'와 '법관양성소'의 처소 이전 시기와 관련한 기록을 대입하면 1908년 상반기였다는 사실이 유추될 수 있다(© 국가기록원).

(內部 警務顧問室)의 직원이 이곳으로 이접하였다는 기사가 수록된 바 있으므로, 경시청이 종전의 헌병사령부 처소를 접수한 때가 이 무렵이라는 사실을 짐작할 수 있다.

- 『황성신문』1907년 8월 12일자, "[경시청확장(警視廳擴張)] 경시총감(警視總監) 환산중준(丸山重俊, 마루야마 시게토시) 씨(氏)가 내부(內部)에 보고(報告)하기를 경시청(警視廳)을 현장확장(現將擴張)하기 위(爲)하여 헌병사령부(憲兵司令部)와 시위혼성여단사령부(侍衛混成旅團司令部)로 이접(移接)하겠으니 해양처(該兩處)에 병졸 급 집물(兵卒 及 什物)은 타영문(他營門)으로 이접(移接)케 하는 것이 타당(妥當)하다 하였더라."

- 『황성신문』1907년 8월 19일자, "[헌병부부속 경시청(憲兵部附屬 警視廳)] 헌병사령부(憲兵司令部)를 경시청(警視廳)에 부속(附屬)하여 위관(尉官)들은 수기자격(隨其資格)하여 장차(將次) 수용(需用)한다 하며 헌병(憲兵)들은 지방순사(地方巡査)로 수용(需用)한다더라."

- 『황성신문』1907년 10월 1일자, "[사령부 폐문(司令部 閉門)] 헌병사령부(憲兵司令部) 일반관리(一般官吏)를 해대(解隊)함은 이위게보(已爲揭報)어니와 해사령부(該司令部)는 작일(昨日)부터 출입문(出入門)을 폐쇄(閉鎖)하였더라."

- 『황성신문』1907년 10월 23일자, "[경고이접(警顧移接)] 내부(內部) 경

---

15) 1900년 6월에 신설된 바 있는 '헌병사령부'는 『대한제국 관보』 1907년 8월 28일자에 수록된 '칙령 제13호 군부소관관청제 및 조규의 폐지하는 건'에 의해 종전의 헌병조례와 헌병경찰상여규칙 등이 일괄 폐지됨에 따라 공식적으로 사라지게 되었다.

무고문실(警務顧問室)의 일반사무원(一般事務員)이 헌병사령부(憲兵司令部)로 이접(移接)하고 해집물(該什物)을 작일(昨日)에 운거(運去)하더라."

하지만 경시청의 부속지로 바뀐 옛 헌병사령부 자리는 경시청이 있던 구역과 마찬가지로 경술국치 직전인 1910년 6월에 이른바 '경찰사무위탁에 관한 각서'가 강요된 결과로 경무총감부(이곳의 수장인 경무총장은 일본군 헌병대사령관이 겸임)가 설치되는 동시에 헌병경찰제도가 본격적으로 개시될 때에 '경성제2헌병분대'가 주둔하는 공간으로 바뀌었다. 이를테면 두 구역은 모두 헌병경찰의 전초기지 역할을 하는 곳으로 전락한 셈이었는데, 이렇게 본다면 결국 육조앞길의 관청배치는 일제강점기가 본격적으로 개시되기도 전에 그 구성의 절반 이상이 이미 장차 식민통치를 위한 핵심기관으로 전환될 것들로 채워져 있었음을 알 수 있다.

한편, 경술국치를 앞둔 대한제국 시기의 막바지에 새롭게 등장하여 육조앞길의 한 구역을 차지한 신설기구가 있었으니 토지조사국(土地調査局)이 바로 그것이다.

토지조사국은 『대한제국 관보』 1910년 3월 15일자에 게재된 '칙령 제23호 토지조사국 관제'에 의해 처음 만들어졌고, 그 이후 '법률 제7호 토지조사법', '칙령 제43호 고등토지조사위원회규칙', '칙령 제44호 지방토지조사위원회규칙' 등은 경술국치를 코앞에 둔 1910년 8월 23일에 공포되었는데, 이것은 일제강점기 토지조사사업을 담당했던 조선총독부 임시토지조사국(臨時土地調査局)의 모체이기도 했다.[16] 토지조사국의 개설 직후 본청(本廳)을 정동에 있는 탁지부 구내에 두었으나, 공간 부족으로 육조앞길에 있던 옛 탁지부 건물도 적극 충당하여 사용하였다. 이곳을 통

---

16) 임시토지조사국은 조선총독부 관제의 제정과 동시에 『조선총독부 관보』 1910년 9월 30일자에 수록된 '칙령 제361호 조선총독부 임시토지조사국 관제'에 의해 설치되었다.

칭 '광화문통 분실(光化門通 分室)'이라고 불렸으며, 이와 관련한 내용은 다음과 같은 몇 가지 신문기사를 통해 확인할 수 있다.

- 『대한매일신보』 1910년 3월 17일자, "[토지조사국 위치] 탁지부에서 토지조사국을 설치함은 이미 게재하였거니와 탁지부관사가 협착하므로 위치가 불편하다 하여 전 탁지부안 분실로 정한다더라."

- 『대한매일신보』 1910년 3월 25일자, "[토지조사협의(土地調査協議)] 탁지부대신(度支部大臣) 고영희씨(高永喜氏)와 해부차관 급 기타고등관 제씨(該部次官 及 其他高等官 諸氏)가 재작일(再昨日) 하오(下午) 2시(時)에 전탁지부내(前度支部內)에 회동(會同)하여 토지조사국(土地調査局)의 진행(進行)할 방침(方針)을 협의(協議)하였다더라."

- 『황성신문』 1910년 4월 27일자, "[불수가거(不修可居)] 탁지부(度支部) 토지조사국장(土地調査局長) 일본인(日本人) 토옥대좌(土屋大佐, 츠치야 대좌) 씨(氏)가 명일(明日)에 입경(入京)한다 함은 이보(已報)어니와 동씨(同氏)의 주거(住居)는 구탁지부(舊度支內)에 재(在)한 분실(分室)로 정(定)하고 일작(日昨)부터 수리(修理)에 착수(着手)하였다더라."

- 『황성신문』 1910년 5월 3일자, "[정리과이접(整理課移接)] 토지조사국 정리과(土地調査局 整理課)에서는 삼작일(三昨日)에 구탁지부(舊度支部)로 이접(移接)하였다더라."

- 『황성신문』 1910년 5월 3일자, "[토지국 신양제(土地局 新洋製)] 토지조사국(土地調査局)은 사만여원(四萬餘圓)의 경비(經費)를 투(投)하여 건축소

『매일신보』 1918년 11월 2일자에 수록된 '임시토지조사국 본청(정동)'의 모습이다. 이 자리는 지금의 서울시립미술관(서소문동 38번지 구역)에 해당한다.

남린(建築所 南隣)에 청사(廳舍)를 양제(洋製)로 건축(建築)한다더라."

- 『황성신문』 1910년 6월 19일자, "[일고직소신축(日雇直所新築)] 토지조사국(土地調査局)에서는 일인고등(日人雇等)의 수직소(守直所)를 구탁지부내(舊度支部內)에 재(在)한 사세국청사(司稅局廳舍)로 정(定)할 터인데 양제(洋製)로 신건축(新建築)하기를 목하 협의중(目下 協議中)이라더라."

그 사이에 토지조사국은 1910년 10월 정동 탁지부와 이웃하는 자리에다 새로운 청사를 건립하여 이곳을 본부로 삼는 한편 서소문동에는 제6분실을 따로 설치하는 방법으로 사무공간을 확충하였다. 토지조사국이 들어선 자리는 지금의 서울시립미술관이 서 있는 위치에 해당하지만, 지번 상으로는 탁지부 청사와 동일하게 '서소문동 38번지' 구역에 포함되어 있다. 이곳은 토지조사사업이 종결된 1918년 이후 조선총독부 정동분실(貞洞分室)[17]로 사용되다가 1924년에 발생한 화재사건으로 완전 소실되었으며, 그 이후 바로 그 자리가 법원청사 건립부지로 전환되어 고등법원, 경성복심법원, 경성지방법원을 포함한 경성삼법원(京城三法院)이 들어서게 되었다.

1910년에 제작된 『경성시가전도』에는 광화문 남쪽 동편으로 내부/내각관보과−표시 없음[원래 통감부법무원 자리]−학부−건축소/토지조사국[원래 탁지부 자리]−법학교[원래 법관양성소 자리]가 늘어섰고, 길 건너 서편으로는 근위보병대−헌병 제이분대[원래 헌병사령부 자리]−표시 없음[원래 경시청 자리]−친위부[원래 군부 자리]−한성부[원래 법부 자리]−위체저금관리국/통신관리국이 순서대로 표시되어 있다.[18]

여기에는 경술국치 직전 육조앞길의 공간 변화에 관한 개별 상황이 고스란히 반영되어 있다. 그나마 간신히 찾아낼 수 있는 육조관아의 흔적이란 것이 고작 '내부'와 '학부' 정도로 그친다. 안타깝게도 나머지 구역은 전부 통감부의 부속기관들이거나 장차 식민통치기구로 전환될 것들로 이미 가득 채워져 있는 셈이나 다를 바 없었던 것이다.

---

17) 이와 관련하여 『조선휘보(朝鮮彙報)』 1919년 10월호, 170~171쪽에는 "본부(本府; 조선총독부) 철도부(鐵道部), 법무국(法務局), 서무부 통계과(庶務部 統計課) 및 임시국세조사과(臨時國稅調査課)는 청사의 도합(都合)에 따라 경성부 정동 원(元) 임시토지조사국 자리로 이전했다"는 구절이 표시되어 있다.

18) 『경성시가전도』는 1910년에 제작된 것으로 서울역사박물관 소장자료이다.

고종·순종 시기의 육조앞길 관아 변천에 관한 요약

광화문 육조앞길은 앞에서 살펴보았듯이 고종 이후, 특히 갑오개혁의 근대 개화기와 대한제국 시절의 격동기를 거치는 동안 매우 극심한 변화를 겪었던 사실을 알 수 있다. 새로운 제도의 도입과 더불어 거기에 뒤따른 관제의 개폐가 거듭되었고 그때마다 육조앞길은, 그 이전 시기에 한결같았던 모습을 보여준 것과는 달리, 해를 달리할수록 관아의 처소가 무수하게 맞바뀌거나 새로운 청사를 찾아 꽤나 부산하게 옮겨 다니는 풍경이 연출되었던 것이다.

이러한 변동의 내역을 일목요연하게 살펴보기 위해 앞에서 거론된 내용을 지번 구획별로 공간 변화의 연혁을 간추려보면 대략 다음의 표와 같이 정리될 수 있다.[19]

지번 구획별 관아 변천 연혁(육조앞길 동편, 1863~1910)

해당 구역	고종 연간 관아 변천 연혁
의정부 (세종로 76번지) 현 광화문시민열린마당	의정부(고종 즉위 당시; 1894. 12 경복궁 이전) → 내부(1895?) → 경기도청(1910. 12)
이조 (세종로 82번지 상단부) 현 대한민국역사박물관 건립 예정지	이조(고종 즉위 당시) → 내무아문(1894. 7) → 내부(1895. 3) → 중추원(1895?; 1896. 6 원래 자리 환설) → 외부(1896. 6; 1906. 1 폐지) → 통감부(1906. 2; 1907. 1 남산 왜성대 이전) → 통감부법무원(1907. 1; 1909. 11. 폐지) → 중추원(1907. 3, 겸용) → 경찰관연습소(1908. 9, 겸용; 1909. 5 창성동 적십자병원 자리로 이전) → 한성부(1910. 3, 겸용)

---

19) 아래의 표에 적은 '지번'은 카와이 신이치로(川合新一郎) 편, 『경성부일필매 지형명세도(京城府壹筆每 地形明細圖)』(조선도시지형도간행회, 1929)에 수록된 도(圖)#제244호, 제245호, 제246호('경성부 광화문통')에 표기된 것을 기준으로 삼았다. 다만, 행정구역명칭인 '광화문통'은 일제강점기의 용어임을 감안하여 편의상 이를 '세종로'로 전환하여 표시하였다. 참고로, 『경성부관내지적목록(京城府管內地籍目錄)』(1917년도판), 197쪽에는 '광화문통 76-2번지(국유, 3,697평)', '광화문통 77번지(국유, 5,811평)', '광화문통 78번지(국유, 1,829평)', '광화문통 79번지(국유, 2,168평)', '광화문통 80번지(국유, 1,904평)', '광화문통 81번지(국유, 4,614평)', '광화문통 82번지(국유, 5,491평)', '광화문통 84번지(국유, 2,569평)', '광화문통 149번지(국유, 430평)' 등으로 그 규모가 표시되어 있다.

해당 구역	고종 연간 관아 변천 연혁
한성부 (세종로 82번지 중간부) 현 미국대사관 북단부	한성부(고종 즉위 당시; 1868. 4 훈국신영으로 이전) → 예조(1868. 4) → 학무아문(1894. 7) → 학부(1895. 3)
호조 (세종로 82번지 하단부 및 84번지 상단부) 현 미국대사관 남단부 및 KT 광화문지사/방송통신위원회 북단부	호조(고종 즉위 당시) → 탁지아문(1894. 7) → 탁지부(1895. 3; 1908. 1 정동 이전) → 양지아문(1900. 5, 겸용; 1902. 3 지계아문에 부속) → 지계아문(1901. 10, 겸용; 1902. 1 양지아문 처소로 이전; 1904. 4 폐지) → 한성재판소(1904. 4, 겸용; 1908. 8. 종로 대심원 이전) → 탁지부건축소(1906. 9, 겸용; 1909. 9 정동 이전) → 법부(1908. 8, 겸용; 1909. 10 폐지) → 토지조사국 광화문 분실(1910. 3)
공터 (세종로 84번지 하단부) 현 KT 광화문지사 남단부	공터(고종 즉위 당시) → 한성부(1870. 5; 1895. 5 군기시 자리로 이전) → 경무청(1895. 5) → 경부(1900. 6 승격; 1900. 10 농상공부 자리와 맞교환) → 농상공부(1900. 10; 1907. 12 구리개 이전) → 법관양성소(1908. 2) → 법학교(1909. 10)
기로소 (세종로 149번지) 현 교보생명빌딩 일부	기로소(고종 즉위 당시) → 기로소(1902. 4 관제 제정; 1909. 3 관제 폐지)

지번 구획별 관아 변천 연혁(육조앞길 서편, 1863~1910)

해당 구역	고종 연간 관아 변천 연혁
예조 (세종로 77번지) 현 정부중앙청사	예조(고종 즉위 당시; 1868. 4 한성부 자리로 이전) → 삼군부(1865. 5; 1882. 6. 혁파) → 친군좌영(1882. 9) → 장위영(1888. 4) → 시위대(1895. 윤5; 1895. 8 훈련대 이관; 1895. 9 훈련대 폐지) → 친위대(1895. 9) → 시위대(1897. 9 재설치) → 근위보병대(1907. 8) → 조선보병대(1910. 10)
중추부 (세종로 78번지) 현 정부중앙청사 일부	중추부(고종 즉위 당시) → 중추원(1894. 12; 1895? 내부 자리로 이전) → 중추원(1896. 6, 환설) → 헌병사령부(1900. 10; 1907. 8 폐지) → 내부 경무고문실/경시청 부속지(1907. 10) → 경성제2헌병분대 부속지(1910. 7)
사헌부 (세종로 79번지) 현 세종로공원 북단부	사헌부(고종 즉위 당시; 1894 폐지) → 농상아문(1894. 7) → 농상공부(1895. 3; 1900. 10 경부 자리와 맞교환) → 경부(1900. 10) → 경무청(1902. 2 환원) → 경시청(1907. 7; 1910. 6.. 폐지) → 경성제2헌병분대(1910. 7)
병조 (세종로 80번지) 현 세종로공원/ 세종로 주차장 진입부	병조(고종 즉위 당시) → 군무아문(1894. 7) → 군부(1895. 3; 1909. 7 폐지) → 친위부(1909. 7)
형조 (세종로 81번지 상단부) 현 세종문화회관 북단부	형조(고종 즉위 당시) → 법무아문(1894. 7) → 법부(1895. 3; 1908. 5 종로 평리원으로 이전) → 한성부(1908. 9; 1910. 3 통감부법무원 자리로 이전) → 통감부 통신관리국 분실(1910. 3)

공조 (세종로 81번지 하단부) 현 세종문화회관 남단부	공조(고종 즉위 당시) → 공무아문(1894. 7; 1895. 3 농상공부로 통합) → 농상공부 통신국(1895. 4; 한성우체사, 전보사 겸용) → 통신원(1900. 3; 1905. 8 매동 이전; 1906. 7 폐지) → 경성우편국 분실(1905. 5) → 경성우편국 광화문출장소(1905. 9) → 광화문우편국(1906. 7 승격; 1906. 8 종로 1가로 이전) → 통감부 통신관리국(1906. 7)

여기에 더하여 주요 관아별(主要 官衙別)로 처소 이전의 내력을 살펴보면, 대략 다음의 표와 같이 정리될 수 있다.

주요 관아별 처소 이전 연혁(1863~1910)

주요 관아 구분	고종 연간 처소 이전 연혁
의정부(내각)	• 원위치(세종로 76번지) → 경복궁 수정전(1894. 12, 내각으로 명칭 변경; 1896. 9. 의정부로 명칭 환원) → 정동 돈례문 밖 예식원 자리(1901. 6) → 경운궁 포덕문 내 화경당(1902. 5) → 정동 시종원 자리(1904. 4) → 정동 수옥헌 내 신건축소(1904. 8) → 경복궁 수정전(1906. 6; 1907. 6 내각으로 개칭) → 경운궁 포덕문 내 시강원 자리(1907. 7) → 창덕궁 돈화문 내 옛 약방 및 옥당 자리(1907. 12)
삼군부(시위대)	• 원위치(세종로 77번지; 1865. 5 설치) → 혁파(1882. 6; 통리군국사무아문)
이조(내부)	• 원위치(세종로 82번지 상단부) → 의정부 자리(1895?; 세종로 76번지)
호조(탁지부)	• 원위치(세종로 82번지 하단부 및 84번지 상단부) → 정동 신청사(1908. 1; 서소문동 38번지)
예조(학부)	• 원위치(세종로 77번지) → 한성부 자리(1868. 4; 세종로 82번지 중간부)
병조(군부)	• 원위치(세종로 80번지) → 폐지(1909. 7; 친위부)
형조(법부)	• 원위치(세종로 81번지 상단부) → 종로 평리원 자리(1908. 5) → 탁지부 자리(1908. 8; 세종로 82번지 하단부 및 84번지 상단부) → 폐지(1909. 10)
공조(농상공부)	• 원위치(세종로 81번지 하단부, 옛 공조 자리) → 공무아문(1894. 7; 1895. 3 농상공부로 피통합) • 세종로 79번지(옛 사헌부 자리) → 농상아문(1894. 7; 1895. 3 공무아문을 합쳐 농상공부로 전환) → 경부 자리(1900. 10; 세종로 84번지 하단부) → 구리개 대동구락부(1907. 12; 을지로 2가 193번지) → 영락정 신축 청사(1910. 8; 저동 1가 1번지 및 2번지)

통리교섭통상사무아문 (외부)	• 원위치(재동 83번지; 1882. 12 설치) → 옛 내부 자리(1896. 6; 세종로 82번지 상단부) → 폐지(1906. 1; 의정부 외사국)
경무청(경부)	• 우포도청(종로 1가 89번지)·좌포도청(수은동 56번지; 1894. 7 포도청 폐지후 경무청 설치) → 예빈시 자리(1894. 8) → 육영공원 자리(1894. 12; 수송동 108번지) → 한성부 자리(1895. 5; 1900. 6 경부로 승격; 세종로 84번지 하단부) → 농상공부 자리(1900. 10 맞교환, 1902. 2 경무청으로 환원, 1907. 7 경시청으로 전환; 세종로 79번지) → 폐지(1910. 6)
중추부(중추원)	• 원위치(세종로 78번지) → 내부 자리(1895?; 세종로 82번지 상단부) → 원래 자리(1896. 6 환설) → 재동 광제원 자리(1900. 10) → 매동관립소학교 자리(1900. 12) → 수송동 농상공학교(1904. 11) → 종로 혜정교 옆 교육부 자리(1905. 3; 옛 철도원 자리) → 새문안 군제이정소 자리(1905. 6) → 장통교 윤영권 씨 가옥(1905. 11) → 미동 시종원 자리(1906. 8) → 통감부 자리(1907. 3; 세종로 82번지 상단부)
한성부	• 원위치(세종로 82번지 중간부) → 경희궁 흥화문 앞 훈국신영(1868. 4) → 호조 남쪽 공터(1870. 5; 세종로 84번지 하단부) → 무교동 군기시 자리(1895. 5) → 전동 신정가(1901. 5) → 돈의문밖 경기감영 빈관 자리(1902. 4) → 법부 자리(1908. 9; 세종로 81번지 상단부) → 통감부법무원 자리(1910. 3; 세종로 82번지 상단부)
한성재판소(한성부재판소)	• 종로 혜정교 남변(1895. 3 법률 제1호 재판소구성법에 의해 설치; 1898. 2 한성부재판소로 변경) → 한성부 구내(1898. 9; 옛 군기시 자리; 1900. 12 한성재판소로 변경) → 전동 신정가(1901. 5; 1901. 7 한성부재판소로 변경) → 돈의문 밖 경기감영 빈관 자리(1902. 4; 1904. 4 한성재판소로 변경) → 지계아문 자리(1904. 4; 세종로 82번지 하단부 및 84번지 상단부; 1907. 12 한성재판소 폐지 후 경성지방재판소 설치) → 종로 평리원(대심원) 법부 자리(1908. 8)

　이들 가운데 단 한 차례도 자리를 옮기지 않았던 경우는 병조(兵曹)가 유일하나, 군대해산 이후 1909년에 이르러 관서 자체가 폐지되었으므로 그다지 유쾌한 사례로 꼽기는 어려운 일이 아닌가 싶다. 이와는 달리 여러 관아 중에서 의정부, 중추원, 한성부 등은 일일이 그 발자취를 추적하기가 벅찰 만큼 유달리 처소 이전이 잦은 경우에 속한다. 이는 아관파천과 경운궁 환궁, 그리고 대한제국 출범 이후의 국권 피탈 과정에서 그만큼 권력관계의 부침이 심했거나, 해당 관청의 행정력이 안정되지 못했다는 얘기인 듯도 하다.

이상에서 살펴보았듯이 고종 즉위 이후에 벌어진 관아 재배치와 처소 이동은 그 자체가 육조앞길의 해체를 불러왔던 것은 분명하다. 그것이 외세의 압력에 의한 것이건 자주적 개혁의 결과였건 간에, 전통적인 통치기구들만으로는 더 이상 새로운 변화를 담아내지 못하는 시대 상황이 전개되었던 것이다. 이에 따라 새로운 관제는 끊임없이 출현하였고, 그것은 다시 불가피하게 육조앞길의 공간 변화를 가속화하는 원인이 되었다.

하지만 육조앞길의 해체과정으로만 보이는 일련의 과정은, 어떤 측면에서는 근대개화기 이후에 우리가 당면했던 역동적인 역사 전환의 내막을 살펴보는 연결고리인 동시에 그 시대상의 단면을 고스란히 엿볼 수 있는 축소판이기도 하다. 설령 시대의 흐름에 따라 육조앞길의 위상이 지니는 의미는 달라졌을지언정, 여전히 이곳의 공간 변화에 대한 탐구가 필요하고 또한 중요한 것은 바로 그러한 까닭이 아닌가 생각된다. 거듭 말하자면, 근대시기 육조앞길은 거의 매 순간 그 자체가 곧 역사의 현장이었던 것이다.

제2부 일제강점기의 광화문 육조앞길

경술국치 직후의 관청배치와 지번 부여

1920년대 육조앞길의 공간 변화

1930년대 육조앞길의 공간 변화

일제 패망 직전의 육조앞길

1.
경술국치 직후의 관청배치와 지번 부여

　1910년 8월 29일의 경술국치는 육조앞길이라고 부르던 공간에 대해 전통의 단절이라는 결과를 가져다주었다. 대한제국의 소멸과 더불어 옛 육조관아의 맥을 잇던 기존의 중앙관서는 더 이상 존속할 수 없는 상황이 되었고, 이들이 자리했던 청사는 지체 없이 일제의 관공서로 그 용도가 변질되고 말았기 때문이다. 간신히 외형이나마 유지하고 있던 내부(內部)

1915년 조선물산공진회(朝鮮物産共進會)가 개최될 당시 경복궁 안쪽에서 담아낸 광화문앞길의 전경이다. 기본 외형과 외부 담장은 육조앞길 시절과 크게 다를 바 없었으나 각 구역의 내부는 통감부 시기 이후에 들어선 식민통치기구들에 의해 이미 경계구역이 상당수 허물어진 상태였다. 사진의 오른쪽에 공터처럼 보이는 구역은 조선보병대가 자리했던 옛 삼군부 터이다(조선총독부, 『시정오년기념 조선물산공진회보고서』 제3권, 1916).

와 학부(學部) 청사가 대표적으로 바로 이러한 사례에 속했다.

우선 내부가 있던 공간은 일제강점기로 접어들자마자 경기도청(京畿道廳)으로 변모했는데, 이때가 1910년 12월 30일이었다. 원래 내부는 1909년 7월에 서양식으로 건물을 새로 짓는 공사에 착수하여 그 이듬해인 1910년 8월에 겨우 완공을 보았으나, 결과적으로 신축 청사를 사용해 보기도 전에 이른바 '한일병합조약'이 강요되는 상황을 맞아 그것을 고스란히 경기도청으로 넘겨주어야 하는 처지가 되고 말았던 것이다.

이에 앞서 학부가 있던 공간은 이미 1908년 9월에 구역 내의 일부를 훼철한 자리에다 신축 공사를 벌여 그해 12월에 2층 양옥으로 준공을 보았고, 이에 따라 신청사에 입주를 완료한 상태였다. 하지만 이곳 역시 경술국치의 여파로 남쪽으로 이웃하던 임시토지조사국 광화문분실의 영역으로 편입되는 결과가 이어졌다. 여기에 덧붙여 중추원, 한성부, 경찰관연습소가 공존했던 옛 외부 자리 또한 잇달아 임시토지조사국의 구내에 포함되었는데, 이로써 육조앞길 동편은 크게 경기도청과 임시토지조사국 광화문통분실(光化門通分室), 그리고 법학교(法學校)의 후신인 경성전수학교(京城專修學校)의 세 구역으로 통합 재편되기에 이른다.

이와는 달리 육조앞길 서편은 기존 구역의 통폐합 없이 동일한 성격의 식민통치기구가 그 기능과 청사를 그대로 승계하는 정도의 변화에 그쳤다.

가령, 근위보병대가 있던 옛 시위대 자리는 조선보병대(朝鮮步兵隊)로 바뀌었고, 친위부가 있던 옛 군부 자리는 조선주차군사령부 부속청사(朝鮮駐箚軍司令部 附屬廳舍)로 전환된 것이 그러한 사례이다. 이와 아울러 경시청 부속지였던 옛 헌병사령부 자리는 헌병분대 숙사(憲兵分隊 宿舍)로 바뀌었고, 경술국치 직전 경성제이헌병분대(京城第二憲兵分隊)가 차지했던 옛 경시청 구역은 그 기능이 그대로 이어졌다. 이 밖에 통감부 통신관리국이 있던 자리는 그대로 조선총독부의 통신국(通信局)이 이어받았다가 관제개편에 따라 1912년 4월 1일 이후 체신국(遞信局)으로 개칭되었다.

이 시기의 육조앞길 관청배치 현황을 일목요연하게 살펴볼 수 있는 자료는 '대정 4년(1915년) 측도 일만분일 경성지형도'[1]이다. 이 지도에 표시된 순서대로 옮겨보면, 광화문 남쪽 동편에는 경기도청(경무부)-토지조사국 분실-전수학교가 자리하고, 길 건너 서편에는 조선보병대-[표시없음]-헌병분대-주차군부속사-위체저금관리소-체신국이 차례대로 줄지어 섰다. 여기에는 더 이상 옛 육조관아의 명칭을 찾을 수 없을뿐더러 전혀 생소한 이름의 식민통치기구들이 그 자리를 차지하고 있는 상황이 역력히 드러나고 있다.

또한 1918년에 제작된 '임시토지조사국 배치도'에도 이러한 배치 형태가 그대로 확인된다. 여기에는 광화문길 서편으로 조선보병대-헌병분대-주차군부속지-위체저금관리소/체신국이 표시되어 있으며, 특히 광화문길 동편에는 도청(경무부)-광화문통 분실-전수학교가 표시되어 있어서 종전에 비해 세 구역으로 단출해진 형태로 바뀐 모습이 포착되고 있다.

이와는 별도로 일제강점기로 막 접어든 1910년대 초반 육조앞길의 공간 변화를 감지할 수 있는 또 다른 척도는 새로운 행정구역과 지번(地番)의 부여이다.

일제에 의해 경성부 전체의 정동(町洞) 명칭과 구역이 새로 설정된 것은 1914년 4월 1일이며, 광화문통(光化門通)이라는 이름이 생겨난 것도 바로 이때의 일이었다. 그리고 이에 앞서 토지조사사업(土地調査事業)이 본격

---

1) 이 지도자료는 『조선총독부 작제 일만분일 조선지형도집성(朝鮮總督府 作製 一萬分一 朝鮮地形圖集成)』(영인본), 경인문화사, 1990, 32~39쪽에 분할 수록되어 있다.

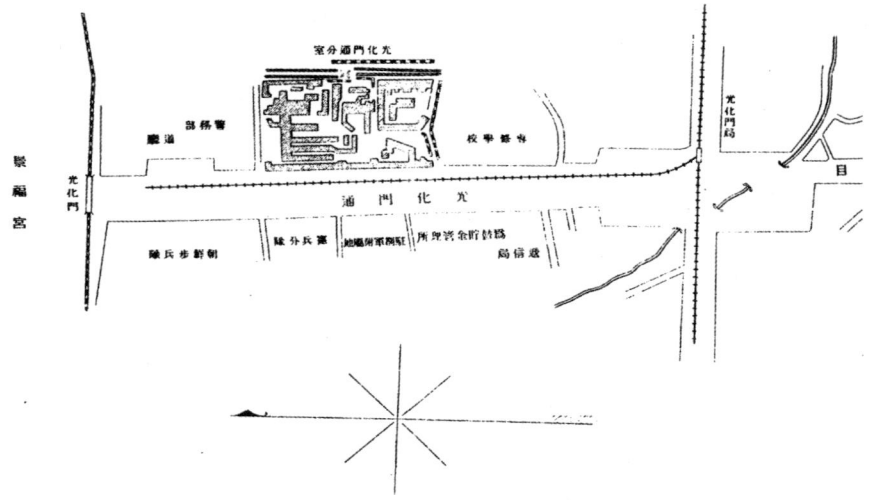

조선총독부 임시토지조사국이 펴낸 『조선토지조사사업보고서(朝鮮土地調査事業報告書)』(1918), 619쪽에 수록된 '임시토지조사국 배치도'의 일부이다. 여기에는 광화문 일대의 관아배치와 광화문통 분실의 배치도가 상세히 표시되어 있다.

시행되면서 1913년 초까지 서둘러 시가지 전역에 대한 조사가 진행되어 서울시내의 모든 구역에는 일제가 설정한 새로운 지번이 부여되기에 이른다. 이 과정에 대해서는 다음과 같은 몇 가지 신문기사를 통해 개략적인 흐름을 확인할 수 있다.

- 『매일신보』 1912년 7월 3일자, "[시내토지측량(市內土地測量)] 과반래(過般來) 경성시내(京城市內)의 토지측량(土地測量)은 준비조사(準備調査)로서 각정(各町)의 구획(區劃), 정명(町名)의 확정(確定), 지주총대(地主總代)의 결정(決定) 등(等)인데 기(旣)히 대략종료(大略終了)한 고(故)로 내지인거주(內地人居住)의 시가(市街)에 대(對)하여는 본(本) 3일경(日頃)부터 일필조사(一筆調査)에 착수(着手)할 터인데 기방면(其方面)은 위선(爲先) 다옥정(茶

屋町), 삼각정(三角町), 수하정(水下町, 조선상업은행 소재지 부근)으로부터 개시(開始)하여 남산(南山)으로 향(向)하여 진척(進陟)할 터이오 조선인가(朝鮮人街)는 구획(區劃)은 결정(決定)하였으되 정명(町名)은 우금(于今) 확정(確定)치 못한 고(故)로 기종료(其終了)를 대(待)하여 일필조사(一筆調查)에 종사(從事)할 터이오 차(且) 내지인(內地人)의 토지소유자(土地所有者)는 기 지소(其地所)에 표항(標杭)을 시(施)하는 중(中)이로되 기표면(其表面)의 사표(四表)에 소유자(所有者)의 인명(人名)을 서(書)하고 지번지목(地番地目)을 기입(起入)하였으나 우(右)는 조사측량후(調查測量後) 비로소 기입(記入)할 자(者)인즉 단(單)히 자기(自己)의 소유지측(所有地側)에 면(面)한 부분(部分)에 소유자명(所有者名)을 기(記)함에 지(止)함을 망(望)하는 지(旨)로 토지조사국(土地調查局)에서 주의(注意)가 유(有)하였고 차(且) 해표항(該標杭)도 장(長) 2척(尺) 4, 5촌(寸)의 2촌(寸) 각재(角材)를 용(用)함을 희망(希望)한다더라."

- 『매일신보』 1912년 12월 22일자, "[경성시가조사(京城市街調查)] 본년(本年) 3월(月)부터 토지조사국(土地調查局)에서 착수(着手)한 경성시가지조

사(京城市街地調査)는 기후(其後) 착착(着着) 진척(進陟)하여 각지주(各地主)의 토지소유권(土地所有權) 하조(下調)도 종료(終了)하고 조사국(調査局)에는 연말(年末)로써 기한(期限)으로 한 지주(地主)의 신고서제출(申告書提出)이 속속(續續)한다는데 일방(一方) 토지(土地)의 실측(實測)은 작금(昨今) 30여인(餘人)의 기술원(技術員)을 각방면(各方面)으로 파(派)하여 진(進)케 하는 중(中)이라 명년(明年) 2월(月)까지는 차역(此亦) 종료(終了)할 터이오 기후(其後) 제도(製圖)를 종(終)하여 토지대장(土地臺帳)에 기입(記入)하여 기(其) 결과(結果)를 도(道)의 관민유력자(官民有力者)로써 조직(組織)한 지방토지조사위원회(地方土地調査委員會)에 자문(諮問)하여 전(全)히 조사사업(調査事業)을 종(終)함은 명년(明年) 5, 6월(月)에 재(在)하리라더라."

• 『매일신보』1913년 2월 2일자, "[경성시가지(京城市街地)의 조사(調査)] 경성시가지조사(京城市街地調査)의 현상(現狀)을 문(聞)한즉 과반(過般) 토지조사국(土地調査局)에서 개회(開會)한 탁지부(度支部), 부청(府廳), 도청(道廳), 조사국(調査局) 각위원(各委員)의 경성지가협정회(京城地價協定會)에서 경룡시가지(京龍市街地)의 지가급등급구분(地價及等級區分)의 방침(方針)이 결정(決定)되었으므로 조사국(調査局)의 사무원(事務員)은 해방침(該方針)에 종(從)하여 매일필(每一筆)의 지가조사(地價調査)를 급(急)히 하며 우(又) 일방(一方)으로 측량반(測量班)의 실측(實測)은 한중(寒中)을 불염(不厭)하고 사무(事務)를 진척(進陟)케 함으로 지(遲)하여도 2월말(月末)에는 조사(調査)가 전부종료(全部終了)하겠다 하고 상(尙) 경룡시가지(京龍市街地)의 총필수(總筆數)는 1만(万) 3천여(千餘)에 상(上)한다더라."

• 『매일신보』1913년 2월 16일자, "[각시가지(各市街地)의 조사(調査)] 토지조사국(土地調査局)에서 각시가지조사(各市街地調査)는 이래(爾來) 파(頗)

히 진척(進陟)하여 경성(京城) 부산(釜山)만 여(餘)하였는데 시역(是亦) 3월중(月中)에는 전(全)혀 종료(終了)하리라더라."

• 『매일신보』 1914년 2월 21일자, "[시가지(市街地)와 등기령(登記令)] 임시토지조사국(臨時土地調査局)에서는 경성외(京城外) 25개소(個所)의 시가지(市街地)에 취(就)하여 기(旣)히 토지대장(土地臺帳)의 작제(作製)를 료(了)하여 작년말(昨年末)에 공시(公示)하여 목하(目下) 지주(地主)의 이의신립기간중(異議申立期間中)에 속(屬)한데 우(右)는 내(來) 3월(月) 26일(日)에 만료(滿了)하겠고 이의(異議)에 취(就)하여는 고등토지조사위원회(高等土地調査委員會)에서 심의확정(審議確定)한 연후(然後) 비로소 절대부동(絶對不動)이 되어 지(遲)하여도 3월중(月中)에는 차(此)를 각당해부군(各當該府郡)에 인계(引繼)할 터이오 일방(一方) 총독부(總督府)에서는 작년(昨年)에 제정공포(制定公布)된 부동산등기령(不動産登記令)을 4월(月) 1일(日)부터 우(右) 시가지(市街地)에 시행(施行)할 터인데 우(右) 시행기일(施行期日) 급(及) 시행지역(施行地域) 등(等)은 일간(日間) 부령(府令)으로 발표(發表)되리라더라."

1915년 시정오년기념 조선물산공진회(始政五年記念 朝鮮物産共進會)의 개장 당시 관람 인파로 들어찬 옛 육조앞길의 모습이다.

이러한 시가지조사(市街地調査)의 결과에 따라 옛 육조관아가 포진했던 자리에는 '광화문통 76번지~84번지'에 걸치는 지번이 생겨났으며, 옛 기로소(耆老所) 자리는 '광화문통 149번지'로 구획되었다. 이러한 지번 부여는 시가지조사가 시행될 당시의 시점에 존재했던 개별 관공서의 경계구역을 기준으로 삼았기 때문에, 이 가운데 어떤 것은 옛 육조관아와 동일한 구역으로 지번이 매겨지기도 하고 또 어떤 경우에는 예전의 관아구역과 무관하게 번호가 묶이기도 했다.

예를 들어, 광화문통 76번지, 77번지, 78번지, 79번지, 80번지는 각각 차례대로 옛 의정부, 예조, 중추부, 사헌부, 병조가 있던 구역과 완전히 일치하지만, 나머지 광화문통 81번지, 82번지, 84번지는 예전의 경계구역이 허물어지고 일제에 의해 새로운 공간배치가 이뤄진 결과가 반영된 경우에 속했다.

실제로 '광화문통 81번지'는 원래 형조와 공조가 있던 자리로, 대한제국 시절에는 법부와 통신관리국이 따로 구분되어 있던 공간이었다. 그러던 것이 한때 한성부가 머물렀던 옛 법부 자리가 1910년 3월에 통신관리국 분실로 편입되었고, 이것은 장차 두 구역이 하나의 지번으로 묶이는 단초가 되었다. 나중에 체신국 청사로 변모하는 이 구역에는 새로이 위체저금관리소와 체신국 본관이 나란히 자리를 잡았던 것으로 확인된다.

특히 '광화문통 82번지'는 구역확장의 시기가 분명하진 않지만 가장 광범위하게 종래의 관아경계선이 흐트러진 사례로 지목된다. 이곳은 원래 토지조사국 광화문분실이 탁지부가 있던 공간에 설치된 데서 출발하여 차츰 북측에 인접한 옛 학부 청사는 물론이고 그 위쪽에 있던 옛 외부 자리까지 일괄 편입하게 됨에 따라 5천여 평에 달하는 하나의 단일구역을 이루게 되었다.

한편, 토지조사국의 영역이 확장되던 때와 같은 시기에 그 남쪽에 인접

1914년 당시 새로운 지번 부여와 종전 관아 경계선 변동의 상관관계

지번 구별	관아경계선 변동 내역
광화문통 76번지 (국유/ 3,697평)	• 옛 의정부(원위치)와 경계구역이 일치 • 지번 부여 당시 '경기도청'의 구역 • 현재 광화문시민열린마당
광화문통 77번지 (국유/ 5,811평)	• 옛 예조/삼군부(원위치)와 경계구역이 일치 • 지번 부여 당시 '조선보병대'의 구역 • 현재 정부중앙청사의 중간부와 북단부에 해당
광화문통 78번지 (국유/ 1,829평)	• 옛 중추부(원위치)와 경계구역이 일치 • 지번 부여 당시 '경성제2헌병분대 숙사'의 구역 • 현재 정부중앙청사의 일부에 포함된 상태
광화문통 79번지 (국유/ 2,168평)	• 옛 사헌부(원위치)와 경계구역이 일치 • 지번 부여 당시 '경성제2헌병분대'의 구역 • 현재 세종로공원 북단부
광화문통 80번지 (국유/ 1,904평)	• 옛 병조(원위치)와 경계구역이 일치 • 지번 부여 당시 '조선주차군사령부 부속청사'의 구역 • 현재 세종로공원 남단부/ 세종로주차장 진입부
광화문통 81번지 (국유/ 4,614평)	• 옛 형조(원위치)와 옛 공조(원위치)가 합쳐진 구역 • 지번 부여 당시 '조선총독부 체신국(우편위체저금관리소 포함)'의 구역 • 현재 세종문화회관
광화문통 82번지 (국유/ 5,491평)	• 옛 이조(원위치)와 옛 한성부(원위치) 일대를 비롯하여 옛 호조(원위치)의 북측 절반이 포함 • 지번 부여 당시 '임시토지조사국 광화문통 분실'의 구역 • 현재 대한민국역사박물관 건립 예정지 및 미국대사관
광화문통 84번지 (국유/ 2,569평)	• 옛 호조(원위치)의 남측 절반과 1870년 한성부 신규 개설지(원래 공터)가 합쳐진 구역 • 지번 부여 당시 '경성전수학교'의 구역 • 현재 KT 광화문지사/방송통신위원회
광화문통 149번지 (국유/ 430평)	• 기로소의 원위치와 경계구역이 일치 • 지번 부여 당시의 용도는 미상 • 현재 교보생명빌딩의 일부

조선총독부 신청사 신축 공사가 한창 벌어지고 있던 당시에 촬영된 경복궁의 정문 광화문의 전경이다. 광화문 앞쪽에 설치된 월대의 계단 부분은 흙더미에 완전히 덮여 있는 상태이고, 그 위를 가로질러 공사자재 운반용 전차궤도가 광화문 서쪽 홍예로 길게 이어진 모습이 또렷하게 눈에 띈다(©국립중앙박물관).

한 경성전수학교가 교지를 확장하게 되었는데, 이 과정에서 원래의 탁지부 자리가 양분되어 그 절반의 땅이 양도되면서 이곳 역시 완전히 새로운 구역경계선이 만들어졌다. 그 결과 탁지부 자리의 남반부와 원래의 법학교 자리는 하나의 공간으로 합쳐졌고, 이 구역에는 '광화문통 84번지'라는 지번이 주어졌다.

1. 경술국치 직후의 관청배치와 지번 부여   183

광화문통과 세종로의 지명 유래

영국의 저명한 여행 작가 버드 비숍 여사(Mrs. Isabella Bird Bishop, 1832~1904)는 『한국과 그 이웃 나라들(Korea and Her Neighbours)』(1898)을 통해 1894년 3월 우리나라를 처음 찾았을 때 서울 남산에 올라가 내려다본 시내 풍경을 이렇게 그렸다.

이 도시는 대개 초가로 이뤄진 나지막한 갈색지붕의 바다를 이룬다. 그리하여 그저 단조로우며 숲도 없고 툭 틘 공간도 없다. 이 갈색의 바다 가운데 곡선을 그린 중층지붕의 궁궐 대문들과 회색의 돌담장이 솟아 있고, 그들 안쪽에는 여러 전각의 지붕들이 맞닿아 있다. 이 도시를 가로지르며 동대문에서 서쪽 대문 쪽으로 연결되는 하나의 대로가 있고, 또 다른 하나가 이 도로에서 갈라져 남대문을 향하며, 세 번째의 것은 이 동맥 선에서 빠져나와 궁궐까지 60야드의 넓이로 뻗어 있

미국인 사진 여행가 엘리아스 버튼 홈즈가 담아낸 육조앞길의 전경이다. 그가 우리나라를 찾은 때는 1901년 여름인데, 그 당시까지만 해도 육조앞길의 원형은 비교적 충실하게 보존되어 있었다. 버드 비숍 여사가 목격했던 때의 모습과도 큰 차이는 없던 시절이었다(버튼 홈즈, 『버튼 홈즈의 여행 강의』 제10권, 1901).

다. 두 줄로 늘어선 가게들에 의해 점령된 다른 도로들이 겨우 길 한쪽으로 통행하기에 아주 협소한 공간만을 남겨두고 있는 것과는 달리, 이곳은 사시사철 아무런 장애물이 없이 유지되는 유일한 도로이다.

여기에 나오는 세 번째 도로가 흔히 '육조앞길'이라는 이름으로도 통용되던 길이며, 일제강점기에는 '광화문통(光化門通, 코카몬토리)'으로 불렸다가 지금은 '세종로(世宗路)'가 되었다.

일제에 의해 '광화문통'이라는 명칭이 공식 부여된 때는 1914년 4월 1일이다. 『경성부사』 제2권(1936), 293~294쪽에는 일제 초기에 시행된 서울시내 구역개편과 이에 따른 지번 부여의 원칙 등이 다음과 같이 서술되어 있다.

경성부(京城府)의 시가(市街)에 관해서는 이조 국초 이래 부내(府內)에는 5부(部) 49방(坊)으로 구분되었고, 여기에 계(契), 동(洞), 기타의 명칭이 있었으나, 해가 지남에 따라 각종의 공칭(公稱), 속칭(俗稱)이 생겨나고 여기에 일본거류민단(日本居留民團)이 명명(命名)했던 공칭도 섞여 서로 착종(錯綜)이 혼란하여 거의 구별하는 것이 불가능함에 이르렀다. 융희 4년(1910년) 임시토지조사국 관제(臨時土地調査局 官制)가 제정되면서 경성시가와 기타 시가지는 명치 45년(1912년)부터 대정 2년(1913년)의 사이에 정리를 완결했는데, 경성에 있어서는 좌기(左記)의 6항(項)을 방침으로 삼았다.

1. 정동(町洞)의 구역은 원칙으로 하고 구역주의(區域主義)를 가미할 것.

2. 경복궁(景福宮)을 중심으로 삼아 사방(四方)으로 정(町) 동(洞)의 방향을 정할 것.

3. 남북(南北)으로 걸쳐 있는 대로(大路)에 접한 구역을 통(通, 토리)으로 하고, 기타는 모두 정(町) 동(洞) 등의 명칭을 부여할 것. 단, 종로(鍾路)는 별도로 정, 동의 명칭을 부가하지 않을 것.

4. 동일구역으로서 일본 조선 양측의 명칭이 있는 경우에 있어서는 그 일본명

(日本名)이 민단(民團)에서 상당한 권한에 의해 부여된 것일 때는 그 일본명에 따를 것. 단, 민단에서 부여했던 것일지라도, 그 보통에 사용되지만 도로를 사이에 두고 그 정명(町名)을 달리하는 것과 같은 경우에는 도로를 낀 양정(兩町)은 이를 동일칭호에 따라 정리할 것으로 하며, 비교적 널리 행해지고 있는 어느 일방의 정명에 따를 것. 더욱이 이 경우에 정명의 하나가 민단에서 부여한 일본명으로서 보통 사용되고 있는 것일 때에는 그 정명에 따를 것.

5. 양 구역이 교차하는 경우에 있어서 교차지역은 그 중요한 구역의 명칭에 따를 것.

이리하여 지형에 따라 도로(道路), 하천(河川), 구거(溝渠) 등을 고량(考量)하여 그 구역을 결정하고, 지역의 명칭은 이를 정(町), 동(洞), 통(通), 로(路)의 4종(種)으로 하여 구래의 360개를 정리하여 186개로 하였다. 이 가운데 로(路)로 칭한 것은 종로(鍾路)의 하나였을 뿐이다. 통(通)이라고 칭한 것은 광화문통(光化門通, 코카몬토리), 태평통(太平通, 타이헤이토리), 남대문통(南大門通, 난다이몬토리), 의주통(義州通, 기슈토리), 삼판통(三坂通, 미사카토리) 및 한강통(漢江通, 칸코토리)의 6개소가 있었는데, 이들의 명칭 및 구역은 대정 3년(1914년) 4월 1일에 결정되었다. 이 명칭은 단지 지적상(地籍上)의 명칭이었을 뿐만 아니라 민적(民籍), 기타 일반의 호칭이 되어 경성부의 시구는 이로써 시작되어 획연하기에 이르렀다.

더구나 지번(地番)에 관해서는 종래의 자번호(字番號)라는 것이 있어서 천자문자(千字文字)를 순차대로 집어서 여기에 숫자를 부가했던 것이다. 이 법은 통상 일부군(一府郡)을 단위로 삼아 객사(客舍)를 천자 일호(千字 一號)로 하고 순차적으로 그 기호를 붙여나갔으나, 세월이 지나면서 착란이 되어 토지조사국(土地調査局)의 지적조사 때에 지번은 한 동(洞)을 일괄하여 일필지매(一筆地毎)에 순차로 이를 부여하였던 것이며, 경성부에는 대체로 정(町) 동(洞)의 동북(東北)에서 순차로 지번을 부여하고, 큰 정(町) 또는 통(通)에 있어서는 다시 이를 정목(丁目, 쵸메)으로 나누어 정목마다 지번을 부여하였는데, 정목(丁目)은 우선 경복궁에 가까운 부분부터 시작하여 차례대로 먼 쪽으로 나아감을 법으로 삼았다. 다만, 도로(道路), 구거(溝渠), 하천(河川) 등에 대하여는 지번을 부여하는 것이 드물었다. 그리하여 지번(地番)은 정(町), 동(洞)의 명칭과 마찬가지로 단지 지적상(地籍上)의 번호에만 그치지 않고 민적 호번(民籍 戶番), 기타 일반에 이를 사용하여 지번과 호번과는 상호 어긋남이 없는 것이 되었다.

여기에서 보듯이 식민통치자들이 처음 지번을 부여할 때에 "특정 구역의 동북쪽에서 번호를 붙여나가는 방식"을 사용했는데, 광화문 지역의 지번 구성도 대략 이러한 원칙에서 크게 벗어나지 않았다. 그리고 "남북(南北)으로 걸쳐 있는 대로(大路)에 접한 구역"을 뜻하는 용어로 통(通, 토리)을 정하였으며, 그 가운데 '광화문통'도 포함되어 있었던 것이다.

『조선총독부 관보』 1914년 4월 27일자에 수록된 경기도 고시 제7호 '경성부 정동(京城府 町洞)의 명칭(名稱) 및 구역(區域)'에는 이 당시 '광화문통'으로 재편된 구역의 범위를 다음과 같이 적시하고 있다.

> 수문동 일부(水門洞 一部), 예빈동(禮賓洞), 두석동 일부(豆錫洞 一部), 황토현 일부(黃土峴 一部), 사온동 일부(司醞洞 一部), 도염동 일부(都染洞 一部), 공조후동 일부(工曹後洞 一部), 보민동(保民洞), 삼간동(三澗洞), 송교 일부(松橋 一部), 구서부동 일부(舊西部洞 一部), 서학현 일부(西學峴 一部), 광제교(廣濟橋), 동령동(東嶺洞), 황토현(黃土峴), 하방교 일부(下芳橋 一部), 당피동 일부(唐皮洞 一部).

여길 보면 광화문통이라는 명칭이 생겨나기 이전에 이 구역은 여러 개의 작은 동네들로 분할되어 있었다는 사실을 엿볼 수 있다. 또한 이는 그 시절에도 육조앞길 전체를 아우르는 일괄 명칭이 따로 없었다는 점을 반증해주기도 하는 것이다.

한편, 지금의 세종로라는 이름이 처음 생겨난 때는 해방 직후인 1946년 10

월 1일이다. 이것은 일제강점기에 사용되던 광화문통이라는 명칭을 대체하고자 하는 뜻에서 새로 만들어진 표현이었다.

이와는 별도로 서울시 전역의 주요 간선 도로에 대해 본격적으로 명칭을 제정하고 이를 정식으로 공표한 때는 서울특별시 승격 20주년이 되는 1966년 11월 26일의 일이었다. 해방 이후 왜식 정명(倭式 町名)을 일소하여 새로운 동명이 제정되는 과정과 1966년 가로명 제정 당시의 전모에 대해서는 김영상, 「서울특별시 가로명 제정 전말」,『향토서울』제29호(1966), 31~44쪽에 일목요연하게 정리되어 있다.

> ○ 세종로(중앙청 정문 ~ 황토현네거리) 500미터
>
> 이조시대(李朝時代)에 육조앞이라 일컫던 거리로서 경복궁 정문 광화문이 서 있던 곳이라 해서 왜정시(倭政時)에는 광화문통(光化門通)이라 하였었다. 해방과 더불어 세종대왕(世宗大王)을 길이 추앙(追仰)하는 뜻에서 세종로라 명명(命名)하였다.
>
> …… 해방 직후에 12개 행정구역을 개명(改名)한 것은 일제시대의 잔재(殘滓)를 일소하기 위한 민족감정의 발로에서 시발된 것으로서 본정(本町), 죽첨정(竹添町), 소화통(昭和通) 등을 '충무로(忠武路)', '충정로(忠正路)', '퇴계로(退溪路)'라 한 것 등은 더욱이 일본식(日本式) 명(名)에 대한 말살적(抹殺的)인 명명이었으며, 그 이외에 '종로', '신문로', '태평로', '남대문로', '의주로', '한강로' 등은 그 원래의 옛 이름을 그대로 답습한 것이지만 '동현(銅峴)'을 '을지로(乙支路)'로 한 것이라든지 또 '광화문통'을 '세종로'로 개명한 데는 민족의 의기앙양(義氣昴揚)에 십분(十分) 부심(腐心)한 것이었음을 짐작할 수 있다.

요컨대 세종대왕에서 따온 '세종로'라는 명칭은 옛 육조앞길을 가리키는 가로 명칭이기도 하지만 그에 앞서 '광화문통'이라는 일본식 지명을 대체하는 행정구역 그 자체를 말하기도 하는 것이다.

경복궁과 육조앞길의 중심축 문제

광화문 육조앞길의 도로 구조를 얘기할 때마다 빠지지 않고 제기되는 문제의 하나는 경복궁의 중심축과 육조앞길의 도로축이 어긋나 있다는 부분이다. 이것은 일제가 경복궁 안에 조선총독부 신청사를 건립할 때 좌향(坐向)을 고치는 바람에 도로축이 크게 왜곡되는 결과가 발생했다는 문제와도 맞물려 있다.

그런데 경복궁의 좌향(坐向)에 대해서는 『조선왕조실록』에 다음과 같은 몇 가지 내용이 남아 있는 것을 확인할 수 있다.

① 『태조실록』 태조 3년(1394년) 9월 9일(병오) 기사

　판문하부사 권중화(權仲和), 판삼사사 정도전(鄭道傳), 청성백 심덕부(沈德符), 참찬 문하부사 김주(金湊), 좌복야 남은(南誾), 중추원 학사 이직(李稷) 등을 한양에 보내서 종묘, 사직, 궁궐, 시장, 도로의 터를 정하게 하였다. 권중화 등

경복궁 뒤쪽의 백악산에 올라 궁궐 쪽을 내려다보면 경복궁의 중심축과 세종로의 도로축이 어긋나 있다는 사실이 한눈에 들어온다.

은 전조 숙왕(肅王) 시대에 경영했던 궁궐 옛터가 너무 좁다 하고, 다시 그 남쪽에 해방(亥方)의 산을 주맥으로 하고 임좌병향(壬座丙向)이 평탄하고 넓으며, 여러 산맥이 굽어 들어와서 지세가 좋으므로 여기를 궁궐터로 정하고, 또 그 동편 2리쯤 되는 곳에 감방(坎方)의 산을 주맥으로 하고 임좌병향(壬座丙向)에 종묘의 터를 정하고서 도면을 그려서 바치었다.

② 『태조실록』 태조 4년(1395년) 10월 7일(정유) 기사
판삼사사 정도전(鄭道傳)에게 분부하여 새 궁궐의 여러 전각의 이름을 짓게 하니, 정도전이 이름을 짓고 아울러 이름 지은 의의를 써서 올렸다. 새 궁궐을 경복궁(景福宮)이라 하고 …… 오문(午門; 남쪽에 있는 문)을 정문(正門)이라 하였다. …… 그 정문(正門)에 대해서 말하오면, 천자와 제후(諸侯)가 그 권세는 비록 다르다 하나, 그 남쪽을 향해 앉아서 정치하는 것은 모두 정(正)을 근본으로 함이니, 대체로 그 이치는 한가지입니다.

③ 『세조실록』 세조 10년(1464년) 9월 7일(정사) 기사
풍수학훈도(風水學訓導) 최연원(崔演元) 등이 상언(上言)하기를, "백악산(白岳山)의 명당(明堂)은 배임향병(背壬向丙)이며 궁궐(宮闕)은 자좌오향(子坐午向)입니다. 이제 최양선(崔楊善)이 억측(臆測)하여 이르기를, '축좌미향(丑坐未向)에는 60세를 수(壽)하는 아버지는 있으나 60세를 수(壽)하는 어머니는 없으므로 오래 거주(居住)하는 것은 마땅치 않으며 승문원(承文院)의 좌지(坐地)는 곧 진실로 명당(明堂)이니 그 곳의 신서(臣庶)의 집을 옮기고 청컨대 궁실(宮室)을 지으소서.' 하였으나, 전현(前賢)들의 논(論)한 바가 일찍이 이와 같은 것은 어찌 알지 못하였겠습니까? 그 처음에 도읍(都邑)을 정하고 궁실을 지을 시초에 모두 섭리(燮理)하는 대신들이 일관(日官)들을 맡아서 거느리고 옛 서적을 정밀히 상고하여 땅의 형세(形勢)를 살피어 그 터를 점쳐 정하였고, 정부(政府)와 육조(六曹)에서도 또한 첨의(僉議)를 같이하였고, 당시 임금께서도 친히 행행(行幸)

하시어 결정하여 지금에 이르도록 면면히 교체(交替)된 적이 없었는데, 어찌 당시의 일을 맡았던 대신(大臣)과 임무를 맡았던 일관(日官)들이 최양선의 마음만큼 같지 못하여 국가의 중대한 일을 경홀하게 다루었겠습니까? …… (하략)"

여기에는 '자좌오향'이니 '임좌병향'이니 하는 언급이 포함되어 있지만, 실제로는 경복궁의 중심축은 '계좌정향(癸坐丁向; 북북동을 등지고 남남서를 바라보는 방향)'의 좌향으로 놓여 있다. 정남쪽을 향한 것이 아니라 약간 방향을 튼 상태에서 남향을 하고 있는 형국인데, 그에 대한 정확한 이유는 잘 알려지지 않고 있다. 다만, 백악산에서 내려오는 지세의 흐름에 맞춘 탓에 방향이 그렇게 정해진 것이라고 풀이될 수밖에 없는 듯이 보인다.

이러한 결과로 경복궁 안쪽의 전각 배치는 물론이고 그 전면에 서 있는 광

육조앞길에서 경복궁 쪽을 바라보면 광화문 오른쪽으로 흥례문, 근정문, 근정전의 지붕이 가지런히 삐져나와 있는 현상을 볼 수 있다. 이것은 경복궁의 중심축과 육조앞길의 도로축이 서로 어긋나 있다는 것을 알려주는 증거이기도 하다.

화문까지 정남향이 아니라 서쪽으로 미세하게 몸을 돌린 상태로 서 있게 되었다. 그리고 그 앞쪽으로 이어진 육조앞길의 경우 도로의 북단면은 경복궁축의 연장선상에 있었지만, 중간 아래 부분은 정남향을 바라보는 형태로 조성되었기 때문에 전체적으로 완전한 직선도로가 아니라 중간에서 도로가 휘어진 형태로 놓여 있었던 것으로 드러난다.

그러니까 광화문과 광화문 앞쪽의 월대, 그리고 그 부근 일대는 경복궁 중심축의 연장선이 그대로 적용되었으므로, 적어도 해태상이 놓여 있던 부근 일대는 비록 정남향은 아니었지만 경복궁의 중심축과 완전하게 평행선을 이루고 있었던 것이다. 그리고 그 아래쪽은 정남향으로 곧게 도로가 만들어졌으므로 실상은 육조앞길 그 자체가 중간쯤에서 꺾어지는 구조를 지니고 있었다는 얘기이다.

이러한 점은 실상 일제강점기에 조선총독부 신청사의 건립을 추진했던 식민통치자들 스스로가 당면했던 현안 문제이기도 했다.[2] 가령, 총독부 청사의 건축실무를 담당했던 이와이 쵸자부로(岩井長三郞) 건축과장은 『조선(朝鮮)』 1926년 4월호에 수록된 「총독부 신청사의 계획 및 실시에 대해」라는 글을 통해 건물배치의 방향 문제에 대해 다음과 같이 정리한 바 있었다.

> [배치(配置)] 부지(敷地)는 경복궁으로 결정되었던 것이나 그 배치를 여하히 할까 하고 논의할 때에 헷갈렸다고 할 것은, 경복궁과 그 전면의 광화문 앞 대로와의 관계를 정확한 실측도를 그려본 것이 광화문과 근정전과의 중앙을 연결하는 중심선이 광화문길의 중심선과 일치하고 있지 않고, 실제는 조금 서쪽으로 치우쳐져 있다는 것을 깨우쳤던 것입니다. 즉 경복궁 내의 건물배치가 도로 중심에 바

---

2) 경복궁 중심축과 조선총독부 청사의 편차에 대해 일반적으로 "5.6도"라고 적어놓은 자료나 신문기사들이 많이 눈에 띄는데, 지난 1995년 3월에 문화체육부가 공식발표한 "경복궁 복원, 국립중앙박물관 건립, 구 조선총독부 건물 철거 계획"에 수록된 내용에 따르면, 총독부 청사와 새 광화문(콘크리트 축조물)은 "3.5도" 뒤틀어진 것으로 확인된 사실이 있다.

로 정면으로 두고 있지 않아서, 아마 어떤 미신이 있지 않았을까 하는데, 그리고 도로의 광화문의 바로 근처는 중심선을 건물배치의 중심과 합치하고 있으므로, 도로는 활처럼 굽어져 있는 것입니다. 그런 까닭에 궁정배치의 중심선, 즉 광화문 근정전의 진심(眞心)에 두면 문 안쪽의 배치는 나무랄 데가 없는 것이겠지만 태평통(太平通)의 중심에서 광화문 앞의 중심을 내다보는 것을 고려하여 보니까 여기에는 조금 삐딱하게 향하는 것이 되어 참으로 불행의(不行儀)하게 됩니다. 만약 또 이 도로를 본위(本位)로 하여 그 전망의 중심에 세우는 것으로 하면, 광화문과 근정전과는 몰교섭(沒交涉)되는 것이고, 문이 그대로 있는 한 참으로 조화가 망치는 것이어서 이 점에 적지 않은 미혹이 생겨나는 것이었습니다. 결국 선결 문제로서 광화문의 운명(運命)이라고 하는 것을 고려하지 않으면 안 되는 일이 되었습니다. 당시의 총독 테라우치 백작(寺內伯爵)으로부터는 광화문 및 돌담의 장래 처치라고 하는 것에 대해서는 명확한 지도를 받지는 않았던 것이어서 관계자 숙의(熟議)의 결과 도로의 중심을 본위로 삼자고 하는 것 되었는데 현재의 상태로 광화문이 엄연하게 서 있는 것은 참으로 보기 흉한 대조가 되어 있지만 금일에는 광화문의 운명도 여하할 것인지 결정되어져 다른 적당한 위치에 옮겨질 예정이므로 신청사의 위용을 태평정에서 바로 정면으로 보는 것도 머지않은 일입니다.

후지오카 쥬이치(富士岡重一)가 『조선과 건축(朝鮮と建築)』 1926년 5월호에 기고한 「신청사의 설계개요」에도 이와 동일한 문제에 대한 고민이 서술되어 있다.

(1) 위치

신청사(新廳舍)는 경복궁 내 광화문(光化門)으로부터의 거리가 46칸, 근정문(勤政門)의 전면에 있어서는 이 문에서 17칸의 간격을 두고 이것이 건축되었다.

정확히 그 위치에는 이전에 흥례문(興禮門)이라 불린 지금의 근정문과 같은 규모 정도의 문과 회랑이 있었고, 그 사이에는 동서로 내가 흘렀는데 그 내를 금천(禁川)이라 하고 거기에 걸쳐 있던 다리는 금천교(禁川橋)라 불렀으며, 지금 박물관 본관의 왼편에 해체하여 놓은 석교가 이것이었다.

이것들은 철거되고 개천은 광화문 쪽으로 옮겨져 있다.

방위(方位)는 남면(南面)이 되도록 하였지만, 그 방향을 정함에 있어 숙고를 거듭하였는데, 경복궁 내의 모든 건물과 광화문통(光化門通) 및 태평정통(太平町通)과의 관계를 정확하게 실측도로 제도해보니까 경복궁 내 건물의 중심선(中心線)은 광화문통의 중심선과 일치하지 않고 건물의 중심선이 서쪽으로 치우쳐져 있고, 그리고 광화문통은 '쿠(く)' 자(字)로 굽어져 있다. 그런 까닭으로 본청사의 건물은 어떻게 놓았던가를 말하면 근정전과 광화문을 잇는 선, 곧 경복궁 건물의 중심선 상에 그 건물의 중심을(즉 대홀의 중심을) 두고 나서 태평통의 중심선과 합해졌던 것이다. 그리고 장래에 광화문통이 청사와 태평통과의 중심선과 합해지도록 개수(改修)가 된다면 완전히 신청사와 도로와의 관계가 정확하게 배합되어 아름다운 근대식 도로를 통해 청사의 위용을 보는 일이 가능해질 것이다.

경복궁 광화문의 측면을 담은 사진으로, 저 너머에 보이는 산봉우리가 안산(鞍山)이다. 이것과 동일한 도판이 세키노 타다시의 『한국건축조사보고』(1904)에도 수록되어 있다(조선총독부, 『조선고적도보』 제10책, 1930).

이 당시 식민통치자들은 이러한 경복궁의 중심축을 용인하지 않고, 이미 광화문통으로 변한 육조앞길이 장차 확장될 것을 예견하고, 나아가 진즉에 새로 개설된 태평로의 축까지 길게 연장하여 그것의 도로 중심축과 새로운 총독부 청사를 결합하여 배치하는 쪽을 선택함에 따라 지금과 같은 중심축과 방위에 관한 논란은 그 시점부터 노골화하였다고 할 수 있을 것이다.

만약에 광화문 거리가 더 이상 도로 확장이 이뤄지지 않고 예전 모습 그

대로였다면 경복궁 중심축과 육조거리의 '어긋난 조화(調和)'를 그대로 살펴볼 수 있었겠지만, 지금은 전혀 그럴 수도 없는 형편이라는 것이 그저 아쉬울 따름이다. 거듭된 도로 확장으로 육조앞길의 옛 모습은 완전히 잃어버린 상태가 되고 말았으니, 식민통치자들이 남겨놓은 몇 장의 실측도면을 뒤져보는 것이 우리가 지금 할 수 있는 일의 전부인 셈이다.

여기에서 한 가지 흥미로운 자료를 덧붙이면, 세키노 타다시(關野貞, 1867~1935)의 『한국건축조사보고(韓國建築調査報告)』(1904)에 수록된 한 장의 사진에 주목할 만하다. 이 책의 도판번호#187번인 '광화문 측면'이 그것인데, 이 사진은 우연찮게도 아주 완전하지는 않지만 광화문의 거의 측면에서 촬영한 모습을 담고 있다. 사진 속의 풍경을 살펴보건대, 아슬아슬하게 전면이 살짝 드러난 광화문 저 너머로 보이는 산봉우리는 필시 '안산(鞍山, 무악)'인 듯하다.

그런데 서울시가 지도를 펼쳐놓고 자세히 살펴보면, '안산'의 정상은 경복궁의 전면에 해당하는 광화문의 위치보다는 지리상으로 미세하나마 약간 더 북쪽에 놓여 있다. 그러니까 만약에 광화문이 정남향 배치였다면 그 측면에서 보더라도 애당초 안산의 꼭대기는 보일 수가 없는 형태이다.

하지만 위의 사진 속에는 안산의 꼭대기가 광화문의 측면 연장선보다는 분명 남쪽에 놓여 있는 걸로 봐서, 광화문 그 자체가 경복궁의 중심축에 따라 약간 서쪽으로 뒤틀린 채 놓여 있었던 사실을 분명하게 확인할 수 있는 것이다.

2.
1920년대 육조앞길의 공간 변화

1920년대 초반 육조앞길의 공간배치를 살펴볼 수 있는 유용한 자료는 '대정 10년(1921년) 수정측도 일만분일 경성지형도'이다.[1] 이 지도에 표시된 내용에 따르면, 광화문 남쪽 동편에는 경기도청(경무부) - 경관강습소/지질조사소 - 전수학교가 자리하고, 길 건너 서편에는 조선보병대 - [표시 없음] - 순사교습소 - 주차군부속사 - 위체저금관리소 - 체신국의 순서로 표시되어 있다.

여기에 나열된 내용 가운데 경기도청(경무부)은 '경기도청(경찰부)'으로, 경관강습소는 '경찰관강습소'로, 주차군부속사는 '조선군사령부 부속청사'로 각각 수정하는 것이 올바른 표기이다. 이는 아마도 어떤 특정한 관청에 대해 관제의 개편 또는 명칭 변경이 이뤄졌더라도 실제 이것들이 지도상의 표기에 정확하게 반영되기까지는 일정한 시차가 있기 마련인 탓에 벌어진 일로 여겨진다.

아무튼 여기에 표기된 사항을 살펴보면 임시토지조사국 광화문통 분실이 있던 공간은 '경찰관강습소(警察官講習所)'와 '지질조사소(地質調査

---

1) 이 지도자료는 『조선총독부 작제 일만분일 조선지형도집성(朝鮮總督府 作製 一萬分一 朝鮮地形圖集成)』(영인본), 경인문화사, 1990, 40~55쪽에 분할 수록되어 있다.

所)'의 자리로, 그리고 종래의 경성제2헌병분대 자리는 '경기도순사교습소(京畿道巡査敎習所)'로 바뀐 사실이 무엇보다도 눈에 띈다. 이러한 변화는 우선 1918년 11월 토지조사사업의 종결과 더불어 임시토지조사국 광화문통 분실이 폐지되면서 이곳이 경찰관강습소 자리로 전환되었고, 또한 3·1독립운동이라는 민족적 저항의 여파로 1919년 8월 헌병경찰제도의 철폐와 함께 경성제2헌병분대가 사라지는 등의 조치가 내려진 데에 따른 것이었다.

이와는 별도로 1923년 7월에는 경성중앙전화국 광화문분국이 광화문통 80번지(옛 병조 및 군부 자리)에 개설되면서 이로 인해 연쇄적인 공간 재배치가 이뤄지기도 했다. 이 자리는 원래 조선군사령부 부속청사가 있던 공간이었지만, 1922년 초에 전화분국을 설치하려는 계획에 따라 소유권이 넘겨지게 되었다. 『동아일보』 1922년 3월 1일자에 수록된 「광화문전화분국(光化門電話分局)은 4월부터 기공, 경비는 오십삼만 원, 전화의 개통은 명년」 제하의 기사는 당시의 상황을 이렇게 전하고 있다.

경성(京城)에서도 도시가 번창하여 가는 데에 따라서 전화를 사용하는 사람이 늘어가므로 용산(龍山)에 전화분국을 설시하여 오는 5일부터 경성전화통일을 개시할 예정이오 광화문통(光化門通)에도 분국을 새로 설시한다 함은 이미 보도한 바이니와 광화문분국은 오랫동안 설계 중이던 바 이번에 모든 준비가 완비되어 오는 4월 1일부터 공사를 시작할 터이요, 처소는 광화문통 체신국(遞信局) 옆에 있는 조선군사령부 부속청사(朝鮮軍司令部附屬廳舍)의 집터를 양수하여 그곳에 벽돌 이층 양옥으로 건축할 터인 바 총 경비는 약 오십만 원을 가지고 건축과 전화기계 등 모든 것을 설비할 예정이며 본관 정면은 이십이 간통의 이층으로 이백팔 평을 짓고 부속청사는 나무로 이층 일백이십 평가량과 본관 이층 위에는 옥상운동장(屋上運動場)을 설

2. 1920년대 육조앞길의 공간 변화   197

1926년 조선총독부 신청사의 준공과 더불어 광화문마저 해체되어 옮겨진 이후 옛 육조앞길은 완전히 풍경이 달라진 공간으로 변모하였다.

1929년 조선박람회 당시 제작된 엽서사진에는 백악산 쪽에서 경복궁과 '광화문통' 일대를 내려다본 전경이 일목요연하게 드러나 있다(자료제공 : 이돈수 한국해연구소장).

치하여 건축은 총히 근세식(近世式)으로 건축 경비가 십오만 일천삼백 원에 달하고 기타 설비로 약 삼십칠만여 원이 들 터인 바 건축의 준공은 금년 10월 20일경이오 전화기계는 건축이 다 마친 후에 착수할 터인즉 자연 개통은 내년 여름경이 될 터이오 조선군사령부 부속청사는 체신국에서 사만 원의 경비를 들여 그 옆에 다시 양옥을 지어줄 터이라더라.

이에 따라 광화문전화분국과 군사령부 부속청사의 신축 공사가 잇따라 완료되자 옛 육조앞길의 공간구조는 확실히 종전과는 다르게 신식 건물이 즐비한 곳으로 변하고 말았다. 이 당시 군사령부 부속청사는 원래의 구역 일부를 양보하는 대신에 북측으로 인접한 광화문통 79번지(옛 사헌부 및 경무청 자리)의 구역을 양분하여 그 절반을 떼어 받는 것으로 결정되었고, 이에 따라 지번 분할 방식으로 광화문통 79-2번지와 80-1번지에 걸치는 구역을 차지하는 것으로 조정이 이뤄졌다.

다만, 『경성부관내지적목록(京城府管內地籍目錄)』(1927년도판), 362쪽에는 '광화문통 79-1번지'가 1,217평, '광화문통 79-2번지'가 951평, '광화문통 80-1번지'가 272평, '광화문통 80-2번지'가 1,632평으로 각각 그 면적이 표시되어 있는데, 이것으로 보면 조선군사령부 부속청사는 종전에 1,904평이었던 것이 구획 조정 이후 1,223평으로 규모가 상당히 줄어든 것을 확인할 수 있다.

이 무렵의 옛 육조앞길에 어떠한 관공서가 존재했던 것인지에 대해서는 『동아일보』 1925년 1월 1일자에 수록된 연재물 '독자(讀者)와 기자(記者)'의 하나로 포함된 「석일(昔日)의 육조(六曹) 앞, 문무관원(文武官員) 송영(送迎)하던 형극중 동타(荊棘中 銅駝), 광화문통(光化門通)의 회고담 편편(回顧談 片片)」을 통해 개략적인 면면을 확인할 수 있다.

• 광화문 앞을 지금도 육조 앞이라고 하지 않습니까? 광화문 앞 좌우편에 있는 관공서가 어떻게 변천된 것을 아무쪼록 자세히 가르쳐주시기 바랍니다. 중학동(中學洞) 일독자(一讀者).

• 지금 날마다 지나다니면서도 그곳에 무엇이 있던가 생각하면 아리송아리송하여 자세히 모르겠는데 예전 것을 가르치라니 좀 어렵습니다마는 새로 독자와 기자란을 설시한 뒤에 이만 문제를 어렵다고 그만둘 길이 없어서 곰곰 생각도 하고 노인에게 묻기도 하여 대답하여 드립니다.

광화문 앞에 좌우 쪽으로 해태가 있었지요. 지금 우리들은 그 해태가 눈에 환히 보이는 것 같습니다마는 장래 아이들은 할머니나 어머니가 해태 앞 갔다 왔다고 하면 해태 앞이라니 어디 말씀이요 할 것이올시다. 해태는 오밤중에 도적놈이 도적질하듯 집어치워서 지금은 볼 수 없게 되었습니다.

잔소리 그만두고요, 그 해태 앞에서 광화문을 등지고 내려가자면 왼편 첫째가 의정부조방(議政府朝房)이요 그 다음이 의정부요, 그 다음이 사헌부(司憲府)요, 그 다음에 예빈소(禮賓所) 골목이 있고 그 다음이 이조(吏曹), 그 다음에 호조(戶曹), 그 다음에 호조뒷골이 있고 길 아래에 한성부(漢城府)와 기로소(耆老所)가 있었고요, 오른편 첫째는 삼군부(三軍府), 그 다음이 사간원(司諫院), 그 다음이 중추부(中樞府), 그 다음이 병조(兵曹), 또 그 다음이 형조(刑曹), 맨 끝이 공조(工曹)요, 중추부 위에 사온서(司醞署) 골목이 있고, 공조 아래에 공조뒷골이 있었답니다.[2)]

갑오 이후 각부(各部)가 생긴 뒤에 전 의정부 자리는 내부(內部)가 되고 사헌부 자리는 관보과(官報課)가 되고 이조 자리는 외부(外部)가 되고 예조가 학부(學部)로 변하고 호조가 탁지부(度支部)로 변하고 한성부는 처음에

---

2) 이 기사의 말미에 적혀 있듯이 담당기자가 현장탐방 또는 세밀한 문헌조사 이후에 기사를 작성한 것이 아니라 원고마감에 쫓긴 듯이 서둘러 관련 내용을 정리한 탓인지 여러 관아의 원위치를 혼동한 흔적이 역력하다. 특히 여기에 서술된 사헌부, 사간원, 중추부 등은 원위치가 전혀 잘못 표시되고 있으므로 이 점에 유의할 필요가 있다.

경무청(警務廳)이던 것이 농상공부(農商工部)와 바꿈질을 하고 길 끝에 전에 없던 기념비각(紀念碑閣)이 생겼는데 그 비각은 지금 눈이나 비를 긋고 가기에 십상 좋은 자리가 되었고요, 왼편으로 삼군부에는 시위이대(侍衛二隊) 영문이 들어앉고 사간원은 헌병대사령부(憲兵隊司令部)가 되었다가 맨 나중에 잠깐 경시청(警視廳)이란 것으로 변하였고 중추부는 농상공부가 되었다가 경무청과 바꾸게 되고 병조는 군부(軍部), 형조는 법부(法部), 공조는 통신원(通信院)이 되었습니다.

지금 의정부조방 자리는 빈터가 되었고, 내부 자리에는 경기도청(京畿道廳)이 있고, 외부 자리에는 순사강습소(巡査講習所)가 있고, 탁지부를 법학전문학교(法學專門學校)가 차지하고, 그 아래 있던 농상공부와 기로소는 빈터전만 남아 있고요, 길 건너로 시위이대영문에는 조선보병대(朝鮮步兵隊)가 있고, 경무청이 있는데 경시청이라고 따로 생겼던 곳에는 순사기숙사(巡査寄宿舍)가 있고, 군부는 조선군사령부분실(朝鮮軍司令部分室)이 되고, 법부는 전화교환소 광화문분국(電話交換所 光化門分局)이 되고, 통신원은 체신국(遞信局)이 되었습니다.

한번 가서 보고 대답하면 자세히 할 수도 있건만 과세에 바빠 가보지 아니하고 생각하여 적으니 미진한 곳이 적지 않습니다. 혹 틀린 것이나 없나 한번 가서서 좌우 쪽을 모조리 조사하여 보시면 좋겠습니다.

국초에 경복궁 대궐을 지었을 때 정도전이라는 이가 궁과 궁문과 모든 전각 이름을 지어 바쳤는데 경복궁 이름을 잘 지었다고 칭찬받았던 것이 오늘은 조선총독부가 되었습니다 그려. 이런 생각 저런 생각하니 감구지회가 없을 수 없습니다.

이러한 상태에서 이른바 광화문통의 면모를 한꺼번에 바꿔놓은 가장 큰 계기는 역시 조선총독부 신청사의 준공이었다.[3] 경술국치 이후 조선

조선총독부 신청사가 준공되자마자 경복궁의 옆구리로 해체 이전된 광화문의 모습이다. 지금의 국립민속박물관 출입문이 있는 자리로 옮겨진 광화문은 1929년 조선박람회 당시 박람회장 정문으로 사용되었다.

총독부는 남산 왜성대(南山 倭城臺)의 옛 통감부 청사를 그대로 사용하던 형편이었으나, 식민통치기구의 확장과 더불어 경복궁 안에 서둘러 신청사의 건립에 나섰으니 이때가 1916년 6월이었다.

이로부터 10년 가까운 세월을 들여 대공사를 마치고 1926년 정초에 마침내 조선총독부는 경복궁으로 이전을 완료하였다. 이 당시 조선총독부는 남산 왜성대 말고도 정동과 서소문동 일대에 옛 임시토지조사국 청사를 활용하여 총독부 분실(總督府 分室)을 따로 운영하고 있었다. 하지만 '정동분실(貞洞分室)'은 1924년 4월 28일 조선인쇄주식회사 건물에서

---

3) 조선총독부 신청사 건립 과정의 자세한 연혁에 대해서는 손정목, 「조선총독부 청사 및 경성부 청사건립에 대한 연구」, 『향토서울』 제48호, 서울특별시사편찬위원회, 1989, 57~135쪽에 잘 정리되어 있다.

광화문 일대의 관공서 배치현황(『일본지리풍속대계』, 1930) : 1. 광화문통 77번지(조선보병대), 2. 광화문통 78번지(경기도순사교습소 기숙사), 3. 광화문통 79-1번지(경기도순사교습소), 4. 광화문통 79-2번지, 80-1번지(조선군사령부 부속청사), 5. 광화문통 80-2번지(경성중앙전화국 광화문분국), 6. 광화문통 81번지(경성저금관리소), 7. 광화문통 81번지(체신국), 8. 광화문통 76번지(경기도청, 경기도 경찰부), 9. 광화문통 82번지(경찰관강습소, 조선경찰협회, 지질조사소), 10. 광화문통 84번지(경성법학전문학교).

2. 1920년대 육조앞길의 공간 변화   203

『대판매일신문(大阪每日新聞)』 1929년 9월 21일자에 수록된 광화문 일대의 항공사진이다. 사진의 설명문에 표시된 대로 1. 조선총독부, 2. 조선보병대, 3. 경성중앙전화국 광화문분국, 4. 체신국, 5. 경기도청, 6. 법학전문학교, 7. 광화문 교차점, 8. 수송동공립보통학교, 9. 광화문우편국, 10. 경성제일고등여학교의 순서이다. 다만, '5. 경기도청'으로 표시된 자리는 실상 경찰관강습소이며, 바로 그 위쪽에 있는 구역이 경기도청이다.

시작된 화재사건으로 이곳과 인접한 총독부 전매국, 토목부, 철도부, 법무국 등의 시설이 전소되고 말았다. 이에 따라 해당부서들은 경복궁 안에 남아 있던 '조선부업품공진회' 당시의 바라크 건물로 임시 이전하였으며, 일부는 총독부 본부 내로 미리 자리를 옮기게 되었다.

조선총독부는 1926년 그해의 어용시식(御用始式) 즉 시무식을 1월 4일에 경복궁 안 신청사에서 거행했으며, 곧이어 1월 6일부터 청사 이전을 개시하여 그달 8일에 전부 완료하였다. 하지만 조선총독부 청사의 정식 준공식은 이른바 '시정기념일'에 맞추어 1926년 10월 1일에 거행하였다.

이에 따라 육조앞길은 종전과는 달리 총독부로 들어가는 진입로 역할을 수행하게 되었으며, 때로 식민통치 및 전시동원체제와 관련한 갖가지 시위, 사열, 거리행진, 기념행사 등이 벌어지는 공간으로 변모하였다. 더구나 총독부 청사의 완공과 더불어 주변 일대의 전차선로가 새로 정비되는 한편 경복궁 전면에 있던 광화문(光化門)까지 해체 이전함에 따라 이 일대는 근대식 건축물이 즐비한 식민지배권력의 중심 거리로 돌변하였다.[4]

그런데 조선총독부 신청사의 완공을 눈앞에 둔 시점에서 한때나마 경기도청을 비롯한 주요 관청을 다른 곳으로 옮기고 광화문통의 공간배치를 전면 재조정하려 했던 계획이 시도되었던 흔적이 발견된다. 이와 관련하여 『조선일보』 1925년 1월 8일자에 수록된 「광화문통대로(光化門通大路)를 좌우(左右)로 더욱 확장, 대한문에서 광화문까지 곧게 헐어내일 집이 많게 되리라고」 제하의 기사에는 다음과 같은 내용이 서술되어 있다.

---

4) 광화문 해체 이전 공사는 1926년 7월 22일에 착수하여 1927년 9월 15일에 준공되었다. 그리고 총독부신청사의 완공을 전후한 시점에서 전차궤도의 기존 선로는 복선으로 교체되는 한편 광화문선(光化門線) 통의동정류장(通義洞停留場)으로부터 궁정동(宮井洞)에 이르는 연장선로가 1926년 10월에 개통하였고, 다시 1928년 11월에는 남대문에서 덕수궁 대한문 앞을 거쳐 곧장 광화문정류장에 이르는 1.2킬로미터의 직통노선이 운행되기에 이른다.

총독부 신청사(新廳舍)를 경복궁(景福宮) 안에다 신축하여 벌써 일부는 옮겨 갔고 나머지는 머지않은 장래에 전부 옮겨 갈 터인 바 이와 동시에 광화문통(光化門通)으로부터 대한문(大漢門) 앞까지 통한 길을 일직선으로 되게 할 터이라는데 그렇게 되면 경성일보사(京城日報社) 앞에서 경기도청(京畿道廳) 사이에 있는 가옥은 전부 헐릴 터이라 하며 길 좌우에 있는 조선제 가옥은 전부 헐고 모두 2, 3층 양옥으로 다시 건축하여 각 관계 관청을 옮겨 오도록 할 터이라는데 이와 같이 길을 고치고 가옥이 헐리게 되면 경기도청 이하 경찰관강습소(警察官講習所)와 법학전문학교(法學專門學校)와 조선보병대(朝鮮步兵隊) 등을 전부 옮기지 않으면 안 될 형편이므로 방금 총독부 당국에서는 내용으로 선후책을 강구 중이라는데 금년 말 명년 초에는 총독부가 신청사로 옮기게 될 터이므로 그때를 임하여는 착수할 터이라더라.

이 문제에 대하여 토키자네 경기도지사(時實 京畿道知事)는 말하되, "금번 이 문제에 대하여는 일찍이 말을 들었을 뿐입니다. 총독부가 신청사로 옮겨 오면 광화문통 좌우는 거의 관청촌이 될 줄로 압니다. 또 길을 일직선으로 고치자면 경기도청도 옮겨야 할 터인 바 만일 옮기기로 말하면 정동(貞洞) 총독부 분실 터로 가게 될 듯합니다. 그곳의 기지는 매우 넓은 고로 얼마든지 건축할 수는 있습니다. 그리고 조선보병대와 순사교습소(巡査敎習所)도 정동으로 옮기고 그곳에 있는 고등법원(高等法院)이 광화문통으로 온다는 말을 듣기는 하였습니다. 그러나 이것이 아직 구체적으로 확정되어 있는지는 모르겠습니다." 하더라.

이와 아울러 『동아일보』 1925년 1월 8일자에 수록된 「경기도청 이전(京畿道廳 移轉)」 제하의 기사에도 다음과 같은 내용이 포함되어 있다.

총독부의 신청사 준공 전에 경기도청(京畿道廳)이 타처로 이전하기로 내

나카마 테루히사(仲摩照久) 편, 『일본지리풍속대계(日本地理風俗大系)』 제16권 조선지방(朝鮮地方) 상(上), 89쪽(新光社, 1930)에 수록된 항공사진에는 광화문 일대의 관공서 배치현황이 일목요연하게 들어 있다.
이 사진이 촬영된 시기에 대해서는 사진 속에 드러난 몇 가지 풍경을 통해 판독할 수 있는데, 우선 조선총독부가 주최한 조선박람회(朝鮮博覽會; 1929. 9. 12~10. 31. 경복궁 내)를 앞두고 동십자각(東十字閣)의 궁장을 철거한 때가 1929년 7월이며, 관람객 수송을 위해 총독부 앞에서 안국동으로 이어지는 전차선로를 새로 부설하여 운행을 개시한 때가 1929년 8월 8일이라는 점, 경복궁 내에 조선박람회 당시에 사용하던 전시관 시설이 전혀 남아 있지 않은 상황이 사진에 드러난다는 점, 또한 계절적으로 나뭇잎이 무성한 시기라는 점, 그리고 이 책의 발행일이 '소화 5년(1930년) 9월 8일'이라는 점 등으로 미뤄보건대 1930년 상반기 또는 하절기에 촬영된 것으로 보인다.

정(內定)되었는데 아직 그 처소는 미정이라 하며 그와 동시에 조선보병대(朝鮮步兵隊)는 정동(貞洞)으로 옮기고 그곳에 고등법원(高等法院)과 지방(地方), 복심(覆審) 3법원(法院)이 이전될 터이며 그 외에도 경찰관강습소(警察官講習所)와 법학전문학교(法學專門學校)도 다른 곳으로 이전되리라더라.

이 일이 구체적인 성사 단계에 이르지는 않았지만, 만약 그대로 실행되었더라면 옛 육조거리는 더 이상 흔적조차 확인하기 어려울 만큼 심각하게 변형되는 일이 벌어지지 않았을까도 싶다. 하지만 결국 이 와중에 대부분의 총독부 산하기관들은 신축 청사 내에 사무 배치가 이뤄졌으므로, 광화문통에 포진한 기존의 개별 관공서는 별달리 위치 이동까지 이어지지 않았다. 이러한 까닭에 1920년대 중반에 형성된 육조앞길의 배치 형태는 대체로 1930년대 초중반 무렵에 이르기까지는 크게 달라지지 않은 채로 유지되었다.

이와 관련하여 1930년에 발행된 『일본지리풍속대계(日本地理風俗大系)』 제16권에는 광화문 일대의 전경을 담은 항공사진 자료가 수록되어 있으므로, 이것으로 이 시기의 공간배치를 일목요연하게 살펴볼 수 있다.

경복궁 수난사와 전차선로의 부설

1899년 4월 초파일(양력 5월 17일), 바로 그날 동대문 밖 청량리(淸凉里)에서 종로를 거쳐 돈의문 밖 경교(京橋)까지 길게 이어지는 전차선로의 개통식이 있었다. 동쪽으로는 명성황후가 모셔진 청량리 홍릉에 닿아 있고, 또 서쪽 끝에는 경인철도의 종착역인 서대문정거장과 곧장 연결되는 노선이었다. 그 시절에 '전기철도', '전기거', '전거'라고도 표현했던 전차(電車)의 첫 등장은 그렇게 다가왔다.

전 세계적으로 보더라도 비교적 이른 시기에 전차가 도입됨에 따라 대한제국의 수도 서울은 일찍이 근대 도시의 면모를 갖춘 공간이라는 찬사를 얻었다. 이것은 그만큼 대한제국과 고종황제가 지녔던 근대화의 의지가 강했다는 것을 말해준다. 운반을 편리하고 빠르게 하여 백성과 나라의 이익을 주자는 뜻이 거기에 담겨 있었던 것이다. 이에 따라 전차선로의 추가 건설이 지체 없이 이뤄졌고, 종로 본선에 이어 남대문을 거쳐 용산으로 가는 노선과 돈의문을 거쳐 마포로 가는 노선이 속속 완공되기에 이르렀다.

비록 서양 사람들의 손을 빌려 건설되기는 했지만, 전차는 확실히 우리의 일상생활에 상당한 변화와 영향을 주었다. 학생들의 통학길, 샐러리맨의 통근길, 교외로 나가는 나들이길, 박람회와 운동행사 때의 시민 수송수단으로 깊이 자리매김된 것도 전차였다. 그리고 전차는 때로 문화와 예술을 창출하는 원동력이기도 했다. 맨 처음 전차를 도입한 한성전기회사는 비단 전차뿐만이 아니라 활동사진을 비롯하여 전기, 전등, 가로등, 전화, 수도 등의 근대적 공공 설비를 함께 공급하는 회사였던 까닭이었다.

이처럼 근대시기의 일상을 그려내는 데에 있어서 결코 빼놓을 수 없는 것들 중 하나가 바로 전차이다. 하지만 전차는 때로 전통의 파괴자 역할을 맡기도 했다.

숭례문, 홍인지문, 돈의문의 번잡하고 좁은 홍예문을 지나다녀야 했던 전차는 통행에 불편하다는 이유를 들어 그 주변의 성벽을 헐어내거나 아예 성

황토현에서 광화문 앞까지 짧은 거리를 이어주는 전차노선의 개통 사실을 알리는 『매일신보』 1918년 6월 14일자의 보도 내용이다. 광화문앞길에 조선총독부 신축 공사의 자재 운반을 위한 화차 운행은 한 해 전부터 이뤄지고 있었으나 승객을 태우고 지나다니는 전차 운행은 이때가 처음이었다.

문 자체를 철거하는 핑계거리가 되었다. 이러한 일은 1910년 경술국치 이후 식민통치자들에 의해 더욱 노골적으로 드러났으며, 특히 경복궁 수난사와 전차의 상관관계도 이러함 범주에서 크게 벗어나지 못했다.

서울시내에서 가장 넓은 대로인 육조앞길에 근대 교통수단의 대명사인 전차가 처음 등장한 것은 1917년 5월 26일이었다. 경복궁 안쪽에서 한창 터파기와 지반공사가 이뤄지고 있던 조선총독부 신축 공사장에 필요한 벽돌, 자갈, 모래, 대리석과 같은 건설 자재들을 실어 나르기 위한 화물전차가 그 주인공이었다. 이 전차는 광화문의 월대 위를 곧장 거쳐 좌측 홍예문으로 이어진 선로를 따라 지나다녔다.

경복궁 주변(광화문통 경유) 전차선로 개설 현황

전차노선	개통일	선로개설목적
황토현~광화문 노선	1917. 5. 26.	총독부 청사 신축 공사용 화차(貨車) 운행
황토현~광화문 노선	1918. 6. 13.	광화문 노선 객차(客車) 운행 개시
광화문~영추문 노선	1923. 10. 3.	경복궁 내 조선부업품공진회 개최
통의동~궁정동 노선	1926. 10. 10.	영추문선 노선 연장(효자동) 및 복선 부설
남대문~광화문 노선	1928. 11. 1.	덕수궁 대한문 앞 경유(태평통선 신설)
총독부 앞~안국동 노선	1929. 8. 8.	경복궁 내 조선박람회 개최(동십자각 앞 경유)

그 이듬해인 1918년 6월 13일에는 황토현에서 광화문 앞쪽까지 이어진 객차(客車) 운행이 시작되어 사람들은 걷지 않고 곧장 광화문 앞까지 들어오는 일이 가능했다. 육조거리 방향으로 전차선로의 부설이 시기적으로 다소 늦어진 것은 아주 가까운 종로 쪽에 이미 전차가 다니고 있었으므로 이곳까지 별도의 단거리 노선을 만들 필요를 느끼지 못했던 탓으로 풀이된다.

하지만 1923년 이후 이러한 사정은 크게 바뀌게 되었다. 바로 그해에 경복궁 내에서는 조선농회(朝鮮農會)가 주최한 조선부업품공진회(朝鮮副業品共進會; 개최기간 1923. 10. 5~10. 24)가 열렸고, 이때를 맞추어 이곳을 찾는 대규모 관람객을 실어 나를 교통수단의 하나로 다시 전차가 주목되기에 이르렀다.

이에 따라 그해 가을 공진회 개최 시점에 맞춰 서둘러 경복궁의 서쪽 문인 영추문(迎秋門)까지 전차선로가 새롭게 연장 개통되었는데, 이 바람에 경복궁의 궁장이 왕창 헐려 나가는 상황이 발생하였다. 더구나 전차선로의 부설에 방해가 된다 하여 광화문 월대가 철거되거나 그 앞의 해태상이 다른 곳으로 옮겨지고, 곡선구간에 해당하는 서십자각(西十字閣)이 헐린 것은 모두 이 당시에 벌어진 일이었다.

이로부터 3년이 지난 1926년 4월 27일에 경복궁의 서쪽 문인 영추문의 한쪽이 느닷없이 무너지는 사건이 벌어졌다. 궁장에 바짝 붙여 전차선로가 설치되고 이곳을 육중한 전차가 무시로 왕래한 탓에 담장이 울려 결국 영추문이 붕괴되는 원인이 되었던 것이다. 이 바람에 영추문은 다시

『동아일보』 1923년 9월 9일자에는 조선부업품공진회를 위한 전차선로 부설 때문에 경복궁 서십자각과 연결된 궁장을 헐어내는 광경이 수록되어 있다.

복구되기는커녕 이를 핑계로 완전히 철거되어 영영 사라지고 말았다.

하지만 이 일에도 불구하고 조선총독부 청사 준공과 더불어 전차노선은 다시 확장되어 그해 가을에는 효자동 안쪽까지 연장되는 한편 선로도 복선으로 부설되기에 이른다. 이 전차선로는 특히 창성동과 청운동 안쪽의 여러 학교 학생들이 통학로로 사용하던 공간이었다. 따라서 이들 통학생에게는 이 전찻길이 낭만과 추억의 등하굣길이기도 했던 것이다.

1929년 4월 22일에는 청량리로 소풍을 나선 진명여학교(進明女學校) 학생들을 가득 태운 전세전차가 서십자각을 헐어낸 곡선 코스를 급하게 돌다가 탈선하여 전복되는 사고가 벌어진 일이 있었다. 그 당시의 신문자료를 살펴보니 흥미롭게도 나중에 여류 시인으로 이름을 높인 노천명(盧天命, 1912~1957) 학생도 부상자 명단에 포함되어 있는 것이 눈에 띈다.

경복궁의 주변에 부설된 마지막 전찻길은 총독부 앞에서 안국동 쪽을 이어주는 전차선로였다. 이 전찻길의 개설은 1929년 가을 경복궁에서 열린 조선박람회(朝鮮博覽會; 개최기간 1929. 9. 1~10. 31)가 계기가 되었다.

이 당시 경복궁의 동쪽으로 옮겨진 광화문이 박람회장 입구가 되고 이 방향으로 수십만 명의 관람객을 수송하기 위해 동십자각 앞을 경유하는 새로운 전차선로가 부설되었던 것이다. 건춘문(建春門)을 거쳐 광화문 쪽으로 들어가는 너른 진입로를 확보하기 위해 건춘문 주변의 궁장들이 모두 철거된 것도 이때의 일이었

『조선고적도보』에 수록된 경복궁 영추문 전경사진에는 우연찮게도 1926년 4월 27일에 벌어진 영추문 붕괴 사고 당시의 장면이 고스란히 담겨 있다. 궁장 옆으로 전차선로가 지나가고, 영추문 북쪽에 전차 한 대가 서 있는 모습이 또렷하다.

다. 그나마 전차선로가 안국동 쪽으로 곧장 이어졌기에 동십자각(東十字閣)이 간신히 철거를 모면한 것이 다행이라면 큰 다행이었다.

이상의 내용과 관련하여 『조선총독부 관보』에 수록된 전차 운행 인가 내역을 정리하면 대략 다음과 같다.

① 『조선총독부 관보』 1911년 7월 12일자, 「궤도부설허가취소」

이전에 일한와사전기주식회사(日韓瓦斯電氣株式會社)에 허가했던 경성부내 황토현 광화문간(黃土峴 光化門間) 궤도부설 허가는 본년 6월 22일 이를 취소한다.

② 『조선총독부 관보』 1918년 6월 18일자, 「전기철도운수개시인가」

경성부 광화문통(光化門通) 전기철도 일반운수개시의 건, 대정 7년(1918년) 6월 12일 인가했다.

③ 『조선총독부 관보』 1923년 10월 6일자, 「궤도운수개시」

경성전기주식회사(京城電氣株式會社) 경영 경성부내 전차궤도 광화문전(光化門前)으로부터 통의동정류장(通義洞停留場)에 이르는 영리 오분(零哩 五分) 운수개시의 건, 대정 12년(1923년) 10월 2일 인가했다.

④ 『조선총독부 관보』 1926년 10월 19일자, 「전차궤도운수개시」

경성전기회사(京城電氣會社) 경영 경성부내 전차궤도 광화문선(光化門線) 통의동정류장(通義洞停留場)으로부터 궁정동(宮井洞)에 이르는 연장 23쇄(鎖) 구간 운수개시의 건, 대정 15년(1926년) 10월 9일 인가했다.

⑤ 『조선총독부 관보』 1928년 11월 13일자, 「궤도운수개시면허」

경성전기주식회사(京城電氣株式會社) 경영 경성부내 전차궤도 남대문내(南大門內)로부터 분기(分岐)하여 광화문정류장(光化門停留場)에 이르는 일천(粁, 킬

로미터) 2백미(米, 미터) 운수개시의 건, 소화 3년(1928년) 10월 31일 인가했다.

⑥ 『조선총독부 관보』 1929년 8월 13일자, 「전차궤도운수영업개시」

경성전기주식회사(京城電氣株式會社) 경영 전차궤도 자 총독부전 지 안국동(自 總督府前 至 安國洞) 연장(延長) 595미(米)의 구간 운수개시의 건, 소화 4년(1929년) 8월 7일 인가했다.

이렇게 본다면 일제가 경복궁을 파괴하는 과정에 있어서 전차가 남다른 역할을 했다는 사실은 명백히 드러난다. 광화문의 월대가 사라지고, 궁궐담장이 철거되고, 서십자각이 헐리고, 영추문이 무너지고, 해태상이 옮겨진 것은 모두가 이런저런 이유로 경복궁 주변에 전차선로가 부설되면서 벌어진 일이었다.

지난 2007년 광화문의 지반을 발굴 조사하는 도중에 아스팔트 포장 밑에 묻혀 있던 전차선로의 침목이 발견되면서 근대 문화재 보존과 관광 활성화 차원에서 관계 당국자 사이에 전차선로의 복원 문제가 한때 검토된 적이 있었다.[5] 경복궁 파괴의 또 다른 주범이 전차였다는 사실을 간과한 판단이 아니었나 싶은데, 적어도 경복궁 주변에서 전차의 추억과 낭만을 떠올리는 일은 결코 마땅치 않아 보인다.

---

5) 손정목, 『한국 도시 60년의 이야기 1』(한울, 2005), 160~166쪽에는 세종로를 지나는 전차선로의 최후에 대해 다음과 같은 내용으로 정리되어 있다. "…… 김현옥 시장이 우선 서대문~동대문 간, 남대문~효자동 간의 전차 철거가 시급하다고 생각한 데는 이유가 있었다. 교통소통 단기 대책의 일환으로 명동과 세종로의 지하도 공사가 시작된 때는 그해(1966년) 4월 19일이었다. 그런데 지면을 완전 굴착해서 시공해야 할 세종로 지하도 공사를 위해서는 서대문~동대문 간, 남대문~효자동 간 전차 운행이 중지되어야만 했다. …… 남대문~효자동 간, 서대문~종로 네거리 간의 전차 운행이 중지된 때는 서울시가 전차 운영권을 인수한 다음 날인 6월 2일부터였으며, 이로 인해 세종로 지하도 공사는 예정대로 진척되어 그해(1966년) 9월 30일에 준공되었다. 세종로 지하도 공사를 위해 운행을 중단했던 남대문~효자동 간 전차는 다시는 운행되지 않는다. 그해 10월 31일에 한국을 방문한 존슨 미국 대통령의 남대문~서울시청~청와대 행차의 길을 미화하기 위한 임시방편으로 전차궤도 위에 콘크리트를 퍼부어 덧씌워버린 것이다. 레일을 파내고 다시 포장하는 시간적 여유가 없었던 것이다. 이렇게 남대문~효자동 간 노선은 운행을 중단하지만 그 밖의 노선은 그 후에도 정상 운영되고 있다."

광화문 해태상, 떠돌이 신세 90년의 이력

광화문 육조앞길에서 가장 상징적인 존재는 두말할 나위 없이 '광화문' 그 자체이겠지만, 이에 못지않게 사람들의 주목을 받는 대상은 '해태상'이다. 하지만 이 해태상에 대해서는 이런저런 논란이 끊이질 않는다.

우선 그 정확한 명칭이 무엇이냐에 관한 질문부터 그것이 언제 만들어졌으며, 그 용도가 무엇이냐에 이르기까지 수수께끼 같은 궁금증이 쌓여 있지만 무엇 하나 속 시원하게 풀린 것은 없는 상태이다.

첫째, 명칭에 관한 부분을 살펴보면 해치(獬豸)라는 이름과 해태(海駝, 해타)라는 것이 공존한다. 이 밖에 서양인이나 일본인들의 표현에 따라 석견(石犬, stone dog)이라거나 석사자(石獅子, stone lion) 또는 당사자(唐獅子, Chinese lion) 등으로 기록된 사례도 눈에 띈다.

해치(獬豸)의 정체에 대해서는 『이물지(異物志)』의 설명에 "북쪽 황무지 가운데 짐승이 있어 해치라 하는데 뿔이 하나이며 성질이 곡직(曲直)을 구별하나니 사람이 다투는 것을 보면 바르지 못한 자를 들이받으며 다투는 소리를 들으면 바르지 못한 자를 깨문다"고 하여, 선악을 분별하는 영물(靈物)로 간주되고 있다. 조선시대 관원의 관복 가운데 어사(御使)에게 해치관(獬豸冠)을 쓰도록 한 것이나 대사헌(大司憲)의 흉배(胸背)로 해치(獬豸)를 달게 한 것은 모두 이러한 맥락이다.

여러 고문헌에 해치에 관한 얘기가 빈번하게 등장하는 것과는 달리 '해태'라는 표현에 대해서는 이렇다 할 뚜렷한 근거가 눈에 띄질 않는다. 다만 언젠가 모르게 '해치'의 동음어(同音語)로서 '해태'가 그 자리를 대신하게 되고, 더구나 불을 막는 영물이라는 이미지가 겹치면서 한자의 표기조차 물과 관련된 '해태(海駝)'로 자연스레 바뀐 것이 아닌가 짐작될 따름이다.

둘째로, 광화문 육조앞길에 언제부터 해태상이 있어왔던 것인지에 대해서도 뚜렷하게 정리된 견해는 없다.

아직은 옛 육조관아의 모습을 간직하고 있던 시절에 담아낸 광화문 육조앞길의 풍경이다. 광화문의 월대 앞 양편에 해태상이 마주 자리한 모습도 한눈에 들어온다. 하지만 일제강점기로 접어든 이후 이러한 공간배치는 여지없이 해체 상태에 이르고 말았다(로제티, 『꼬레아 에 꼬레아니』 제1편, 1904).

이와 관련하여 선교사 게일(James S. Gale, 奇一; 1863~1937)은 일찍이 『로열 아시아틱 소사이어티 한국지회 회보(Transactions of the Korea Branch of the Royal Asiatic Society)』 제2권 제2부(1902)에 기고한 「한양(서울); Han-Yang(Seoul)」이란 논문을 통해 다음과 같은 주장을 펼친 바 있었다.

(13~14쪽) 광화문 앞에 서 있는 바다 괴수들(the sea monsters), 즉 해태(ha-t'a; 獬豸)는 이 왕조의 건국자에 의해 세워진 것이 명백하다. 어쨌든 이것들은 그 당시 우리나라에 왔던 중국 칙사에 의해 언급된 바 있으므로, 1487년의 시점에서 그곳에 있었던 것이다. 이것들은 바다 생명체, 즉 물을 뿜는 동물로서 30리 거리에 있는 관악산(冠岳山)의 화기(火氣)에 맞서 궁궐을 지키기 위해 설치되었다.

게일이 말하는 중국의 칙사는 한림학사 동월(董越, 1431~1502)이며, 그가 남긴 『조선부(朝鮮賦)』의 내용은 게일의 논문, 35~43쪽에 걸쳐 길게 영어로 번역되어 있다. 이 가운데 중국 사신의 목격담이라며 게일이 인용한 해태와 관련한 대목은 이렇게 정리되어 있다.

(36쪽) …… 바다에서 솟아오른 태양 속에 돌로 만든 바다사자(The Stone Sea-lions)가 빛을 쬔다. 광화문 앞에는 마치 굉장하게 쌓아 올린 탑들처럼 높다랗게 이것들이 동서(東西)로 앉아 있다. 무산 곡예단의 원숭이처럼 재주를 부리고, 그들의 어깨에는 무동을 태운 채 춤을 추고 종이를 자르며, 디딤 바위를 딛고 건너다니는 산신령과 똑같이 신발을 신고 요정의 아이들처럼 팽팽한 밧줄을 타고 있다. 그들은 말가죽으로 사자와 코끼리로 만들어 탈을 썼고, 꿩의 깃털로 분장하여 공작처럼 춤을 춘다. 송도나 평양에서는 이것과 비슷한 것조차도 본 적이 없었다.

게일이 '바다사자'라고 번역한 대목의 원문을 확인해보면, "……鰲戴山擁蓬瀛海日 光化門外東西列鰲山二座 高與門等 極其工巧……"이다. 여기에서 말하는 '오산(鰲山)'은 흔히 '산대(山臺)'나 '산붕(山棚)'으로도 알려져 있는 "산

광화문 해태상 앞으로 말을 타고 내릴 때 사용하던 '노둣돌'이 보인다. 해태의 정체에 대해서는 여러 가지 논란이 있지만, 『고종실록』의 기록에 따르면 일종의 하마비 역할을 했던 것도 분명한 사실이다.

대잡극(山臺雜劇)을 행할 때 설치하는 장식무대"를 가리키는 것이므로 '바다사자'로 번역한 것과는 전혀 무관하다. 아마도 '자라 오(鰲)'를 바다 동물로 오인한 결과 그러한 오역(誤譯)이 나온 것으로 풀이된다.

실제로 위의 인용 구절은 중국 사신 일행이 서울에 당도할 때의 환영 인파와 이들을 위문하기 위해 광화문 앞에 설치된 산대놀이 연단의 모습을 묘사한 것에 지나지 않는다. 따라서 해태상이 조선 초기부터 존재했었다는 게일의 주장은 전혀 믿을 바가 되지 못한다고 하겠다.

그렇다면 이 해태상이 광화문 거리에 처음 등장한 시기를 확인할 수 있는 자료는 따로 없는 것일까?

이 점에 있어서 명쾌한 대답을 얻을 수 있는 공식자료는 잘 눈에 띄지 않는다. 기껏해야 『고종실록』에 남아 있는 다음과 같은 기록을 찾아낼 수 있는 것이 전부이다.[6]

> ① 『고종실록』 고종 7년(1870년) 2월 12일(무신) 기사
>
> 육상궁(毓祥宮), 선희궁(宣禧宮), 연호궁(延祜宮), 의소묘(懿昭廟)에 나아가 전배(展拜)하였다. 연호궁에 전배하기 위해 입시(入侍)하였을 때 좌승지(左承旨) 신정희(申正熙)가 아뢰기를, "어떤 당나귀가 위내(衛內)로 들어왔으니 아주 놀라운 일입니다. 해당 협련장(挾輦將)과 창검장(槍劍將)에 대해서 응당 엄하게 감처(勘處)하여야 하는데 어떻게 해야겠습니까?" 하니, 하교하기를, "기과(記過)하라." 하였다. 이어서 하교하기를, "차후로 동가(動駕)할 때 사람과 말이 난입(攔入)하는 일이 있으면 승정원(承政院)과 병조(兵曹)는 엄한 처벌을 면치 못할 것이니라. 승정원에서 병조에 엄하게 신칙하여 해치(獬豸) 내에서는 백관(百官)이 말을 타지 말라고 분부하라." 하였다.

---

6) 이 자료 이외에도 『승정원일기』 고종 25년(1888년) 2월 2일(갑신) 기사 및 동년(同年) 2월 8일(경인) 기사에 "마필(馬匹)이 해치(獬豸) 안에 난입한 일"에 대해 전교(傳敎)한 내용이 수록된 사실을 확인할 수 있다.

② 『고종실록』 고종 7년(1870년) 10월 7일(기해) 기사

전교하기를, "대궐 문에 해치(獬豸)를 세워 한계로 삼으니, 이것이 곧 상위[象魏; 원래 대궐문을 뜻하는 말로 옛날에는 법문(法文)을 여기에다 게시(揭示)했으므로, 이것이 변하여 '법'을 가리키는 말로도 쓰임]니라. 조정 신하들은 그 안에서는 말을 탈 수가 없는데, 이것은 노마(路馬)에 공경을 표하고자 하는 뜻이다. 조금 전 출궁할 때 보니, 종승인(從陞人)이 그 안에서 말을 타고 있으니 이것이 어찌 사체(事體)의 도리(道理)에 맞겠는가? 전후에 걸쳐 신칙한 하교가 얼마나 엄중했는데도 헛되이 문구(文具)가 되고 말았으니 이와 같이 하고서야 어떻게 기강이 서겠는가? 지금부터는 사헌부(司憲府)에서 규찰하여 계문(啓聞)하라." 하였다.

여길 보면 대궐 문에 해치(獬豸)를 세웠다고 하였으므로, 이것이 곧 광화문 앞의 해태상을 가리킨다는 점은 틀림이 없는 사실이다. 그리고 이 해태상의 명칭은—그 정체가 정확히 무엇인지에 대한 논란은 별개로 치더라도—'해치(獬豸)'로 통용되었다는 사실도 저절로 확인되는 셈이다.

이 기사가 등장한 때가 고종 초기이므로 경복궁 중건 시점과 관련하여 이 해태상이 세워진 것으로 보는 것이 자연스러운 추론이 될 듯싶다. 하지만 무엇보다도 흥미로운 것은 위의 기록을 통해 이 해태상의 용도가 궁궐 앞에 놓인 일종의 하마비(下馬碑)나 금표(禁標) 역할을 했던 것도 분명히 확인된다는 대목이다.

그러고 보면 이 해태상을 무엇 때문에 만들었느냐에 대한 세 번째 질문도 오래도록 풀리지 않는 숙제로 남아 있다. 이 부분에 대해 가장 흔하게 등장하는 것은 경복궁의 화재예방을 위해 세웠다는 얘기이다.

1883년에 집필이 이뤄지고 1886년에 일본 중앙당(中央堂)에서 발행된 것으로 알려진 박제형(朴齊炯)의 『근세조선정감(近世朝鮮政鑑), 상(上)』은 이러한 종류의 얘기를 담은 것으로는 그 시기가 가장 빠른 책이다.

대원군(大院君)이 음양풍수설(陰陽風水說)을 믿어서 새 궁궐이 예부터 자주 화재(火災)를 당하는 것은 모두 관악(冠岳)이 불의 형체이면서 안산(案山)으로 된 데에 연유한다 하여, 이에 흰돌[白石]로써 물짐승 형상[水獸形]을 새겨서 궁문앞 양쪽에다 두었다. 또 관악산 제일 꼭대기에다 우물을 파고, 구리로 만든 용(龍)을 우물에다 넣어서 화기(火氣)를 진압(鎭壓)하였다.[7]

하지만 이 책은 대원군에 대한 저자의 비판적 시각이 너무 두드러지고, 전반적인 내용이 야사(野史)의 수준에 가깝다는 평가를 얻고 있으므로, 광화문 해태와 관련된 얘기 또한 속설(俗說) 정도로 취급되고 있는 형편이다. 그런데 해태를 조성한 경위에 대해 이와 비슷한 시기에 거의 동일한 맥락의 내용을 담고 있는 자료가 남아 있는데, 미국인 의료선교사이자 주한미국공사를 지낸 알렌(Horace N. Allen, 安連; 1858~1932)의 글이 그것이다. 그가 남긴 일기책의 1885년 2월 25일자에는 다음과 같은 얘기가 채록되어 있다.

23일 밤에 우리 거주지의 뒤편에 있는 조선정부의 목재적치소에서 불이 나 몽땅 타버렸다. 여기에는 임금의 이어를 위해 수리 중에 있는 구궁(舊宮, Old Palace)에 쓰일 재목들이 부분적으로 포함되어 있었다.

몇 해 전에도 궁궐이 화재로 망가진 적이 있는데다 이들 재목이 남산의 바로 서쪽이자 남쪽 방향에 있는 큰 산에 사는 화신(火神, Fire God)이 다니는 길목에 있었다는 사실 때문에, 이 일은 미신에 휘둘리는 왕비에게 엄청나게 울적한 영향을 주었을 것이다. 하궁(夏宮, Summer Palace; 경복궁을 말함)도 이러한 길

---

[7] 박제형(이익성 역), 『근세조선정감(近世朝鮮政鑑)』(탐구당, 1975), 93~94쪽. 그리고 이 책에 담긴 내용은 경성부, 『경성부사』 제1권(1934), 466쪽에 재인용되어 널리 소개된 바 있다. 이와 아울러 이중화, 『경성기략(京城記略)』(1918), 108쪽에는 "[1867년] 시년(是年)에 경복궁(景福宮)이 성(成)하니 기전각(其殿閣)의 위치(位置)는 구제(舊制)를 일의(一依)함이라. 광화문외(光化門外)에 쌍해치(雙獬豸)가 유(有)하니 차(此)는 근세미술대가(近世美術大家) 이세욱(李世旭)의 걸작(傑作)이니 차역(此亦) 구제(舊制)를 의방(依倣)함이라"고 적고 있는데, 이 내용 또한 『경성부사』 제1권에 요약 인용되어 있다.

목에 지어진 탓에 예전에 불탄 일이 있었으며, 그러자 이를 새롭고 웅장한 것으로 지으려고 했던 대원군은 궐문 밖에 커다란 석견(石犬, stone dogs)을 설치하고 건축 중인 누각 옆의 연지(蓮池)에다 큼직한 거북을 풀어 넣게 함으로써 화마(火魔)를 막아낼 수 있다고 생각했다.

하지만 일본인들은 구리 쇳물을 연못에 넣어 거북을 죽게 하였다는 소문이 있으며, 돌로 만든 개들도 몇 해 전에 임금의 처소가 화재로 무너져 내렸으므로, 더 이상은 나쁜 기운을 막아낼 효험이 없게 되었다.[8]

알렌이 여기에 적어놓은 내용은 나중에 『더 코리안 리포지토리(The Korean Repository)』 1895년 4월호에 수록된 「서울의 흥미로운 장소(Places of interest in Seoul)」에도 그대로 등장하는데, 다만 석견이라는 표현은 석수(石獸, stone animals)로 바뀌어 있다. 근대시기 우리나라를 찾은 서양인들의 탐방기에도 간혹 관악산과 해태상에 관한 이야기가 포함된 것이 확인되는데, 이는 알렌이 작성한 글을 그대로 재인용한 탓이라고 풀이된다.

아무튼 『근세조선정감(近世朝鮮政鑑), 상(上)』이 정식 출판되기 이전에 알렌의 일기책에 이미 관악산의 화기를 막기 위해 광화문 앞에 물짐승을 만들어 세웠다는 얘기가 채록되어 있었음에 비춰본다면, 상당히 이른 시기부터 그러한 속설 자체가 엄연히 유포되었다는 사실을 간파할 수 있다. 따라서 이러한 화기(火氣)와 관련한 얘기가 광범위하게 퍼지면서, 불을 막는다는 뜻으로 종전의 해치(獬豸)는 물짐승의 뜻을 지닌 속칭(俗稱) 해태(海駝, 해타)라는 표현으로 점차 그 자리를 대체하기에 이른 것으로 보인다.

그런데 이러한 내력을 지닌 해태상이 한때나마 광화문 앞길에서 사라진 적이 있었다. 그때는 바로 1923년 가을 경복궁 안에서 조선부업품공진회(朝鮮副業品共進會)가 개최되기 불과 사흘을 앞둔 시점이었다.

---

8) H. N. 알렌(김원모 완역), 『알렌의 일기』 (단국대학교출판부, 1991), 65~66쪽 및 448~449쪽.

조선부업품공진회 당시 영추문 앞까지 연결되는 새 전차선로의 개통 사실을 알리는 『동아일보』 1923년 10월 4일자 보도내용이다. 여기에는 광화문 월대가 있던 곳에 설치된 선로를 따라 진행하는 전차 한 대와 그 뒤로 공진회장 정문으로 화려하게 치장이 되고 있는 광화문의 모습이 담겨 있다.

이 당시 대규모 관람객을 수송하기 위한 전차선로가 영추문 앞까지 연장 개설되어 해태상의 원래 자리를 스치듯이 지나가게 되었고, 더구나 대규모 인파가 통행하기에는 걸리적거린다는 것이 느닷없이 해태상을 철거하게 된 이유였다. 이때의 상황에 대해서는 『매일신보』 1923년 10월 4일자에 수록된 「명물(名物) 해태(海駝)는 궁내이전(宮內移轉), 구경꾼 모이는 요즈음 광화문」이란 제하의 기사에 다음과 같은 내용이 정리되어 있다.

광화문 앞에 있는 해태(海駝)를 2일부터 옮기기 시작하여 광화문 안으로 가기에 수십 명 인부가 매여 달려 종사하는데 그 옆으로 통행하는 사람은 남녀노소를 물론하고 모두 다 한 번씩은 둘리어서 보고 섰으매 구경꾼은 항상 끊일 사이 없이 사오십 명씩 둘러서 있다. 그리고 한편으로는 이상스런 소문이 들리기 시작하여 일전 이전에 그야말로 횡설수설이 돌아다니는데 그것은 다른 것이 아니라 원래 경복궁을 짓고 보니까 화산이 비추이므로 현재 광화문 앞에 해태 두 마리의 석조물을 두지 아니하면 경복궁에 화재가 생기기 쉬우며 따라서 경성은 항상 화재가 끊일 사이가 없다는 이유로 인하여 지금까지 해태 있던 곳에 해태를 만들어놓은 것인데 이번에 해태를 다른 곳으로 옮기이매 장차 어떠할는지 하는 소문이며 그 해태의 옮기어 둘 장소에 대하여는 경복궁 안에 있는 토목부출장소 모씨의 말을 들은즉 확정한 장소는 아직 명령이 없으므로 결정치 아니하였으나 위선 광화문 안에 옮기여 둔다고 하더라.

『동아일보』 1923년 10월 4일자에 수록된 해태상의 몰골이다. 원래 자리에서 옮겨진 것도 서러운 판국인데 경복궁 안쪽의 구석 맨바닥에 치워진 해태상 위에는 거적때기가 둘러져 있다.

이와 아울러 『동아일보』 1923년 10월 4일자에도 「춘풍추우(春風秋雨) 오백 년을 궁문(宮門) 앞에 마주 앉아 경복궁(景福宮) 옛 대궐을 굳게굳게 지켜 오던 한 쌍 해태도 이제는 이리저리 옮기여 천대받는 가엾은 몸」이란 제목의 기사가 남아 있다.

    서울의 거리를 걸어본 사람은 누구든지 오백 년 옛 대궐 경복궁 앞에 말없이 쭈그리고 앉아 있는 '해태'를 보았으리라. 그런데 그 해태는 지난 2일 저녁에 오랫동안 앉았던 곳을 떠나 어디로 사라지고 그의 앉았던 자리만 쓸쓸히 남았을 뿐이다.
    그러면 이 해태들은 누구의 손으로 어디로 가져갔는가? 들으니까 총독부를 새로 짓는 일본 사람들이 그곳에 있으면 걸리적거린다고 치웠다 한다. 그리고 장래는 새로 짓는 총독부 앞 적당한 곳에 세울 터이라는 것은 총독부 토목과원의 말이다.
    …… 오백 년 동안 위엄 있고 유순하게 경복궁을 지키고 섰던 네가 무슨 죄가 있어 무지한 사람들이 다리를 동이고 허리를 매어 끌어 들여갔으랴. 말 못하는 너는 시키는 대로 끌려 들어갈 뿐이었다.
    너의 꼴을 보려고 대궐 안에 들어가니 너는 한편 모퉁이에 결박을 지은 대로 거적을 쓰인 대로 참혹히 드러누웠더라. 그것을 본 흰옷 입은 사람의 가슴도 어찌 편안할 수가 있겠느냐! 끝없이 일어나는 감회를 무엇이라 형언하겠느냐!

    그런데 이 해태상들이 치워진 이후에 1924년 총독부 정동분실에 큰불이 일어나자 이 일과 해태상이 없어진 것과 인과관계가 있다는 풍설이 돌기도 했던 모양이다. 1926년에 발간된 『경성오백년(京城五百年)』이란 책에는 바로 그러한 흔적이 남아 있다.

    [관악산(冠岳山)] 시흥군(始興郡)에 있는 산으로 풍수학상 불의 산이다. 경복궁 광화문 앞 양측에 있었던 해태(海駝)의 석상(石像)은 수수(水獸)를 형상화한 것으로 이 화산(火山)에 대하여 왕성(王城)을 진호(鎭護)하고자 멀리서 이 산

을 비예(睥睨, 곁눈으로 노려봄)하고 있는 것이라 속전(俗傳)되어지고 있다. 대정 13년(1924년) 부업공진회(副業共進會)가 개최되기에 앞서 이를 치웠으나, 그 때문에 총독부조사국 정동분실(總督府調查局 貞洞分室)이 소실되었다고 하는 풍평(風評)이 있다. 지금도 선인(鮮人, 조선 사람)은 광화문 부근을 해태전(海駝前, 해태앞)이라고 부르고 있다.

광화문 거리에서 그것들이 사라진 지 6년의 세월이 흐른 뒤에 그 해태상이 용케도 되돌아왔다는 소식이 신문지상에 수록되었다. 하지만 이번에는 원래 해태상이 있던 위치가 아니라 조선총독부 청사의 뜰 앞에다 옮겨놓았다는 것이었다. 공교롭게도 이번에는 경복궁 안에서 조선박람회(朝鮮博覽會; 개최기간 1929. 9. 12~10. 31)가 막 마무리된 직후였다. 그때가 바로 1929년 11월 29일이었다. 『매일신보』 1929년 11월 23일자에 수록된 「한때 갇혀 있던 해태가 다시 나와, 총독부정문(總督府正門) 감시원(監視員)이란 새 임무(任務)를 띠고」라는 제목의 기사에는 그 소식을 이렇게 전하고 있다.

이조오백년(李朝五百年)이란 긴 세월에 한 번도 탈 없이 경복궁 정문(景福宮 正門)을 지키며 대경성(大京城)의 화재(火災)를 방지(防止)한다는 책임(責任)을 가지고 각근히 시무(視務)하던 '해태'는 무슨 죄를 지었는지 대정 13년(1924년) 이래 총독부신청사(總督府新廳舍)가 경복궁기지(景福宮基地)에 낙성(落成)되자 왜성대에서 옮아오던 그때 그만 갇히어 오늘까지 노구(老軀)로 지나간 옛날의 번화(繁華)를 생각하며 하염없는 눈물을 흘리며 나오던 터이더니 다시 청천백일(靑天白日)의 몸이 되어 총독부(總督府) 정문감시원(正門監視員)이란 벼슬까지 배명(拜命)되어 총독부정문 좌우(總督府正門 左右)에서 매일(每日) 같이 그전 소임(所任)에 전력(專力)하게 되었더라.

그러나 이러한 조치에는 관악산의 화기(火氣)를 막아낸다는 뜻도, 선악을 가려낸다는 뜻도, 관리들로 하여금 강직한 품성을 기린다는 뜻도 남아 있을 것 같지는 않아 보이지만, 기껏해야 총독부 건물의 장식품으로 전락한 데에 해태상의 남다른 슬픔이 더했던 것이 아닌지 모를 일이다.

아무튼 그렇게 세월은 흘러 해방이 되고 미군이 들어오고 다시 전쟁이 일어나고 또 군사정권이 들어섰지만 해태는 그냥 그 자리에 머물러 있었다. 단지 이제는 조선총독부의 문지기인 해태상이 아니라 중앙청(中央廳)을 지키는 해태상이 되었다는 것이 유일한 변화였던 것이다.

그러다가 지금의 자리에 해태상이 들어선 것은 1968년 12월의 일이었다. 원래 광화문이 있던 언저리에 '콘크리트' 광화문을 다시 지어 올린 탓이었다. 명색이 광화문의 해태였던 것이 광화문 곁으로 되돌아왔으니 그만큼 다행한 일은 없다고 하겠으나, 그나마 한길가에 밀려나 옹색하게도 담장 밑에 바짝 붙어 있는 모양으로 서 있는 상태가 되고 말았다.

하지만 다시 '콘크리트' 광화문이 해체되는 결정이 내려짐에 따라 2006년 12월 이후 이 해태상은 경복궁 내 보관창고로 옮겨졌다가 2008년 8월에 지금의 자리로 복귀시키는 과정이 이어졌다. 불과 90년도 못 되는 사이에 벌써 다섯 차례나 자리를 옮겨야 했던 해태상의 떠돌이 신세가 결코 경복궁의 수난사 못지않게 고달팠음을 짐작케 한다.

지금 광화문광장의 북쪽 끝자락에는 "해치상 있던 곳"이라는 노면 표지가 설치되어 있다. 광화문의 월대(月臺)가 복원된다면 그 월대가 나온 만큼의 두 배 길이에 약간 못 미치는 언저리에 해당하는 위치가 된다. 이 해태상이 원래 자리를 찾을 날이 언제 올는지는 알 수 없지만, 무릇 모든 사물은 제자리에 있을 때가 가장 그 가치를 발하는 법이라는 말은 새삼 강조하지 않아도 좋을 듯싶다.

3. 1930년대 육조앞길의 공간 변화

1930년대는 광화문통 일대의 공간 변화에 있어서 어느 때보다도 그 속도와 폭이 한층 빨라지던 시기였다. 1931년 4월에 조선보병대(朝鮮步兵隊)가 해산되면서 옛 삼군부 자리인 광화문통 77번지가 공터로 변하였고, 1929년 간이생명보험제도(簡易生命保險制度)의 도입이 본격화한 것도 이러한 변화의 계기가 되었다.

간이생명보험제도의 개요에 대해서는 1938년 조선총독부(朝鮮總督府)가 발행한 『조선체신사업연혁사(朝鮮遞信事業沿革史)』에 다음과 같이 요약되어 있다.

> 본 사업은 조선의 일반민중(一般民衆)의 경제적 생활의 안정을 도모하고, 아울러 민력배양(民力培養), 근검저축(勤儉貯蓄)의 미풍(美風)을 함양하기 위해 정부(政府)가 경영하는 비영리적인 소액 생명보험이다.
>
> 그 내용은 대체로 내지(內地, 일본)의 간이생명보험과 동일하며, 보험종류에는 종신보험(終身保險)과 양로보험(養老保險)의 두 가지인데 양로보험은 그 기간에 따라 10년 만기, 15년 만기, 20년 만기, 25년 만기, 30년 만기, 35년 만기 및 40년 만기의 7종(種)으로 나뉘어 있다. 가입연령은 만 12세 이

상 만 60세 이하로 계약보험금(契約保險金)은 1인(人)에 20원(圓) 이상 450원 이하이다. 가입할 때는 무진사(無診査, 진료심사가 없다는 뜻)이며, 보험료(保險料)는 월괘(月掛, 월납)를 원칙으로 하고 있지만, 전납(前納)과 단체불입(團體拂入)에 의한 할인제도(割引制度)가 있다. 또 특수한 피보험자(被保險者)에게는 보험료 면제의 제도를 마련하고 있다. 더구나 보험료는 조선의 특수사정에 비춰 예정이율(豫定利率)을 높게 한 관계상 내지와는 다르며, 대체로 약간 저율(低率)로 하고 있다.

사업취급기관(事業取扱機關)은 기설기관(既設機關)의 이용에 따라 경비의 절약과 공중의 이용상 편의를 위해 전선(全鮮)에 800여 곳의 우편국소(郵便局所)가 직접 신입(申込)의 수부(受付)와 보험료(保險料)의 취립(取立), 보험금 불도(保險金 拂渡) 등의 사무를 취급하며, 각체신분장국(各遞信分掌局)이 이를 감독하고 다시 체신국(遞信局)이 이들의 감리사무(監理事務)를 행하고 있다.

또 조선간이생명보험심사회 규정, 기타를 두어 피보험자의 권리의무를 확보하는 동시에 피보험자의 보건 및 위생사상 향상을 위해 무료건강상담소(無料健康相談所)를 경성(京城)과 다른 5개 장소에 설치하고 벽지(僻地)에는 순회건강상담을 실시하고 있다.

본 사업의 회계는 특별회계로 하며, 사업상의 지출은 그 수입으로부터 지불하고, 적립금(積立金)은 조선의 사회공공사업을 위해 운용하는 것으로 하고 있다. 기타 계약자대부제도(契約者貸付制度)도 마련되어 있다.

그리고 간이생명보험제도의 도입과정은 조선총독부(朝鮮總督府)가 펴낸 『시정삼십년사(施政三十年史)』(1940)의 「연표(年表)」에 간략히 정리되어 있다.

• [1929년 5월 4일] 법률 제65호로써 조선간이생명보험특별회계법을 공포, 7월 1일부터 시행하다. 칙령 제106호로써 조선간이생명보험특별회계규칙을 공포하다. 제령 제5호로써 조선간이생명보험령을 공포하다.

• [1929년 10월 1일] 칙령 제308호로써 조선간이생명보험심사회규정을 공포, 시행하다. 5월 4일 제령 제5호로써 공포했던 조선간이생명보험령은 본일부터 실시하다.

이에 따라 간이생명보험 관련 부서의 공간 수요가 크게 늘어나면서 1934년 6월에 옛 기로소(耆老所; 광화문통 149번지, 현 교보생명빌딩의 일부) 자리에 체신국 분관(遞信局 分館; 간이보험청사)이 새로 건립된 것이 이러한 공간 변화를 촉진하는 계기가 되었다.

원래 이 자리는 1909년 3월 기로소 관제의 폐지 이후 지도상에 그 어떤 관공서가 있었다거나 하는 식의 특별한 위치 표시가 한 번도 없었던 공간이기도 했다. 다만, 다음과 같은 몇 가지 단편적인 기록을 통해 이곳이 한때 '정토종사무실(淨土宗事務室)'이 있었다거나 자동차주차장 등의 용도로 사용되었음을 짐작할 수 있을 뿐 아쉽게도 더 이상의 자세한 공간 변화의 연혁은 추적하기가 어렵다.[1]

① 『매일신보』 1910년 9월 18일자, 「현종운반(懸鍾運搬)」 제하의 기사
황토현전(黃土峴前) 기로소(耆老所)를 정토종사무실(淨土宗事務室)로 사용함은 일반지료(一般知了)하는 바어니와 광화문(光化門)에 현치(懸置)하였던 종(鍾)을 해사무실(該事務室)로 운반한다더라.

---

1) 『경성부사』 제1권(1934), 374쪽에는 "영수각(靈壽閣)의 건물이 소화 7년(1932년)까지 광화문통 기로소 내에 존재했다"고 적고 있다.

② 『조선과 건축(朝鮮と建築)』 1932년 7월호, 「최근조선건축계(最近朝鮮
建築界) : 간이보험감리소(簡易保險監理所)의 신축(新築)」 제하의 기사

　　조선의 간이보험제도는 소화 4년(1929년) 10월 1일부터 업무를 개시했을 뿐이지만 겨우 수년 사이에 놀랄 만한 업무의 발달을 보아 금번 5월 말 현재에 있어서 가입건수 338,440건에 이르고, 가입금액 63,986,150원에 달하였으며, 더욱이 간보사무(簡保事務)의 확장증가와 더불어 현재 경성 종로통(鍾路通)에 있는 옛 종로서(鍾路署) 자리의 간이보험감리소(簡易保險監理所)는 점점 더 협애(狹隘)를 느끼기에 이르러 체신국(遞信局)에서도 이의 선후책(善後策)을 강구 중에 있었는데, 드디어 광화문통(光化門通)의 자동차치장(自動車置場) 및 관사(官舍) 등을 철거하고 그 자리에 신청사를 세우기로 되었으며, 이의 건축비는 약 20만 원으로 본년중(本年中)에는 지균공사(地均工事)를 행하고 명년중(明年中)에는 준성(竣成)을 볼 수 있을 것이라고.

　　나아가 1938년 4월에는 30년 가까이 육조앞길의 한 구역을 지켜왔던 경성전수학교의 후신인 경성법학전문학교(京城法學專門學校)가 청량리 옛 경성공립농업학교로 이전함과 동시에 그 자리에 전매국 신축 공사가 개시되어 1940년 6월에 청사 이전을 완료하게 되었으며, 이로써 옛 육조 관아의 조선식 건물은 사실상 거의 소멸되는 상태에 이르고 말았다.

　　이에 앞서 이러한 연쇄적인 청사 이전이 처음 결정된 때는 1935년의 시점이었는데, 이에 관해서는 『매일신보』 1935년 11월 13일자에 수록된 「법전교사적(法專校舍跡)에 전매국(專賣局)이 이전(移轉)」 제하의 기사에 다음과 같이 간략히 정리되어 있다.

　　전매국(專賣局)은 11년도(1936년도) 예산(豫算)이 의회통과(議會通過)를 대(待)하여 광화문통 법학전문학교 자리에 신축하기로 결정하고 법전(法專)

은 청량리의 경기도농업학교 구교사(舊校舍)로 결정하였다. 이상과 여(如)히 결정하였으므로 도립농학교는 속히 동(同) 청량리의 신교사(新校舍)로 이전할 예정이다.

그리고 『조선총독부 관보』에 게재된 청사 이전에 관한 일련의 내용에서도 그대로 확인된다.

- 『조선총독부 관보』1937년 1월 30일자, "조선총독부 고시(朝鮮總督府 告示) 제46호 경성공립농업학교(京城公立農業學校) 위치를 소화 12년(1937년) 4월 1일부터 좌기[左記; 경성부(京城府) 전농정(典農町) 산(山) 8번지(番地)의 3]로 변경하는 건(件)을 소화 12년(1937년) 1월 14일부로 인가했다."

- 『조선총독부 관보』1938년 4월 16일자, "[청사이전(廳舍移轉)] 경성법학전문학교(京城法學專門學校)는 소화 13년(1938년) 4월 15일 경성부(京城府) 청량리정(淸涼里町) 12번지(番地) 원(元) 경성농업학교(京城農業學校) 자리로 이전했다."

- 『조선총독부 관보』1940년 6월 10일자, "[청사이전(廳舍移轉)] 조선총독부 전매국(朝鮮總督府 專賣局)은 소화 15년(1940년) 6월 8일 경기도(京畿道) 경성부(京城府) 광화문통(光化門通) 84번지(番地)의 청사로 이전했다."

그런데 이 시기에 발행된 몇 가지 지도자료에는 이러한 공간 변화의 단면들이 잘 나타나 있다. 우선 1933년에 발행된 『경성정밀지도(京城精密地圖)』²)를 보면, 여기에는 광화문 남쪽 동편으로 경기도청-경찰관강습소-법학전문학교-간이보험국 신축장이 차례대로 표시되어 있고, 길 건너 서편에는 [표시 없음]-마약치료소/위생시험실-전화국-위체저금관리소-체신국이 순서대로 자리하고 있다. 이 지도에는 조선보병대가 있던 자리가 빈칸으로 나타나 있어서 이미 조선보병대가 해체되어 사라졌다는 사실을 파악할 수 있으며, 경성법학전문학교의 남측에 '간이보험국 신축장(簡易保險局 新築場)'이라는 표시가 있는 걸로 미뤄보아 그 당시 이곳에서 한창 신축 공사가 진행되던 상태였음을 짐작할 수 있다.

그 다음으로 눈에 띄는 지도자료는 1936년에 발행된 『지번구획입 대경성정도 제5호(地番區劃入 大京城精圖 第5號)』[3]이다. 여기에는 광화문앞길 동편으로 경기도청-경찰관강습소/경찰참고관-법학전문학교-체신국 분실이 눈에 띄고, 서편으로는 체신국 경리과·감리과 분실-경기도순사교습소-위생시험실-군사령부 부속청사-전화광화문국-저금관리소-체신국이 순서대로 배치되어 있다.

앞의 『경성정밀지도』에 비해 불과 3년 정도의 시차가 있었을 뿐이지만 그 사이에 조선보병대 자리에는 체신국 경리과(經理課)와 감리과(監理課)[4]가 들어와 있고, 옛 기로소 자리에는 체신국 분실(간이보험청사)이 이미 완공된 상태였음을 확인할 수 있다. 이와 아울러 경찰관강습소 구역 내에 경찰참고관(警察參考館)이 새롭게 만들어진 것도 눈에 띈다.

특히 이 경찰참고관은 이른바 '황태자전하어강탄기념사업(皇太子殿下

---

2) 이 지도는 서울역사박물관, 『서울지도』(2006), 26~27쪽에 수록되어 있다. 그런데 이 지도에는 어찌 된 영문인지 당연히 있어야 할 경기도순사교습소와 조선군사령부 부속청사 등의 표기가 누락되어 있으므로, 이 점에 유의할 필요가 있다.

3) 이 지도는 서울역사박물관, 『서울지도』(2006), 58~59쪽에 수록되어 있으며, 허영환, 『정도 600년 서울지도』(범우사, 1994), 124~126쪽에도 동일한 자료가 들어 있다.

4) 체신국 경리과(經理課)와 감리과(監理課)는 원래 각각 계리과(計理課)와 통신과(通信課)이던 것을 고쳐 1920년 10월 6일부터 새로 붙인 명칭으로, 이 편제는 회계과(會計課) 및 통신과(通信課)로 재개칭되는 1943년 12월의 시점까지 유지되었다. 이에 대해서는 『조선총독부 관보』 1920년 10월 6일자, '조선총독부 훈령 제43호 조선총독부체신국사무분장규정중 개정'의 내용을 참조할 수 있다.

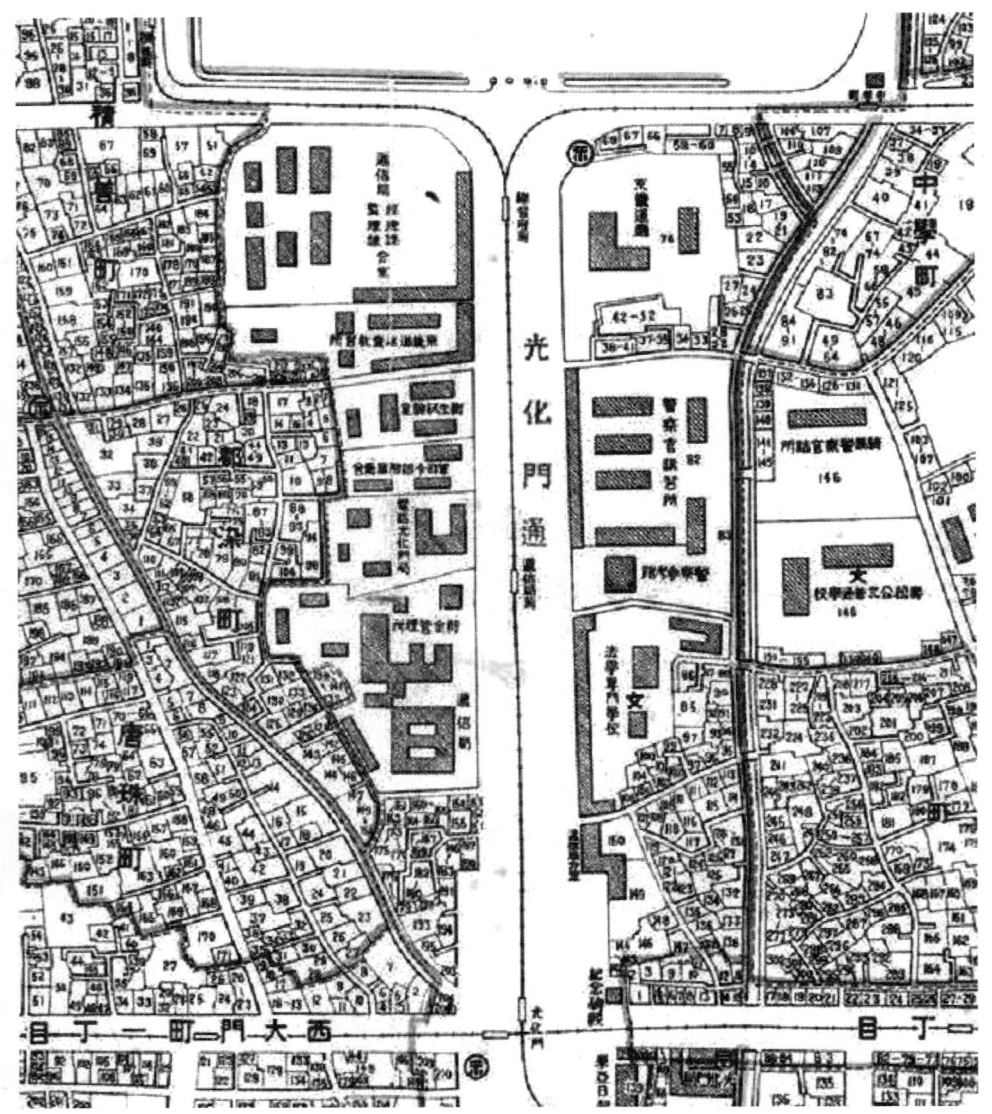

『대경성정도』(1936)에 표시된 광화문통 주변의 배치 현황이다.

御降誕記念事業)'의 일환으로 만들어진 시설이었다. 말하자면 이는 1933년 12월 23일 아키히토(明仁) 황태자가 태어난 것을 경축한다는 뜻을 담아 건립한 건물이었다.[5] 경찰참고관은 1934년 8월에 착공하여 1936년 6월에 준공을 보았는데, 이와 관련하여『조선과 건축(朝鮮と建築)』1934년 2월호 및 1934년 4월호에 수록된 기사를 통해 이 건물의 건립 경위가 어떠했는지를 살펴볼 수 있다.

① 『조선과 건축(朝鮮と建築)』1934년 2월호, 「최근조선건축계(最近朝鮮建築界) : 경찰참고회관(警察參考會館) 신설계획(新設計劃)」제하의 기사

조선경찰협회(朝鮮警察協會)에서는 황태자전하어강탄(皇太子殿下御降誕)을 기념하기 위하여 소화 9년도(1934년도) 사업의 하나로 경찰참고회관(警察參考會館)을 건설하기로 되었는데, 예산은 약 8만 원의 예정으로 협회기금재산(協會基金財産)의 일부와 전도(全道)의 경찰관(警察官) 갹출금(醵出金)을 염출(捻出)할 방침이며, 목하(目下) 경무국(警務局)에서 제반의 준비를 진척시키고 있고 그 외에 경찰연구실(警察硏究室), 참고품진열실(參考品陳列室), 강당(講堂) 등도 포함시켜 당당한 건물을 건설할 예정이다. 건설장소는 경성부내(京城府內)에서 선정되며 머잖아 구체안을 작성한 다음 건설계획에 착수할 예정이며, 또한 전선(全鮮)의 경찰관으로서 학령아동(學齡兒童)이 있으나 근무지에 소학교도 보통학교도 없어서 부득이 아이를 다른 집에 기숙(寄宿)시키고 있는 경찰관이 많다는 사실에 비춰, 이들 사람들을 위한 물질적 부담을 덜어주려는 목적에서 장학자금(獎學資金)을 급여(給與)하자고 하는 논의도 나와 있는데, 이 또한 머잖아 9년도 사업의 하나로서 구체화할 예정이라고.

---

5) 아키히토 황태자의 탄생과 명명식에 관해서는『매일신보』1933년 12월 24일자 및 12월 30일자에 수록된 관련 기사를 참조할 수 있다.

②『조선과 건축(朝鮮と建築)』1934년 4월호, 「최근조선건축계(最近朝鮮建築界) : 조선경찰회관(朝鮮警察會館) 신축착수(新築着手)」제하의 기사

광화문통의 경찰관강습소 구내(警察官講習所 構內)에 신축하려는 경찰회관(警察會館)은 신년도 조조(早早) 신축 공사에 착수할 예정인데, 조선경찰협회(朝鮮警察協會)로부터 5만 원, 경무국(警務局) 및 전선경찰관(全鮮警察官)의 기부금(寄附金) 2만 수천 원, 합계 7만여 원으로 삼층루(三層樓)의 광대(廣大)한 대회관(大會館)을 건설하며, 경무국에서 소장 보관하던 경찰관계(警察關係)의 문서(文書), 도서(圖書), 피복(被服), 총기(銃器), 탄약(彈藥), 기타(其他)를 비롯하여 평북도경찰부(平北道警察部)에 비장(秘藏)된 순직경찰관(殉職警察官)의 혈흔(血痕)이 점점이 장렬하게 그 위에 남은 모자(帽子)랑 제복(制服), 기타 등 조선의 경찰관이 치안유지(治安維持)의 대임(大任)에 진췌(盡瘁)했던 과거(過去)의 일절(一切)을 출진(出陳)하여, 의의 깊은 경찰박물관(警察博物館)을 실현하는 의기(意氣)가 가득할 것이라고.

한편,『매일신보』1935년 1월 26일자에 수록된「약진대경성 종종상(躍進大京城 種種相) (4) 정치(政治)의 중심(中心) 광화문(光化門)」이라는 제목의 연재 기사는 1930년 중반께 광화문 거리의 모습을 이렇게 담아내고 있다.

이조(李朝)의 정치역사는 광화문 거리에서 시작되었다. 광화문의 역사는 조선정치의 역사이다. 옛날에는 육조(六曹)가 있었고 오늘에는 총독부가 있다. 광화문 거리는 정치의 역사로부터 정치의 역사에 끝이 났다. 광화문 거리 좌우에 아직도 남아 있는 기와집은 옛 정치를 꾀하던 시정기관의 잔해(殘骸)이고 북악산을 등에 지고 우뚝히 솟은 백악전(白堊殿)은 총독정치의 총본영이다. 정치를 시행함에는 옛이나 오늘이나 다르지 않으나 시대의 변천

『매일신보』 1934년 3월 11일자에 수록된 제29회 '육군기념일(陸軍紀念日)' 관련 행사에 관한 기사와 화보이다. 사진에서 보듯이 옛 육조앞길은 총독부 앞길로 변하여 일본 군대의 분열식장으로 사용되었다.

은 새 조선을 만들었다.

옛날 광화문 거리는 육조전(六曹前)이라고 불렀다. 조(曹) …… 이는 당시 관청의 이름이었다. 공조(工曹), 병조(兵曹), 형조(刑曹), 이조(吏曹), 호조(戶曹), 예조(禮曹). 광화문 좌우에 있던 옛날 건물은 이러한 관청이었다. 광화문길은 경성이 국도로 건설되던 시초부터 그대로이었다. 광화문 거리의 좌우에 있는 건물은 변천이 있었으나 길만은 옛날부터 오늘까지 꼭 같은 모습을 보존하고 내려온 것이다. 오백 년 전 길을 보려면 광화문통 길을 볼 것이다.

붉은 벽돌집인 도청은 옛날 의정부(議政府)가 있었다. 오늘의 내각이 곧 의정부이다. 지금의 체신국(遞信局)은 공조(工曹)가 있었고, 법학전문(法學專門)은 이조(吏曹)가 있었고, 호조(戶曹)가 있던 곳에는 순사교습소가 있다. 그리고 수년 전 해산한 보병대에는 예조(禮曹)가 있었다. 총독부는 대정 15년(1926년) 왜성대(倭城臺)에서 옮아왔고 체신국은 명치 37년(1904년)에 생겼다.

신시대의 건축미를 장안 어느 거리보다도 많이 그 품에 안은 광화문 거리는 관청 거리로부터 그 꼬리를 태평통에 이어 신문 거리를 만들었다. 옛날 광화문 앞에는 석조 미술품으로 값이 있는 해태가 앞 남산을 바라보고 앉아 있었다. 이 앞에는 벙거지 쓴 사람, 조복 입은 사람들이 물결을 쳤다. 그러나 오늘은 금줄 친 정복 입은 경관, 양복 입은 관리가 아침저녁 이 거리를 점령

한다. 이야기는 다시 해태의 전설에 옮는다. 경복궁 안에 불이 자주 났다. 이 것은 과천 관악산이 화산맥이어서 이것 때문에 조선 경복궁에 불이 난다는 어리석은 미신론에 물짐승으로 이 화산을 누르려고 해태를 만들어놓았다고 한다.

지금 간이보험과의 모던 건물은 옛날 기로소(耆老所)이었다. 국가에 공로가 있는 70이 넘은 원로를 우우하던 집이다. 총독부 뒤 울창한 송림 속에 세워 있는 경무대는 문무과의 과거를 보았고 또는 관병식도 거행하였다. 광화문은 총독부 박물관이 있는 동쪽으로 옮아갔다. 이리하여 오늘에는 광화문 거리에서 광화문을 못 보게 되었다. 모던 건물 백악전이 신시대의 위풍을 갖추고 위풍을 돋치었다. 정치의 거리 광화문통이여…….

그런데 이것 말고도 1930년대 광화문통의 관청배치에 대해 유용하게 참고할 만한 또 하나의 근거 자료는 1934년 이후 경성부에서 연속 간행한 『경성부사』이다.[6] 이 책의 본문에는 내용 집필 당시의 시점으로 광화문통에 존재했던 개별 관청의 명칭과 지번에 대한 설명이 군데군데 담겨 있으므로, 그 내용을 추출하는 것으로도 공간 변화에 대한 자료를 재구성할 여지는 충분하다고 하겠다.

---

6) 일제강점기에 경성부에서 연속 간행한 『경성부사』의 발행시기를 살펴보면, 각각 '제1권'이 1934년, '제2권'이 1936년, '제3권'이 1941년이다.

3. 1930년대 육조앞길의 공간 변화 237

출처 표시	서술 내용
『경성부사』 제1권, 89쪽	• [도평의사사, 의정부, 내각] 창덕궁 인정전의 일부, 북부 관광방 현 광화문통 경기도청의 자리, 또는 경복궁 경회루 연지의 남측
『경성부사』 제1권, 92쪽	• [이조] 의정부의 남쪽, 현 광화문통 동측 경기도청에서 길을 사이에 둔 남방
『경성부사』 제1권, 95쪽	• [장예원] 공조의 남쪽, 현 광화문통 서측 체신국의 부근?
『경성부사』 제1권, 122쪽	• [기로소] 현 광화문통 149, 150번지, 체신국 간이보험과 청사 부지의 일부
『경성부사』 제1권, 123쪽	• [의흥삼군부] 광화문통 서북 모서리 구 조선보병대의 자리
『경성부사』 제1권, 128쪽	• [독신묘] 예조의 옆, 현 광화문통 서북단 구 조선보병대 내
『경성부사』 제1권, 179쪽	• [의정부] 현 광화문통 경기도청의 위치
『경성부사』 제1권, 180쪽	• [사헌부] 광화문통 서측 현 경기도경찰부 세균검사실의 지점
『경성부사』 제1권, 253쪽	• [장예원, 형조] 현 광화문통 체신국의 부근
『경성부사』 제1권, 267쪽	• [장예원 및 형조] 현 광화문통 체신국의 부근
『경성부사』 제1권, 282쪽	• [장예원터 및 형조터] 광화문 체신국의 자리
『경성부사』 제1권, 451쪽	• [의정부] 현 광화문통 경기도청의 자리
『경성부사』 제1권, 451쪽	• [삼군부] 광화문통 구 조선보병대의 자리
『경성부사』 제1권, 521쪽	• [친군좌영] 장위영의 터, 즉 현 광화문통 서측 북단 구 조선보병대의 자리
『경성부사』 제1권, 522쪽	• [통리군국사무아문] 현 광화문통 체신국의 북쪽 이웃, 구 군부 내
『경성부사』 제1권, 538쪽	• [좌영] 현 총독부 정문의 서남 광화문통 77번지의 장소
『경성부사』 제1권, 620쪽	• [일본군 후비보병 제18대대] 현 광화문통 구 조선보병대의 자리 및 현 경성우편국 동측
『경성부사』 제1권, 624쪽	• [내무] 지금의 경기도청 위치
『경성부사』 제1권, 638쪽	• [경무청] 현 광화문통 체신국 보험과, 옛 기로소 공옥의 북방 청사, 광화문통 84번지
『경성부사』 제1권, 707쪽	• [한성전보사] 현 체신국의 자리

『경성부사』 제1권, 778쪽	• [통신원] 현 광화문통 체신국 위치
『경성부사』 제2권, 6쪽	• [통감부, 외부] 광화문통 동측 현 경기도청에서 소로를 사이에 둔 남쪽의 이웃 건물
『경성부사』 제2권, 36쪽	• [군부, 장관회의] 현 광화문통 경성중앙전화국 광화문 분국의 자리
『경성부사』 제2권, 36쪽	• [헌병사령부] 현 군사령부 부속청사의 북방인 경관양성소 숙사의 자리
『경성부사』 제2권, 70쪽	• [통감부 재정감사청] 광화문통 구 한국외부, 현 경관강습소의 일부
『경성부사』 제2권, 86쪽	• [법부] 현 광화문통 경찰관강습소의 북측 경기도청과 상대하는 도로에 붙은 위치
『경성부사』 제2권, 92쪽	• [경무청] 현 경기도청 앞 위생시험소의 위치
『경성부사』 제2권, 96쪽	• [임시토지조사국] 현 광화문통 경찰관강습소 북측의 건물
『경성부사』 제2권, 114쪽	• [영어학교] 현 광화문 체신국의 뒤편
『경성부사』 제2권, 397쪽	• [경무청] 현 광화문통 149번지 체신국보험과, 그 후 현 광화문통 79번지 경무국 위생시험실의 지점으로 이전
『경성부사』 제2권, 493쪽	• [한성부] 현 광화문통 84번지 경성법학전문학교의 지점
『경성부사』 제2권, 494쪽	• [한성부] 현 광화문통 중앙전화국 분실과 경성저금관리소의 중간, 전 법부 청사 자리
『경성부사』 제2권, 494쪽	• [한성부] 현 광화문통 경기도청과 소도를 사이에 둔 남측인 총독부경찰관강습소의 북쪽 모서리, 당시 구 통감부법무원 터, 중추원과 같은 구내
『경성부사』 제2권, 495쪽	• [한성부재판소] 현 광화문통 중앙전화국 분실과 경성저금관리소의 중간, 당시 법부 청사 자리
『경성부사』 제2권, 495쪽	• [한성부재판소] 현 광화문통 총독부경찰관강습소의 북쪽 모서리, 당시 구 통감부법무원 터
『경성부사』 제2권, 495쪽	• [한성부재판소] 현 광화문통 84번지 경성법학전문학교의 위치에 이전
『경성부사』 제2권, 641쪽	• [일본군 후비보병 제18대대] 현 조선총독부 앞의 서남, 구 조선보병대의 영사 내
『경성부사』 제3권, 198쪽	• [광화문소방소] 경기도청 구내
『경성부사』 제3권, 620쪽	• [지질조사소] 광화문통 경찰관강습소와 동일지역 내의 일 구획

세종로의 은행나무는 언제 처음 등장했을까?

너비 34미터에 길이 557미터에 달하는 광화문광장 조성 사업(2008년 5월 27일 착공, 2009년 8월 1일 개장)이 진행되는 동안 종전의 세종로 중앙분리대에 자리하고 있는 은행나무를 처리하는 문제로 여러 번 논란이 일어났다. 이 당시 광장 조성 과정에서 사라질 위기에 처했던 은행나무들은 서울시의 결정에 따라 "도합 29그루의 은행나무 가운데 15그루는 광화문시민열린마당 앞쪽의 보도에, 나머지 14그루는 정부중앙청사 앞쪽의 보도에 나뉘어 옮겨 심는 것"으로 결론이 났다.

그런데 이와 관련하여 이들 은행나무 가운데 수령(樹齡)이 100살가량[7] 되는 것도 포함되어 있다고 하여, 이를 두고 일제에 의한 강제병합이 이뤄지던 1910년대에 은행나무가 처음 심겼다고 지레 짐작했던 신문기사들이 심심찮게 있었던 것으로 기억한다. 하지만 이에 관한 사실관계는 전혀 그러하질 않다.

광화문 앞길에 가로수가 처음 등장한 것은 이보다 한참 시기가 늦은 1934년의 일이었다. 이에 관해서는 광화문 일대를 촬영한 항공사진을 통해서도 그 시기를 대략 가늠할 수 있지만, 이것이 아니더라도 다음과 같은 몇 가지 구체적인 기록이 남아 있다.

① 『동아일보』 1934년 4월 21일자, 「장식(裝飾)할 경성가로(京城街路), 노방공원신설(路傍公園新設)코, 도로폭(道路幅)도 대확장(大擴張), 금년도부터 시구개수(市區改修)」 제하의 기사

경성부내의 시구개정은 금년도부터 소화 14년(1939년)까지 6년 동안을 계속

---

[7] 서울특별시에서 펴낸 『광화문광장 백서』(2011), 40쪽에는 세종로 은행나무에 대한 수령 조사결과(2004년 6월 국립산림과학원 조사, 생장추 이용)가 수록되어 있는데, 여기에 따르면 조사 대상 나무의 추정 연륜은 "3그루가 49년; 12그루가 93년; 15그루가 53년; 18그루가 70년"으로 각각 표시되어 있다.

해서 총 경비 268만 원을 가지고 행하여질 터인 바 금년도의 경비 46만 원을 가지고 대략 아래와 같은 공사를 실시하리라 한다.

  ○ 도로정비(道路整備)

  1. 죽첨정(竹添町) 2정목(丁目) 의주통(義州通) 교차점(交叉點)으로부터 아현리(阿峴里) 고개에 지(至)하는 연장(延長) 1천 120미(米, 미터)의 현재 도로폭원(道路幅員) 15미(米)를 24미(米)로 확장(擴張).

  2. 태평통(太平通) 2정목(丁目) 조선지방행정학회 측면(朝鮮地方行政學會 側面)으로부터 남대문통(南大門通) 2정목(丁目) 정자옥전(丁子屋前) 전차정류소(電車停留所)에 지(至)하는 연장 390미(米)를 폭원(幅員) 15미(米)의 도로로 확장(擴張).

  ○ 녹화공작(綠化工作)

  1. 광화문교차점(光化門交叉點)으로부터 총독부정문전(總督府正門前)까지의 연장(延長) 6백미간(百米間)에 전차도(電車道)와 자동차도(自動車道) 간(間)에 폭원(幅員) 6미(米)의 중앙(中央) 소요녹화지대(逍遙綠化地帶)를 조성(造成), 가로수(街路樹)를 식부(植付). …… (이하 생략).

② 『동아일보』 1934년 5월 9일자, 「가로수(街路樹) 심어 도시(都市)를 미화(美化)」
   제하의 기사

가로수(街路樹)의 증식과 녹지대(綠地帶)의 증설은 도회지 미화로 보든지 부민의 위생상으로 보아서 긴요한 사업이므로 경성부에서는 금년도 제1부 녹화(綠化)사업으로 광화문통(光化門通), 동대문(東大門), 삼각지(三角地), 원정(元町), 훈련원(訓練院) 등지에 관상수(觀賞樹) 약 300개를 심었다고 한다. 이외에도 경성시내에 식수할 나무수효는 전부 7,630주로 그중에 가장 긴급을 요한 곳이 5여 곳이라고 한다.

③ 『동아일보』 1934년 7월 17일자, 「살풍경(殺風景)의 거리에 오아시쓰 출현(出現),

3. 1930년대 육조앞길의 공간 변화

「매일신보」 1931년 4월 3일자에는 한창 도로포장이 이뤄지고 있는 광화문 거리의 모습이 담긴 사진자료가 수록되어 있다. 이 당시에는 아직 가로수를 심기 전이었으므로 도로상에는 전차선로와 전봇대만 눈에 띌 뿐 이렇다 할 나무들은 보이지 않는다.

「광화문통(光化門通)과 총독부(總督府) 앞에」 제하의 기사

찌는 듯한 태양이 직사되나 그늘 하나 없는 경성의 거리를 나무를 심고 잔디를 깔아 녹음이 우거진 푸른 도시를 만들자 하는 녹화운동에 선봉이 된 경성부에서는 기보한 바와 같이 1만 3,000여 원의 예산으로서 이미 총독부 앞 가두에 나무를 심어 놓고 금후 계속하여 총독부 앞과 광화문통(光化門通) 네거리 본사 앞에 소공원과 같은 녹음의 안전지대를 만들리라 한다.

이의 설계는 이미 끝이 났으므로 불원간 그의 공사에 착수하리라는데 그의 모형은 현재 경성부청 앞 안전지대와 같은 것이라 한다. 그리하여 금후로는 계속하여 그 같은 것을 설치하여 건조무미한 도시의 취미와 미관을 더하는 동시에 부민 신뢰의 녹음도시를 형성할 방침이라 한다.

④ 「동아일보」 1935년 1월 9일자, 「대경성(大京城) 보록운동(保綠運動), 남산(南山)과 북악(北岳) 등 5개산에 삼림증식(森林增殖), 풍치계획(風致計劃)의 성과일면(成果一面)」 제하의 기사

소화 8년(1933년) 6월 10일에 창립된 경성풍치계획위원회(京城風致計劃委員會)에서는 총독부, 경기도, 경성부당국에 대하여 풍치증진을 요청하고 이래 실시된 개황을 듣건대 다음과 같다.

첫째, 경성부의 풍치에 직접 관계를 가진 지역 1부 1군 4개면 34개 동리의 임야 2천 정보를 제1 풍치구로 하여 이 구역 내에 영림감독(營林監督)과 삼림보호(森

林保護)의 취체에 철저하는 한편 수렵을 금지하며 남산(南山), 백악산(白岳山), 인왕산(仁旺山), 무악산(毋岳山), 낙타산(駱駝山)의 각산에는 임상(林相) 복구와 토사방지를 위하여 7, 8, 9 삼 년간에는 국비 8만 7,854원의 사방공사를 진행하고 8, 9 양년 봄에는 남산과 인왕산, 무악산에 7,000여 원을 들여 벚꽃과 단풍나무 75만 주를 심고 금년도에는 51만 주를 남산과 백악산에 심기로 되었다 한다.

둘째로는 부내의 파고다공원을 제한 6개 공원에 대하여는 경성부에서 3만 3,500여 원을 들여 감수(監守) 5인을 두는 동시에 풍치수 7,130주를 심고 공원 내의 정자와 점등, 도로, 계류 등을 시설 정리하였다. 뿐만 아니라 남산과 백악산 외 남산 등 산림 내에는 9,385메돌의 산력 도로를 열었는데 이 경비가 3,600여 원이 들었다고 한다.

훈련원(訓練院)에 5,000평, 앵정정(櫻井町)에는 아동유원지를 만들고 경성부에서는 2만 3,000여 원을 들여 남대문의 주위와 광화문통(光化門通)의 중앙과 교차점에 잔디를 심고 삼각지(三角地)와 원정(元町)에도 동양의 시설을 하였다 한다.

요컨대 위의 기사에 따르면 광화문 거리에 가로수길이 조성된 것은 1934년 봄의 일이며, 이러한 사실에 비춰보면 현존하는 세종로 은행나무 가운데 수령이 100년이 다 되어가는 나무들이 포함되어 있다는 것은 선뜻 이해하기 어려운 대목이다. 짐작컨대 정확한 시점은 알 수 없지만, 처음 심은 나무가

『매일신보』 1937년 6월 25일자에는 광화문 거리에 전등장치를 설치한다는 기사가 수록되어 있다. 여기에 게재된 사진에는 도로 가운데 분리대형 가로수가 식재된 모습이 눈에 띄지만, 갓 옮겨 심은 나무인 듯이 크기도 작고 나뭇잎도 그다지 무성하지 않은 상태이다.

말라 죽은 경우도 있을 테니까 그것을 대신하여 이미 성장한 다른 나무를 대체하여 옮겨 심은 탓이 아닐까 하는 생각을 떠올려볼 따름이다.

그런데 이 당시에 하필이면 '은행나무'가 광화문 거리의 가로수로 선택된 것에 대해 일제가 조선을 영구지배하려는 음모가 작용한 결과라고 보는 견해도 있는 모양이다. 하지만 이러한 해석에 대해 딱히 수긍할 만한 흔적을 찾기는 어렵다. 실상 일제강점기에 흔히 가로수로 사용되던 수종(樹種)이 대개 '포플러'이거나 '은행나무' 또는 '아카시아'인 경우가 많았고, 고사목(枯死木)이 나오는 경우에는 그 대체 수목으로 특히 '플라타너스'를 선호하던 것이 그 시절의 형편이었기 때문이다.

한편, 광화문 거리에 처음 가로수길이 조성될 당시에는 특히 전찻길과 자동찻길을 구분하기 위해 도로 중앙에 6미터 폭의 중앙분리 화단을 만들고 그곳에다 가로수를 심는 방식을 따랐던 것으로 확인되는데, 이것이 곧 2008년까지 세종로의 상징처럼 남아 있던 중앙분리형 가로수길의 시발점인 셈이다. 이에 따라 중앙분리대를 기준으로 도로의 서쪽은 전차선로와 아울러 전기 공급을 위한 전봇대가 차지하는 한편 도로의 동쪽은 자동차가 전용으로 다니는 공간이 되었고, 도로축에 맞지 않아 도로변 또는 모서리 부분의 자투리땅으로 변한 곳에는 잔디밭이 조성되었다.

도로의 동쪽 절반이 자동찻길로 선택된 것은 조선총독부 정문이 바로 그쪽에 있었던 탓이며, 실제로 이 당시에 설정된 자동찻길은 총독부 앞에서 광화문통을 거쳐 태평로 쪽까지 곧게 뻗어 있는 형태로 되어 있었다. 이 때문인지 중앙분리대 동쪽의 자동찻길은 전차가 지나다니는 쪽보다 상대적으로 넓은 도로 면적을 차지하였다. 말하자면 이때로부터 광화문 거리는 중앙분리형 가로수에 의해 도로의 양편이 비대칭적으로 분할된 구조로 변했던 것이다.

『조선총독부 관보』 1936년 12월 26일자에 수록된 '조선총독부 고시 제722호 경성시가지계획가로망 및 동토지구획정리 결정'에 따르면, 그 당시 서울 시내에 존재했던 유일한 광로(廣路: 도로 폭 50미터 이상에 해당하는 등급)로서 "총독부 정문~황토현 광장에 이르는 도로의 폭원(幅員)이 53미(米, 미터)"였던 것으로 드러난다. 이것은 종래의 육조앞길과 거의 일치하는 도로 폭을 가리키는데, 일제강점기를 거치는 동안 광화문 거리에서 도로 확장 공사가 시도된 적은 한 번도 없었던 것으로 확인된다.

이를테면 종래의 육조관아는 세월이 흐르는 동안 대부분 철거되어 그 자리에 식민통치기구들이 잇달아 들어서는 변화가 있었지만, 육조앞길 자체는 도로 한가운데에 전찻길과 중앙분리형 가로수길이 들어선 것을 제외하고는 그대로 보존되고 있었던 것이다. 일제강점기 후반에 이르기까지 육조관아의 외곽 담장이 해체되지 않은 채 그대로 남아 있던 구역이 적지 않게 눈에 띈다는 대목도 이러한 사실관계를 잘 입증해주고 있다.

오히려 광화문 거리가 전면적으로 확장되어 원형이 완전히 사라진 것은 해방 이후의 시기였다.

한국전쟁의 와중에『대한민국 관보』1952년 3월 25일자에 수록된 '내무부 고시 제23호 서울도시계획가로변경, 토지구획정리지구추가 및 계획지역변경'에는 "종전의 53미터 폭에 연장 500미터이던 중앙청정문(中央廳正門) 기점(起點) 황토현광장(黃土峴廣場) 종점(終點)의 세종로(世宗路)를 100미터 폭원(幅員)의 광로(廣路)로 변경한다"는 내용이 포함되어 있는데, 이것이 곧 그 시발점이었다. 이러한 계획에 따라 결국 1966년에는 광화문네거리의 지하도 공사와 더불어 세종로 제1차 확장 공사에 착수하여 우선 도로의 서편만을 철거하여 30미터 폭을 넓히게 되었다.[8] 이에 따라 중앙분리대를 기준으로 도로 폭이 이번에는 동쪽보다 서쪽이 훨씬 더 넓어지는 도로 구조로 바뀌었으며, 그 결과 서쪽은 차선(車線)이 '7차로'로 크게 늘어난 반면 동쪽은 여전히 '4차로'만 유

---

8) 이와 관련하여 서울특별시에서 펴낸『시정개요 1970』(1970), 141쪽에 수록된 '1966년도 도로확장내역'에 "세종로~중앙청 사이 600미터 길이, 40미터 폭으로 확장"되었다고 표시하고 있는데, 이 당시의 도로 확장 폭에 대해서는 기록마다 약간 차이가 있는 듯하다.

3. 1930년대 육조앞길의 공간 변화   245

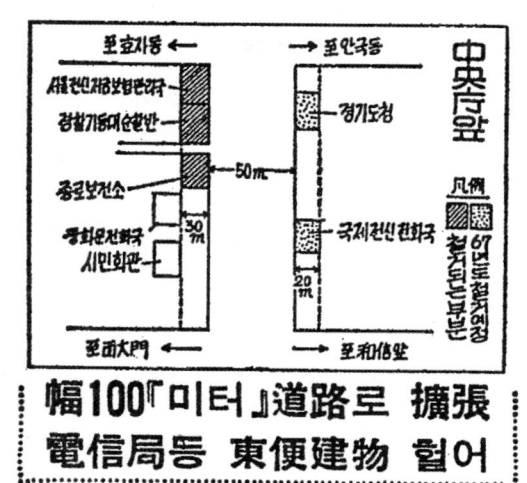

「동아일보」 1966년 3월 5일자에 수록된 세종로 도로 확장과 관련된 설명 그림이다. 이 당시 기존의 50미터 도로 폭을 전체 100미터 넓이의 큰길로 확장한다는 계획 아래 도로 서쪽은 곧장 30미터가 확장되었으나 도로 동쪽은 몇 년의 시차를 두고 1971년에 가서야 확장 공사가 마무리되었다.

지되는 형태로 바뀌고 말았다.

이러한 기형적인 도로 구조는 1971년에 이르러 제2차 도로 확장이 이뤄지면서 외형상 균형을 찾기에 이른다. 이 당시는 세종로를 가로질러 정부종합청사와 경제기획원(지금의 대한민국역사박물관 건립 예정 건물)을 연결하는 지하차도가 막 개통이 된데다 때마침 제7대 대통령 취임식을 앞둔 시점이었으므로 그동안 지연되고 있던 세종로 동편의 도로 확장 공사를 마무리하려는 결정이 내려진 것으로 보인다.

이와 관련하여 『경향신문』 1971년 6월 4일자에 수록된 「중앙청(中央廳) 앞 도로정비, 녹지대(綠地帶) 등 조성」 제하의 기사에는 다음과 같은 내용이 남아 있다.

> 서울시는 4일 대통령 취임식일인 오는 7월 1일까지 경제기획원~유세이드 앞의 도로를 정비하고 옛 조달청 건물을 철거, 도로를 확장하여 녹지대를 만들기로 했다. 서울시는 261만 원의 예산을 들여 이 확장된 도로변에 화양목 585그루, 향나무 18그루, 철쭉 16그루를 심고 680제곱미터에 잔디를 입힌다.

그 이후 『경향신문』 1971년 6월 30일자에는 「빗속에 넘치는 축제 무드, 제7대 대통령취임식(大統領就任式) 준비 완료」라는 제목의 기사를 통해 "식장인 중앙청에서 세종로에 이르는 큰길은 100미터로 확장, 녹지대의 손질이 끝나고 전주에는 고성능 스피커까지 가설되어 식장 광경을 중계하게 된다"는 내용을 담고 있으므로, 이 당시에 실제로 도로 확장이 마무리되었음을 확인할 수 있다. 이러한 결과로 세종로는 지금과 거의 엇비슷한 도로 폭을 확보하기에 이르렀고, 중앙분리대 역할을 했던 은행나무 가로수는 자연스레 도로의 정중앙에 위치하는 형태를 갖추게 되었다. 반면에 그 대가로 옛 육조앞길의 원래 경계구역을 완전히 잃어버리는 처지가 되고 만 것은 영영 아쉬운 대목이 아닐 수 없다.[9]

---

9) 두 차례에 걸친 세종로 확장 공사로 인해 전체의 도로 폭은 지금과 비슷한 크기로 넓어지기는 하였으나, 그럼에도 불구하고 이 당시까지는 여전히 옛 총독부 체신국 분관(간이보험청사, 세종로 149번지; 1972년 8월 철거)와 옛 경성중앙전신국 건물(세종로 84번지 구역; 1979년 5월 철거)이 도로계획선을 침범한 상태로 남아 있었으므로, 왕복 16차로의 세종로가 완전히 형성되지는 못하였다. 한편, 1978년 4월에 세종문화회관의 개관에 맞춰 광화문네거리의 지하도 확장개수공사와 더불어 칭경기념비전 전면의 도로 양쪽으로 병목처럼 남아 있는 녹지대(綠地帶)를 크게 뒤로 물리는 공사를 하였는데, 이로 인하여 세종로 전체는 도로 폭이 균일하게 넓어지게 되었다.

일제의 패망을 눈앞에 둔 시점에 촬영된 이른바 '광화문통'의 전경이다. 중앙분리형 가로수 화단에 의해 전차통행로와 자동찻길이 서로 분리되어 있는 모습이 확연하다(ⓒ국립중앙박물관).

위의 사진에서 광화문 거리 부분을 확대한 모습이다. 태평로 쪽에 경성소방서(京城消防署)의 망루(1937년 완공)가 보이고, 광화문통 동편에 전매국 청사(1940년 준공)가 눈에 띄는 걸로 봐서, 1940년대로 이미 접어든 시점에 촬영된 모습으로 판단할 수 있다(ⓒ국립중앙박물관).

1966년 2월 18일에 중앙청 쪽에서 담아낸 세종로 일대의 전경이다. 아직은 '콘크리트' 광화문의 복원이라든가 세종로 확장 공사가 시행되기 직전이고, 더구나 전차 운행도 중단되기 이전의 시절이었으므로, 사진 속의 세종로는 일제강점기인 1934년에 처음 중앙분리대 형태의 가로수길이 조성된 때와 완전히 동일한 도로 구조를 띠고 있는 상태였다(ⓒ대한민국정부기록사진집).

3. 1930년대 육조앞길의 공간 변화   249

1969년 1월 13일에 정부종합청사(공사 중) 위에서 담아낸 세종로 일대의 전경이다. 도로의 서쪽은 한껏 확장이 이뤄진 반면 동쪽 절반은 일제강점기 때와 마찬가지인 상태이다. 지금의 교보빌딩 자리에는 도시계획선에 한창 물려 있는 옛 총독부 간이보험청사(1972년 8월에 철거)가 그대로 남아 있는 것도 눈에 띈다(ⓒ대한민국정부기록사진집).

1969년 6월 26일에 중앙청 쪽에서 담아낸 세종로 일대의 전경이다. 1966년에 실시된 제1차 도로 확장 공사로 세종로의 서편은 옛 육조관아의 경계선이 허물어진 것이 완연하다. 반면 일제강점기 때의 모습 그대로 남아 있던 도로의 동편은 1971년에 제7대 대통령 취임식을 앞둔 시점에 100미터 도로 폭의 확장 공사가 마무리되었다(ⓒ대한민국정부기록사진집).

4.
일제 패망 직전의 육조앞길

　일제강점기의 막바지인 1940년대로 접어든 광화문 일대의 상황은 1930년대 후반의 연장선상에 있었으므로 공간 변화의 속도는 크게 줄어들지 않았다.
　이 당시의 관공서 위치 변동을 간추려보면, 우선 1942년 9월에 체신국 구역에 있던 경성저금관리소(京城貯金管理所; 1927년 10월 종전의 '우편위체저금관리소'에서 개칭)의 일부가 옛 조선보병대 자리에 있던 체신국 제2분관으로 자리를 옮기게 된다. 하지만 이 경성저금관리소는 오래지 않아 1944년 5월에 다시 신당동으로 청사를 이전하는 것으로 확인된다. 이에 관해서는 다음의 자료들을 통해 사실관계를 확인할 수 있다.

　• 『매일신보』 1942년 9월 10일자, "[경성저금관리소 이전] 체신국 구내에 있는 경성저금관리소는 이번 광화문통 77번지의 체신국 제2분관으로 이전하기로 되었는데 청사의 관계로 우선 진체저금(振替貯金), 우편위체(郵便爲替)와 현금출납조사사무만을 제2분관에서 취급하여 우편저금은 종전대로 체신국 구내의 구청사에서 취급하기로 되었다."

• 『조선총독부 관보』 1944년 5월 15일자, "조선총독부 고시 제783호 소화 19년(1944년) 5월 16일부터 좌(左; 경성저금관리소)의 저금관리소를 하기(下記; 경기도 경성부 성동구 신당정)와 같이 이전한다."

그리고 1943년 12월에는 전매국(專賣局)의 관제개편에 따라 경성전매국(京城專賣局)이 독립 설치되는 한편 종전의 전매국 소관업무가 신설된 재무국(財務局) 전매총무과(專賣總務課)와 전매사업과(專賣事業課)로 넘겨짐에 따라 이에 부수된 청사 이전도 연쇄적으로 이어졌다. 그 결과 경성전매국은 인의동(仁義洞)으로 옮겨 자리를 잡았고, 재무국 전매총무과와 전매사업과는 광화문통 149번지에 있던 체신국 제1분관 안에 설치되기에 이른다. 원래 경성법학전문학교가 있던 자리에 신청사를 지어 준공을 본 것이 1940년 6월이었으므로, 전매국은 불과 4년을 이곳에서 머물렀던 셈이 된다.

곧이어 옛 전매국 청사에는 1944년 9월에 경성중앙전신국(京城中央電信局)이 옮겨 와 터를 잡았는데, 이와 관련하여 『매일신보』 1944년 8월 31일자에는 「경성중앙전신국 이전」 제하의 기사를 통해 그 경위를 이렇게 소개하고 있다.

부내 본정입구(本町入口)에 있는 경성중앙우편국 청사 안에 있는 경성중앙전신국은 광화문통에 있는 그전 전매국 자리로 이사하기로 되어 준비 중이었는데 29일로써 기계도 전부 이전하였으므로 9월 1일부터는 정식으로 업무 취급을 개시하기로 되었다. 신청사에서는 설비관계로 전보의 접수사무는 탁송(託送)과 후납전보(後納電報)에 한하여 취급하고 당분간은 일반 공중에 대한 전보 접수는 취급하지 않는다. 그리고 이번의 이전으로 말미암아 광화문우편국에서는 전보의 접수만 취급하고 배달 사무는 중앙전신국에서 인계하며 또 경성중앙우편국에는 '전신과'를 새로 설치하여 종전의 위치에서 전보 접수와 배달 사무를 취급하기로 되었다.

이처럼 일제의 패망을 앞둔 시기에도 광화문 일대에는 적잖은 공간 변화가 일어나고 있었음을 알 수 있다. 그러나 실제에 있어서는 이 당시에 벌어진 위치 변동에 대해서는 세밀하게 간추리기가 어려운 점이 없지 않다.

무엇보다도 전시통제와 총동원체제가 엄격하게 가동되는 상태에서 관제개편(官制改編)이 급격하고도 빈번하게 이뤄진 사례들이 적지 않았지만, 정작 이에 부수적인 관청 이동 사항에 대해서는 그때마다 제대로 보도되지 않거나 관보(官報)에 이를 고시하는 일조차도 누락되는 경우가 비일비재하였기 때문이다. 더구나 이러한 공간 변화를 시급하게 반영하여 제작되는 지도자료의 간행도 매우 드문 형편이었으므로 정확하게 어떤 관청이 새로 생겨나 어느 자리에 포진하고 있었는지 또는 언제 다른 곳으로 청사를 이전하였는지를 일일이 추적하는 일이 쉽지만은 않아 보인다.

이러한 애로사항을 보완해줄 수 있는 매우 유용한 참고자료의 하나는 바로 그 당시에 통용됐던 '전화번호부'이다. 여기에 착안하여 1945년 3월 20일에 발행된 『경성영등포전화번호부』에서 광화문통 일대의 관공서 목록을 추출하여 지번별로 분류해보면, 그 결과는 다음의 표와 같이 나타난다.

그런데 이 전화번호부에는 전화 가입자(관공서)의 주소를 단순히 '광화문통'이라고만 표시하고 있어서 그 위치를 정확하게 확인하기가 곤란한 사례도 없지 않았는데, 이러한 경우에 속하는 것들은 해당 관청의 이름 뒤에 (*)를 따로 덧붙여 구분해두었다.

『경성영등포전화번호부』의 광화문통 관공서 배치 현황(1944년 9월 1일 현재)[1]

지번 표시	해당 관청
광화문통 76번지	경기도(*) / 경기도 경찰부(*) / 경기도 농회(*) / 경기도교육회 / 경기도건축공제조합(*) / 경기도자원회수협의회 / 경기도세멘트배급협의회 / 경기도체육진흥회(*) / 경기도철강배급통제조합(*) / 경기도면포배급조합(*) / 경성부양곡배급조합 / 경성보도연맹(*) / 국민총력 경기도광산연맹 / 조선식량영단 경기도지부
광화문통 77번지	체신국 제이분관 / 체신국 제이분관 순시힐소, 자동차고, 소사실, 광화문체신료 / 경성중앙우편국 소포우편과 소포통관계, 배달계, 발저계 / 체신국 총무과 문서계 도서관 / 체신국 전기제일과 기획계 / 체신국 전기제이과 산금계
광화문통 78번지	체신국 제일분관 난방실 / 체신국 제일분관 보험감리과 경리계
광화문통 79번지	경기도 경찰부 위생과 세균검사실(*) / 화학시험실(*) / 마약류 중독자치료소(*) / 총독부 방독검증소 / 총독부 경무국 위생과 위생시험소
광화문통 80번지	경성중앙전화국 광화문분국(*) / 체신국 의무실
광화문통 81번지	체신국 / 체신국 총무과, 통신과, 회계과, 공무과
광화문통 82번지	경찰관강습소(*) / 경찰관강습소 무성회취사부(*) / 경찰협회본부 / 경찰참고관
광화문통 84번지	경성중앙전신국(*) / 경성중앙전화국 현관순시힐소 / 경성지방체신국 경성제일공무출장소 무선괘, 전신괘 / 광화문통정회 / 조선염원매팔조합 / 체신국 현장감독원힐소 / 협동연초회사 경성사무소
광화문통 149번지	체신국 제일분관 / 체신국 제일분관 소사실, 순시힐소 / 체신국 보험감리과 보건계, 통계계, 경리계(*) / 체신국 보험운용과(*) / 체신국 보험지불과 지불계(*) / 체신국 보험계약과 총산계(*) / 체신국 보험징수과 제일징수계, 제이징수계(*) / 체신국 보험과 분실(*) / 총독부 재무국 전매총무과, 전매사업과

---

1) 이 자료는 경성중앙전화국(京城中央電話局), 『(소화 19년 9월 1일 현재) 경성영등포전화번호부(京城永登浦電話番號簿)』(1945)에 수록된 내용 가운데 광화문 일대의 식민통치기구들을 발췌하여 정리한 것으로, 여러 해 전에 목원대학교 김정동 교수(건축학부)께서 확보한 원자료를 허락받아 복사본으로 입수한 것임을 밝혀둔다.

여길 보면, 특히 경기도청이 자리한 광화문통 76번지 구역에는 '배급'이니 '자원회수'니 '국민총력'이니 하는 명칭이 붙은 일제의 관변 단체들이 잔뜩 진을 치고 있는 것이 눈에 띈다. 그야말로 전시동원체제가 최고조에 달했던 시절이라는 사실이 확연히 느껴지는 대목이 아닐 수 없다.

아무튼 이 내용을 간략히 하면, 옛 육조앞길 동편으로 경기도청/경기도경찰부-경찰관강습소/경찰참고관-경성중앙전신국-체신국 제1분관/재무국 전매총무과·전매사업과가 자리했고, 길 건너 서편은 체신국 제2분관/체신국 도서관-체신국 분실-세균검사실/화학시험실/마약류중독자치료소-경성중앙전화국 광화문분국-체신국의 배치 순이었던 것으로 정리된다. 일제의 패망 직전 옛 육조앞길의 공간배치는 곧 이러한 모습으로 매듭지어졌던 것이다.

그렇다면 해방 직후의 상황은 어떠했을까? 이에 대해서는 1947년에 발행된 『지번입 서울특별시정도』에 수록된 내용을 통해 개략적인 내용을 엿볼 수 있다. 여기에는 광화문앞길 동편으로 [표시 없음][2]-경찰전문학교/경기도보건후생국-중앙전신국-종로세무서-재무부 회계국·전매국/토지개량과가 순서대로 늘어섰고, 서편으로는 보험관리국-[표시 없음]-화학연구소-광화문전화국-체신부가 자리한 것이 눈에 띈다.

이미 세상은 미군정(美軍政) 시절로 바뀌었지만, 그럼에도 불구하고 일제강점기 막판의 공간배치와 겹치는 구역이 적지 않음을 발견할 수 있다.

---

2) 원래 이 자리는 경기도청이 있던 공간이지만 이 당시는 미군정청이 차지하고 있었으므로 별도의 표기가 없이 지도가 제작된 것으로 보인다. 1948년 정부수립 이후 경기도청은 원래의 청사로 되돌아왔는데, 이에 대해서는 『동아일보』 1948년 8월 24일자에 수록된 「경기도청 이전」 제하의 기사에 "경기도청은 해방 후 구청사를 미군에게 내주고 태평로전 조선제련회사 사옥을 사용하여왔던 바 이번에 다시 구청사로 이전하게 되어 이미 농무국과 수산과가 이사하고 나머지는 늦어도 10월 초순까지는 이전하리라고 한다"는 내용이 남아 있다.

경성시가지도로 본 광화문통 관청 변천에 관한 요약

① 『최신경성정도』(1907년 3월, 일한서방 발행)
- 육조앞길 동편 : 내부-통감부-학부-탁지부/지계아문-농상공부-기로사
- 육조앞길 서편 : 시위제일대대-헌병사령부-경부-군부-법부-통신관리국

② 『광화문외제관아실측평면도』(국가기록원 소장자료, 1908년 작성 추정)
- 육조앞길 동편 : 내부-법무원-학부-탁지부-법관양성소
- 육조앞길 서편 : 근위대대-경시청-경시청-군부-법부-통신관리국

③ 『경성시가전도』(1910년 발행, 서울역사박물관 소장자료)
- 육조앞길 동편 : 내부/내각관보과-[표시 없음]-학부-건축소-토지조사국-법학교
- 육조앞길 서편 : 근위보병대-헌병제2분대-[표시 없음]-친위부-한성부-위체저금관리국/통신국

④ 『용산합병 경성시가전도』(1911년 3월, 명치옥 경성지점 발행)
- 육조앞길 동편 : 내부/내각관보과-[표시 없음]-학부-건축소-토지조사국-법학교
- 육조앞길 서편 : 근위보병대-헌병제2분대-[표시 없음]-친위부-한성부-위체저금관리국/통신국

⑤ 『경성부시가도』(1911년 경무총감부 인쇄, 국립중앙도서관 소장)
- 육조앞길 동편 : 경기도청-중추원(일부)-[표시 없음]-법학교
- 육조앞길 서편 : 조선보병영-[표시 없음]-경성제2헌병분대-군사령부 부속청사-통신국

⑥ 『경성부시가강계도』(1914년 5월 발행, 서울역사박물관 소장자료)
- 육조앞길 동편 : 경기도청 – 예빈동 – [표시 없음] – 법학교 – [표시 없음]
- 육조앞길 서편 : 조선보병대 – 헌병대관사 – 경성제2헌병분대 – [표시 없음] – 체신국

⑦ 『경성부명세신지도』(1914년, 경성일보사 편찬, 개인 소장)
- 육조앞길 동편 : 경기도청 – [이하 표시 없음]
- 육조앞길 서편 : 조선보병대 – 헌병대관사 – 경성제2헌병분대 – [표시 없음] – 체신국

⑧ 『대정 4년(1915년) 측도 일만분일 조선지형도(경성)』(조선총독부 작제)
- 육조앞길 동편 : 도청/경무부 – 토지조사국 분실 – 전수학교
- 육조앞길 서편 : 조선보병대 – [표시 없음] – 헌병분대 – 주차군부속사 – 위체저금관리소 – 체신국

⑨ 『경성부관내도』(1917년 발행, 서울역사박물관 소장자료)
- 육조앞길 동편 : 경기도청/경성헌병대본부/경기도경무부 – 경성전수학교 – [표시 없음]
- 육조앞길 서편 : [표시 없음] – [표시 없음] – 체신국

⑩ 『경성시가전도』(1917년 발행, 개인 소장자료)
- 육조앞길 동편 : 경기도청 – 예빈동 – [표시 없음] – 법학교 – [표시 없음]
- 육조앞길 서편 : 조선보병대 – 헌병대관사 – 경성제2헌병분대 – [표시 없음] – 체신국

⑪ 『조선토지조사사업보고서』 수록 「임시토지조사국 청사 배치도」(1918)
- 육조앞길 동편 : 경기도청/경무부 – 임시토지조사국 광화문통 분실 – 전수학교

- 육조앞길 서편 : 조선보병대-헌병분대-주차군부속지-위체저금관리소/체신국

⑫ 『대정 10년(1921년) 수정측도 일만분일 조선지형도(경성)』(조선총독부 작제)
- 육조앞길 동편 : 도청/경무부 - 경관강습소/지질조사소 - 전수학교
- 육조앞길 서편 : 조선보병대 - [표시 없음] - 순사교습소 - 주차군부속사 - 위체저금관리소 - 체신국

⑬ 『경성시가지도(최신색인부영업안내)』(1924년 12월, 실업교통사 발행)
- 육조앞길 동편 : 경기도청 - 경관연습소 - 전수학교
- 육조앞길 서편 : 조선보병대 - 헌병분대 - 군부속사 - 위체저금관리국/체신국

⑭ 『경성부관내도』(1927년 발행, 서울역사박물관 소장자료)
- 육조앞길 동편 : 경기도청 - 경찰관강습소 - 경성법학전문학교
- 육조앞길 서편 : 조선보병대 - 도경찰관교습소 - 광화문전화분국/위체저금관리소/체신국

⑮ 『경성시가도』(1927년 4월 수정 인쇄, 서울역사박물관 소장자료)
- 육조앞길 동편 : 경기도청 - 경관강습소 - 지질조사소 - 법학전문학교
- 육조앞길 서편 : 조선보병대 - [표시 없음] - [표시 없음] - 전화국 - 위체저금관리소 - 체신국

⑯ 『경성시가도』(1933년 1월 발행, 서울역사박물관 소장자료)
- 육조앞길 동편 : 경기도청 - 경관강습소 - 지질조사소 - 법학전문학교
- 육조앞길 서편 : 조선보병대 - [표시 없음] - [표시 없음] - 전화국 - 위체저금관리소 - 체신국

⑰ 『경성정밀지도』(1933년 4월 발행, 서울역사박물관 소장자료)
- 육조앞길 동편 : 경기도청 – 경찰관강습소 – 법학전문학교 – 간이보험국신축장
- 육조앞길 서편 : [표시 없음] – 위생시험실/마약치료소 – 전화국/위체저금관리소 – 체신국

⑱ 『경성부관내도』(1934년 10월, 경성부 토목과 제작)
- 육조앞길 동편 : 경기도청 – 경찰관강습소 – 법학전문학교
- 육조앞길 서편 : 순사교습소 – [표시 없음] – 체신국

⑲ 『지번구획입 대경성정도 제오호』(1936년 8월, 지성당 발행)
- 육조앞길 동편 : 경기도청 – 경찰관강습소/경찰참고관 – 법학전문학교 – 체신국 분실
- 육조앞길 서편 : 체신국경리과·감리과 분실 – 경기도순사교습소 – 위생시험실 – 군사령부 부속청사 – 전화광화문국 – 저금관리소 – 체신국

⑳ 『지번입 대경성정밀도』(1940년 1월, 지성당 발행)
- 육조앞길 동편 : 경기도청 – 경찰관강습소/경찰참고관 – 전매국 – 체신분관
- 육조앞길 서편 : 체신분실/도서관 – [판독 힘듦] – [판독 힘듦] – 체신국

㉑ 『지번구획입 경성정도』(1946년 발행, 서울역사박물관 소장자료)
- 육조앞길 동편 : [표시 없음] – 경찰학교 – 중앙전신국 – 전매국/세무서
- 육조앞길 서편 : 저금보험관리국 – [표시 없음] – 위생시험실 – [표시 없음] – 전화광화문국 – 저금관리소 – 체신부

㉒ 『지번입 서울특별시정도』(1947년 발행)
- 육조앞길 동편 : [표시 없음] – 경찰전문학교/경기도보건 – 중앙전신국/종로세무서 – 재무부 회계국·전매국/토지개량과
- 육조앞길 서편 : 보험관리국 – [표시 없음] – 화학연구소 – 광화문전화국 – 체신부

제3부 '광화문통'에 자리한 식민통치기구들

총독부 소속 관공서들의 연혁 :: 육조앞길 동편
총독부 소속 관공서들의 연혁 :: 육조앞길 서편

1.
총독부 소속 관공서들의 연혁: 육조앞길 동편[1)]

1) 광화문통 76번지 구역

• 경기도청/• 경기도 경무부

(1) 경기도청(광화문통 76번지, 1910. 12~1945. 8)

　육조앞길 동편으로 맨 위쪽에 자리한 경기도청(京畿道廳)은 원래 의정부(議政府)가 있던 곳이었으나 1895년 이후 경술국치에 이르기까지 내부(內部)가 옮겨 와서 머물렀던 공간이었다. 대한제국 막바지에 이곳에다 내부 청사를 신축하였지만 이내 일제강점기로 접어드는 바람에 결국 경기도청으로 탈바꿈하기에 이른다.

　경기도청의 위치가 경성(京城), 즉 서울로 확정된 때는 1910년 10월 1일이다. 이에 대해서는『조선총독부 관보』1910년 10월 1일자에 수록된 '조선총독부령 제6호 지방관관제 제1조에 의한 도의 위치 및 관할구역'에 그 내용이 표시되어 있다. 이 당시 경기도청의 소재지는 수원(水原)이었

---

1) 여기에서는 일제강점기 옛 육조앞길에 포진했던 식민통치기구들의 개별 연혁에 대해 살펴볼 작정이다. 이에 대한 설명은 광화문 거리의 동편에 이어 서편을 따라가는 순서로 하고 우선 각 지번별 구획에 따라 서술하되, 동일지번 내에서는 존속했던 기간의 선후관계에 따라 차례대로 배치하는 방식을 따르기로 한다.

옛 내부의 신축 청사를 그대로 차지한 경기도청의 모습이다. 사진의 왼쪽 끝에 해태상의 모습이 살짝 보이는 것으로 보아 최소한 1920년대 초반 이전에 촬영된 자료인 듯하다(『일본지리풍속대계(日本地理風俗大系)』 제16권, 1930).

으나 조선총독부에 의해 1910년 12월 광화문앞길로 옮겨지게 되었고, 그 이후로 줄곧 같은 자리에 머물렀다.[2] 이른바 '광화문통'에 포진했던 식민통치기구들을 통틀어 일제강점기 내내 동일한 구역에 처소가 유지되었던 사례는 경기도청과 체신국의 두 경우에 불과하다.

---

2) 이에 관해 『조선총독부 관보』 1911년 1월 6일자의 '휘보란'에 "[청사이전] 광화문전 소재(光化門前 所在)의 조선총독부 경기도청은 작년 12월 30일 원(元) 내부신축청사(內部新築廳舍)로 이전했다"는 구절이 남아 있다. 이에 앞서 『매일신보』 1910년 10월 7일자에는 "[도청물품운반(道廳物品運搬)] 경기도청사(京畿道廳舍)는 전한성부(前漢城府)로 이설(移設)하기로 결정(決定)되어 도청(道廳)의 응용물품(應用物品)을 재작일(再昨日)부터 몰수운반(沒數運搬)하는 중(中)이라더라"는 내용이 있다. 또한 『매일신보』 1910년 10월 7일자에도 "[도청문패(道廳門牌)] 중추원 문패(中樞院 門牌)를 철거(撤去)하고 경기도청(京畿道廳)의 문패(門牌)를 재작일(再昨日)에 게부(揭付)하였다더라"는 기사가 수록되어 있는 것으로 보아, 경기도청은 우선 종전의 한성부와 중추원 청사가 있던 구역 내로 일시 이전하였다가 신건축 양옥(新建築 洋屋)인 내부 청사가 최종 완공되는 때를 기다려 다시 이곳으로 자리를 옮겼던 것이 아닌가 짐작되지만, 이에 관한 명확한 공식 자료는 잘 눈에 띄지 않는다.

경기도청은 1910년대 이래 관련 업무의 증가에 따른 사무공간의 부족 문제가 계속 불거져 여러 차례에 걸쳐 증개축이 실시된 흔적들이 눈에 띈다. 가령 『매일신보』1916년 7월 18일자에 수록된 「도청 증축공사 착수(道廳 增築工事 着手)」라는 제목의 기사는 이렇게 적고 있다.

> 경기도(京畿道)는 근래(近來) 사무(事務)의 번망(繁忙)과 공(共)히 청사(廳舍)가 협애(狹隘)하므로 금회(今回) 권업계(勸業係)의 일동(一棟)을 개준(改竣)하기로 하여 동권업계(同勸業係)는 일시(一時) 선화당(宣化堂)에 이전(移轉)하였는데 공사(工事)는 직(直)히 착수(着手)하여 내(來) 9월경내(月頃內)로 이계건 신축청사(二階建 新築廳舍)의 낙성(落成)을 견(見)할 터이오 기후(其後)에는 일부 사무실(一部 事務室)의 변경(變更)을 행(行)하리라더라.

『경성부사』 제2권(1936)에 수록된 옛 의정부 정본당의 모습이다. 여기에는 "경기관찰부 선화당, 현 경기도청 본관의 동방에 있던 것"이라는 설명문이 붙어 있다. 이 건물은 1937년에 인천으로 옮겨진 것으로 파악되나 그 이후의 행방에 대해서는 알려진 바 없다.

이것뿐만이 아니라 1928년에 이르러 조직 확대와 직원 확충에 따른 공간 부족을 해소하기 위해 다시 청사를 증개축하였으며, 1937년에도 확장 공사를 실시했던 사실이 거듭 확인된다. 이와 관련하여 『조선과 건축(朝鮮と建築)』 1928년 1월호, 46쪽에는 경기도청의 증축에 대한 사항이 이렇게 정리되어 있다.

> [경기도청사 반부개축(京畿道廳舍 半部改築)] 경기도청(京畿道廳)은 가로(街路)에 면(面)해 있고 적연와(赤煉瓦) 건물은 관청의 풍취를 유지하고 있으나, 안쪽의 건물에 이르면 구탁지부장관(舊度支部長官)이 있던 선화당(宣化堂)이 그대로 있고, 당(堂)의 좌우에 늘어선 조선식 건물은 산림부(山林部), 회계과(會計課)로 하여금 부자유(不自由)를 참으면서 사용하고 있으나, 금일에는 내부가 부후(腐朽)된 개소(個所)도 많고 특히 채광(採光)과 기타에 유감이 있는지라 도(道)에 있어서는 소화 3년도(1928년도)에 일부의 증개축(增改築)을 단행하는 것으로 되었는데, 증축되는 부분은 현재 2층을 평의회실(評議會室), 1층을 세무과(稅務課)로 사용하고 있는 목조건물 한 동을, 연와조 건물의 현재 지사실(知事室)이 있는 뒤쪽에 그대로 이전했고, 그 터에다 선화당의 날개를 이루고 있는 회계과실(會計課室) 및 별동(別棟)의 이재과실(理財課室)의 고건물(古建物)을 철퇴(撤退)하여 그 터를 합쳐서 거기에다 적연와(赤煉瓦)의 미려(美麗)한 건축물을 세우고, 현재 산림부(山林部)가 되어 있는 선화당의 남쪽 날개도 또 개축(改築)을 하여 면목(面目)을 일신(一新)하기로 되었다.

그런데 1937년에 실시된 경기도청 확장 공사 당시의 신문 보도에 따르면, 흥미롭게도 옛 의정부 시절의 본청이었던 정본당(政本堂)이 그때까지 그대로 남아 있었던 사실이 드러난다.[3] 『동아일보』 1937년 7월 22일자에 수록된 「호화도시(豪華都市) 인천(仁川)에 정본당(政本堂) 유적이건(遺蹟移建), 장광순씨(張光淳氏) 비용독담(費用獨擔)」 제하의 기사에는 이 건물의 처리에 대해 이러한 기록을 남기고 있다.

> [인천] 인천의 명소 도산공원(桃山公園)으로 의정부(議政府) 시대의 정본당(政本堂)이 서울서 시집을 오게 되었다 한다. 동 건물은 그 후 경기도청 내에 있어 선화당(宣化堂)이라는 간판을 붙이고 있던 옛날의 정청으로서 장차 경기도 농림과의 확장으로 헐릴 운명에 이르게 되었는데 이것은 퍽 유감된 일이라 하여 처치에 고려 중이던 바 드디어 인천부(仁川府)가 이것을 양여를 받게 되어 그 이전 경비가 난관이던 바 부회의원 장광순(張光淳) 씨가 이번 엄부 장석우(張錫佑) 씨의 래인(來仁) 50주년을 기념하는 의미로 그 이전비 2만 원을 단독 부담하기로 인천부윤에게 언명하였다는데 그 기지는 도산공원이라 하며 그 이름은 공회당 모양으로 할 터로 결혼식, 회갑축하연, 기타 연회장 같은 것으로 요금을 저렴하게 하여 이용시킬 터이라 한다.

한편, 이보다 앞선 시기인 1926년에 경기도청 안쪽에 남아 있던 옛 건물 하나가 장충단공원으로 옮겨져 '백운루(白雲樓)'라는 이름의 정자로 변신한 일도 있었다. 이에 관해서는 『경성부사』 제1권(1934), 633쪽에 수록된 내용을 통해 그 흔적을 확인할 수 있다.

---

3) 1937년의 경기도청 확장 공사에 대해서는 『매일신보』 1937년 2월 24일자, 「7만여원(萬餘圓)으로 경기도 청사증축(京畿道 廳舍增築), 3, 4월경(月頃)에 착공호(着工乎)」; 『매일신보』 1937년 4월 25일자, 「경기도청사 신축(京畿道廳舍 新築), 호화설계(豪華設計)로 면목일신(面目一新), 팔만원 공비(八萬圓 工費)로 착공(着工)」; 『매일신보』 1937년 11월 26일자, 「첨단적(尖端的)으로 증축(增築)한 경기도신청사(京畿道新廳舍), 천여명 수용(千餘名 收容)의 대강당(大講堂)도 있어」; 『매일신보』 1938년 2월 17일자, 「경기도 산업과(京畿道 産業課), 신청사(新廳舍)로 이전(移轉)」 등 제하의 기사를 참조할 수 있다.

1965년 8월 17일에 촬영한 경복궁 일대의 전경이다. 사진의 오른쪽 중간 부분에 경기도청 구내의 배치 현황이 살짝 드러나 있다(ⓒ대한민국정부기록사진집).

……대정 8년(즉 1919년) 6월 이래 경성부(京城府)는 이곳의 전구역을 양도받아 공원이 되었는데, 대정 15년(즉 1926년) 남방의 작은 언덕 위에 경기도청(京畿道廳) 내의 연못가에 있던 건물을 이축(移築)하여 백운루(白雲樓)라 명명하는 등 해마다 공원으로서의 시설을 속행(續行)하는 것으로써 금일에 이르고 있다.

이곳 경기도청은 해방 이후 미군정청(美軍政廳)에 접수되어 다른 용도로 사용되었다가 1948년 정부수립 이후 다시 원래의 자리로 돌아오는 과정을 거쳤다. 하지만 이 경기도청 청사는 한국전쟁 때 반파되어 중앙부와 왼쪽 절반만 남은 상태로 변하였고, 1967년 6월 23일 경기도청이 수원으로 옮겨 간 뒤 내무부 치안국, 치안본부, 서울시경 제1별관 등의 용도로 잇달아 사용되다가 1990년에 국무총리실 청사를 신축하겠다는 계획 아래 완전 철거되어 지금은 이 일대가 '광화문시민열린마당'으로 변한 상태이다.

(2) 경기도 경무부(광화문통 76번지, 1910. 12~1945. 8)

경기도 경무부(京畿道 警務部)는 경기도청이 수원에서 광화문 앞길로 이전하던 때에 함께 옮겨 온 식민통치기구이다. 이러한 경기도 경무부가 처음 만들어진 때는 1908년 7월의 일이었다. 이 당시 경시청 관제와 더불어 지방관 관제를 개정하여 종전까지 경시청(警視廳)의 소관이던 경기지역의 경찰사무를 분리하는 한편 각도마다 내무부(內務部)와 경찰부(警察部; 경찰, 위생, 민적, 이민에 관한 사항을 분장)를 신설한 것이 그 시초였다.

이와 관련하여『황성신문』1908년 7월 24일자에는 다음과 같은 내용의 기사가 수록되어 있다.

> [준비완성후 인계(準備完成後 引繼)] 경시청관제(警視廳官制) 급(及) 지방관제(地方官制)의 일부분(一部分)이 개정(改正)한 결과(結果)로 경기도지방 경찰사무(京畿道地方 警察事務)는 경시청(警視廳)에서 경기관찰사 소관(京畿觀察使 所管)으로 이속(移屬)하였는데 해무인계준비(該務引繼準備)가 완성(完成)한 고(故)로 각도경찰부장(各道警察部長)을 임명(任命)하는 시(時)에 해사무(該事務)를 인계(引繼)하여 사무(事務)를 개시(開始)한다더라.

이러한 상태에서 경술국치 직전인 1910년 6월 24일 일제에 의해 '경찰사무의 위탁에 관한 각서'[4]가 강요된 결과로 헌병경찰제도의 실시와 더

---

4) 경찰사무의 위탁에 관한 각서는『대한제국 관보』1910년 6월 25일자(호외), "공고" 및『통감부 공보』1910년 6월 25일자(호외), "통감부 고시 제139호"에 수록되어 있다.

불어 경무총감부(警務總監部)가 설치될 때에 각도의 경찰사무 및 관내경찰서를 감독하는 기구로서 경무부(警務部)가 새로 조직되었다. 이에 따라 기존의 경기도 경찰부는 경성 일대를 제외한 경기도 전역의 경찰서를 관할하는 경기도 경무부로 대체된 바 있었다. 경기도 경무부는 처음에 경기도청과 마찬가지로 수원에 자리하였으나 1910년 10월에 서울로 옮겨졌으며, 이로부터 일제의 패망 때까지 줄곧 경기도청과 동일한 구역 내에 처소를 두었다.

다만, 경기도청이 공간 부족 상황에 직면하여 여러 차례 청사 증개축 과정을 겪어야 했던 것처럼 경기도 경무부 또한 동일한 문제에서 벗어나기는 어려웠던 모양이다. 가령『매일신보』1915년 4월 3일자에 다음과 같은 기사가 수록된 것을 발견할 수 있다.

[경무부 이전중지(警務部 移轉中止)] 경기도 경무부(京畿道 警務部)는 신사무 증가확장(新事務 增加擴張)에 반(伴)하여 청사(廳舍)의 협애(狹隘)를 감(感)하므로 제일헌병분대청사(第一憲兵分隊廳舍)에 이전(移轉)할 터이었으나 경기도청(京畿道廳)과 행정사무(行政事務)의 연락상 불편(連絡上 不便)한 점(点)이 불선(不尠)한 고(故)로 이전(移轉)을 정지(停止)하고 현경기도청(現京畿道廳)에 입(入)하면 우편(右便)의 계상계하(階上階下) 전부(全部)를 거(擧)하여 경무부(警務部)에 사용(使用)하게 되고 작일(昨日)에 각실(各室)의 배정(配定)을 행(行)하였는데 동부(소部)는 당분간(當分間) 사법(司法), 위생(衛生), 경비(警備)의 각계(各係)를 설치(設置)할지나 아직 인계당시(引繼當時)의 사(事)이므로 확정(確定)치 못하였으나 양삼일내(兩三日內)에 발표(發表)되리라더라.

그 이후 경기도 경무부는 1919년 3·1만세운동의 저항에 부딪혀 헌병경찰제도가 폐지될 때에 전면적인 관제개편의 결과로 경기도 '제3부'로 명칭과 조직이 바뀌었다가 1921년 6월에 다시 '경찰부(警察部)'로 개칭하였다. 이러한 일련의 과정을 요약하면 대략 다음과 같이 정리될 수 있다.

① 1908년 12월 경시청 소관에서 분리하여 경기도 경찰부를 신설
- 『대한제국 관보』 1908년 7월 23일자, "칙령 제48호 융희원년 칙령 제39호 경시청관제중 개정에 관한 건"
- 『대한제국 관보』 1908년 7월 23일자, "칙령 제49호 융희원년 칙령 제40호 지방관관제중 개정에 관한 건"

② 1910년 6월 경기도 경찰부가 폐지되고 경무총감부 소관 경기 경무부로 전환
- 『대한제국 관보』 1910년 6월 30일자(호외), "칙령 제34호 융희원년 칙령 제39호 경시청관제 폐지의 건"
- 『대한제국 관보』 1910년 6월 30일자(호외), "칙령 제35호 융희원년 칙령 제40호 지방관관제중 개정의 건"
- 『통감부 공보』 1910년 7월 9일자, "칙령 제296호 통감부경찰관서관제"

③ 1910년 10월 경기경무부(수원)의 소재지가 경기도 경무부(경성부)로 변경
- 『통감부 공보』 1910년 8월 5일자, "통감부령 제44호 경무부 및 경찰서의 명칭, 위치 및 관할구역"
- 『조선총독부 관보』 1910년 9월 30일자, "칙령 제358호 통감부경찰관서관제중 개정의 건"

- 『조선총독부 관보』 1910년 10월 18일자, "조선총독부령 제29호 명치 43년 8월 통감부령 제44호 경무부 및 경찰서의 명칭, 위치 및 관할구역의 개정"

④ 1919년 8월 경무총감부 및 경무부가 폐지되고 각도에 제3부가 신설
- 『조선총독부 관보』 1919년 8월 20일자(호외), "칙령 제386호 조선총독부관제중 개정(경무국 신설)의 건"
- 『조선총독부 관보』 1919년 8월 20일자(호외), "칙령 제387호 조선총독부 경찰관서관제 폐지의 건"
- 『조선총독부 관보』 1919년 8월 20일자(호외), "칙령 제391호 조선총독부 지방관관제중 개정의 건"

⑤ 1921년 2월 종전의 각도 제1부, 제2부, 제3부를 각각 내무부, 재무부, 경찰부로 개칭
- 『조선총독부 관보』 1921년 2월 16일자, "칙령 제23호 조선총독부 지방관관제중 개정의 건"
- 『조선총독부 관보』 1921년 6월 20일자, "조선총독부 훈령 제38호 조선총독부 도사무분장규정중 개정"

여기에서 보듯이 1921년 이후 지방관관제의 개정에 따라 '제1부', '제2부', '제3부'로 불러왔던 종전의 부서 명칭은 폐지되고 그 대신 각각 '내무부', '재무부', '경찰부'로 고쳐 부르게 되었다. 이때부터 경찰부라는 명칭은 일제의 패망 당시까지 그대로 사용되었다.

한편, 경기도 경찰부는 위생 관련 업무의 주관 부서이기도 했는데, 경찰부 위생과에 부속된 세균실험실 등은 길 건너편 광화문통 79번지 구역

에 따로 분실을 설치하여 운영하였다.

2) 광화문통 82번지 구역

• 임시토지조사국 광화문분실/ • 임시토지조사국원양성소/
• 경찰관강습소/ • 조선경찰협회/ • 경찰참고관/ • 지질조사소

(1) 임시토지조사국 광화문분실(광화문통 82번지, 1910. 10~1918. 11)

토지조사국 관제는 대한제국 시기의 막바지인 1910년 3월에 처음 만들어졌고, 경술국치를 코앞에 둔 1910년 8월 토지조사법의 공포로 이어졌다. 토지조사국은 일제강점기로 접어들면서 임시토지조사국(臨時土地調査局)으로 전환되었는데, 이것은 대표적인 경제수탈 정책의 하나였던 토지조사사업의 실무 추진 기관이었다.[5]

토지조사국은 개설 직후에 정동(貞洞)에 있는 탁지부 구내에 청사를 두었으며, 차츰 공간 부족 사태가 빚어지면서 육조앞길에 있던 옛 탁지부 건물도 활용하여 이곳을 '광화문통 분실'로 불렀다.[6] 1918년에 발간된 『조선토지조사사업보고서(朝鮮土地調査事業報告書)』, 617~618쪽에는 토지조사국 청사의 연혁과 관련된 사항을 이렇게 정리하고 있다.

---

5) 토지조사국이 처음 만들어지는 과정에 대해서는 『대한제국 관보』 1910년 3월 15일자, '칙령 제23호 토지조사국관제' 및 『대한제국 관보』 1910년 8월 24일자, '법률 제7호 토지조사법'; '칙령 제43호 고등토지조사위원회규칙'; '칙령 제44호 지방토지조사위원회규칙'; '탁지부령 제26호 토지조사법시행규칙' 등을 통해 살펴볼 수 있다. 또한 일제에 의한 임시토지조사국의 설치는 『조선총독부 관보』 1910년 9월 30일자, '칙령 제361호 조선총독부임시토지조사국관제'; 『조선총독부 관보』 1910년 10월 1일자, '조선총독부령 제11호 조선총독부임시토지조사국사무분장규정'; 『조선총독부 관보』 1912년 8월 17일자, '칙령 제3호 조선총독부고등토지조사위원회관제', '칙령 제4호 조선총독부지방토지조사위원회관제' 등을 참조할 수 있다.

6) 이 무렵 『매일신보』 1912년 7월 18일자에는 "[토지조사국분실(土地調査局分室) 이전(移轉)] 경성시가의 토지조사측량에 관한 사무는 종래 광화문통에서 취급하더니 금회에 서소문내(西小門內) 전세관국(前稅關局)으로 이전하였다더라"는 내용이 남아 있는 것도 눈에 띈다.

개국(開局) 당시 사용했던 본국 청사는 조선가옥을 고친 정동(貞洞) 옛 탁지부 구내에 있던 것 100평, 광화문통(光化門通) 탁지부 구내에 있던 것 300평 및 출장소에 충당한 것으로 대구에 80평, 평양에 150평, 전주에 52평, 합계 682평이 되었다. 그리

토지조사사업이 종료된 이후 1927년 6월 남산 부엉바위약수터 옆쪽에 설치된 '조선토지조사기념비'의 모습이다.

하여 청사의 증축은 당면의 급무로써 개국과 동시에 정동 옛 탁지부 구내에 이층 목조청사 680평의 건조(建造)에 착수했고, 명치 43년(1910년) 10월로써 그 신청사에 이전했다. 본국 청사 가운데 본관으로 부르는 것이 곧 이것이다. 그 이래로 업무의 진척에 동반하여 해마다 청사의 확장을 기획하여 그 최전성기에 있어서는 본관 구내에 제1부터 제5까지 5분실을 두었고, 서소문통(西小門通)에 제6분실 및 물품창고를 두는 한편 광화문통(光化門通)에 광화문분실(光化門分室)을 두었다. 이들 청사 가운데 신규로 축조된 것이 2,472평, 부속가옥 650평, 재래가옥의 해당분이 2,985평으로 총부지 평수가 11,802평, 건물 총평수가 실로 6,133평의 규모에 달하였다. 이들 청사 가운데 창고(倉庫)는 서소문통 물품창고 690평이 가장 주된 것이고, 여기에다 본관 구내에 109평, 제6분실 구내에 7평, 광화문분실 구내에 89평, 합계 건평 895평이었으며, 별도로 고등법원(高等法院) 구내에 24평의 창고를 두었다.

관사(官舍)는 본국에 전속된 것이 없이 일반 총독부관사를 차용했던 것

으로 특히 기술할 필요가 있는 것은 없으므로 생략한다. 여기에 더하여 참고삼아 최성기(最盛期)에 있어서 청사의 도면(圖面)을 나타내면 별지(別紙)와 같다.

이 자료에 첨부된 도면에 따르면, 임시토지조사국 광화문통 분실은 위쪽으로 경기도청에, 아래쪽으로는 곧장 전수학교에 닿고, 길 건너편으로 헌병분대를 마주 볼 정도로 매우 큰 지역을 차지하고 있었으며, 건물평수가 2,197평에 달했던 것으로 표시되어 있다. 원래 광화문통 분실은 옛 탁지부 청사 구내에 있던 300평 규모의 청사에서 시작된 것에 불과했지만, 이처럼 광활한 구역으로 변모한 것은 토지조사사업이 본격 진행되면서 사무원과 조사원에 대한 강습을 실시할 공간 등이 추가로 필요해진 때문이었다.

이에 따라 탁지부 청사가 있던 구역을 기준으로 그 북쪽에 인접한 옛 학부 청사와 중추원 및 한성부 구역은 모두 경계선이 허물어지는 동시에 한꺼번에 임시토지조사국의 영역으로 편입되고 말았다. 그 결과 이곳의 북쪽은 곧장 경기도청에 맞닿게 되었고, 남쪽에는 경성전수학교가 포진하는 형태로 바뀌었는데, 『경성부관내지적목록』(1917년도판)에 표시된 내용을 보면 임시토지조사국 광화문통 분실이 자리했던 '광화문통 82번지' 구역은 전체가 5,491평이나 되는 큰 규모였던 것으로 확인된다.

나중에 토지조사사업이 종료되면서 임시토지조사국 광화문통 분실은 폐쇄되고, 이에 앞서 1917년 11월에 이 구역은 경찰관연습소로 넘겨졌다.[7] 이와 관련하여 1918년 11월 2일에는 경복궁 근정전에서 당시 하세가와 조선총독 이하 800여 명의 관민이 참석한 가운데 거창한 '조선토지조사종료식(朝鮮土地調查終了式)'이 거행되었는데, 이에 대한 자세한 내용은 『조선휘보』 1918년 12월호, 89~91쪽의 '잡록' 부분에 수록되어 있다.

이보다 약간 세월이 흐른 뒤 토지조사사업에 종사했던 직원들로 조직된 조선토지조사기념유종회(朝鮮土地調査有終會)의 주도로 기념비 건립이 추진되었으며, 그 결과로 1927년 7월 2일 남산 와룡묘 골짜기 부엉바위 약수대에서 '조선토지조사기념비(朝鮮土地調査記念碑)'의 제막식이 거행된 바도 있었다. 이 기념탑은 해방 이후까지 그대로 존속하다가 1966년 무렵에 철거된 것으로 알려진다.

(2) 임시토지조사국원양성소(광화문통 82번지, 1911. 5~1918. 11)

토지조사사업을 보조하는 조선인 실무자들을 양성하기 위한 목적으로 1911년 5월 임시토지조사국에 부속하여 설립된 기관이 임시토지조사국원양성소(臨時土地調査局員養成所)이다.

이에 앞서 대한제국 시절인 1910년 3월에 '임시토지조사기술원양성소'가 관립한성외국어학교에, '임시토지조사사무원양성소'가 관립한성고등학교에 각각 부설된 바 있었으나, 이곳에서 양성 중인 자들은 조선총독부령 제64조 부칙의 규정에 따라 모두 임시토지조사국원양성소로 편입되었다. 이곳은 그 이듬해인 1912년 5월에 다시 임시토지조사국사무원급기술원양성소(臨時土地調査局事務員及技術員養成所)로 개편되었는데, 이와 관련한 규정의 개폐 과정을 정리하면 다음과 같다.

- 『대한제국 관보』 1910년 3월 24일자, "학부 고시(學部 告示) 제7호 관립

---

7) 토지조사사업의 종료와 더불어 『조선총독부 관보』 1918년 11월 5일자(호외), '칙령 제375호 조선총독부임시토지조사국관제 및 조선총독부도지방토지조사위원회관제 폐지의 건', '칙령 제376호 조선총독부고등토지조사위원회관제중 개정의 건'에 따라 임시토지조사국은 정식으로 폐지되었다.

1. 총독부 소속 관공서들의 연혁: 육조앞길 동편 275

한성외국어학교(官立漢城外國語學校)에 임시토지조사기술원양성소(臨時土地調査技術員養成所)를, 관립한성고등학교(官立漢城高等學校)에 임시토지조사사무원양성소(臨時土地調査事務員養成所)를 설립(設立)함. 융희(隆熙) 4년(年) 3월(月) 22일(日) 학부대신 이용직(學部大臣 李容稙)."

『매일신보』 1918년 4월 25일자에 게재된 임시토지조사국 사무원 및 기술원양성소 생도 모집 광고문안이다. 이 당시 모집된 인원은 마지막 회차인 제7회 졸업생에 해당한다.

• 『조선총독부 관보』 1911년 5월 30일자, "조선총독부령(朝鮮總督府令) 제64호 조선총독부 임시토지조사국원양성소 규정(朝鮮總督府 臨時土地調査局員養成所 規程)"

• 『조선총독부 관보』 1911년 5월 30일자, "조선총독부 훈령(朝鮮總督府訓令) 제49호 조선총독부 임시토지조사국사무원 강습규정(朝鮮總督府 臨時土地調査局事務員 講習規程)"

• 『조선총독부 관보』 1912년 5월 8일자, "조선총독부령(朝鮮總督府令) 제98호 조선총독부 임시토지조사국사무원급기술원양성소 규정(朝鮮總督府 臨時土地調査局事務員及技術員養成所 規程)"

이 당시 양성소의 수업기간은 사무원 양성 과정이 4개월 내지 6개월, 기술원 양성 과정이 8개월(6개월) 내지 1년이었다. 그리고 임시토지조사국원양성소의 입학 자격은 다음과 같은 조건으로 구성되어 있었다.

제11조 양성소에 입학을 허가할 자는 좌(左)의 자격을 갖춘 조선인(朝鮮人)으로서 신체건전, 품행방정, 지망 공고한 자에 한한다.

• 사무원양성과
1. 관립고등학교 졸업정도의 입학시험에 합격했던 자.
2. 연령 만 20세 이상 27세 이하의 자.

• 기술원양성과
1. 관립고등학교 제2학년 수업정도의 입학시험에 합격했던 자.
2. 연령 만 18세 이상 26세 이하의 자.
관립고등학교, 관립외국어학교 또는 이와 동등 이상의 관립학교의 졸업증서를 가진 자는 무시험으로 입학시킬 수 있다.

『조선토지조사사업보고서』(1918), 492~493쪽의 기록에 따르면, 이곳에서는 1911년 제1회 생도부터 1918년 제7회 생도에 이르기까지 누계 2,488명이 배출되었으며, 이들은 모두 임시토지조사국의 서기(書記) 또는 기수(技手)로 채용되었던 것으로 확인된다.

임시토지조사국 국원 양성표(『조선토지조사사업보고서』)

회차	종별	시기	인원
제1회	사무원	1911년 3월~1911년 7월	170명
	기술원	1911년 3월~1911년 9월	131명
제2회	사무원	1911년 10월~1912년 2월	200명
	기술원	1911년 8월~1912년 3월	373명
	기술원	1911년 8월~1912년 5월	119명
제3회	기술원	1912년 11월~1913년 5월	339명
제4회	사무원 및 기술원 겸수	1913년 11월~1914년 5월	260명
제5회	사무원 및 기술원 겸수	1914년 6월~1914년 11월	369명
제6회	사무원 및 기술원 겸수	1915년 2월~1915년 6월	267명
제7회	사무원 및 기술원 겸수	1918년 5월~1918년 6월	260명
총계			2,488명

(3) 경찰관강습소(광화문통 82번지, 1917. 11~1945. 8)

경찰관강습소(警察官講習所)는 조선총독이 관리하는 경찰관리에 대해 학술 또는 실무를 교육하려는 목적으로 1919년 8월에 제정된 '조선총독부경찰관강습소관제'에 따라 독립 편제된 경찰관 양성기관이다. 이를테면 이곳은 식민지배의 일선 조직이면서 강압통치의 상징이기도 했던 일제강점기 경찰관서에 대한 일차적인 인력 충원 통로였던 것이다.

여기에는 수업기간 1년의 강습과(講習科, 본과 및 별과)와 수업기간 4개월의 교습과(敎習科)를 두어 각각 경찰간부와 신규 채용되는 일본인 순사의 교육이 이뤄지게 하였다. 경찰관강습소관제가 정식으로 제정되기 이전에는 경무총감부의 업무분장규정을 통해 경무과의 부속편제로 '경관연습소(警官練習所)'가 운영되었다.

- 『통감부 공보』 1910년 7월 13일자(호외), "통감부 훈령(統監府 訓令) 제14호 경무총감부분과규정(警務總監部分課規程)"

- 『조선총독부 관보』1910년 10월 1일자, "조선총독부 훈령(朝鮮總督府 訓令) 제4호 조선총독부 경무총감부사무분장규정(朝鮮總督府 警務總監部 事務分掌規程)"

- 『조선총독부 관보』1919년 8월 20일자(호외), "칙령(勅令) 제388호 조선총독부 경찰관강습소관제(朝鮮總督府 警察官講習所官制)"

- 『조선총독부 관보』1920년 12월 23일자, "조선총독부 훈령(朝鮮總督府 訓令) 제70호 조선총독부 경찰관강습소규정(朝鮮總督府 警察官講習所規程)"

이러한 경찰관강습소의 연원을 찾아보면 1908년 9월에 설립된 내부 경무국(內部 警務局) 소속의 경찰관연습소(警察官練習所)로 거슬러 올라간다. 이 당시 육조앞길 옛 외부 자리에 있던 중추원 구역 내의 부속사에 처소를 두었으나, 경찰관연습소는 그 이듬해인 1909년 5월에 경복궁 서편 대동(帶洞, 띠골)의 적십자병원 건물로 옮겨 가고 원래의 자리에는 소규모 분실만 남겨두었다.[8] 하지만 이 구역은 경술국치 이후 남측에 인접한 옛 학부 청사와 더불어 임시토지조사국에 일괄 편입되어 광화문통 분실로 전환되기에 이른다.

---

8) 경찰관연습소의 설립과정에 대해서는 통감부 감사부(統監府 監査部), 『융희삼년 경찰사무개요(隆熙三年 警察事務槪要)』(1909), 64~66쪽 부분에 간략히 정리된 내용이 남아 있다. 그리고 『황성신문』 1909년 5월 8일자에는 "[양사수리(兩舍修理) 경시청(警視廳)에서는 견습순사(見習巡査)를 교육(敎育)하기에 교실(校室)이 협착(狹窄)하므로 영추문전(迎秋門前)에 재(在)한 전적십자병원(前赤十字病院)과 전중추원(前中樞院) 양공사(兩空舍)로 이접(移接)하기 위(爲)하여 재작일(再昨日)에 해양사(該兩舍)를 일신수리(壹新修理)하였다더라"는 내용의 기사가 수록된 것이 눈에 띈다. 띠골(帶洞)에 있던 적십자병원 자리는 지금의 창성동 117번지에 해당하는데, 이곳에 있던 경찰관연습소가 1917년 11월 광화문통 임시토지조사국 분실로 옮겨 간 뒤에는 1918년 5월에 체신이원양성소(遞信吏員養成所)가 이 공간을 차지하게 되었다. 이에 대해서는 조선총독부체신국(朝鮮總督府遞信局), 『조선체신사업연혁사(朝鮮遞信事業沿革史)』(1938), 48쪽을 참조할 수 있다.

1. 총독부 소속 관공서들의 연혁: 육조앞길 동편 279

1958년 2월 23일에 개최된 한국일보 주최 전국 연날리기대회의 장면을 담은 사진자료이다. 사람들이 모여든 공간은 예전에 경찰관강습소가 있던 곳으로 한국전쟁 때 건물 일체가 불탄 이래로 이처럼 공터로 변한 상태였다(ⓒ대한민국정부기록사진집).

이와 관련하여 1938년에 조선총독부경찰관강습소가 펴낸 『조선총독부경찰관강습소개요(朝鮮總督府警察官講習所槪要)』, 1~5쪽에는 경찰관연습소 시절 이후 경찰관강습소에 이르기까지 청사 이전의 연혁을 이렇게 정리하고 있다.

　　명치 41년(1908년) 10월 1일 경성 광화문전(光化門前) 중추원내(中樞院內) 학부(學部) 소관의 건물 3동을 빌려 경찰관연습소(警察官練習所)를 창설했다. 이것이 곧 조선에 있어서 일본인경찰관 교양기관의 남상(濫觴)이었다. 그런데 순사양성(巡査養成)의 필요는 경무기관의 확장과 더불어 더욱 증가하게 되어 명치 42년(1909년) 5월 8일 경성 북부 창성동(昌成洞) 소재 구적십자사적(舊赤十字社跡)을 수선하여 본교장(本敎場)을 그곳으로 이전하고 종래의 것을 분교장(分敎場)으로 했던 것에 더하여, 일본인 순사의 채용은 한국 내에서만으로는 보충이 곤란하여 제4기생 이래의 순사 채용에 있어서는 직원을 히로시마(廣島), 오카야마(岡山), 이시카와(石川), 미야기(宮城), 시즈오카(靜岡), 쿠마모토(熊本)의 제현(諸縣)에 파견하여 이를 채용하는 등, 이로써 그 면목을 일신하기에 이르렀다.

계속하여 명치 43년(1910년) 6월 30일 일한 양국 간에 경찰권위임의 협약이 성립되자 경무총감부(警務總監部)가 새롭게 설치되어 종래의 경무국(警務局) 및 경시청(警視廳)이 폐지되었는데, 경시청에서 관장하여 오던 한인순사(韓人巡査)의 교양 역시 연습소에 병합시키기에 이르렀다. 이래 연습소는 순사 및 순사보의 교양에 종사했다. …… 대정 6년(1917년) 11월 5일 종래 협애한 느낌이 있던 청사 확장의 계획이 이뤄져, 광화문통 임시토지조사국 분실로 이전하고 1만 7천여 원의 경비를 들여 무도장(武道場), 기숙사(寄宿舍) 등의 개축을 행하여 청사의 면목을 일신하기에 이르렀다. …… 한편 청사방면(廳舍方面)에 있어서는 경비 16만 4천 원을 들여 대정 10년(1921년) 8월 청사 중 무도장 및 창고의 이전, 강당 1동 및 기숙사 4동의 신축, 식당 1동의 증축에 착수하여 대정 11년(1922년) 말 준공을 보아 청사의 설비가 대략 갖추어졌고 약 4백 명의 생도를 수용할 수 있게 되었다.

여기에서 보듯이 경찰관강습소가 광화문앞길로 다시 옮겨 온 것은 아직 경찰관연습소라는 명칭을 갖고 있던 시절인 1917년 11월의 일이었다. 이때로부터 경찰관강습소는 임시토지조사국 광화문통 분실이 있던 곳을 차지했고, 일제강점기 내내 줄곧 같은 공간에 머물렀다.

그러나 광화문통 82번지 일대는 전체 면적이 5,491평에 달할 정도로 큰 규모였으므로 이 구역 안에는 경찰관강습소뿐만 아니라 지질조사소(地質調査所)와 같은 다소 성격이 다른 관공서도 공존하였다. 또한 1929년에는 대일본무덕회 조선지방본부(大日本武德會 朝鮮地方本部)[9]가 조직되어 경찰관강습소의 무도장을 본거지로 사용하게 되었고, 1936년에는 조선경찰협회의 주도로 건립된 경찰참고관(警察參考館)이 완공되면서 경찰관강습소의 한 구역을 차지하는 상황이 이어졌다.

해방 직후 경찰관강습소는 미군정청에 의해 조선경찰학교로 개칭되었다가 국립경찰학교 시절을 거쳐 1946년 8월부터 국립경찰전문학교 체제로 전환되었으며, 일제강점기에 건립된 경찰관강습소 건물 일체는 한국전쟁 당시 서울 탈환 직전에 소실되어 사라진 것으로 알려진다.[10]

---

9) 『중외일보』 1929년 10월 22일자에 수록된 「무덕회 발회식(武德會 發會式)」 제하의 기사는 경찰관강습소에서 무덕회 조선본부의 발회식과 더불어 무덕제(武德祭)가 거행된 사실을 알리고 있다. 그 이후 1942년에 기존의 무덕회가 일본정부의 외곽 단체로서 전면 개편된 것과 관련하여, 1943년 10월 22일 대일본무덕회 조선본부가 재차 출범할 때 이 당시 결성식 역시 경찰관강습소 구내에 신축된 무덕전(武德殿)에서 거행된 바 있었다. 이에 관해서는 『매일신보』 1943년 10월 23일자, 「빛나는 황국 전통을 계승, 무도(武道)로 황민도(皇民道) 수련, 오늘 대일본무덕회 조선본부 결성」; 『매일신보』 1943년 10월 31일자, 「무덕회 발족에 대하여」 등 제하의 기사를 참조할 수 있다.

10) 경찰전문학교, 『경찰교육사』(1956), 43~47쪽에는 경찰관강습소가 1945년 9월 13일에 미군정에 의해 접수되어 1945년 11월 15일에 '조선경찰학교'로 개칭되었다가 다시 1946년 2월 1일 '국립경찰학교'로 확대 개편된 이후 광복 1주년이 되는 1946년 8월 15일에 '국립경찰전문학교'로 승격되는 과정이 잘 기술되어 있다. 그리고 같은 책, 70~88쪽에 서술된 내용에 따르면 경찰전문학교는 한국전쟁 당시 피난지에서 되돌아온 1950년 10월 2일 서울전기공업고등학교의 일부를 빌려 임시 교사로 정하였고, 1950년 12월 28일에는 2차 후퇴과정에서 부산 동래 등지에, 다시 1953년 7월 16일에는 환도하여 중앙고등학교 별관에, 그리고 1954년 2월 25일 옛 경찰참고관을 임시교사로 각각 사용하였으며, 최종적으로 1955년 3월 27일에 매매계약을 통해 인천시 부평동에 있는 '박문여자중학교(전 경기도경찰국청사)' 자리로 이전하여 이곳에 터를 잡는 과정이 이어졌다.

(4) 조선경찰협회(광화문통 82번지, 1921. 4~1945. 8)

조선경찰협회(朝鮮警察協會)는 일제의 경찰관과 경찰사무에 종사하는 직원을 위한 공제친목단체로 1921년 4월 25일에 결성되었으며, 경무휘보(警務彙報)의 발간사업으로 확보한 적립금을 기초로 하여 재단법인으로 설립 인가되었다.[11] 조선경찰협회는 통상적인 회비징수와 아울러 기부금, 세입잉여금, 자산운용수익 등에서 나오는 적립금으로 경무휘보의 간행, 경찰 피복(제복, 제모, 사복)과 제화 공급, 공동 구매 등의 수익사업을 전개하였다.[12]

그리고 조선경찰협회가 주최하는 연중행사로는 초혼제(招魂祭)와 무도대회(武道大會)가 있었다. 이 가운데 이른바 '순직경찰관초혼제'는 식민통치 과정에서 경찰 직무를 수행하다가 죽은 경찰관의 영혼을 위로하는 것으로, 조선경찰협회의 창설과 더불어 1921년에 제1회 초혼제가 거행된 이래로 일제가 패망할 때까지 한 해도 거르지 않고 꼬박꼬박 치러졌다.

제1회 순직경찰관초혼제는 조선경찰협회의 결성식 다음 날인 1921년 4월 26일에 남산공원 음악당 앞 광장에서 거행되었는데, 『동아일보』 1921년 4월 27일자에 수록된 「순직경관 초혼제, 26일 오전 남산공원에서」 제하의 기사는 이날의 상황을 이렇게 전하고 있다.

---

11) 조선경찰협회의 발족에 대해서는 『조선』 1921 5월호, 131~132쪽, 「경찰협회 발회식」; 『매일신보』 1921년 4월 27일자, 「경찰협회 발회식, 조선호텔에서 관민 다수 출석 성대히 거행」; 『동아일보』 1921년 4월 27일자, 「경찰협회 발회, 25일 조선호텔에서 성대히 거행」 등 제하의 기사를 참조할 수 있다. 그리고 재단 설립에 관한 내용은 『동아일보』 1921년 6월 23일자에 수록되어 있는데, 여기에는 "[경찰협회 재단 설립] 경무국장(警務局長) 아카이케 아츠시(赤池濃)씨의 출원(出願)에 반(伴)한 재단법인 조선경찰협회(財團法人 朝鮮警察協會) 설립(設立)의 건(件)은 6월 15일부로 총독부(總督府)로부터 허가(許可)되었으므로 본도(本道)에서 21일 지령(指令)으로 교부(交付)하였다더라"는 구절이 남아 있다.

12) 조선경찰협회에서 벌이는 부대사업의 내역에 대해서는 조선총독부경무국(朝鮮總督府警務局), 『소화 6년 조선경찰개요(昭和 6年 朝鮮警察槪要)』(1931), 130~132쪽에 수록된 '경찰협회' 항목에 자세한 설명이 나와 있다.

1. 총독부 소속 관공서들의 연혁: 육조앞길 동편   283

『조선』 1935년 5월호에 수록된 조선경찰협회와 조선소방협회 공동주최 '제15회 순직경찰관초혼제' 겸 '제1회 순직소방직원초혼제' 장면이다. 그런데 어이없게도 이 초혼제의 제단으로 사용된 공간이 바로 경복궁 근정전의 용상이었다.

조선경찰협회의 주최로 조선에서 직무로 인하여 사망한 순직(殉職) 경찰관의 초혼제(招魂祭)를 지내인다 함은 이미 보도하였거니와 작일 오전 아홉시부터 남산공원(南山公園)에서 성대히 거행하였는데 식장에는 이왕직(李王職)에서 양전하의 어사로 무관을 비롯하여 재등총독(齋藤總督), 수야정무총감(水野政務總監), 각도지사, 경찰부장, 각 지방 경찰서의 대표를 합하여 경찰관원 천여 명이오 기타 민간 유지 수백 명이 모이어 강신의(降神儀)를 비롯하여 순서대로 동 열한 시 식을 마치고 하오부터는 광화문(光化門) 앞 경관연습소도장에서 무도경기(武道競技)와 승마 연습의 여흥이 있어 매우 성대하였다더라.

초기에는 순직경찰관초혼제가 남산공원 광장(1921~1922년), 남산왜성대(1923년), 경찰관강습소(1924~1925년), 경복궁 근정전(1926년), 조선총독부 대홀(1927년) 등에서 개최되다가 1928년 제8회 초혼제 이후로는 줄곧 경복궁 근정전이 행사장으로 사용되었다. 그리고 1935년 4월 21일에 개최된 제15회 초혼제 때부터는 조선소방협회와의 공동주최로 순직소방수초혼제도 동일 장소에서 함께 거행되었다.

일제강점기의 순직경찰관과 소방수에 대한 마지막 초혼제는 1944년 10월 27일에 경복궁 근정전에서 거행된 '제24회 순직경찰직원(殉職警察職員) 및 제10회 순직경방직원(殉職警防職員) 초혼제(招魂祭)'이다. 『매일신보』1944년 10월 28일자, 「총후의 수훈에 감사, 순직경찰직원 경방직원 초혼제 성의」 제하의 기사에 따르면, 이 당시 초혼제에 합사된 순직 경찰의 숫자는 1910년 이래 403명이었고, 순직경방직원(즉, 소방수)은 1919년 이래 55명으로 누계 458명의 규모였던 것으로 확인된다.

한편, 무도대회는 순직경찰관초혼제에 곁들여 경찰관강습소 구내의 도장에서 대개 이틀 정도의 일정으로 벌어지던 연례행사였다. 여기에다 나중에 무덕회 조선지방본부가 결성된 뒤로는 무도대회와 더불어 무덕제(武德祭)도 동시에 거행되었던 것으로 확인된다. 참고로 『동아일보』 1938년 5월 1일자에 수록된 「전조선무도대회(全朝鮮武道大會), 각도경찰부장(各道警察部長) 천여선사참렬(千餘選士參列), 오전(午前)엔 무덕제(武德祭) 집행(執行)」 제하의 기사는 그 당시 열렸던 무도대회와 무덕제의 행사내용에 대해 이렇게 소식을 전하고 있다.

> 사변 하에 있어서 총후 조선의 의기를 올리는 일본무사도(日本武士道)의 정화를 일당에 모으는 조선경찰협회(朝鮮警察協會) 및 대일본무덕회 조선지방본부(大日本武德會 朝鮮地方本部) 주최 제18회 전조선무도대회(全朝鮮武道大會)는 각도경찰부장회의를 앞둔 30일 오전 10시부터 경찰관강습소도

장(警察官講習所道場)에서 거행되었다. 이보다 먼저 오전 9시부터 제10회 무덕제(武德祭)를 동도장에서 엄숙리에 집행 조선지방본부총장 오노(大野) 정무총감, 동부총장 미츠하시(三橋) 경무국장 및 각도경찰부장 이하 명사참가 선사 등 1천여 명 참렬하에 제전은 경성신사신직 봉사의 하에 진행되어 총장, 부총장, 내빈선사(來賓選士) 대표 등의 옥관봉전(玉串奉奠)이 있고 식을 마친 뒤 뒤를 이어 전조선무도대회에 옮겨 참가선사 유도 482명, 검도 336명, 궁도 78명 계 896명 참렬 나시모토 총재궁전하(梨本總裁宮殿下) 영지봉독(令旨奉讀)의 뒤 전년도 각도 대항 우승자 유도는 경기도, 검도는 황해도의 양군으로부터 우승기 반환이 있고 뒤이어 미츠하시 부총장으로부터 인사가 있은 뒤 식을 마치고 곧 연무에 들어가 검도, 유도 공히 청년 번외자의 고정시합이 당당 장렬히 전개되었다. 또 궁도는 서소문정 궁도장에서 고정시합이 개최되었다. 그리고 제1일인 30일은 각 시합 공히 개인 우승 시합으로 하고 제2일 이하로는 각도 대항 시합이 거행된다.

그런데 『동아일보』 1950년 4월 25일자, 「전국순직경관 위령제집행」 제하의 기사에는 대한경무협회의 주관으로 제4회 전국순직경찰관합동위령제가 창경원 비원에서 벌어진 사실이, 그리고 『동아일보』 1950년 4월 28일자, 「경찰관 무도대회 유종미 거두고 성황리 종막」 제하의 기사에는 대한경무협회와 대한경찰상무회의 공동 주최로 제3회 전국경찰관무도대회가 서울운동장 정구장 임시 도장에서 성대히 거행된 사실이 각각 수록되어 있다. 이러한 행사들이 해방 이후에도 이름만 바꿔 단 채 여전히 관행적으로 치러졌음을 알 수 있는 대목이다.

경찰관강습소 구역의 전면에 남아 있던 옛 이조(나중의 외부 및 통감부 자리)의 정문이다(ⓒ국사편찬위원회).

경찰관강습소 구역의 북서 모서리에서 비스듬히 육조앞길 남쪽으로 담아낸 전경이다. 전면에 보이는 것은 옛 이조의 정문으로 이 당시는 폐쇄되어 있는 상태였다(ⓒ국사편찬위원회).

1. 총독부 소속 관공서들의 연혁: 육조앞길 동편　287

경찰관강습소 구역의 출입문으로 사용되던 옛 한성부(나중의 예조 및 학부 자리)의 정문이다. 뒤쪽으로는 경찰관강습소의 구내 건물들이 눈에 띈다(ⓒ국사편찬위원회).

경찰관강습소 구역의 출입문으로 사용 중인 옛 한성부의 정문이다. 오른쪽에 보이는 서양식 건물은 1936년에 완공된 '경찰참고관'으로 해방 이후 한때 '반공회관'으로도 사용되던 곳이다(ⓒ국사편찬위원회).

(5) 경찰참고관(광화문통 82번지, 1936. 6~1945. 8)

경찰참고관(警察參考館)은 일종의 '경찰박물관' 또는 '경찰회관'으로 앞에서 이미 설명했다시피 1934년 8월에 착공하여 1936년 6월에 준공을 보았으며, 건립 위치는 경찰관강습소 구역의 남단부에 해당하는 자리였다.[13] 경찰참고관은 원래 1933년 12월 23일에 아키히토(明仁) 황태자가 태어난 것을 경축하는 기념물로 지어졌다. 『매일신보』 1934년 1월 21일자에 수록된 「내외재료 수집 참고관건설, 황태자탄강기념사업으로 조선경찰협회에서」

『매일신보』 1936년 6월 28일자에 수록된 경찰참고관 낙성식 겸 개관식 장면이다.

제하의 기사는 경찰참고관을 건립하게 된 동기를 이렇게 적고 있다.

황태자탄강기념사업으로 조선경찰협회(朝鮮警察協會)에서는 기 기금(其基金)의 일부와 전도(全道) 2만여 명 경관(警官)에게로부터 응분(應分)의 기부를 얻어 8만 원 경비로 경성시내에 경찰참고관을 건설하기로 되어 목하(目下) 경무국(警務局)에서는 기(其) 부지와 설계에 대한 준비를 급속히 하

---

13) 경찰참고관의 건립 과정에 대해서는 『매일신보』 1934년 3월 7일자, 「설계중의 경찰박물관, 11월경엔 개관」; 『매일신보』 1934년 6월 27일자, 「경찰참고관, 8월에 착공」; 『매일신보』 1936년 6월 28일자, 「타나카 경무국장(田中 警務局長) 식사(式辭), 경찰참고관 낙성 급 개관식 석상에서」, 「경찰참고관 낙성식 성대히 거행, 진열한 것을 일반에게 공개」; 『동아일보』 1936년 6월 28일자, 「경찰참고관 낙성」; 『조선일보』 1936년 6월 28일자, 「경찰참고관 낙성식」 등 제하의 기사를 참고할 수 있다.

고 있는데 본 참고관에는 내지(內地)로부터 경찰에 관한 제자료(諸資料)를 수집하여 조선의 것과 같이 일실(一室)에 납진(納陳)하는 외에 오락실(娛樂室), 대광당(大廣堂) 등 철근 콘크리트의 3층 근대식(近代式)의 훌륭한 것이 되리라는데 적어도 신년도 초에는 착공하여 금년 내로 준공을 보게 되리라 한다.

하지만 위의 기사에서 언급한 바와는 달리 실제로는 경찰참고관의 완공이 2년가량 지연되어 1936년에 와서야 이뤄졌다. 『매일신보』 1936년 6월 28일자에 수록된 「경찰참고관(警察參考館) 낙성식(落成式) 성대히 거행, 진열한 것을 일반에 공개」 제하의 기사에는 낙성일 당일의 장면을 이렇게 요약하고 있다.

시내 광화문통에 신축 중이던 경찰참고관 낙성식은 27일 정도에 동관 3층 강당에서 거행하였다. 이마이다(今井田) 정무총감을 비롯하여 회의 중인 각도지사(各道知事)와 경찰부장, 군부(軍部), 민간 유력자 약 3백 명이 열석하였다. 식은 이토(伊藤) 경무과장의 개식사로 시작되어 타나카(田中) 경무국장의 식사와 칸샤(甘蔗) 경성부윤의 축사가 있은 후 공사청부업자의 표창으로 폐식한 후 오후 1시부터 동관 후정에서 축연(祝宴)이 있었는데 동관에는 반도 경찰망에 관한 제반 참고재료를 수집하였고 국경경비(國境警備)에 있어의 비적(匪賊)의 무기, 경비상황, 순직경관의 공적, 각종 취체 통계 등 귀중한 경찰 재료가 일목요연하게 진열되어 있으므로 이것을 일반에게 공개하기로 되었다.

이 경찰참고관에는 대회의실과 대강당이 갖춰 있었으므로, 일제 말기에 이곳에서 자주 경찰 관련 행사나 강습회가 열렸던 흔적도 많이 눈에 띈다.[14] 또한 1938년 7월에는 대민접촉의 창구를 개설한다는 명분으로 조선경찰협회의 주도로 경찰안내소(警察案內所)가 경찰참고관 안에 설립되어 운영된 사실도 있었다.[15]

해방 이후에는 한때 이곳에 여자경찰서(女子警察署)[16]가 자리를 잡았고, 한

『조선일보』 1958년 2월 6일자에는 '반공회관'으로 변신한 옛 경찰참고관의 모습을 담은 보도사진이 수록되어 있다. 건물 앞쪽에 설치된 자그마한 조형물은 '맥아더 장군'의 동상(1961년 경복궁 안으로 이전)이다.

국전쟁 때 옛 경찰관강습소 일대가 전소되는 피해가 발생함에 따라 1954년 2월부터 1년가량은 경찰전문학교가 임시교사로 옛 경찰참고관 건물을 차지하였다. 그 이후 1958년 2월에는 반공회관(反共會館)으로 바뀌었다가 4·19혁명 때 불탄 뒤 철거되어 사라졌다. 이에 대해서는 다음의 몇 가지 신문자료들을 찾아낼 수 있다.

---

14) 경찰참고관에서 벌어진 각종행사에 대해서는 가령 『매일신보』 1937년 5월 4일자, 「교통위령제(交通慰靈祭), 2일 경찰참고관에서 거행, 표창식까지 겸행」; 『매일신보』 1937년 11월 13일자, 「건축강습회, 총독부회의실에서」; 『매일신보』 1939년 3월 9일자, 「경기도 교통안전협회 창립, 작일 경찰회관서 거행」; 『매일신보』 1940년 5월 19일자, 「방독(防毒)의 실지강습, 권위(權威)를 청해 21일부터 개강」; 『매일신보』 1940년 5월 21일자, 「사범학교장 회의」 등 제하의 기사가 눈에 띈다.
15) 조선경찰협회가 설립한 경찰안내소의 운영에 대해서는 『매일신보』 1938년 7월 20일자, 「민중경찰의 지침, 참고관(參考館)과 미츠코시(三越)에 개설한 안내소, 명일 개시」; 『조선일보』 1938년 7월 20일자, 「경찰안내소, 참고관과 미츠코시백화점(三越百貨店)에서, 명일부터 사무 개시」; 『동아일보』 1938년 7월 20일자, 「경찰안내소 명일부터 사무 개시, 참고관(參考館)과 미츠코시(三越)에서」; 『동아일보』 1938년 7월 29일자, 「경찰안내성적 1주간 백여건」 등 제하의 기사를 참조할 수 있다.
16) 여자경찰서의 창립과 처소 이전에 대해서는 『동아일보』 1947년 2월 19일자, 「부녀자 풍기단속코저 여자경찰서 신설」; 『동아일보』 1949년 8월 8일자, 「여자경찰서 이전」; 『동아일보』 1957년 7월 28일자, 「여경서(女警署) 등을 폐지, 서울 부산 등에 4서(署) 증설」 등 제하의 기사를 참조할 수 있다.

- 『동아일보』1958년 2월 6일자, "[반공회관 개관] '아세아민족반공연맹'의 한국에 있어서의 기관인 '한국아세아반공연맹'의 본부가 되는 '한국반공회관'이 5일부터 개관되었다. 서울시내 세종로 전 여자경찰서 건물을 계승하여 전시장과 사무실 등을 마련한 동회관은 전면에 회원 각국기가 게양되었으며 인천에 세운 맥아더 장군 동상 모형도 설치되어 있는데 동회관은 시민과 외래인사들을 위하여 언제나 개방될 것이라 한다. 동회관의 개관식은 5일 하오 4시부터 사회 각계 인사들이 초청된 가운데 거행되었다."

- 『조선일보』1958년 2월 6일자, "[반공회관 개관, 5일 하오부터] 5일 하오 4시 서울 세종로에 있는 전 여자경찰서 건물이 새로 깨끗이 단장되어 반공회관으로서 발족하는 개관식이 이(李) 민의원의장 부처를 비롯하여 각부 장관과 각군 참모총장, 그리고 외국 사절단원 다수가 참석한 가운데 성대히 거행되었다. 그런데 이 반공회관 입구에는 한국전의 공로자인 맥아더 장군의 동상이 서 있고 또한 아시아 반공 각국의 국기가 가지런히 세워져 있으며 내부에는 대남 간첩들이 소지하였던 각종 무기와 일체 소지품이 진열되어 있는 한편 사방 벽에는 강제 노역장을 위시하여 공산 괴뢰들의 죄악상을 수록한 각종 사진과 우방 자유국가의 모습이 대조 진열되어 있으며 동회관은 앞으로 널리 반공사업에 이용되리라 한다."

- 『동아일보』1958년 12월 10일자, "[반공회관 사용, 반공투위 사무실] 반공투쟁위원회(反共鬪爭委員會)는 시내 세종로에 있는 현 반공회관의 간판을 걸게 되리라고 한다. 지난 2일에 발족되어 그간 사무실을 물색 중에 있던 반공투위는 9일 하오에 현 반공회관 2층에 자리를 잡기로 결정하였다."

- 『동아일보』1960년 4월 20일자, "[반공회관(反共會館), 서울신문 전소

(全燒), 수개의 파출소 등도 소각, 파괴] 이날 데모대에 의하여 소실 또는 파괴된 건물과 탈취되어 파괴된 차량 중 판명된 것은 다음과 같다. ◆ 건물 피해(11개처) ○ 반공회관(반공청년단 본부) = 전소 ○ 서울신문사 = 전소 ○ 태평로파출소 = 전소 ○ 세종로파출소 = 일부 파괴 ○ 부흥부 = 일부 파괴 ○ 문교부 = 일부 파괴 ○ 외자청 = 일부 파괴 ○ 자유당 중앙당부 = 일부 파괴 ○ 적선동파출소 = 파괴 ○ 광화문파출소 = 일부 파괴 ○ 중부소방서 = 일부 파괴 ○ 정릉파출소 = 전소 ○ 돈암동파출소 = 전소 ○ 안암동파출소 = 전소 ○ 종로5가파출소 = 전소 …… (하략)"

- 『동아일보』 1961년 8월 20일자, "[반공회관 철거, 맥 장군 동상도 이전] 19일 하오 내각사무처에서 알려진 바에 의하면 정부는 현재 세종로에 자리 잡고 있는 반공연맹회관을 철거하고 그 앞에 건립되어 있는 맥아더 장군의 동상도 따라서 다른 곳으로 옮길 것이라고 한다. 이 반공회관은 이미 책정된 도시계획선에 4분의 3이나 들어가 있고 9월 초에는 준공될 그 후면의 정부신청 건물대지를 일부 차지하고 있기 때문에 이를 철거하게 된 것이라 한다."

(6) 지질조사소(광화문통 82번지, 1918. 5~1935. 5)

일제가 식민지 조선에 대한 지질조사를 벌여 광물, 토석, 지하수 이용 및 토목사업 등에 관한 기초자료를 확보함으로써 식산공업(殖産工業)을 위시하여 토지 이용과 개발 등을 촉진한다는 명분으로 설립한 것이 바로 지질조사소(地質調査所)이다.[17]

---

17) 조선총독부 지질조사소의 설립 연혁 등에 대한 자료는 타테이와 이와오(立岩巖), 『조선에 있어서 지질 및 광물자원조사연혁(朝鮮に於ける地質及鑛物資源調査沿革) [조선총독부지질조사소잡보 제1호(朝鮮總督府地質調査所雜報 第1號)]』(1936); 조선총독부지질조사소(朝鮮總督府地質調査所), 『조선총독부지질조사소요람(朝鮮總督府地質調査所要覽) [조선총독부지질조사소잡보 제2호(朝鮮總督府地質調査所雜報 第2號)]』(1937)에 자세히 서술되어 있다.

『조선총독부 관보』 1918년 5월 27일에 수록된 '칙령 제162호 조선총독부관제중 개정'에는 농상공부에 지질조사소를 두어 지질의 조사에 관한 사무를 관장케 하고, 지질조사소장은 조선총독부 기사로써 이에 충당한다는 내용이 포함되어 있는데, 이것이 지질조사소의 설치 근거였다. 이와 아울러 지질조사소의 존재는 『조선총독부 관보』 1918년 5월 27일자, '조선총독부 훈령 제28호 조선총독부사무분장규정중 개정' 및 '조선총독부 훈령 제29호 조선총독부지질조사소사무분장규정'에서도 확인할 수 있다.

『동아일보』 1934년 12월 9일자에는 박물학회 강연 안내 기사가 수록되어 있는데, 강연 장소가 '광화문통 지질조사소'라고 표시된 것이 눈에 띈다.

이 기구는 1918년 5월 농상공부(農商工部) 소속으로 설립되어 광화문통 경찰관강습소의 한 구역에 처소를 두었으나, 1935년 5월 한강 이남 노량진리의 연료선광연구소(燃料選鑛硏究所)와 이웃하는 자리에 신청사를 정하여 그곳으로 옮겨 갔다. 이와 관련하여 『조선총독부 관보』 1935년 5월 29일자에 수록된 '휘보란'에는 다음과 같은 청사 이전 사실이 게재되어 있다.

[청사이전(廳舍移轉)] 조선총독부 지질연구소(朝鮮總督府 地質硏究所)는 소화 10년(즉 1935년) 5월 27일 경기도 시흥군 북면 노량진리(京畿道 始興郡 北面 鷺梁津里) 152번지(番地) 1호(號)의 신청사(新廳舍)로 이전(移轉)했다.

3) 광화문통 84번지 구역

• 경성법학전문학교 /• 전매국 청사 /• 경성중앙전신국

(1) 경성법학전문학교(광화문통 84번지, 1910. 8~1938. 4)

경성법학전문학교(京城法學專門學校)가 자리한 광화문통 84번지 구역은 원래 농상공부가 있던 곳과 그 북쪽에 인접한 탁지부 토지조사국의 일부 부지가 합쳐져 만들어진 공간이었다.

경성법학전문학교의 연원은 멀리 1895년에 창설된 법관양성소(法官養成所)로 거슬러 올라가는데, 1907년 12월에 농상공부가 구리개로 옮겨 감에 따라 1908년 2월에 그 빈자리를 법관양성소가 옮겨 와서 차지하게 되었다.

1922년 경성전수학교에서 이름을 고친 경성법학전문학교의 전경이다(『대경성사진첩』, 1937).

그 와중에 1909년 10월 법부(法部)가 폐지되면서 학부(學部) 소관의 법학교(法學校)가 되었고, 경술국치 이후에는 1911년 11월 1일부터 경성전수학교(京城專修學校)로 개칭되었다. 이 학교는 조선인 남자에게 법률 및 경제에 관한 지식을 전수하여 공사(公私)의 업무에 종사시킬 자를 양성하는 것을 설립 목적으로 하였다.

1916년 4월 조선총독부전문학교관제의 발포에 따라 전문학교로 승격되는 한편 1922년 4월에 가서는 경성법학전문학교로 교명을 변경하였으

며, 이때 일본인 학생과의 공학제가 실시되었다.

- 『조선총독부 관보』 1911년 10월 16일자, "칙령(勅令) 제251호 경성전수학교관제(京城專修學校官制)"

- 『조선총독부 관보』 1911년 10월 20일자(호외), "조선총독부령(朝鮮總督府令) 제115호 경성전수학교규정(京城專修學校規程)"

- 『조선총독부 관보』 1916년 4월 1일자(호외), "칙령 제80호 조선총독부전문학교관제(朝鮮總督府專門學校官制)"

- 『조선총독부 관보』 1916년 4월 1일자(호외), "조선총독부령(朝鮮總督府令) 제26호 경성전수학교규정(京城專修學校規程)"

- 『조선총독부 관보』 1922년 4월 1일자(호외), "조선총독부령(朝鮮總督府令) 제49호 경성법학전문학교규정(京城法學專門學校規程)"

이 학교는 30년 가까운 세월이 흐르도록 비교적 오랜 기간 옛 육조앞길의 한 구역을 지켜왔으나, 1938년 4월에 청량리에 있던 옛 경성공립농업학교 자리로 이전함에 따라 그 자리는 이내 전매국 청사 신축 공사장으로 변모하게 되었다. 이 과정에 대해서는 앞서 '농상공부 청사' 항목 및 '1930년대 육조앞길' 항목에서 이미 거듭 설명한 바 있으므로, 세부적인 내용 설명은 생략하기로 한다.

(2) 전매국 청사(광화문통 84번지, 1940. 6~1943. 12)

육조앞길 동편의 경성법학전문학교가 있던 공간에 새롭게 진입한 일제의 관공서는 전매국(專賣局)이었다. 원래 전매국은 대한제국 시절 홍삼과 소금에 대한 전매제도가 실시된 것에 바탕을 두어 경술국치 당시 조선총독부 전매국관제를 설정한 바 있었으나 이내 1912년 4월 이를 폐지하고 그 대신에 탁지부 사세국(度支部 司稅局)에 전매과(專賣課)를 두는 것으로 축소 조정되기에 이르렀다.

그러다가 전매국관제가 부활한 것은 1921년 4월이었다. 이 당시 조선연초전매령(朝鮮煙草專賣令)의 실시와 더불어 기존의 전매 품목인 홍삼, 소금, 아편에 이어 담배가 추가됨에 따라 이를 체계적으로 관리하기 위한 관련 기구의 확대 개편이 필요해진 까닭이었다. 전매국관제의 제정과 폐지, 그리고 부활에 이르기까지 관련 법규의 개폐 내역을 정리하면 다음과 같다.

- 『조선총독부 관보』 1910년 9월 30일자, "칙령(勅令) 제263호 조선총독부 전매국관제(朝鮮總督府 專賣局官制)"

- 『조선총독부 관보』 1910년 10월 1일자, "조선총독부 훈령(朝鮮總督府 訓令) 제13호 조선총독부 전매국사무분장규정(朝鮮總督府 專賣局事務分掌規程)"

- 『조선총독부 관보』 1912년 3월 28일자, "칙령(勅令) 제26호 조선총독부 취조국관제, 조선총독부 전매국관제 급 조선총독부 인쇄국관제 폐지(朝鮮總督府 取調局官制, 朝鮮總督府 專賣局官制 及 朝鮮總督府 印刷局官制 廢止)"

- 『조선총독부 관보』 1912년 3월 30일자, "조선총독부 훈령(朝鮮總督府 訓令) 제27호 조선총독부사무분장규정 개정(朝鮮總督府 專賣局事務分掌規程 改正)"

- 『조선총독부 관보』 1921년 4월 1일자(호외), "제령(制令) 제5호 조선연초전매령(朝鮮煙草專賣令)"

- 『조선총독부 관보』 1921년 4월 1일자(호외), "조선총독부령(朝鮮總督府令) 제49호 조선연초전매령시행규칙(朝鮮煙草專賣令施行規則)"

- 『조선총독부 관보』 1921년 4월 1일자(호외), "칙령(勅令) 제53호 조선총독부 전매국관제(朝鮮總督府專賣局官制)"

- 『조선총독부 관보』 1921년 4월 1일자(호외), "조선총독부 훈령(朝鮮總督府 訓令) 제17호 조선총독부 전매국사무분장규정(朝鮮總督府 專賣局事務分掌規程)"

이에 따라 설치된 전매국은 처음 조선총독부 정동분실에 청사를 두어 그해 7월에 개청식을 거행하였다. 하지만 이곳은 1924년 4월에 발생한 화재사건으로 전소[18]되어 경복궁 안 부업품공진회장 건물에 임시 처소를 마련하였다가 1925년 12월에 영락정(永樂町, 저동)에 있던 옛 상품진열관 자리로 청사를 이전하였다.[19]

---

18) 이 당시의 화재사건에 대해서는 『매일신보』 1924년 4월 30일자, 5월 1일자, 5월 2일자 및 5월 3일자에 각각 수록된 관련 기사들을 통해 그 내용을 소상히 확인할 수 있다.

옛 상품진열관 자리로 이전한 총독부 전매국 청사(영락정; 1925~1940)의 전경이다. 이곳은 원래 대한제국 시절 농상공부 청사로 지은 건물이었다(『경성과 인천』, 1929).

① 1921년 7월 조선총독부 정동분실에서 전매국 개청

- 『조선』 1921년 9월호, 169쪽, '휘보란', "[전매국개청] 본부 전매국 개청식이 7월 25일 오전 10시부터 경성 정동 동청사에서 거행되었다."

② 1924년 4월 조선총독부 정동분실 화재사건으로 전매국을 경복궁 안으로 임시 이전

- 『조선총독부 관보』 1924년 5월 5일자, '휘보란', "[청사이전] 본부 철도부, 토목부, 법무국 및 전매국은 4월 28일 함께 소실됨에 따라 동월 29일 경성부 경복궁 내로 이전했다."

---

19) 한편, 조선총독부 상품진열관은 1912년에 옛 농상공부 청사였던 공간을 차지한 것을 시작으로 1926년에는 남산 왜성대에 있는 종전의 조선총독부 청사 부속 건물로 옮겼다가, 다시 1929년 10월 남대문 옆에 신청사(상공장려관)를 건립하여 이전하는 과정을 거쳤다. 이에 대해서는 『조선총독부 관보』 1912년 10월 29일자, "조선총독부 고시 제70호 조선총독부 상품진열관 이전(경성 영락정 1정목)"; 『조선총독부 관보』 1925년 12월 26일자, 휘보란, "조선총독부 상품진열관 이전(경성부 왜성대정 조선총독부 현청사자리)"; 『조선총독부 관보』 1929년 10월 26일자, "조선총독부 고시 제390호 조선총독부 상품진열관 이전(경성부 남대문통 4정목 35번지)" 등을 참조할 수 있다.

③ 1925년 12월 전매국 청사를 영락정(저동) 소재 상품진열관 자리로 이전
  • 『조선총독부 관보』 1926년 1월 12일자, '휘보란', "[청사이전] 조선총독부전매국은 대정 14년(1925년) 12월 29일 경성부 영락정 1정목 1번지(상품진열관 자리)로 이전했다."

④ 1940년 6월 전매국 청사를 광화문통 신축 청사(옛 경성법학전문학교 자리)로 이전
  • 『조선총독부 관보』 1940년 6월 10일자, '휘보란', "[청사이전] 조선총독부 전매국은 소화 15년(1940년) 6월 8일 경기도 경성부 광화문통 84번지의 청사로 이전했다."

이로부터 10년이 지난 시점에서 전매국 신청사의 건립 문제가 불거지는데, 『매일신보』 1935년 10월 26일자에 수록된 「전매국 신청사(專賣局新廳舍) 기지(基地)가 문제, 법전터가 가장 유력은 하나 학교후보지난(學校候補地難)으로」 제하의 기사에 그 연유와 건립 후보지 문제에 대해 이러한 소식을 전하고 있다.

전매국(專賣局)에서는 현재 있는 영락정(永樂町)의 청사는 장소가 너무 협소하여 일찍 이전 개축을 계획 중이었는데 이제 설계도 완성되었으므로 30만 원의 총공비로써 근대적 건물의 청사를 신축하게 되었다 한다. 그런데 문제가 위치로서 장소를 선정 중이었는데 현재 체신국 건너편에 있는 경성법학전문학교(京城法學專門學校)가 옛날 건축한 낡은 고옥(古屋)으로 신축하지 않으면 안 될 형편이며 따라서 그곳이 본부와도 가깝고 체신국을 비롯하여 관청촌으로서 가장 적당한 곳이므로 그곳에 이전 개축하도록 위치를 결정하였으나 동 법전학교를 이전할 적당한 위치를 선정치 못하여 문제 중

으로 있다 한다. 이 학교의 이전 장소만 발견하면 전매국은 즉시 이전 개축에 착수할 것이라는데 이렇게 실현이 되면 학교로서도 복잡한 길거리에 두기보다가 좋을 것이며 전매국으로서도 본부를 중앙에 두고 체신국과 마주 서 있는 것이 가장 이상적으로 될 것이다.

이에 앞서『매일신보』1935년 7월 20일자에 수록된「영락정(永樂町) 전매국청사(專賣局廳舍) 이전 신축 계획, 40만 원 예산을 계상 요구, 남측로(南側路) 확장관계(擴張關係)」제하의 기사에는 그 당시 경성부에서 실행하는 도로 확장 계획에 따라 전매국 청사의 오른쪽 3분의 2가량이 헐려 나갈 처지가 됨에 따라 부득이하게 이전 신축 계획이 추진되고 있다는 취지의 내용이 수록되어 있다.『조선과 건축(朝鮮と建築)』1935년 8월호, 53쪽,「최근조선건축계(最近朝鮮建築界) : 전매국의 신축은?」에도 이와 비슷한 내용이 담겨 있다.

이러한 결과 경성법학전문학교의 이전이 결정되고 1938년 봄부터 착공상태에 들어갔으나, 그 무렵 전시체제하에서 재정 긴축으로 총독관저, 총독부박물관, 평안남도청, 대전법원청사 등을 포함한 일체의 관공서 건축이 중단됨에 따라 전매청 신축 공사도 또한 중지 상태에 들어갔으며, 1939년 봄에 와서야 이 공사는 재개될 수 있었다. 결국 전매국은 1940년 6월에 이르러 신청사 이전이 이뤄졌다.[20]

• 『매일신보』1938년 3월 8일자, "[천육백 평의 사층루(四層樓), 광화문통(光化門通)에 용립(聳立), 금월중(今月中)에 철훼(撤毀)될 법전교사(法專校

---

20) 이 당시까지 전매국으로 사용했던 영락정의 옛 청사는 경성세무서(京城稅務署)로 용도가 변경된 것으로 확인된다. 이에 대해서는『조선총독부 관보』1940년 8월 16일자에 수록된 휘보란에 "[청사이전] 소화 15년(1940년) 8월 11일 경성세무서는 경성부 영락정 1정목 1번지의 1로 이전했다"는 기록이 남아 있다.

숨)] 고층 건물이 즐비하게 들어서는 광화문통에는 13년도(1938년도) 내에 또 하나 나타나게 되었다. 그것은 현재의 법학전문학교(法專)가 청량리(淸涼里) 그전 경성농업학교(京農) 자리로 옮아가고 그 자리에 전매국(專賣局) 청사가 서게 된 것인데 총독부에서는 13년도에 이 예산으로 40만 원을 계상하여 가지고 지난 1월 26만 7,000원으로 청수조(淸水組, 시미즈구미)에 낙찰이 되었다. 그리하여 기지 2,700평에 건물은 4층, 총건평 1,609평으로 13년도 내에 준공할 예정이므로 일부 지균공사(地均工事)는 작년 말에 이미 끝이 났고 금월 중순 법전이 이사를 한 다음 즉시 구 건물을 헐고 공사에 착수하기로 되었는데 건물이 준공되면 맨 위층은 전매회관으로 사용하고 나머지는 사무실로 사용하기로 되었다."

• 『동아일보』 1938년 3월 8일자, "[전매국신청(專賣局新廳), 청수조(淸水組)에 낙찰] 전매국에서는 금번 광화문통(光化門通) 법학전문학교 자리에 공비 27만 6천 원 예상으로 4층 양옥의 청사를 신축하기로 되어 청수조(淸水組, 시미즈구미)에 낙찰되어 금년 안으로 준공 예정인데 법전은 청량리(淸涼里)로 이전한다고 한다."

• 『조선일보』 1938년 7월 9일자, "[관공청관계(官公廳關係) 제공사(諸工事)에 우울(憂鬱)! 중지(中止)의 대선풍(大旋風), 박물관(博物館), 전매국청사(專賣局廳舍) 등(等) 각신축물(各新築物) 태좌절(殆挫折), 총독부(總督府), 물자절약(物資節約)에 솔선수범(率先垂範)] 획기적 물자 총동원 계획에 따라 조선 내의 물자절약 계획은 오노(大野) 정무총감의 귀임과 함께 급속히 구체화하여 방금 재무국이 중심이 되어 각반의 사업에 대하여 예의 검토를 하고 있는데 그중에도 방금 공사를 진행하고 있는 총독부 관계 건축물에 대하여는 솔선하여 모범을 보이기로 되어 총독의 신관저 공사 중지를 비롯하

여 벌써 기초공사에 착수한 시정이십오년기념 종합박물관(공비 사십만 원)의 중지는 거의 결정적이고 전매국 청사(이십만 원), 평남도청 청사(삼십오만 원)와 이 밖에도 각 학교, 시험장 등 공비의 대소를 불구하고 물자수급 관계의 것과 공사 진행 상황에 의한 준공이 아직 먼 것에 대하여 전반적으로 철저한 자재의 소비절약 단행의 방침이다. 계약에 따르는 손해의 배상 문제 등이 예상되는 때문에 이 점에 대하여는 회계과와 재무국 사이에 신중 심의를 하여 가급적 속히 구체안을 확립할 터이라고 한다."

• 『동아일보』 1938년 7월 15일자, "[중지조연공사(中止繰延工事)의 보상액(報償額) 불원결정(不遠決定)] 실행예산편성(實行豫算編成)에 당(當)하여는 토목영선공사(土木營繕工事)는 삭감의 제일 목표로 되어 불급공사(不急工事)로서 중지로 결정한 영선공사는 총독관저(總督官邸)를 위시 전매국청사(專賣局廳舍), 평남도청청사(平南道廳廳舍), 대전법원청사(大田法院廳舍) 기타(其他) 상당수에 달하게 되었다. 그리하여 이들 공사의 청부인(請負人)에 대하여는 공사 진척의 정도, 재료 사용, 매입 기타를 고려하여 적당한 보상이 있게 되는데 어느 정도의 보상이 있게 될 것인가는 대장성(大藏省)의 일반적 방침에 따라 결정될 터이다. 재원(財源)은 제2 예비금에 불지출(不支出) 되게 될 모양이다."

• 『동아일보』 1938년 7월 29일자, "[전매국신청사(專賣局新廳舍) 공사중지결정(工事中止決定)] 27만 원의 공사 예상으로 광화문통 법전(法專) 터에 신축 중의 전매국 신청사는 공사 속행이 곤란케 되어 중지케 되었다 한다."

• 『매일신보』 1939년 4월 21일자, "[전매국신청사(專賣局新廳舍) 공사계속(工事繼續)키로] 전매국 새집은 재작년부터 법학전문학교 자리에다 착수

1. 총독부 소속 관공서들의 연혁: 육조앞길 동편   303

『매일신보』 1940년 4월 18일자에 수록된 전매국 신축 청사의 전경이다. 하지만 이 건물은 불과 4년 후에 경성중앙전신국으로 전환되었다.

중이던 바 자금통제(資金統制)법에 의하여 겨우 한 층밖에 못 짓고 공사를 중지하고 있었는데 드디어 공사비 25만 원을 가지고 청수조(淸水組)에서 맡아 공사를 계속하기로 되었다. 준공은 11월에 할 예정인데 건물은 사층이고 철근 콩크리트에 벽돌을 섞은 건물로 총평수가 1,609평이라고 한다."

- 『조선일보』 1939년 12월 22일자, "[전매국신청사(專賣局新廳舍), 5월에 준공이전(竣工移轉)] 전매국 신청사는 오는 4, 5월쯤에 준공하여 이전하기로 되었는데 7월 1일이 전매국 창설 기념일이므로 정식 이전식은 그날에 거행할 예정이다. 그리고 지금 전매국 터에는 경성세무서가 이전할 터이라 한다."

- 『매일신보』 1940년 4월 18일자, "[전매국(專賣局) 신청사준공(新廳舍竣工), 7월 중 반이(搬移)] 부내 광화문통 네거리에서 총독부 쪽으로 올라가다

가 오른쪽에 근대 건축미를 자랑하는 철근 콘크리트 4층 집이 밖에 둘러 있는 지저분한 판장을 헤치고 넓은 거리에 그 아름다움을 번뜩이고 있으니 이 건축물은 전매본국(專賣本局) 건물로 지난 소화 13년(1938년) 1월 21일 총공비 50만 원을 들여 기공한 것이다. 그런데 이는 공사 중에 자재(資材)를 얻을 수 없는 관계로 청수조(淸水組, 시미즈구미)와의 계약을 해소하여 약 8개월 동안이나 공사를 중지하고 있다가 다시 작년 4월 14일에 공사를 시작하여 요즈음에 이르러 거진 반 준공된 터로 현재의 영락정(永樂町) 청사에서 새 청사로 옮기는 것은 7월 1일쯤 되리라 한다. 그런데 이 건물의 건평(建坪)은 4백 평이고 총평은 1,600평으로 이 근대미를 자랑하는 건물은 쓸쓸하던 광화문 거리에 또 한 개의 명물이 되게 되었다."

- 『동아일보』 1940년 5월 4일자, "[전매국신청사(專賣局新廳舍), 7월 1일에 낙성식(落成式)] 공비 54만 원으로 경성 광화문통 법학전문학교 자리에 신축 중의 전매국 청사는 거의 공사가 끝나 지금 내부의 공사를 급히 하고 있는데 이달 말에는 준공을 볼 터로 6월 중에 이전, 7월 1일의 전매기념일(專賣記念日)을 기하여 낙성식을 거행하기로 되었다. 동청사는 철근 콘크리트 4층 건물로 1, 2, 3층을 보통 사무용에 쓰고 4층 7백 평에 전매참고관(專賣參考館)을 두기로 되었다."

- 『동아일보』 1940년 6월 4일자, "[전매국신청사(專賣局新廳舍)로, 8일 이전식(移轉式)을 거행] 전매국에서는 오는 8일 광화문통 새 청사에 이전하는데 당일은 정오부터 전청원이 영락정 현청사 구내 국기게양탑 앞에 모여 이전식을 거행한 뒤 성수 만세를 부르고 전 직원이 열을 지어 새 청사로 가서 오후 한 시에 청불식(淸祓式)을 신청사 옥상에서 행한다. 식후 전 직원이 이전 뒤 사무에 종사하기로 되었다."

• 『동아일보』 1940년 6월 28일자, "[전매국신청사(專賣局新廳舍) 준공식(竣工式)] 전매국에서는 이번에 광화문통에 신청사를 준공하였으므로 전매 기념일인 7월 1일 오전 8시부터 전매 기념식에 뒤이어 오전 9시 반부터 다음과 같은 식순으로 신청사 4층 대강당에서 조선총독을 비롯하여 관민 3백여 명을 초대하여 신청사 준공식을 거행키로 되었다. …… (하략)"

• 『동아일보』 1940년 7월 2자, "[전매국 신축청사(專賣局 新築廳舍) 준공식(竣工式)을 거행, 공비는 53만 원] 광화문통에 작년 2월부터 기공하고 있던 총독부 전매국은 얼마 전 준공되어 지난달 중순에 이전하여 집무 중이던 바 이 신청사의 준공봉고제(竣工奉告祭)와 준공식(竣工式)은 비 내리는 7월 1일 전매 19주년 기념일을 맞이하여 오전 9시 반부터 광화문통 신청사 4층 회의실에서 미나미(南) 총독, 나카무라(中村) 군사령관, 스즈카와(鈴川) 경기 도지사 이하 관민 오백여 명 참석 하에 집행되었는데 준공봉고제는 우선 수불(修祓) 강신(降神)의 의(儀), 신찬(神饌)을 공(供)하고 재주(齋主) 축사(祝詞)를 주(奏)하고 재주 마츠자와(松澤) 전매국장이 옥관(玉串)을 봉전, 미나미 총독, 탄게(丹下) 총독부 회계과장, 공사청부자 대표로 청수조(清水組, 시미즈구미) 카나사시(金刺) 경성지점장의 옥관봉전이 있었다. 다음 준공식은 오전 10시부터 키노시타(木下) 전매국 서무과장의 개식사로 열리어 마츠자와(松澤) 전매국장의 식사, 타나카(田中) 전매국 경리과장의 공사보고, 미나미(南) 총독의 고사(告辭), 내빈축사로 나카무라(中村) 군사령관, 스즈카와(鈴川) 경기도지사가 각각 축사를 하고 동 10시 반 원만히 식을 마치었는데 동청사는 총평수 1,400여 평에 건평 420평으로 철근 콘크리트 4층 최신형 건물로서 공사비는 전부 53만 원이 들었다 한다."

하지만 전매국이 이 신축 청사를 사용한 기간은 그다지 오래지 않았다. 1943년 12월 1일에 이른바 '행정기구 정비'가 단행되면서 전매국의 중앙관제가 폐지되고 그 자리를 인의동(仁義洞)에 자리한 경성전매국(京城專賣局)을 비롯한 네 곳의 지방전매국 체제가 대신했기 때문이었다.[21] 이 당시 전매국의 행정 기능은 재무국 산하에 '전매총무과'와 '전매사업과'가 새로 설치되는 것으로 충당되었다.

이와 관련하여 『매일신보』 1943년 10월 20일자에 수록된 「간소차강력화(簡素且强力化)하는 총독부의 기구 내용」 제하의 기사에는 전매국 폐지와 관련하여 다음과 같은 평가를 덧붙인 사실을 확인할 수 있다.

> [재무국(財務局)의 전매행정통합(專賣行政統合)] 전매국은 대정 10년(1921년) 4월 조선전매령의 실시와 아울러 설치되어 반도재정(半島財政)의 중요한 수입부문(收入部門)의 사무를 장악하여 왔던 바 금차(今次) 개정(改正)에 의하여 전매 행정이 재무국(財務局)에 포섭됨에 따라서 재무국은 반도 재정을 완전히 한 손아귀에 넣고 운영할 체제가 확립될 것으로 관측된다.

(3) 경성중앙전신국(광화문통 84번지, 1944. 9~1945. 8)

1940년에 신축 완공된 전매국 청사는 1943년 12월 전매국 관제의 전면 개편 이후 1944년 9월부터 경성중앙전신국(京城中央電信局)이 사용하는 공간으로 탈바꿈했다. 원래 전신업무는 경성우편국(京城郵便局) 소관

---

21) 이 당시 조선총독부가 추진한 전면적인 행정기구개편에 관한 논의는 『매일신보』 1943년 10월 20일자, 「총독부기구 전면적 개혁, 총무(總務) 등 6국(局) 개폐(改廢), 광공(鑛工), 농상(農商), 교통국(交通局)을 신설」; 『매일신보』 1943년 10월 31일자, 「행정기구 간소화에 반하는 총독부관제개정 등 입안」; 『매일신보』 1943년 12월 1일자, 「본부(本府) 결전행정신기구(決戰行政新機構) 금일(今日) 발족(發足), 광공, 농상, 교통 3국 신설, 11국을 8국에 재편, 대관방제(大官房制) 채용」 등 제하의 기사에서 그 흔적을 확인할 수 있다.

본정 1정목(충무로 1가)에 자리한 경성우편국의 전경이다. 원래 전신업무는 이곳 소관이었으나 1939년에 경성중앙전신국이 독립 편제되었고, 다시 1944년에는 광화문통 전매국 청사 자리로 전신국이 옮겨 가는 과정이 이어졌다(『일본지리풍속대계(日本地理風俗大系)』 제17권, 1930).

이었으나 1939년에 이르러 이를 독립체제로 전환하였는데, 『매일신보』 1939년 8월 25일자에 수록된 「전선통신(全鮮通信)의 대동맥(大動脈), 400여 명의 종업원이 1일간 6만 통을 취급하는 전신과(電信課) 독립(獨立), 경성중앙전신국(京城中央電信局) 신설(新設)」 제하의 기사에는 다음과 같은 내용이 남아 있다.

    400여 명 이상의 종업원과 하루 취급 6만여 통이라는 전신을 주고받고 하는 경성우편국의 전신과(電信課)는 오는 9월 11일부터 경성중앙전신국(京城中央電信局)으로 승격을 하는 동시 전 조선 전신망을 총감독하는 기관이 되리라고 한다. 이렇듯 경성우편국 내의 한 분과로 있던 전신과가 하루 6만여 통의 전신을 취급한다는 것은 실로 동경, 대판에 다음 가는 전 일본의 제3위요 또는 흥아건설에 있어 조선의 전신망이 가진 사명이 더욱 중대함으로 이번에 경성에 중앙전신국을 설치하기로 한 것이다. 이 경성중앙전신국에는 총무과, 제1통신과, 제2통신과, 수배과(受配課)의 네 과를 둘 터이며 당분간은 경성우편국에서 그대로 사무를 보리라고 한다. 그리고 이번 경성중앙전신국이 탄생되는 것을 기회로 오랫동안 인연 깊게 불러오던 경성우편국도 경성중앙우편국(京城中央郵便局)으로 이름을 고칠 터이며 이로써 경성에는 중앙전화국, 중앙전신국, 중앙우편국의 3대 중앙국이 조선통신망의 중추로서 활약하게 되었다.

여기에서 보듯이 경성중앙전신국의 설치와 더불어 기존의 '경성우편국(京城郵便局)'은 '경성중앙우편국(京城中央郵便局)'으로 개칭하였는데 이에 대해서는 『조선총독부 관보』 1939년 9월 29일자, '조선총독부 고시 제804호 경성우편국 및 경성우편국 비행장분실 개칭'에 관련 내용이 수록되어 있다. 그리고 경성중앙전신국의 편제 독립에 대해서는 『조선총독부 관보』 1939년 9월 29일자, '조선총독부 고시 제802호 경성중앙전신국(경기도 경성부 본정 1정목) 및 경성중앙전신국 비행장분실(경기도 경성부 여의도정 경성비행장 내) 설치' 및 '조선총독부 고시 제803호 경성우편국 및 경성우편국 비행장분실에 있어서 전신 및 전화통화사업 폐지' 등을 참조할 수 있다.

이때 설립된 경성중앙전신국은 처음에 경성우편국 내에 그대로 머물렀다가 5년 남짓한 세월이 흐른 뒤에 광화문통 84번지 옛 경성법학전문학교 자리에 세워진 전매국 신청사를 차지하기에 이른다. 이 당시 경성중앙전신국의 광화문 이전에 따라 광화문우편국의 전신과는 폐지하고 그 대신에 경성중앙우편국에는 전신과를 부활 설치하는 과정이 뒤따랐다.

경성중앙전신국의 청사 이전에 대해서는 『매일신보』 1944년 8월 31일자에 수록된 「경성중앙전신국 이전」 제하의 기사에 그 내역이 소개되어 있다.

> [체신국 발표=8월 30일] 부내 본정 입구에 있는 경성중앙우편국 청사 안에 있었던 경성중앙전신국은 광화문통에 있는 그전 전매국 자리로 이사하기로 되어 준비 중이었는데 29일로써 기계도 전부 이전하였으므로 9월 1일부터는 정식으로 업무 취급을 개시하기로 되었다. 신청사에서는 설비관계로 전보의 접수 사무는 탁송(託送)과 후납전보(後納電報)에 한하여 취급하고 당분간은 일반 공중에 대한 전보 접수는 취급하지 않는다. 그리고 이번의 이전으로 말미암아 광화문우편국에서는 전보의 접수만 취급하고 배달 사무는 중앙전신국에서 인계하며 또 경성중앙우편국에서는 '전신과'를 새로 설치하여 종전의 위치에서 전보 접수와 배달 사무를 취급하기로 되었다.

이 자리는 해방 이후에도 여전히 서울중앙전신국으로 사용되었으며, 나중에는 서울국제전신전화국도 이 공간에 들어섰다. 하지만 이곳에 있던 서울중앙전신국과 국제전신전화국은 1979년 4월 9일에 이르러 서울 종로구 연건동 128의 9(구 서울대 미대)에 위치한 혜화전화국 청사로 옮기는 동시에 옛 건물에 대해서는 이내 철거작업이 개시되었다. 이로써 서울중앙전신국으로 사용되던 옛 총독부 전매국 청사는 준공된 지 40여 년 만에 사라지게 되었고, 그 자리에는 국제통신센터가 신축되는 과정이 이어졌다. 이러한 연원 때문인지 오늘날까지도 이곳은 KT 광화문지사[22]의 몫으로 남아 있다.

---

22) KT 광화문지사와 방송통신위원회가 들어 있는 현재의 빌딩은 1980년대 초에 신축된 것인데, 이에 대해 『동아일보』 1984년 10월 9일자에는 "[국제통신센터 준공, 총 290억 원 투입] 국제통신센터가 착공 3년 8개월 만에 준공됐다. 290억 원의 사업비가 투입된 국제통신센터는 서울 종로구 세종로 84의 4 대지 2,545평에 지하 3층, 지상 15층, 연건평 2만 3,069평의 규모다. 이 건물에는 9일부터 이전하는 체신부를 비롯 한국전기통신공사, 광화문전화국, 중앙전신국, 국제전신전화국 등이 입주할 예정이다"라는 내용의 기사가 남아 있다.

4) 광화문통 149번지 구역

• 체신국 분관 간이보험청사/ • 재무국 전매총무과·전매사업과

(1) 체신국 분관 간이보험청사(광화문통 149번지, 1934. 6~1945. 8)

1929년 10월 1일부터 간이생명보험제도(簡易生命保險制度)의 본격 시행과 더불어 이를 운용하고 추진하기 위한 기구로 설치된 것이 체신국 간이보험 관련 부서(보험감리과, 보험업무과, 보험운용과)이다.

간이보험의 주관 부서인 보험감리과(保險監理課)와 보험업무과(保險業務課)는 1929년 10월 1일 체신국사무분장규정에 따라 처음 설치되었으며, 적립금 규모가 확대되자 1933년 6월에 보험운용과(保險運用課)를 추가로 설치하였다. 이 가운데 보험업무과는 1940년 11월에 보험계약과, 보험지불과, 보험징수과 등 3과로 분할되었으며, 1943년 12월에는 다시 보험관리소(保險管理所)의 편제가 독립하는 한편 체신국에는 따로 저금보험과를 신설되는 과정이 이어졌다.

① 1929년 7월 체신국 감리과에서 조선간이생명보험의 실시준비를 분장
• 『조선총독부 관보』 1929년 7월 1일자, "조선총독부 훈령(朝鮮總督府 訓令) 제29호 조선총독부 체신국사무분장규정중 개정"

② 1929년 10월 체신국에 보험감리과와 보험업무과를 신설
• 『조선총독부 관보』 1929년 9월 25일(호외), "조선총독부 훈령(朝鮮總督府 訓令) 제44호 조선총독부 체신국사무분장규정중 개정"

③ 1933년 6월 체신국에 보험감리과의 일부를 분할하여 보험운용과를 신설
• 『조선총독부 관보』 1933년 6월 24일자, "조선총독부 훈령(朝鮮總督府

옛 기로소 자리에 신축된 체신국 분관(간이보험청사)의 전경이다(『조선체신사업연혁사』, 1938).

訓令) 제23호 조선총독부 체신국사무분장규정중 개정"

④ 1940년 11월 체신국 보험업무과를 보험계약과, 보험지불과, 보험징수과로 분할
  • 『조선총독부 관보』1940년 11월 30일자, "조선총독부 훈령(朝鮮總督府 訓令) 제74호 조선총독부 체신국사무분장규정중 개정"

⑤ 1943년 12월 보험관리소의 폐제 독립으로 체신국에 저금보험과를 설치
  • 『조선총독부 관보』1943년 12월 1일자(호외), "조선총독부 훈령(朝鮮總督府 訓令) 제89호 조선총독부 체신국사무분장규정중 개정", "조선총독부 훈령(朝鮮總督府 訓令) 제90호 조선총독부 보험관리소사무분장규정", "조선총독부 고시(朝鮮總督府 告示) 제1380호 조선총독부 체신관서관제 제

『매일신보』 1930년 8월 8일자에 수록된 옛 종로경찰서(원래 한성전기회사 사옥)의 모습이다. 이곳은 1930년 9월 이후 한동안 체신국 별관(간이보험청사)으로 사용된 바 있다.

8조 제2항의 규정에 의한 조선총독부 보험관리소의 명칭 및 위치"

간이보험제도의 출범 초기에 소관업무가 점차 늘어남에 따라 이들 관련 부서는 1930년 9월 종로 2가 8번지에 있던 옛 종로경찰서 건물로 옮겨 간이보험청사로 사용하였으나, 이들 가운데 일부 조직은 다시 인원 증가에 따라 광화문통 옛 조선보병대 자리와 남산왜성대 옛 총독부 청사 등지의 빈 공간을 찾아 이동하였다. 이와 관련하여『동아일보』1930년 9월 8일자에 수록된「신주인(新主人)을 맞은 전종로서 청사(前鍾路署 廳舍)」제하의 기사는 간이보험청사로 변신한 옛 종로경찰서의 풍경을 이렇게 그리고 있다.

종로경찰서(鍾路警察署)! 이러한 간판은 없어지고 높은 탑에 돌아가던 시계의 바늘조차 멈추어 쓸쓸하게도 비어 있던 전 종로경찰서의 벽돌 이층집에는 6일부터 새로 새 주인이 옮아 들게 되었다. 그 이름은 체신국 간이생명(遞信局 簡易生命)! 간판을 고친 그 집의 살림 배포는 아래층 전 경무(警務), 보안(保安), 위생계(衛生係), 사법취조실(司法取調室)을 보험업무과 계약계(保險業務課 契約係)로, 전 사법계(司法係), 형사실(刑事室)을 보험업무과 징수계(徵收係) 분실로, 이층으로 올라가 전 고등계 밀실이 보험과장실로, 고등계 주임 이하 형사실이 보험감리과 규획계(保險監理課 規劃係)로, 고등계의 어마어마한 취조밀실이 감리과 감독계(監督係)로, 서원 회집실이 업무과 징수계로, 서원 격검장은 보험감리과 통계계(統計係)로 이렇게 변하였다. 그러나 경찰서 검거 피의자들의 속 썩이던 전 유치장(留置場)만은 의연히 그대로 장차 폐사(廢舍)의 운명!

종로의 간이보험청사는 원래 1901년에 한성전기회사(漢城電氣會社) 사옥으로 지어진 것으로 일한와사전기회사 경성지점(日韓瓦斯電氣會社 京城支店) 시절을 거쳐 1915년 9월부터는 종로경찰서로 사용된 공간이다. 1929년 9월에 종로경찰서가 옛 평리원(법원 청사; 공평동 193번지 현 SC제일은행 본점 자리) 청사로 옮겨 간 이후 1930년 9월부터 체신국 간이보험 분실로 사용되며, 1935년에는 한때 화신백화점 임시 영업소로 사용되다가 1936년에 철거되어 그 자리에는 장안빌딩이 들어섰다.

이 와중에 관련 업무량이 급증하면서 1932년에는 청사 신축 문제가 본격적으로 거론되었으며, 그 결과 옛 기로소(耆老所) 자리인 광화문통 149번지가 그 후보지로 물색되기에 이른다. 『동아일보』 1932년 10월 30일자에 수록된 「보험양과 신축(保險兩課 新築)」 제하의 기사는 당시의 형편을 이렇게 전하고 있다.

26일 체신국 발표에 의하면 보험감리과(保險監理課)와 보험업무과(保險業務課)의 청사를 체신국 건너편 국유지 730평에 약 25만 원의 예산으로 근대식으로 2층에 지하실이 달린 총건평 1만 170평의 청사를 새로 건축키로 되었다 한다. 그리하여 그의 공사 입찰을 28일에 시행하였다는데 그의 준공 예정은 내명년 5월경이라 한다. 금번에 신청사 건축하는 이유는 현재 전기 양과에서 빌려 있는 전 종로경찰서의 청사와 전 조선보병대의 청사가 협착하여 업무 집행에 큰 지장이 있다는 것이다.

이에 따라 그해 11월부터 공사가 시작되어 1934년 6월 지상 3층 지하 1층 규모의 체신국 분관(간이보험청사)이 준공되었다.[23] 여기에서 잠깐 간이보험 소관 부서와 관련한 청사 이전 연혁을 간추리면, 다음과 같이 정리될 수 있다.

- 『조선총독부 관보』 1930년 9월 12일자, 휘보란, "[청사이전] 체신국 보험감리과 및 보험업무과는 소화 5년(1930년) 9월 6일 경성부 종로통 2정목 8번지 체신국 분실로 이전했다."

- 『조선총독부 관보』 1931년 8월 24일자, 휘보란, "[청사이전] 체신국 보험감리과의 일부는 소화 6년(1931년) 8월 18일 경성부 광화문통 79-2 80-1번지(조선군사령부 부속청사 내) 체신국 분실로 이전했다."

---

23) 간이보험청사로 사용된 체신국분관(遞信局分館)의 건축 내역에 대해서는 『조선과 건축(朝鮮と建築)』 1934년 6월호에 권두화보(卷頭畵報)와 24~27쪽에 수록된 '공사개요' 항목에 자세히 서술되어 있다. 여기에는 이 건축물이 들어선 자리가 '광화문통 149번지와 150번지'에 걸친 약 828평 부지에 연면적이 1,201.74평에 달한다고 소개하고 있다. 이와 함께 『매일신보』 1933년 11월 16일자, 「보험과청사 상동식」; 『매일신보』 1934년 6월 1일자, 「간이보험국 준공」; 『매일신보』 1934년 6월 12일자, 「모던 간보청사, 12일 낙성식거행」; 『매일신보』 1934년 6월 14일자, 「보험과 신청사, 낙성식 성대」 등 제하의 기사를 참조할 수 있다.

• 『조선총독부 관보』 1932년 8월 8일자, 휘보란, "[청사이전] 체신국 보험감리과(통계계를 제외)는 소화 7년(1932년) 8월 1일 경성부 광화문통 77번지의 1 옛 조선보병대터 청사의 일부로 이전했다."

• 『조선총독부 관보』 1933년 7월 24일자, 휘보란, "[청사이전] 체신국 보험업무과 계약계 및 경성저금관리소 총무과 조사계는 소화 8년(1933년) 7월 13일 경성부 왜성대정 3번지(구조선총독부 청사)로 이전했다."

• 『조선총독부 관보』 1934년 6월 27일자, 휘보란, "[청사이전(廳舍移轉)] 좌(左)의 체신국분실(遞信局分室)은 소화 9년(1934년) 6월 14일 경성부 광화문통 149·150번지의 체신국분관(遞信局分館)으로 이전했다.
 - 보험감리과(保險監理課) 및 보험운용과(保險運用課), 광화문통 77.
 - 보험감리과 통계계(保險監理課 統計係), 광화문통 88.[24)]
 - 보험업무과(保險業務課), 종로2의 8.
 - 보험업무과 계약과(保險業務課 契約係), 왜성대정 3."

옛 육조앞길 거리에 새로이 등장한 체신국 분관에는 여러 곳으로 흩어져 있던 간이보험 관련 부서 일체가 옮겨 와서 하나의 공간에 모여들게 되었고, 1943년 12월 이후에는 전매국 관제의 전면개정으로 신설된 재무국 전매총무과와 전매사업과도 이 청사에 합류하였다. 해방 이후 이 건물은 문교부, 상공부, 전매청 청사로 사용되다가 세종로 확장의 여파로

---

24) 그런데 여기에서 보험감리과(통계계)의 위치를 '광화문통 88번지'라고 표시한 것은 '광화문통 80번지'의 오류로 보인다. 『조선총독부 관보』 1931년 8월 24일자에 수록된 '휘보란'에 표시되어 있듯이 사무실 위치가 '광화문통 79-2·80-1번지(조선군사령부 부속청사 내) 체신국 분실'이었음을 확인할 수 있기 때문이다. 또한 『동아일보』 1933년 11월 15일자에 수록된 「간이보험에 화재로 소동」제하의 기사에는 화재 현장인 간이보험관리소 소사실의 위치를 '광화문통 80번지'라고 적고 있는 것이 눈에 띈다.

1969년 상반기에 촬영된 광화문네거리 일대의 전경이다. 동그라미 표시 안에 들어 있는 건물이 바로 1934년 6월에 준공된 체신국 분관(간이보험청사)이다. 건물배치가 세종로 쪽으로 병목을 만들 듯이 돌출되어 있는 상태이다.

1972년 7월에 도시계획선에 저촉되어 완전 철거되었으며, 도로 구역에 포함된 부분을 제외한 잔여 부지는 1974년 8월에 기공된 교보생명빌딩 터 안으로 편입되었다.

(2) 재무국 전매총무과/전매사업과(광화문통 149번지, 1943. 12~1945. 8)

앞의 '전매국 청사' 항목에서 살펴본 바와 같이 전매총무과(專賣總務課)와 전매사업과(專賣事業課)는 1943년 12월 1일 전시체제의 행정기구개편에 따라 전매국이 폐지된 데 따른 대체 기구로, 재무국(財務局)으로 소속을 변경하여 설정된 조직이다. 이 당시 전매인쇄공장, 전매제약공장, 전매연구소 등을 포함한 종전의 전매국 소속 부서도 함께 재무국으로 이관 처리되었다. 이 가운데 전매사업과의 편제는 1944년 11월에 연초과(煙

草課)와 염삼과(鹽蔘課)로 분리되었다가 일제 패망 직전인 1945년 4월에 다시 전매사업과로 재통합되는 과정을 거쳤다.

이 기구들이 설립 초기에 처소를 둔 장소에 대해서는 구체적인 기록을 확인할 수 없는 상태이다. 하지만 1945년 3월 20일에 발행된 『경성영등포전화번호부(1944년 9월 1일 현재)』에 이들의 소재지가 '광화문통 149번지'로 표기되어 있고 또한 원래의 전매국 자리는 이내 경성중앙전신국이 되었다는 사실에 비춰보면, 처음부터 체신국 간이보험청사에 자리를 두고 있었던 것이 아닌가 짐작된다.

① 1943년 12월 전매국 관제의 폐지와 더불어 재무국에 전매총무과와 전매사업과를 설치
- 『조선총독부 관보』 1943년 12월 1일자(호외), "조선총독부 훈령(朝鮮總督府 訓令) 제88호 조선총독부사무분장규정 개정"

② 1944년 11월 전매사업과를 연초과와 염삼과로 분리 설치
- 『조선총독부 관보』 1944년 11월 22일자(호외), "조선총독부 훈령(朝鮮總督府 訓令) 제96호 조선총독부사무분장규정중 개정"

③ 1945년 4월 연초과와 염삼과를 다시 전매사업과로 통합 설치
- 『조선총독부 관보』 1945년 4월 17일자(호외), "조선총독부 훈령(朝鮮總督府 訓令) 제18호 조선총독부사무분장규정중 개정"

일제의 패망을 앞둔 막바지에 빈번한 기구 개편이 이뤄진 까닭에 대해서는 『매일신보』 1945년 4월 18일자에 수록된 「본부(本府) 기구개정(機構改正) 간소화(簡素化) 단행(斷行), 본부(本府)는 종합기획통제(綜合企劃統

制), 지사(知事) 권한범위확대(權限範圍擴大), 행정면(行政面)의 결전태세완성(決戰態制完成)」제하의 기사를 통해 그 일단을 엿볼 수 있다.

　　제트기(Z旗) 휘날리는 국토전장화(國土戰場化)의 현실에 즉응(卽應)하여 총독부(總督府)에서는 전시행정(戰時行政)의 철저적 간소화(徹底的 簡素化)를 단행하고 이에 호응하여 지방(地方) 제일선행정(第一線行政)의 강화확충을 도모하는 동시에 직원의 기동적(機動的) 배치를 하기로 되어 17일 부령(府令)으로써 신기구(新機構)의 사무문서(事務文書)와 인사이동(人事移動)이 발령(發令)되어 이에 관한 정무총감담(政務總監談)과 정보과(情報課) 발표가 있었다. 이번의 기구개혁(機構改革)에 의하여 본부(本府)에 종래 1실(室) 47과(課)이던 것을 11과(課)를 감(減)하여 1실(室) 36과(課)로 되어 인사의 획기적 이동에 의하여 고등관(高等官) 2할(割), 판임관(判任官) 5할(割)에 해당하는 약 4백 명을 지방 제일선 행정청에 전근시키고 이와 동시에 종래 본부(本府)가 소관하던 사무를 과감하게 지방(地方)에 이양(移讓)하여 도지사(道知事)의 권한으로써 충분한 행정수완을 발휘할 수 있는 길을 열기로 되었다. 직원의 제일선 지방 전근에 대하여는 일률적으로 배치하지 않고 국방(國防)과 생산화(生産化)의 모든 조건을 충분히 고려하여 중점적으로 배치하였다.
…… (이하 생략)

2.
총독부 소속 관공서들의 연혁: 육조앞길 서편

1) 광화문통 77번지 구역

• 조선보병대/ • 체신국 분실 · 체신국 제2분관

(1) 조선보병대(광화문통 77번지, 1910. 8~1931. 4)

육조앞길 서편의 최북단에 해당하는 이 자리는 예로부터 삼군부(三軍府)가 있던 공간으로 잘 알려져 있다. 조선 초기 삼군부가 철폐된 뒤로 예조(禮曹)가 자리했다가 고종 즉위 직후 삼군부를 부활하여 이곳에 두게 하였고, 삼군부가 다시 혁파된 뒤로 친군좌영(1882년 9월), 장위영(1888년 4월), 시위대(1895년 5월; 훈련대 편입 직후 폐지), 친위대(1895년 9월), 시위대(1897년 9월 재설치), 근위보병대(1907년 8월)가 차례대로 이곳의 주인이 되었다.

여기에 나오는 시위대(侍衛隊)는 1895년 윤5월에 처음 설치되었으나 '을미사변(乙未事變)'의 여파로 이내 훈련대(訓練隊)로 편입되었다가 사라지고 말았다. 그 이후 1897년 9월에 이르러 친위대(親衛隊)의 일부를 떼어내어 시위대를 새로 조직하였으며, 그 이후에는 옛 삼군부 자리가 줄곧 시위대의 공간으로 정착되었다. 앞서 '삼군부의 개폐 연혁'에 관한 항목에서 이미 시위대의 신설 과정에 대해 충분히 설명한 바 있으므로, 여기에서는 시위대의 편제와 관련한 연혁만을 간추려 보는 것이 좋을 듯하다.

이에 관해서는 내각기록과(內閣記錄課)가 펴낸 『법규유편(法規類編)』 제6권 군려문(軍旅門), 6~9쪽(1908)에 잘 요약되어 있는데, 그 내용은 대략 다음과 같다.

- 광무 원년(1897년) 9월 30일, 조칙에 따라 친위 1, 2, 4, 5대의 정병으로 합성한 시위대대를 시위 제1대대로 칭하고, 새로 뽑은 자들을 시위 제2대대로 편성함.
- 광무 2년(1898년) 5월 27일, 칙령 제13호로 시위 제1연대(1, 2대대 합성)를 편제함.
- 광무 4년(1900년) 9월 26일, 제3대대를 연대에 첨입함.
- 광무 6년(1902년) 10월 30일, 칙령 제16호로 2년(1898년) 칙령 제13호를 폐지하여 증설 제1, 제2대대로 시위 제1연대로 하고 증설 제3대대와 가설 1개 대대로 시위 제2연대로 함.
- 광무 9년(1905년) 4월 14일, 칙령 제27호로 6년(1902년) 칙령 제16호를 폐지하고 시위보병 제1연대(연대는 3개 대대로, 대대는 4개 중대로 함)를 편제함.
- 광무 11년(1907년) 4월 22일, 칙령 제23호로 9년(1905년) 칙령 제27호를 폐지하고 시위보병 2개 연대(1개 연대는 3개 대대로, 1개 대대는 4개 중대)로 편제함.
- 융희 원년(1907년) 8월 26일, 칙령 제16호 근위보병대 편제할 때에 시위연대를 폐지함.

군대해산 당시 시위대 편제와 해산 인원[1]

부대 구분	주둔지	해산 인원
시위 제1연대 제1대대	서소문 안 병영	해산식 불참
시위 제1연대 제2대대		하사졸 이하 575인
시위 제1연대 제3대대	전동(典洞) 병영	하사졸 이하 488인
시위 제2연대 제1대대	서소문 안 병영	해산식 불참
시위 제2연대 제2대대	광화문 앞	근위대로 전환하여 존속
시위 제2연대 제3대대(징상대)	포덕문외(布德門外)	하사졸 이하 405인

1907년 군대해산 과정에서 더 이상 시위대가 존속할 수 없는 상황이 되었고, 우리나라의 군사조직으로는 황궁의 의장과 수위를 전담할 목적으로 근위기병대(近衛騎兵隊; 경복궁 구내 서십자각 인접지) 1개 중대와 더불어 근위보병대(近衛步兵隊; 옛 삼군부 자리)라는 명칭으로 간신히 1개 대대 규모(종전의 시위 제2연대 제2대대)로 남겨진 것이 고작이었다. 그리고 경술국치 이후 이들이 재편되어 탄생한 것이 곧 조선보병대(朝鮮步兵隊)와 조선기병대(朝鮮騎兵隊)이다.

하지만 이 가운데 조선기병대는 그나마도 1913년 4월에 완전 철폐되었고, 이때 조선보병대 또한 규모가 절반으로 축소되었다. 이에 관해 『매일신보』 1913년 4월 3일자에는 다음과 같은 내용의 기사가 남아 있다.

> [조선군대(朝鮮軍隊)의 개폐(改廢)] 명치 40년(1907년)의 제2 일한협약(日韓協約) 당시 조선군대의 해산을 행한 이후 잔존(殘存)한 보병(步兵) 1대대는 2개 중대로 반감(半減)하고 기병(騎兵) 1개 중대는 전부 폐지(廢止)하기를

---

1) 이 표는 『경성부사』 제2권(1936), 29~30쪽에 서술된 내용을 바탕으로 하되, 일부 항목은 『황성신문』과 같은 당시의 신문자료를 통해 보완하여 정리하였다.

결정되어 1일(日)로써 소관대장(所管隊長)으로부터 상장관(上長官)은 헌병장교(憲兵將校) 혹은 경부(警部)로, 하사졸(下士卒)은 헌병보조원(憲兵補助員)으로 희망에 의하여 전임(轉任)케 할지(旨)를 전달하고 경무총감부(警務總監部)에 인도(引渡)하였다더라.

『조선총독부 관보』 1911년 4월 6일자에 게재된 '칙령 제36호 조선군인에 관한 건'의 내용이다. 중간에 보이는 삼각별 모양의 문양은 '조선보병대'를 포함한 조선군인의 휘장(徽章)이다.

조선보병대와 조선기병대의 설치 근거는 우선 『조선총독부 관보』 1910년 8월 29일자에 수록된 '칙령 제323호 구한국군인(舊韓國軍人)에 관한 건'에 따른 것으로, 여기에는 "조선총독부를 설치함에 있어서 한국 군인의 취급은 육군 군인에 준하며 그 관등계급 임면분한 및 급여 등에 관해서는 당분간 종전의 규정에 의한다"는 구절이 포함되어 있었다. 이어서 『조선총독부 관보』 1911년 4월 6일자에 수록된 '칙령 제36호 조선군인(朝鮮軍人)에 관한 건'을 따로 제정하였는데, 이를 통해 "조선군인은 표에 게재된 육군 군인에 상당한 것으로 하며, 조선군인 중 현직에 있는 조선보병대(朝鮮步兵隊), 기병대(騎兵隊)에 속한 자는 조선주차군사령부부(朝鮮駐箚軍司令部附) 또는 조선주차헌병대사령부부(朝鮮駐箚憲兵隊司令部附)로 한다"는 등의 항목이 정해진 바 있었다.[2]

그리고 1920년 4월에는 이른바 '조선군인 차별 철폐'라는 명분을 내세워 계급 호칭을 일본 군대식으로 통일시켰던 것으로 알려진다. 이에 대해서는 『조선총독부 관보』 1920년 5월 3일자에 게재된 '칙령 제118호 조선군인을 육군 장교 동상당관으로 임용 등에 관한 건' 및 '칙령 제119호 조선군인에 관한 건중 개정' 등의 내용을 통해 확인할 수 있다.

그런데 허울뿐인 조선 군대라는 위상을 지닌 조선보병대를 일컬어 '세계 유일의 절대평화 군대'라고 꼬집은 그 시절의 풍자기사 한 토막도 눈에 띈다. 『동아일보』 1928년 1월 3일자에 수록된 「표리부동(表裏不同) (1) 전쟁참화(戰爭慘禍)엔 풍마우(風馬牛), 절대평화(絶對平和)의 유일군대(唯一軍隊), 총 메고 칼은 차고 아니 배운 전술이 없으되 재주만 닦아둘 뿐 오직 덕으로 천하를 평정, 신년(新年) 맞는 조선보병대(朝鮮步兵隊)」 제하의 기사가 바로 그것이었다.

> 광화문이 면목이 없어 낯을 돌려 돌아앉고 총독부 백석관(白石館)이 으리으리한 그 앞에 조선보병대가 얼굴을 붉히고 있다. 무엇이 부끄러워 그다지 안색이 붉어졌노. 늙은 몸에 또 새해를 맞이하느라고 심중이 저윽이 불안한

---

2) 나중에 『조선총독부 관보』 1920년 2월 24일자에 수록된 '칙령 제29호 명치 44년(1911년) 칙령 제36호중 개정'을 통해 '조선기병대'라는 구절은 완전히 삭제 처리되었다.

모양이다.

　붉은 코밑에 문송(門松)이 꽂혀 있고 이마빡이에 '시메나와'가 얽어졌으니 양복 입고 갓 쓴 것 같아 거북스럽기 짝이 없다. 앞날이 얼마 남지 않은 늙은 몸이라, 인사 체면 다 돌아볼 것이 무엇이랴 하는 셈인가. 새해가 원수 같은 줄이야. 너 아닌들 모르련만 보는 바에 하도 딱해 네 자랑거리를 적어볼까.

　겉 희고 속 검은 것은 백로(白鷺)라 하며 겉은 검되 속 흰 것은 까마귀를 이른다니 우리 조선보병대는 까마귀에 비할 것인가.

　신산한 풍상에 얼굴은 상기되어 붉은 빛을 보이지마는 그 속은 알뜰하니 총 메고 검을 차고 배낭 지고 '구보롯.' 하며 사격, 격검 못하는 전술이라곤 하나도 없으되 재주를 닦아둘 따름이지 부리는 법이 없고 오직 침묵의 덕으로써 사해를 평정하려 하니 천하에 이러한 평화의 군대가 어디 또다시 있을 거냐. 우리의 세계적 자랑거리 조선보병대!

　아무리 군비 축소를 하느니 해군 제한을 하느니 하여 '쩨네바', '와싱톤'으로 날고 기는 외교객이 구름같이 드나들되 조선보병대를 본받지 안 했으므로 모두가 공론에 지나지 못하지 안 했는가. 만일 '윌손', '쿨릿지'가 조선보병대를 몽중에라도 시찰하였더라면 세계 평화는 즉석에 실현되었을 것을 …….

　월급 십사 원에 엇둘 엇둘 하는 이백 명의 평화군대! 천하를 덕화(德化)하려는 그 의기는 만대에 사라지지 않을 건가. 솔은 천년을 맺고 대는 만년을 기약한다는 '문송'이 꽂히었으니 앞날이 창창한 것 같기도 하다마는 덕으로 행세 못하는 야속한 세상이야…….

　신년을 맞이하여 평화의 군대의 만세나 불러볼까. 절대 비전군대(非戰軍隊)여 만세!

이러한 상태에서 미미하나마 조선보병대는 그 존재를 20년 가까이 이어갔으나, 결국 1926년 순종의 승하 이후 실제의 역할이 줄어든데다 지속된 불경기의 와중에 경비절감 문제가 불거지면서 1931년 4월 8일에 이르러 끝내 해산되는 수순이 뒤따르게 되었다. 조선보병대의 마지막 순간에 대해서는 『매일신보』 1931년 4월 7일자에 수록된 「조선보병대(朝鮮步兵隊), 8일에 해산(解散), 역사 깊은 보병대의 최후 운명, 병사(兵士)는 각처(各處)에 취직(就職)」 제하의 기사를 통해 그 일면을 엿볼 수 있다.[3]

  이미 폐지하기로 결정된 조선보병대는 금월 8일 오전 10시 광화문통(光化門通) 동 보병대 영사 안에서 해산식(解散式)을 거행하고 그날로써 아주 해산을 하게 되었다. 동 보병대는 일한합병(日韓合倂) 이후 왕가의 경위를 위하여 이래 존치하여 오던 것으로 근년에 이르러 국가경제의 긴축 절약과 또 오늘날에는 별로이 필요를 인정하지 않게 되어 그와 같이 폐지하기로 된 것인데 현재 동 보병대에는 장교(將校) 약 30명, 하사(下士) 이하 병졸(兵卒) 등 약 80명 모두 백여 명이 있고 또 그 외 금년 2월 중에 제대(除隊)되어 향리로 돌아간 사람이 약 백 명가량 있어 전부 이백여 명에 달하여 있다. 그리하여 해산과 동시에 장교 이하 병졸까지 그들은 전부 해직이 되는 것이므로 총독부 당국 과 및 군부(軍部) 측에서는 해산 후 그들의 취직에 대하여 그동안 각 방면으로 알선한 결과 창덕궁경찰서(昌德宮警察署) 순사로 약 50명, 그 외 전차차장, 형무소 간수 등으로 약 20명이 취직할 수 있게 되었고 그 외에도 아직 여러 방면으로 운동하여 대개 반수가량은 전직할 수 있게 될 모양이

---

3) 이 밖에 조선보병대의 해산식에 관해서는 『매일신보』 1931년 4월 9일자, 「인연 깊은 조선보병대, 8일에 영구해산, 이날 오전에 해산식을 거행하고 눈물의 병대 산지사방」; 『동아일보』 1931년 4월 9일자, 「조선인군대 최후 해산식, 금 8일 조선보병대 해산, 노 장교 눈엔 암루」 등 제하의 기사를 참조할 수 있다. 이에 앞서 『조선일보』 1931년 1월 14일~19일자에 수록된 「조선보병대애사(朝鮮步兵隊哀史)」라는 제목의 연재기사(총 5회)에는 근대시기 한국 군대와 조선보병대의 내력을 종합 정리한 것이 눈에 띈다.

라 한다. 그리고 또 그중에는 자기 향리로 돌아가 농경(農耕)에 종사하겠다는 사람도 있어 아무리 취직난을 부르짖는 이때이라 하여도 실직자는 그리 내지 않을 작정이라 하며 또 동 보병대의 해산과 동시에 금월 8일 이후부터는 주인 잃은 빈집이 될 광화문통 동 영사(營舍)는 장차 무엇에 쓸는지 군부에서 아직 결정을 짓지 못하였다는데 장차 육군성(陸軍省)으로부터 총독부가 양수를 받아 관아(官衙)로 사용하게 될 모양이라고 한다.

『매일신보』 1931년 4월 9일자에 수록된 '조선보병대 해산식' 당일의 장면이다.

『동아일보』 1928년 1월 3일자에 수록된 '조선보병대'의 정문 모습이다.

조선보병대 해산과 동시에 사이토 총독(齋藤總督)은 그 간부들을 위로하는 의미로 해산 당일인 8일 오후 6시 반에 왜성대 관저로 조 중장(趙 中將), 어 중장(魚 中將) 이하 간부장교 약 32명과 그 외 내빈으로 코다마 정무총감(兒玉 政務總監) 이하 육군 관계자들을 초대하여 만찬회를 열 예정이라 한다.

이 당시 퇴직 군인에게는 해산수당이 지급된 흔적도 보이는데, 이에 대해서는 『조선총독부 관보』 1931년 4월 22일자, '칙령 제55호 조선보병대의 폐지에 따라 퇴직되는 육군무관 및 조선군인 등에 특별사금 또는 수당을 지급하는 건'의 내용이 서술되어 있다. 조선보병대가 폐지된 뒤 이 자리는 주로 체신국 예하 부서가 잇달아 들어와 체신국 분실(遞信局 分室)의 용도로 사용했으며, 나중에는 체신국 제2분관이 들어서기도 했다. 해방 이후 1970년에 이곳에는 정부종합청사(政府綜合廳舍, 지금의 정부중앙청사)가 건립되었다.[4]

(2) 체신국 분실·체신국 제2분관(광화문통 77번지, 1932. 8~1945. 8)

1931년 4월 조선보병대의 해산식 이후 이 공간을 차지한 총독부의 관공서는 체신국 보험감리과(遞信局 保險監理課)였다. 이때가 1932년 8월이었는데, 그 이후 간이생명보험 관련 업무량의 증가에 따라 체신국 보험감리과의 일부를 분할하여 1933년 6월에 보험운용과(保險運用課)를 신설하게 되자 광화문통 77번지 구역은 보험감리과와 보험운용과가 나란히 사용하는 공간으로 변하였다. 하지만 이들 부서는 그 이듬해인 1934년 6월 광화문통 149번지에 체신국 분관(간이보험청사)이 건립되면서 모두 그곳으로 이전하였다.

그런데 1934년 이후 시기 이 구역의 공간 변화에 관한 연혁은 아쉽게도 일목요연하게 정리되지 않는다. 다만, 『매일신보』 1934년 10월 26일자

---

4) 정부종합청사의 건립과 관련하여 1967년 4월에는 조선보병대의 마지막 흔적이었던 청헌당(清憲堂) 건물이 헐려 서울 공릉동 육군사관학교 박물관으로 옮겨졌고, 지금은 서울시 유형문화재 제16호로 지정 관리되고 있다. 원래 옛 삼군부 자리에는 총무당(總武堂), 청헌당(清憲堂), 덕의당(德義堂), 이렇게 세 건물이 나란히 자리했으나, 일찍이 덕의당은 조선보병대 해산 이후 소리 소문 없이 사라졌고 총무당은 일제강점기에 서울 삼선공원 쪽으로 옮겨져 지금은 서울시 유형문화재 제37호로 지정되어 있는 상태이다. 한국신문사진기자단, 『68 보도사진연감』(한국기자협회, 1968), 40쪽에는 청헌당 해체 이전 당시의 사진자료가 수록되어 있다.

옛 시위대 병영의 출입구이기도 했던 조선보병대의 정문이다. 조선보병대의 해산 이후 이 구역은 체신국 분실의 용도로 사용되었다.

에 수록된「체신국 보건운동」제하의 기사에는 경리과 분실 앞 광장이 옛 조선보병대에 자리한다는 사실이, 그리고『매일신보』1938년 10월 12일자에는「체신국 분실 뜰에서 가마니 짜는 경기, 내 14일 관람공개」제하의 기사를 통해 이 행사가 그전 조선보병대 자리인 광화문통 체신국 감리과 분실 광장에서 거행된다는 사실이 각각 적시된 것을 확인할 수 있을 따름이다. '체신국 경리과 분실'이니 '체신국 감리과 분실 광장'이니 하는 구절이 등장하므로, 그 무렵에 이곳이 체신국 분실의 용도로 사용되고 있었음을 짐작할 수 있다.

이와 아울러 앞서 소개한 1936년 발행『지번구획입 대경성정도 제5호(地番區劃入 大京城精圖 第5號)』에도 옛 조선보병대 자리에 '체신국 경리과·감리과'라는 표시가 들어 있다는 사실에 주목할 필요가 있을 것이다. 체신국 경리과(經理課)와 감리과(監理課)는 원래 각각 계리과(計理課)와 통신과(通

信課)이던 것을 1920년 10월 6일부터 새로 명칭을 고쳐 부른 조직으로, 이 편제는 회계과(會計課) 및 통신과(通信課)로 재개칭되는 1943년 12월의 시점까지 유지되었다.

한편, 이곳을 '체신도서관(遞信圖書館) 구내 광장'으로 표시한 자료들도 자주 눈에 띈다.[5] 그리고 1940년대 이후에는 흔히 '체신국 제2분관'으로 불렸던 것을 확인할 수 있다. 예를 들어 『매일신보』 1942년 9월 10일자에 수록된 「경성저금관리소 이전」 제하의 기사는 "체신국 구내에 있는 경성저금관리소가 이번 광화문통 77번지의 체신국 제2분관으로 이전"하기로 되었다는 소식을 전하고 있다.

이 밖에 『매일신보』 1943년 10월 7일자, 「앗쓰도(島) 등(等)에 종군산화(從軍散華)한 체신종업원위령제(遞信從業員慰靈祭), 작일(昨日) 체신국광장(遞信局廣場)에서 성대집행(盛大執行)」 제하의 기사에도 이 행사가 체신국 제2분관 광장에서 벌어진 사실이 표시되어 있다.

'앗쓰'도에 옥쇄한 야마사끼부대(山崎部隊)의 용사들과 함께 장렬한 옥쇄를 하여 숭고 무비한 '체신정신'을 유감없이 발휘한 사또(佐藤) 사무관 이하 26씨의 충령에 보답하고자 총궐기한 조선 안 3만 6천의 체신종사원은 6일 오후 4시 다시금 본국 제2분관 광장에서 대동아전쟁에 산화한 체신관계 용사 ○○주의 명복을 비는 합동위령제가 거행되어 구적필살에 새로운 결의를 돋구었다. 이날 오후 4시 체신국 본국의 각과 종사원 4천여 명이 참렬한 가운데 신식에 의하여 먼저 수불(修祓), 헌찬(獻饌), 강신(降神)의 의(儀)

---

5) 가령 『동아일보』 1939년 9월 26일자, 「전조선 체신근속자를 표창」; 『동아일보』 1939년 9월 30일자, 「체신체육대회」; 『동아일보』 1939년 12월 1일자, 「체신애국일 행사를 거행」; 『동아일보』 1940년 3월 1일자, 「명일 흥아봉공일에 체신국의 행사」; 『동아일보』 1940년 6월 30일자, 「체신기념행사」 등 제하의 기사에 '체신도서관 구내 광장'이라는 표현이 잇달아 등장한다.

가 아악의 음율에 따라 진행되고 끝나자 재주(齋主)가 제사(祭詞)를 주상하고 또 제주(祭主)인 시라이시(白石) 체신국장으로부터 "대명을 받고 정도에 나서자 생사를 돌보지 않고 군국 남아의 피를 바쳐 승리의 기초를 쌓은 제군의 영혼에 우리도지지 않고 체신보국의 사명을 다하여 제군의 원수를 갚으리다." 하고 애절한 제문을 낭독하였다. 이어서 재주, 제주의 옥관봉전과 고 사노 오장(故佐野 伍長) 이하 ○○주의 유족 대표의 옥관봉전이 있은 다음 끝으로 우인대표 체신국 재향군인회 분회회장 오가와(小川) 보험감리과장으로부터 옥관을 봉전하고 철찬(撤饌), 승신(昇神)의 의로써 위령제를 마치었다(사진은 합동위령제 광경).

　더구나 1945년 3월 20일 발행『경성영등포전화번호부(1944년 9월 1일 현재)』에도 제2분관의 위치가 광화문통 77번지로 표시되어 있으므로, 옛 조선보병대 자리가 체신국 제2분관이었던 것은 분명한 사실이다. 하지만 이 체신국 제2분관이 언제 건립되었으며 또한 언제부터 이 명칭이 사용되었는지에 대한 구체적인 자료는 잘 확인되지 않고 있다. 기회가 닿는 대로 서둘러 관련 기록의 발굴과 보완정리가 필요한 대목이라 할 것이다.

　해방 직후에 간행된 지도자료를 살펴보면, 이곳에 '저금보험관리국'이라는 표시가 남아 있는 것이 눈에 띤다. 그리고 1958년에 발행된『지번입 서울특별시가지도』에 '체신도서관', '체신사업협회', '저금관리국'의 표시가 남아 있고, 1968년에 발행된『지번입 최신서울특별시가도』에도 신축 공사 중인 '정부청사'라는 표시가 덧칠이 되어 있긴 하지만 여전히 체신도서관, 체신사업협회라는 기관이 그 구역을 차지하고 있는 것으로 바탕 그림에는 나타나 있다.

　특히『동아일보』1966년 3월 5일자에 수록된 '세종로 배치약도'에는 세종로 제1차 확장 공사 당시의 상황이 잘 묘사되어 있는 바 옛 조선보

2. 총독부 소속 관공서들의 연혁: 육조앞길 서편 331

경기도순사교습소 숙사(종전의 경성제2헌병분대 숙사)의 출입문인 옛 중추원 대문의 모습이다. 지금의 정부중앙청사 남단부에 해당하는 위치이다(ⓒ국사편찬위원회).

왼쪽 끝에 살짝 보이는 것은 경기도순사교습소(종전의 경성제2헌병분대) 구역의 출입문인 옛 사헌부 대문이다. 그 위쪽으로는 순사교습소 숙사(옛 중추원)와 조선보병대 구역(옛 삼군부)의 대문이 잇달아 연결되어 있다(ⓒ국사편찬위원회).

병대 구역의 전면과 그 남측에 '서울전신보험관리국'과 '경찰기동대순찰반'이라는 표시가 나란히 붙어 있다. 요컨대 일제강점기는 물론이고 해방 이후에도 줄곧 체신부(遞信部) 관련 관공서가 옛 조선보병대 구역을 차지하는 상황이 그대로 이어졌음을 말해주는 대목이다.

2) 광화문통 78번지 구역

• 헌병대 숙사

(1) 헌병대 숙사(광화문통 78번지, 1910. 8~1919. 8)

이 자리는 원래 중추부가 있던 곳으로 대한제국 시절인 1900년에 헌병사령부(憲兵司令部)가 들어섰다가 1907년 군대해산 이후로는 경시청의 부속지로 내부 경무고문실(內部 警務顧問室)이 존재했던 공간이었다. 경술국치 이후로는 경찰기구를 장악한 헌병대의 관할 구역으로 귀속되었고, 이에 따라 이곳은 헌병대 숙사(憲兵隊 宿舍)의 용도로 사용되었다.

이에 관한 공식 자료는 찾기 어려우나 1914년 발행 『경성부시가강계도』와 『경성부명세신지도』, 그리고 1917년 발행 『경성시가전도』 등에 헌병대관사라는 표기가 해당 위치에 나와 있으므로 이것으로도 그 존재를 분명히 확인할 수 있다.[6] 나중에 이 공간은 1919년 헌병경찰제도의 폐지와 더불어 광화문통에 주둔하던 경성제2헌병분대가 철수하였으므로 더 이상 헌병대 숙사라는 이름으로 존재할 수는 없는 형편이 되었다.

1920년대 이후 어느 시점부터 이곳은 경기도순사교습소(京畿道巡査教

---

6) 이 가운데 『경성부시가강계도(京城府市街疆界圖)』와 『경성부명세신지도(京城府明細新地圖)』는 서울역사박물관, 『서울지도』(2006), 41~43쪽 및 107~109쪽; 『경성시가전도(京城市街全圖)』는 허영환, 『정도 600년 서울지도』(범우사, 1994), 100~101쪽 및 105쪽에 걸쳐 각각 수록되어 있다.

瞥所)와 이에 부속된 숙소 등의 용도로 사용된 흔적이 분명히 눈에 띈다. 하지만 정확하게 언제부터 이 구역이 경기도순사교습소가 된 것인지에 대한 연혁을 세밀하게 추적하기는 어려운 상태이다.

이와 관련하여 『경성부사』 제2권(1936), 36쪽에는 헌병사령부의 위치에 대해 "전기(前記) 군부(軍部)의 이웃으로 현 군사령부 부속청사(現 軍司令部附屬廳舍)의 북방(北方)인 경관양성소숙사(警官養成所宿舍)의 자리"라고 소개하고 있으며, 『동아일보』 1925년 1월 1일자에 수록된 「석일(昔日)의 육조(六曹) 앞, 광화문통의 회고담 편편」 제하의 기사에 "……길 건너로 시위2대 영문에는 조선보병대가 있고 경무청이 있는데 경시청이라고 따로 생겼던 곳에는 순사기숙사(巡査寄宿舍)가 있고 군부는 조선군사령부분실(朝鮮軍司令部分室)이 되고……(하략)"라는 구절이 있는 바 이것으로 이곳이 순사교습소와 관련된 기숙사로 사용되고 있었음은 틀림이 없는 사실이다.

그리고 1945년 3월 20일 발행 『경성영등포전화번호부(1944년 9월 1일 현재)』에 따르면, 체신국 제1분관 난방실과 체신국 제1분관 보험감리과 경리계의 주소가 광화문통 78번지로 표시되어 있다는 점도 다시금 사실 여부의 확인과 관련 자료의 보완 추적이 필요한 대목이라 판단된다.

3) 광화문통 79번지 구역

> • 경성제2헌병분대/• 경기도순사교습소/• 총독부 경무국 위생시험실/
> • 경기도 경찰부 세균검사실/• 경성마약류중독자치료소

(1) 경성제2헌병분대(광화문통 79번지, 1910. 8~1919. 8)

경술국치 직전 옛 사헌부 자리이자 경시청이 있던 공간에 새로 들어선

식민통치기구는 바로 경성제2헌병분대(京城第二憲兵分隊)였다. 이는 1910년 6월 24일 일제에 의해 '경찰사무의 위탁에 관한 각서'가 강요되면서 헌병경찰제도가 본격 시행된 결과물로 만들어진 것이었다.

이 당시 헌병분대는 경찰서가 미설치된 구역에 대해 경찰서의 직무를 대행하는 역할을 맡았는데, 서울지역에는 경성제1헌병분대, 경성제2헌병분대, 용산헌병분대 등 세 곳의 헌병분대[7]를 두게 되었다. 이 가운데 한성부 일부, 고양군, 파주군, 교하군 일대를 관할구역으로 하는 경성제2헌병분대는 옛 육조앞길에 터를 잡기에 이른다. 길 하나를 사이에 두고 북쪽으로 이웃한 곳에 헌병대 숙사(광화문통 78번지, 옛 헌병사령부 자리)가 설치된 것도 헌병분대가 바로 이곳에 자리한 것과 직접적인 관련이 있었다. 이와 관련하여 다음과 같은 몇 가지 신문자료들을 확인할 수 있다.

- 『황성신문』1910년 6월 30일자, "[분견소 위치 시찰(分遺所 位置 視察)] 경시청(警視廳)을 헌병분견소로 변칭(變稱)한다 함은 이보(已報)한 바이니와 일헌병사령부(日憲兵司令部)에서 작일(昨日) 해위치(該位置)를 시찰하였다더라."

- 『황성신문』1910년 7월 7일자, "[경성(京城)의 헌병분대(憲兵分隊)] 경성에 2개 헌병분대를 신설한다 함은 기보(旣報)어니와 제1분대는 기(旣)히 헌병본대 구내(憲兵本隊 構內)에 설(設)하고 제2분대는 전경시청(前警視廳)에

---

7) 경술국치를 전후한 시기에 설치된 일본 헌병분대의 위치와 관할 구역 등에 대한 내용은 『통감부 공보』1910년 8월 5일자(호외), '통감부령 제42호 경찰서의 직무를 행하는 헌병분대의 명칭위치 및 관할구역', '통감부령 제43호 헌병대의 관구 및 배치'; 『조선총독부 관보』1910년 9월 16일자, '칙령 제343호 조선주차헌병조례'; 『조선총독부 관보』1910년 10월 18일자, '조선총독부령 제28호 통감부령 제43호 헌병대관구 및 배치중 개정'; 『조선총독부 관보』1910년 12월 10일자(호외), '조선총독부령 제56호 조선주차헌병대의 관구 및 배치', '조선총독부령 제57호 경찰서의 직무를 행하는 헌병분대의 명칭, 위치, 관할구역' 등을 참조할 수 있다.

『조선총독부 관보』 1910년 12월 10일자(호외)에 수록된 경성제2헌병분대의 관할구역 조정 내용이다.

신설한다더라."

• 『황성신문』 1910년 7월 9일자, "[일헌 이분대 이접(日憲 二分隊 移接)] 전 경시청(前警視廳)에 일헌병 제이분대(日憲兵 第二分隊)를 설치한다 함은 이 보(已報)하였거니와 재작일(再昨日)에 동청(同廳)으로 이접(移接)하고 제반 물품(諸般物品)을 육속 운반(陸續 運搬)하였다더라."

• 『황성신문』 1910년 8월 11일자, "[헌병출장소(憲兵出張所) 신설(新設)] 경성헌병 제2분대에서 금번에 연희궁(延禧宮), 홍제원(弘濟院), 조사소(造糸所), 수색리(水色里), 일산(一山) 오처(五處)의 출장소(出張所)를 신설하고 헌병 급 보조원(憲兵 及 補助員)을 배치한다더라."

하지만 이 경성제2헌병분대는 1919년에 이르러 헌병경찰제도의 폐지에 따라 철폐되었고, 이와 동시에 대화정(大和町, 지금의 필동)에 있는 경성헌병분대에 하나로 통합되었다.

헌병경찰제도의 폐지와 헌병분대의 재조정 과정에 대해서는 『조선총독부 관보』 1919년 8월 20일자(호외), '칙령 제389호 조선에 있어서 헌병분대 또는 헌병분견소 재근헌병의 직무에 관한 건', '칙령 제397호 헌병조례중 개정(조선주차헌병조례의 폐지)'과 『조선총독부 관보』 1919년 8월 27일자, '육군성령 제25호 헌병대관구'; 『조선총독부 관보』 1919년 12월 20일자, '조참발(朝參發) 191호 조선헌병대본부의 위치와 헌병분대의 배치 및 관할구역', '조참발 제192호 조선헌병복무규정' 등을 통해 살펴볼 수 있다.

그 이후 시기에는 이 공간에 경기도순사교습소와 총독부 위생시험소, 경기도 세균검사실 등의 경찰 관련 관공서가 잇달아 이 구역을 차지하였다.

(2) 경기도순사교습소(광화문통 79번지 및 78번지, 1920. 8~1945. 8)

강압적인 식민지배의 상징적인 공간이기도 했던 경성제2헌병분대가 주둔했던 자리는 이내 경기도순사교습소(京畿道巡査敎習所)가 물려받았다.

이곳 순사교습소는 각 도별로 새로 채용되는 조선인 순사에 대한 실무교육기관(교습기관 3개월)이었다. 『조선총독부 관보』 1920년 8월 13일자에 수록된 '조선총독부 경기도 훈령 제20호 순사교습소규정'의 제1조에는 "순사교습소는 조선인 도순사(朝鮮人 道巡査)의 모집 및 교습에 관한 사무를 관장한다"라는 구절이 포함되어 있다.

이 순사교습소는 1919년 헌병경찰제도의 폐지로 일본인 순사들을 대규모로 신규 채용할 필요성이 급증하자 이들에 대한 교육 부담을 분할

『매일신보』 1936년 5월 3일자에 수록된 경기도순사교습소의 조선인 순사 모집 광고문안이다.

하여 수행하려는 계획에 따라 설치된 것이었다.[8] 실제로 조선총독부경찰관강습소에서 펴낸 『조선총독부경찰관강습소개요(朝鮮總督府警察官講習所槪要)』(1938), 3~4쪽에는 "1919년 8월 경찰관강습소의 창설과 동시에 이른바 내지인(內地人) 순사 3,000명이 한꺼번에 모집되어 교습기간을 2개월로 단축하는 조치를 취했으며, 다시 1920년 1월에는 2차로 2,800명의 증원이 이뤄짐에 따라 이들을 강습소, 각도와 경찰서에 분배하여 교습시키는 방식을 사용했다"는 요지의 내용이 서술되어 있다.

이러한 형편을 감안하여 신규 채용되는 일본인 순사는 경찰관강습소에서, 조선인 순사는 각도에 설치된 순사교습소에서 각각 실무교육을 담당하는 방식으로 이뤄졌다. 1922년에 조선총독부 경무국(朝鮮總督府警務局)에서 발행한 『조선경찰지개요(朝鮮警察之槪要)』, 73~74쪽에는 이 시기 경찰교습기관의 현황에 대해 다음과 같이 적고 있다.

---

8) 한편, 일제강점기 순사의 신규채용에 관한 규정은 『조선총독부 관보』 1910년 10월 1일자, '조선총독부령 제14호 조선총독부순사 및 조선총독부순사보 채용 및 급여령'; 『조선총독부 관보』 1919년 8월 20일자(호외), '조선총독부령 제134호 조선총독부도순사채용 및 급여령'; 『조선총독부 관보』 1921년 5월 13일자, '조선총독부령 제82호 조선총독부도순사채용 및 급여령중 개정(조선총독부순사 및 조선총독부도순사채용 및 급여령)'; 『조선총독부 관보』 1925년 10월 28일자, '칙령 제303호 조선총독부순사의 급여에 관한 건', '조선총독부령 제103호 대정 14년 칙령 제303호 시행에 관한 건(조선총독부순사 및 조선총독부순사채용 및 급여령 폐지)', '조선총독부령 제104호 조선총독부순사 및 조선총독부도순사채용규칙', '조선총독부 훈령 제47호 조선총독부순사 및 조선총독부도순사채용수속' 등을 참조할 수 있다.

경찰관리 양성기관으로는 경성(京城)에 경찰관강습소(警察官講習所)가 있고 각도(各道)에 순사교습소(巡査教習所)가 있다. 종래의 교양기관은 경부총감부(警務總監部)의 한 분과(分課)로서 경찰관연습소(警察官練習所)를 세워 소장 이하 소수의 겸무교관으로써 일기(一期)의 정원 50명으로 하여 내지인 순사(內地人 巡查)의 교습생 및 경부 이상(警部 以上)에 대해 단기 3주간의 강습생으로 대하여 교양을 실시한 것에 지나지 않았지만, 대정 8년(1919년) 8월 경찰제도 개정과 경찰관강습소 관제가 발포되어 조선총독의 관리에 속한 독립된 관부(官府)로 했고 …… 각도(各道)에 있어서 교습소는 도경찰부(道警察部)에서 이를 설치하여 초임선인순사(初任鮮人巡查)의 교양기관으로서 각도를 통하여 사백 명의 정원을 배치하고 있지만 교습인원은 결원(缺員)에 응하여 정하며 3개월 내지 4개월을 교습기간으로 하여 각도경찰부의 직원으로써 교관에 충원하여 교양을 시키지만, 시설상(施設上) 아직도 여전히 불완비한 점이 적지 않아 지장을 느끼고 있다.

그런데 이 경기도순사교습소는 한 곳에만 머물렀던 것이 아니었음이 드러난다. 1920년 8월 설립 당시에는 옛 경성제2헌병분대가 처소로 삼았던 광화문통 79번지 구역에 있었던 것이 확실하지만, 1920년대 후반 무렵에는 그 위치가 헌병대 숙사로 사용됐던 광화문통 78번지로 표시된 자료가 속속 포착되고 있는 까닭이다.

예를 들어 경기도순사교습의 위치가 표기된 것으로 가장 빠른 시기의 지도자료로는 『대정 10년(1921년) 수정측도 일만분일 경성지형도』가 있는데, 여기에는 광화문통 79번지에 해당하는 구역에 순사교습소가 있는 것으로 표시되어 있다. 하지만 1927년에 발행된 『경성부관내도』에는 광화문통 78번지에 해당하는 구역에 '도경찰관교습소(道警察官教習所)'라는 표시가 남아 있으며, 1930년 전후 시기에 발행된 것으로 추정되는 『경성지도(청사진)』에도 역시 순사교습소가 같은 자리에 있는 것으로 나타나 있다.[9] 하지만 아쉽게도 어느 시기에 그곳으로 위치 이전이 이뤄졌는지는 구체적으로 잘 확인되지 않는다.[10]

경기도순사교습소가 북측으로 인접한 구역으로 자리를 옮긴 뒤에는 총독부 경무국 위생과 분실(위생시험소)과 경기도 경찰부 위생과 세균검사실 등이 이 공간을 차지하였다.

(3) 총독부 경무국 위생시험실(광화문통 79번지, 1931. 10~1945. 8)

위생시험실(衛生試驗室)은 일제강점기 보건위생에 관한 전반의 사무를 총괄하던 총독부 경무국 위생과(1919년 8월 이전에는 경무총감부 위생과)의 소속 기구였다. 이 위생시험실의 설치 연혁에 대해서는 조선총독부가 펴낸 『시정이십오년사(施政二十五年史)』(1935), 506쪽에 다음과 같이 요약되어 있다.

> 음식물(飮食物) 및 음식물용기구(飮食物用器具)의 취체(取締)에 관해서

---

9) 이들 지도자료는 서울역사박물관, 『서울지도』(2006), 45쪽 및 156~157쪽에 걸쳐 각각 수록되어 있다.
10) 이와 아울러 경기도순사교습소와 관련한 매우 주목할 만한 사진자료의 존재를 여기에 적어두고자 한다. 국립중앙박물관, 『유리원판목록집 Ⅲ』(1999), 17쪽 및 65~66쪽에 수록된 미등록 소판#15-3~15-6, 15-10, 120-1~120-11 등 16장의 유리원판이 바로 그것이다. 이 책의 출간에 앞서 이들 가운데 몇 장의 관련 도판에 대한 사용 허가를 국립중앙박물관에 요청하였으나 미공개 자료라는 이유로 불허되었다. 하지만 여러 해 전에 필자가 이 유리원판의 스캔 파일을 직접 살펴볼 기회가 있었는데, 이는 이 구역이 철거될 당시에 촬영된 것들인 바 육조앞길에 포진했던 옛 관아의 모습을 들여다볼 수 있는 소중한 사진자료로 평가된다는 사실을 여기에 덧붙여둔다. 특히, 이 사진에는 정문의 좌우 문기둥에 '조선군사령부 부속청사(朝鮮軍司令部附屬廳舍)'와 '경기도순사교습소(京畿道巡査教習所)'라는 간판이 나란히 붙어 있는 모습이 눈에 띄는데, 이것으로 이곳이 '광화문통 79번지'의 옛 사헌부가 있던 공간임을 짐작케 한다. 사진촬영 시점은 정확히 가늠하기 어려우나 조선군사령부 부속청사가 경기도순사교습소와 같은 구역 내에 공존하는 것으로 보아 1923년 경성중앙전화국 광화문분국의 건립을 위해 조선군사령부 부속청사의 소재지가 '광화문통 79-2번지 및 80-1번지에 걸치는 구역으로 재조정된 이후의 시기인 듯하다.

는 '음식물 기타의 위생상 위험의 물품취체에 관한 건(명치 33년 2월 법률 제 15호)'을 조선에서 시행하는 외(명치 44년 10월 칙령 제172호), 동시에 부령(府令)으로써 '위생상 유해음식물 및 유해물품취체규칙', '청량음료수 및 빙설영업취체규칙', '메틸알콜취체규칙' 등을 발포하여 보건위생에 기여한 바가 많았던 것이지만, 이러한 취체는 이화학적 시험(理化學的 試驗)을 시행하고 그 결과에 의해 취체하지 않으면 소기의 목적을 이룰 수가 없었다. 여기에 더하여 위생시험은 이 밖에 약품(藥品) 기타의 위생재료의 개선 및 취체상 필요의 수단이므로, 병합 당초 경무총감부(警務總監部)에 시험기관을 두었고, 다시 중앙시험소(中央試驗所)에 위생시험부를 세웠으나 이것으로 충분치 않아, 대정 2년(1913년) 이래 필요에 응하여 점차로 각도(各道)에 위생시험실을 부설했고, 동 10년도(1921년도)로써 조선 전역에 그 시설을 완비시키기에 이르렀다. 이리하여 불량품은 합리적으로 발견 처분시켜, 보건위생상 다대한 효과를 거두기에 이르렀다.

총독부 경무국 소속의 위생시험실의 원소재지에 대해서는 분명한 자료가 눈에 띄지 않으나, 이것이 옛 경기도순사교습소가 자리했던 광화문통 79번지 구역에 처음 등장한 때는 1931년 가을인 듯하다.[11] 이에 관해서는 서울대학교 약대학장을 지낸 한구동 교수가 『경향신문』 1974년 3

---

11) 일제강점기에 제작된 경성 관련 지도를 통틀어 '위생시험실'이라는 표시가 가장 먼저 등장하는 것은 앞서 소개한 바 있는 1933년 발행 『경성정밀지도』이다. 이로써 위생시험실의 처소는 1930년 이후의 시기에 광화문통으로 정해지는 것으로 보이지만, 이와는 전혀 맥락이 다른 자료도 눈에 띈다는 점을 유의할 필요가 있을 듯하다. 이와 관련하여 『동아일보』 1924년 6월 27일자에 수록된 '내동리 명물' 연재기사 중 '수송동 기마대(壽松洞 騎馬隊)' 편에는 "…… 조선에 기마순사가 처음 생기기는 정미년 군대해산되어 물 끓듯 하는 경성을 진정키 위하여 지금 광화문통 위생시험소에 한성부 경시청이 있을 때 당시 한국경찰의 고문이라는 환산중준(丸山重俊)의 창안이랍니다" 라는 구절이 있는 바 이걸 보면 1924년의 시점에서 광화문통에 '위생시험소'가 이미 존재하고 있었다는 얘기가 된다. 그러나 여기에서 말하는 위생시험소가 '광화문통 79번지'에 자리했던 총독부 경무국 소속의 그것과 동일한 것인지의 여부는 분명치 않다. 이에 이 점에 있어서 보완 조사가 필요하다는 사실을 따로 덧붙여둔다.

2. 총독부 소속 관공서들의 연혁: 육조앞길 서편   341

『매일신보』 1932년 3월 3일자에 수록된 광화문통 위생시험소의 화재 현장이다.

월 25일자부터 연재를 개시한 회고록에 몇 가지 단서가 포함되어 있다.[12]

  3년이라는 세월이 꿈같이 지나 1930년 내가 23세 되던 해 3월에 이 조선약학교(朝鮮藥學校)를 졸업하였다. …… 이런 목적을 달성할 수 있는 기관은 오늘의 국립보건연구원과 같은 성격을 띠고 있었던 위생시험소(衛生試驗所) 뿐이라 생각하여 이 기관에 취직하게 된 것이 나의 연구 생활의 시발점이 된 것이다. 이 시험소는 지금의 헌병대 구내(憲兵隊 構內)에 있었으며 국민의 보건후생을 담당하는 총본산으로서는 너무나 빈약한 존재이었으니 식민지 보건에 거의 관심이 없었던 까닭이었음은 두말할 나위도 없는 것이다.
  내가 입소한 지 1년밖에 안 되었으나 사업은 크게 발전하여 지금의 중앙

---

12) 한구동(韓龜東) 교수의 회고문은 「정년퇴직한 석학들의 회고기: 노교수와 캠퍼스와 학생」이라는 메인 타이틀 아래 『경향신문』 1974년 3월 25일자부터 4월 12일자까지 총 15회(152~166회차)에 걸쳐 수록되어 있다.

청 종합청사 옆자리로 신축 이전하였다. 목조 2층 건물이지만 거의 3배 이상이나 커진 셈이다. 그러나 이사한 지 1년쯤 지난 어느 날 불의의 불행이 닥쳐왔다. 초여름 어느 날 상쾌한 아침이었다. 평상시와 마찬가지로 출근을 하였다. 지금의 광화문네거리에서 전차를 내려 보니 중앙청으로 가는 광화문대로가 교통 차단이 되어버렸다. 멀리서 바라보니 검은 연기와 소방차에서 뿜는 물줄기가 하늘로 치솟는 것이 보인다. 어디서 불이 났느냐고 순사에게 물으니 놀랍게도 위생시험소가 화염에 싸여 있다는 것이 아닌가. 이 말을 들은 순간 말조차 안 나오고 다만 멍하니 바라보고만 있다가 정신을 차려 단숨에 뛰어갔다.

신축한 지 1년밖에 안 되는데 완전히 타버렸으니 소원들의 놀라움과 실의는 이루 형언할 수 없었다. 소원들이 화염을 무릅쓰고 귀중한 기구, 서적 등을 대부분 꺼냈으며 불행 중 다행으로 인명에는 피해가 없었다. 화인(火因)은 건조기 속에서 건조시키고 있던 약품에 누전, 인화된 것으로 판명되었다. 이로 인하여 시험소는 철근 콘크리트 2층 건물로 신축되었고 소실된 기구, 약품 등도 새로 구입하여 오히려 건물과 시설 등이 화재 전보다 훨씬 확장된 것이다.

이리하여 8·15 해방 후 국립화학연구소(國立化學硏究所)로 개명되었고 또 그 후에 위생시험소와 동격이었던 삼청동(三淸洞) 소재 세균검사소(細菌檢査所)의 후신인 국립방역연구소(國立防疫硏究所)와 합병하여 지금의 국립보건연구원(國立保健硏究院)으로 발전하였으니 지금 동 연구원의 책임자가 3대째 약학 분야에서 임명된 것도 결코 우연한 일이 아닌 줄로 생각된다.

여기에 서술된 내용을 살펴보면, 우선 총독부 위생시험실은 1931년에 광화문통으로 신축 이전한 사실을 확인할 수 있다.[13] 하지만 이 건물은 그 이듬해인 1932년에 화재로 소실되고 마는데, 여기에서 '초여름 어느 날'

이라고 서술한 부분은 기억의 오류이다. 그 당시의 신문 보도를 찾아보면 위생시험실의 화재 발생일은 1932년 3월 2일이었던 것으로 드러난다.

이 화재사건에 대해서는 『매일신보』 1932년 3월 3일자에 「봄바람 살랑살랑 요사이 잦은 화재, 봄불은 여우불 예부터 이른 말, 대소화재 연일 4건」, 『매일신보』 1932년 3월 4일자에 「위생시험소의 화재, 원인과 손해, 건조기의 과열이 발화원인, 손해는 4만 5천 원」, 『동아일보』 1932년 3월 3일자에 「금조(今朝), 위생분실 화재, 손해 총 5만여 원, 소방수 3명이 화상 입어, 관청 즐비로 대소동」 등 이와 같은 제목의 기사와 더불어 사진 자료도 함께 당시의 상황이 보도된 바 있었다.

특히 『중앙일보』 1932년 3월 3일자에 수록된 「경기도 위생과(京畿道 衛生課) 세균실 화재(細菌室 火災), 2일 아침 아홉 시경에 불이 일어나 내부전소, 군중(群衆)으로 광화문통(光化門通) 혼잡(混雜)」 제하의 기사에는 이 건물이 1931년 10월에 신축한 것이라는 구절이 등장한다.

　　2일 아침 9시 20분경 시내 광화문통 체신국 옆에 있는 경기도 위생과 세균시험실(京畿道 衛生課 細菌試驗室)과 총독부 위생과분실(總督府 衛生課分室)에서 불이 일어나 양풍이계(洋風二階) 95평 되는 건물의 내부 전부를 태우고 동 10시 50분경에 진화하였는데 동 건물은 작년 10월에 신축한 것으로서 주장으로 세균검사와 연구에 전문하는 분실로서 고가의 약품과 기계 등속 전부를 소실할 뿐 아니라 160종의 배양세균(培養細菌)을 소실하였다는 바 일시는 대건축물로 즐비한 큰길인 까닭에 수천의 군중이 모여들어 대혼잡을 이루었으며 소방(消防)하던 소방수 2명과 동시 협실 소사(小使) 한

---
13) 한구동 교수의 회고문에는 광화문통으로 옮겨 오기 전 위생시험소가 있던 자리를 "지금[1974년 당시]의 헌병대 구내"에 있었다고 하는 구절이 주목되지만, 이곳이 어디를 말하는 것인지는 잘 알 수 없다. 아마도 일제강점기에 일본헌병대사령부를 겸해 경무총감부가 자리했던 필동 소재 현 남산골 한옥마을 구역이 아닌가 짐작될 따름이다.

명이 부상당하였으며 원인은 누전(漏電)이라고 하나 아직 조사 중이요 손해는 목하 조사 중인 바 대략 오만 원가량 되리라 한다.

이것으로 보면 총독부 위생시험실 건물은 1931년 10월에 신축되면서 이곳으로 이전해 왔으며, 이때 경기도 위생과 분실(세균검사실)의 용도로도 이 공간이 함께 사용되었음을 파악할 수 있다. 그리고 이보다 10년 정도의 세월이 흐른 시점에서『매일신보』1941년 11월 18일자에는 「총후보건(銃後保健)에 대역(大役), 본부 위생시험소(本府 衛生試驗所) 신장(新裝)」이라는 제목 아래 광화문통 79번지의 원래 터에 2층 건물의 새 건물이 완공되었음을 알리는 관련 기사가 눈에 띈다.

여러 가지의 약품을 분석하여 그 성능을 검분하고 음식물의 영양가를 조사하는 외에 산과 들에 나는 야초(野草)를 채취하여 영양가와 약효를 시험하며 또 전시하 경제적이고 영양 있는 음식물을 만들기도 하는 본부 위생과 소속 경무국 위생시험소(衛生試驗所)는 시국 아래 인구식량 정책의 영향을 받아 그 시설의 충실을 꾀하기로 되어 광화문통(光化門通) 79번지의 원터에다 작년 가을부터 새 청사를 건설 중이었는데 이즈음 공사가 완료되어 당당한 2층 건물의 의샆한 자태를 내놓았다. 직원 30명도 이달 말일경에는 새 집으로 옮기게 된다고 한다. 그리고 대망의 후생국(厚生局)이 신설되는 날에는 이 위생시험소도

경무국 위생시험소의 신축 사실을 알리는 『매일신보』 1941년 11월 18일자의 관련 기사이다.

그리로 소속되게 되리라고 한다(사진은 신축된 위생시험소).

한편, 일제의 패망 이후 조선총독부 경무국 소속 위생과 편제는 미군정 법령 제1호(1945년 9월 24일) '위생국 설치에 관한 건'과 법령 제18호(1945년 10월 27일) '보건후생국 설립'에 따라 위생국 시절을 거쳐 보건후생국으로 승격되는 과정이 이어졌다.

(4) 경기도 경찰부 세균검사실(광화문통 79번지, 1931. 10~1945. 8)

여기에 나오는 세균검사실(細菌檢査室)은 경기도 경찰부(종전의 경무부)에 소속된 방역검사기구였다. 세균검사실은 총독부 경무국에도 이와 동일한 명칭의 기구가 존재하였으므로, 이것과는 유의하여 구분할 필요가 있다.[14]

이러한 세균검사실의 설치 연혁에 대해서는 1935년에 발행된 『시정이십오년사(施政二十五年史)』, 503~504쪽에 다음과 같이 요약되어 있다.

> …… 조선에 있어서 세균검사실은 구 한국시대의 두묘제조사업(痘苗製造事業)을 병합 후에 승계했던 본부(本府) 세균검사실(細菌檢査室)이 처음이고, 그 후에 동실에서는 두묘 외에 콜레라, 장티부스, 이질 등의 예방주사액, 진단액 및 혈청(血淸) 등을 제조 배급하였고, 두묘 제조만은 대정 7년(1918

---

14) 총독부 경무국 위생과에 부속된 세균검사실은 일제강점기 내내 '삼청동(三淸洞) 34번지'에 자리하였다. 이와 관련하여 『조선총독부 관보』 1910년 9월 5일자에는 '통감부 고시 제198호'를 통해 "지금부터 내부 위생국 시험과(內部 衛生局 試驗課)를 경성 북부 삼청동으로 이치한다"는 내용이 수록되어 있으며, 『한성신문』 1910년 9월 2일자에도 "[위생과 이전] 중앙의원 내에 설치하였던 위생과는 재작일에 삼청동 전 육군무관학교로 이전하였다더라"는 소식을 전하고 있다. 일제강점기 후반에는 이곳에 큰 화재가 일어난 적도 있었는데, 이에 관해서는 『매일신보』 1936년 2월 19일자, 「삼청동 세균검소, 금효에 전소, 원인은 누전으로 난 듯」;『조선중앙일보』 1936년 2월 19일자, 「삼청동 대화, 세균검사소를 소실, 18일 오전 세 시경에 발화, 손해 약 1만 8천 원」 등 제하의 기사를 참조할 수 있다.

년) 수역혈청제조소(獸疫血淸製造所)에 이관했으나, 이후 예방액, 혈청 등의 종류를 증가하여 소화 2년도(1927년도)부터는 새로이 40여 종류를 더하여, 종래의 제품과 더불어 64종을 제조했으며, 각종 전염병의 예방액 및 진단액류를 각도(各道) 및 각경찰서(各警察署)에 배급하고 무료 예방주사를 시행하여왔다. 그러나 각 도에 세균검사실을 세워 전도(全道)의 통제를 하는 것은 무엇보다도 긴요한 일에 속하였는데, 마침 대정 9년(1920년)에 콜레라 유행을 기화로 이것의 예방을 위해 각 도에 세균검사실을 설치하여 전염병의 예방 검색상 큰 이편을 얻기에 이르렀다.

이에 따라 세균검사실은 각 도별로 신설되었으며, 『동아일보』 1923년 5월 25일자에는 경기도 세균검사소가 확장 준공된 사실이 다음과 같이 보도되기도 하였다.

  [도시험소 준공(道試驗所 竣工)] 경기도 위생과 세균시험소 확장 공사는 최근에 준공하여 금하(今夏)부터 관내 위생시험의 일부에 착수할 터이라더라.

하지만 이 당시에 건립된 세균검사소의 위치가 정확히 어딘지는 자세히 알 수 없다. 다만, 앞에서 총독부 위생시험실이 광화문통에 신축 이전될 때에 경기도 위생과 분실(세균검사소)도 함께 이곳으로 옮겨 온 것이 아닌가 짐작될 따름이다.

(5) 경성마약류중독자치료소(광화문통 79번지, 1931. 10~1945. 8)

마약류중독자치료소(痲藥類中毒者治療所)는 1930년 3월에 발효된 '마약중독자등록규정'에 따라 모르핀과 코카인 등의 마약에 중독된 사람을 치료하는 목적으로 각도(各道) 단위로 설립된 기관이다.

일제강점기 마약류(아편, 모르핀, 코카인 등)의 단속과 이와 관련한 치료시설의 설치에 대한 전반적인 연혁은 조선총독부가 펴낸『시정이십오년사(施政二十五年史)』(1935), 507~512쪽에 잘 요약되어 있다. 그리고 이와 관련한 규정의 제정 과정을 살펴보면, 대략 다음과 같다.

- 『조선총독부 관보』1919년 6월 11일자, "제령(制令) 제15호 조선아편취체령"

- 『조선총독부 관보』1919년 6월 11일자, "조선총독부령(朝鮮總督府令) 제111호 조선아편취체령 시행규칙"

- 『조선총독부 관보』1920년 12월 23일자, "조선총독부령(朝鮮總督府令) 제194호 모루히네, 코카인 및 그 염류의 취체에 관한 건"

- 『조선총독부 관보』1930년 3월 3일자, "조선총독부령(朝鮮總督府令) 제16호 마약류중독자등록규정"

- 『조선총독부 관보』1931년 1월 20일자, "조선총독부 경기도 훈령(朝鮮總督府 京畿道 訓令) 제22호 마약류중독자치료소규정"

경기도의 경우, 1931년 1월에 우선 경성에 마약류중독자치료소를 설치하였고, 곧이어 그해 4월에는 인천, 개성, 수원에도 이와 같은 시설을 설치하였다.『조선총독부 관보』1931년 1월 20일자에는 "조선총독부 경기도 고시 제104호 마약류중독자치료소를 설치하고 그 명칭(경성마약류중독자치료소) 및 위치(경성부 수송동 146번지의 1)를 다음과 같이 정하여 소화 5년

(1930년) 12월 1일부터 이를 시행한다"는 내용이 수록되어 있다.

1937년에 경기도 위생과에서 발행한 『위생개요(衛生槪要)』, 104~105쪽에는 경성마약류중독자치료소의 건립경위를 이렇게 정리하고 있다.

> …… 대정 14년도(1925년도)부터 도비(道費)로써 중독자의 구료(救療)를 개시함과 더불어 중독자의 근절을 기하여 동년 6월부터 경찰서에서 형의 집행 중에 있는 중독자에 대한 강제치료(强制治療)를 개시했고 또한 일반 중독자에 대해 스스로 치료를 하려는 자는 동년 12월부터 그 희망에 따라 지방 유지의 기부에 의해 건설한 치료소에 수용 치료를 해왔으며, 소화 2년도(1927년도) 이래 해마다 국고보조를 받는 것으로 되어 제반의 설비를 차차 정비하기에 이르렀는데, 소화 5년(1930년) 3월 마약류중독자등록규정(痲藥類中毒者登錄規程)의 발포를 봄에 따라 수백의 외래(外來) 중독자들도 아울러 치료하는 것으로 되어 치료소도 또한 이에 상당하는 설비를 필요로 하기에 이름으로써 도비는 소화 6년도(1931년도) 임시부에 17,210원을 계상하고 동년 4월 철근콘크리트 이층 건물, 건평 1층 68평 646, 2층 56평 257, 연평(延坪) 124평 903, 내병실 10, 사무실, 의무실을 두어 10월 낙성과 더불어 입소(入所) 10 내지 20, 외래(外來) 1일 200 내지 250인을 치료하여 왔으나, 소화 9년(1934년) 2월 본부의 취지에 준거하여 도마약류중독자예방협회(道痲藥類中毒者豫防協會)를 설립하여 예방 근절을 기도하여 점차 치료소에 수용 치료한 결과 등록환자수(登錄患者數)는 격감되었으나 아직 미등록환자(未登錄患者)와 재중독자(再中毒者) 등 상당수에 달할 것으로 인식됨에 따라 각서(各署)를 독려하여 예의 사찰에 힘써 이것의 근절을 목표로 삼아 노력하고 있다.

경성마약류중독자치료소는 처음에는 수송동에 자리했으나, 곧이어

1931년 10월에 광화문통 79-1번지 구역으로 이전하기에 이른다.『조선총독부 관보』1931년 10월 22일자에는 "조선총독부 경기도 고시 제92호 경성마약류중독자치료소의 위치를 소화 6년(1931년) 10월 20일부터 경성부 광화문통 79번지의 1로 변경한다"는 내용이 수록되어 있다. 총독부 경무국 위생시험실이 동일한 장소로 옮겨 온 시점 또한 1931년 10월이었다는 대목이 우연의 일치는 아닌 듯하다.

총독부 경무국 위생과 분실(위생검사실)의 화재사건을 알린『동아일보』1932년 3월 3일자,「금조(今朝), 위생분실 화재, 손해 총 5만여 원, 소방수 3명이 화상 입어, 관청 즐비로 대소동」제하의 기사에는 "…… 화재 장소가 광화문통 대로변인 동시에 인접한 곳이 체신국, 순사교습소, 마약중독자치료소 등 중요 건물이 있는 곳이라 일시는 대혼잡을 이루었었다 한다"라는 내용이 수록되어 있다. 이것으로 보면, 위생시험실과 마약류중독자치료소는 동일구역이지만 서로 별개의 건물을 사용하고 있었음을 알 수 있다.

4) 광화문통 80번지 구역

• 주차군사령부 부속청사/ • 경성중앙전화국 광화문분국

(1) 주차군사령부 부속청사(광화문통 80번지 및 79-2번지, 1910. 8~1945. 8)

옛 육조앞길에 병조(兵曹)를 거쳐 군부(軍部)가 있던 자리는 1909년 7월 이후 친위부(親衛府)의 소속이 되었다가 경술국치와 더불어 이내 조선주차군사령부의 부속청사로 접수되었다. 조선주차군사령부는 1918년 6월 조선군사령부로 전환되었으므로 그 이후 시기에는 이곳을 '조선군사령부 부속청사'로 고쳐 불렀다.

조선주차군사령부의 전신은 러일전쟁의 개시와 더불어 1904년 4월 3일에 설치된 한국주차군사령부(韓國駐箚軍司令部)이다. 처음에는 소공동 대관정(大觀亭; 나중의 경성부립도서관 자리)에 두었다가 1904년 8월 29일에는 필동(筆洞)의 군영지(軍營地; 지금의 남산골 한옥마을 자리)로 옮겼으며, 다시 용산 주둔지의 공사가 완료된 1908년 10월 1일에 그곳으로 재이전하였다. 한국주차군사령부는 경술국치와 더불어 조선주차군사령부(朝鮮駐箚軍司令部)로 개칭하였고, 다시 1918년 6월 1일 이후 '군령육(軍令陸) 제4호 조선군사령부조례'에 의해 조선군사령부(朝鮮軍司令部)로 재편되었으며, 일제 패망 직전인 1945년 2월에는 조선군관구사령부(朝鮮軍管區司令部)와 제17방면군사령부(第17方面軍司令部)로 개편되는 과정을 거쳤다.

하지만 당초 광화문통 80번지(총면적 1,904평)에 속했던 옛 군부 자리는 1923년에 이르러 공간 재배치가 이뤄졌는데, 그 당시 신설된 경성중앙전화국 광화문분국이 건립될 자리로 조선군사령부 부속청사 구역이 지목되었기 때문이다. 이에 따라 당시 군사령부 부속청사는 원래의 구역을 잘라 그 대부분을 양보하고 그 대신에 북측으로 인접한 구역 일부를 넘겨받았는데, 그 결과 지번 분할 방식으로 광화문통 79-2번지(951평; 경기도순사교습소 구역의 남쪽)와 80-1번지(272평; 군사령부 부속청사 구역의 북쪽)를 하나로 묶어서 새로운 군사령부 부속청사(총면

체신국 보험관리과(일부)의 청사 이전 사실을 알리는 『조선총독부 관보』 1931년 8월 24일자의 수록 내용이다. 여기에는 해당 지번과 더불어 체신국 분실의 위치가 '조선군사령부 부속청사 내'라고 표시되어 있다.

적 1,223평)로 삼게 되었다.

이 당시 군사령부 부속청사는 구역 재조정을 계기로 청사를 신축하여 1923년 3월에 낙성식을 거행한 것으로 알려진다. 이와 관련하여 다음과 같은 신문자료들을 통해 그 당시의 상황을 살펴볼 수 있다.

- 『동아일보』1922년 3월 1일자, "[광화문전화분국(光化門電話分局)은 4월부터 기공(起工), 경비는 오십삼만 원, 전화의 개통은 명년] 경성에서도 도시가 번창하여 가는 데에 따라서 전화를 사용하는 사람이 늘어가므로 용산(龍山)에 전화분국을 설시하여 오는 5일부터 경성전화통일을 개시할 예정이오 광화문통(光化門通)에도 분국을 새로 설시한다 함은 이미 보도한 바이니와 광화문분국은 오랫동안 설계 중이던 바 이번에 모든 준비가 완비되어 오는 4월 1일부터 공사를 시작할 터이오, 처소는 광화문통 체신국(遞信局) 옆에 있는 조선군사령부 부속청사(朝鮮軍司令部附屬廳舍)의 집터를 양수하여 그곳에 벽돌 이층양옥으로 건축할 터인 바 총 경비는 약 오십만 원을 가지고 건축과 전화기계 등 모든 것을 설비할 예정이며 본관 정면은 이십이 간통의 이층으로 이백팔 평을 짓고 부속청사는 나무로 이층 일백이십 평가량과 본관 이층루에는 옥상운동장(屋上運動場)을 설치하여 건축은 총히 근세식(近世式)으로 건축경비가 십오만 일천삼백 원에 달하고 기타 설비로 약 삼십칠만여 원이 들 터인 바 건축의 준공은 금년 10월 20일경이오 전화기계는 건축이 다 마친 후에 착수할 터인즉 자연 개통은 내년 여름경이 될 터이오, 조선군사령부 부속청사는 체신국에서 사만 원의 경비를 들여 그 옆에 다시 양옥을 지어줄 터이라더라."

- 『동아일보』1923년 3월 29일자, "[부속청사낙성(附屬廳舍落成)] 군사령부에서는 광화문통에 부속청사를 신축 중이던 바 금회(今回) 완성되었으므

로 내(來) 30일 오후 3시부터 동소청사(同所廳舍)에서 낙성식을 거행한다더라."

이와 아울러 이 공간이 1931년 8월 이후 3년가량 체신국 보험감리과(통계계)의 임시청사로 사용된 적이 있음은 앞서 체신국 분관(간이보험청사) 항목에서 이미 설명한 바와 같다.

(2) 경성중앙전화국 광화문분국(광화문통 80번지, 1923. 7~1945. 8)

원래 전화교환 업무는 경성우편국(京城郵便局)에 소속된 업무였으나 일제강점기 중반으로 넘어가면서 전화 가입자 수가 크게 늘어남에 따라 1923년 7월 1일부로 이것을 분리 독립하여 설치한 것이 경성중앙전화국(京城中央電話局)이다. 『조선일보』 1921년 2월 21일자에 수록된 「경룡전화합병(京龍電話合倂)과 본분국(本分局)의 신설(新設), 용산 통화요금도 폐지되고 광화문분국과 용산분국이 설치되어 통일될 경룡 전화」 제하의 기사는 당시의 상황을 이렇게 전하고 있다.

용산전화(龍山電話)를 경성 시내전화와 합병하고 경성 용산 통화요금을 폐지하기로 된다는 문제는 그간 여러 가지로 의논이 있어 11년도(1922년도)에는 아주 실현이 되리라고 전하지마는 당국자는 우 합병사업에 대하여 금년 즉 10년도(1921년도)로부터 착수하려고 계획 중 이제 경룡 전화 합병이 실행되는 때는 자연히 용산에는 전화교환국(電話交換局)이라는 것을 한강통(漢江通) 근처에 건축할 예정이며 동시에 경성시내에 대한 교환국은 지금 대단히 협착하므로 광화문통 체신국(遞信局) 부근에다 1개소의 교환분국을 신설할 터임으로써 오늘까지에 가입자 수가 넘치는 위에 10년도(1921년도)에도 역시 약 400개의 전화가설이 있을 모양인 고로 교환사무도 조절하지

2. 총독부 소속 관공서들의 연혁: 육조앞길 서편 353

경술국치 당시 경성우편국(본정 1정목, 1898년 10월 신축)의 모습이다. 종래에 우편국 취급 사무였던 전화교환 업무가 1923년에 분리 독립한 이후 이곳은 경성중앙전화국의 용도로 전환되었다(통감부, 『한국사진첩』, 1910).

않을 수 없을지라.

　이상과 같이 용산과 광화문통에 2개 분국이 가설되는 때는 본국(本局), 현재 경성교환국의 전화번호를 그대로 부르더라도 관계가 없지마는 각 분국에서 교환하여줄 전화번호는 전화를 할 시에 반드시 용산분국이면 용산의 몇 번호라 부르고 광화문분국에서 교환하여줄 전화이면 광화문의 몇 번이라고 부르게 될지니 마치 동경에서 신전(神田) 몇 번이니 혹은 본향(本鄕) 몇 번이니 하며 전화번호를 부르는 것 같이 될 것이며 또한 경룡 전화 합병이 되는 시는 필경은 시내전화에는 전화번호가 다소간 변동이 생김을 면치 못할 것이고 위와 같이 3개소의 교환국이 생기면 교환사무도 더욱 편리하여 지금같이 시간을 천연하게 될 리는 만무하여 조금도 시간상에 하등 영향이 없을 것인 바 이 사업의 실현기는 아마 금년 말이나 그렇지 않으면 11년

(京284)　　kokamon tele phone exehauge　　局換交話電門化光城京　（所名鮮朝）

조선군사령부 부속청사가 있던 광화문통 80번지 구역에 새로 들어선 경성중앙전화국 광화문분국의 전경이다(자료제공: 이돈수 한국해연구소장).

도(1922년도) 3, 4월경에 실행되리라는데 목하에 전화 가입자 수는 경성에 3,625개이며 용산에는 591개, 합계 4,216개로 금년에 새로 가설될 것이 400여 개에 이를 것인즉 통계 4,610여 개의 전화가 가설되어 있을 것이라더라.

이 당시 경성중앙전화국의 독립과 동시에 기존의 경성우편국 용산전화분국은 경성중앙전화국 용산분국으로 전환되었고, 옛 육조앞길에는 광화문분국이 새로 설치되었다. 이에 관해서는 『조선총독부 관보』 1923년 6월 25일자, '조선총독부 고시 제188호 전화국 및 전화분국 설치', '조선총독부 고시 제189호 우편국에 있어서 전화교환업무 폐지 및 당해사무 전화국 승계', '조선총독부 고시 제190호 경성우편국 용산전화분국 폐지' 등의 내용을 통해 살펴볼 수 있다.

경성중앙전화국의 독립과 전화분국의 설치 현황

명칭	개설일	소재지	비고
경성중앙전화국	1923. 7. 1.	경성부 본정 1정목 21번지	경성우편국에서 분리
	1935. 10. 1.	경성부 본정 1정목 52번지	신축 이전
광화문분국	1923. 7. 1.	경성부 광화문통 80-2번지	신설
용산분국	1923. 7. 1.	경성부 한강통 2정목 11번지	경성우편국에서 분리
동분국(東分局)	1942. 3. 29.	경성부 신당정 264-13번지	신설

    새로운 광화문분국의 장소로 선정된 곳은 앞에서 언급한 바와 같이 이미 조선군사령부 부속청사로 사용되고 있던 광화문통 80번지 구역인데, 이때 지번 분할을 통한 공간 재조정 결과 1,632평의 규모에 달하는 광화문통 80-2번지가 전화국 건립부지로 전환되었다.

    『조선일보』1923년 6월 27일자에 수록된 「광화문국 사무개시(光化門局 事務開始), 7월 1일부터 전화교환(電話交換)」제하의 기사는 광화문분국의 설치에 따른 변화를 이렇게 설명하고 있다.

    경성우편국 전화과는 7월 1일부터 분립하여 광화문국(光化門局)이 새로이 건설된다 함은 일찍이 본보에 보도한 바이니와 경성우편국에서는 이래 1개월 동안을 두고 노력한 결과에 설비도 이제 거의 다 끝이 났으므로 오는 7월 1일부터 시행할 터인데 전에는 본국(本局)과 용산(龍山)만 있었고 겸하여 번호의 변경이 없었으므로 다대한 차이는 없었으나 금번에 광화문이 새로이 생긴 이래로는 번호의 변경도 많을 뿐외라 본국이나 용산과 같은 번호가 많으므로 번호를 부를 때에는 반드시 먼저 광화문이나 본국이나 용산을 부른 후에 몇 번이라고 부르기를 바란다 하며 변경된 구역은 전에도 보도한 바이오, 겸하여 이번에 경성우편국에서 배부한 번호부 겉장에도 기록된 바어니와 동으로는 청량리를 끝으로 동대문을 들어서며 황금정으로 통하는 전차 선로를 중심하여 전차선로 이북은 전부 광화문이오 황금정 네거리에서 다시 경성일보사 앞을 거쳐 덕수궁으로 서소문을 나서서 화천정(和泉町), 합동(蛤洞), 아현리 이북까지는 모두 광화문이며 번호가 개정되었으므로 전화를 걸 적에는 반드시 새로이 배포한 전화부를 찾아보고 부르기를 바란다더라.

본국의 전화가 변동되는 동시에 다소간 감하는 것도 사실이지마는 길야정(吉野町)과 고시정(古市町)은 종래 용산 관내이었으나 정거장 앞이므로 용산 관계보다 본국과의 전화가 많이 걸리므로 항상 번잡하던 중에 있더니 금번에는 다시 본국으로 부속하여 가지고 7월 7일부터 시행할 터이라더라.

이 자리는 해방 이후에도 그대로 광화문전화분국이 존속하였으나, 1950년 한국전쟁 당시에 건물 전체가 파손되는 바람에 이때 전화국의 기능은 정지되고 말았다. 그 이후 빈터로 남아 있던 이곳에 5층 건물 규모로 광화문전화국(光化門電話局)이 재건된 것은 1962년 1월 15일의 일이었다.

하지만 이마저도 10여 년을 약간 넘긴 시점에서 이 건물의 이전 문제가 적극 검토되기 시작하였는데, 이는 바로 이웃하는 공간에 때마침 세종문화회관(世宗文化會館)이 들어서게 되어 관람객들의 주차공간과 휴게시설이 적극 필요해졌기 때문에 불거진 일이었다. 이에 관해서는 『동아일보』 1978년 6월 14일자에 수록된 「세종문화회관 북쪽 재개발지역 5천여 평 미관지구(美觀地區) 고시, 천 대분 주차시설, 관객 혼잡 막게 휴게시설도」 제하의 기사를 통해 당시의 상황을 읽어낼 수 있다.

> 서울시는 14일 종로구 세종로 세종문화회관 북쪽 광화문전화국 자리 등 공공용지 3천여 평과 이들 건물 서쪽으로 붙어 있는 도염(都染), 적선(積善) 재개발사업지구의 기존 주택가 사유지 2,950평 등 모두 5,950여 평을 미관

광장지구로 도시계획시설 고시를 했다.

세종문화회관 건립과 동시에 회관을 찾는 관람객 등의 주차장과 옥외 휴게광장으로 쓰기 위해 회관 서쪽의 사유지 등 2,150평을 이미 미관광장으로 시설한 데 이어 이 지구를 추가로 시설 고시함으로써 세종문화회관을 위한 미관광장은 모두 8,100평으로 늘어나 이곳에 1,000여 대의 승용차가 동시 주차할 수 있게 된다는 것이다.

이번 미관광장으로 고시된 땅은 세종문화회관 북쪽으로 인접해 있는 광화문전화국과 서울시경 교통순찰대 자리 2,700평을 비롯, 구 재건국민운동본부 건물(새마을금고연합회)과 사유 주택지 등이다. 이 지역은 회관에서 정부종합청사 남쪽도로 경계선까지의 정방형으로 자르게 돼 현 문화회관과 서쪽 주차광장 등을 모두 합친 남북으로 길게 난 장방형 블록이 새로 만들어지게 된다.

서울시는 이 같은 계획에 맞추어 이미 종합청사 후문에서 신문로까지의 새 도로 확장 및 개설 공사를 착공, 새로 만들어질 미관광장은 이 길과 접하게 돼 있다. 지난 4월 14일 개관한 세종문화회관에는 하루 1만 5,000명씩의 관람객이 몰리는 때가 많고 한꺼번에 1,000여 대의 승용차가 몰려 세종로 대로에까지 차를 세우는 등 혼잡을 빚어왔다.

새 미관광장 설치에 앞서 막대한 시설비가 들어 있는 전화국의 이전 문제는 서울시가 정부 관계 부처와 협의, 정부 차원에서 해결토록 하고 교통순찰대와 새마을금고 건물은 관계 부처의 협의를 얻어 서울시가 보상하는 방법을 택할 것으로 알려지고 있는데 사유지 수용은 서울시의 도심 재개발 사업방식으로 보상할 것으로 보인다.

이러한 계획이 즉각 시행되지는 않았으나 불과 몇 년의 시차를 두고 광화문전화국은 1984년 10월 22일 국제통신센터(세종로 84번지, 현 KT 광화문지사)가 완공되면서 길 건너편 그곳으로 이전하기에 이른다. 원래의 광화문전화국 자리는 한동안 외무부 여권과 건물로 임대되었다가 1987년 8월에 서울시가 이 건물의 원소유주인 한국전기통신공사 측에 목동 신시가지 내 건축 부지를 양도하는 조건으로 154억 원의 가액으로 매입하였다고 알려진다.

그 결과 1962년에 신축된 광화문전화국 건물은 즉시 철거되었고, 그 자리에는 당초 계획대로 1988년 이후 지상 주차장이 들어서게 되었다. 곧이어 이곳에는 민자 유치를 통한 지하주차장의 건설(공사기간: 1989년 12월~1992년 8월)이 추진되면서 지하에는 세종로주차장(1992년 9월 1일 개장)이 들어서고 지상 부분은 세종로공원으로 단장되어 오늘날과 같은 모습으로 변하였다.

5) 광화문통 81번지 구역

• 우편위체저금관리소/ • 체신국 청사 본관

(1) 우편위체저금관리소(광화문통 81번지, 1910. 10~1944. 5)

조선총독부 우편위체저금관리소(郵便爲替貯金管理所)는 경술국치 당시 종래의 통감부통신관리국의 출납과(出納課)가 담당했던 업무를 승계하여 설치한 것으로 우편위체저금(郵便爲替貯金)의 검사계산에 관한 사무를 관장하는 기구였다.[15]

이 자리는 원래 법부(法部)가 있던 곳으로 1908년 9월과 1910년 3월 사이에는 한성부 청사로 사용되었지만, 바로 이웃하던 통감부 통신관리국의 영역으로 사실상 편입되었다가 끝내 통신관리국의 분실로 전환된 공간이기도 하다. 이러한 결과로 일제강점기로 접어든 이후에는 별개의 영역이었던 두 구역이 하나로 합쳐져 광화문통 81번지라는 하나의 지번으로 묶였다.

우편위체저금관리소는 『조선총독부 관보』 1927년 9월 30일자, '조선총독부령 제91호 우편위체규칙중 개정', '조선총독부령 제92호 우편저금규칙중 개정', '조선총독부령 제93호 우편진체저금규칙중 개정', '조선총독부 훈령 제24호 조선총독부 저금관리소 사무분장규정', '조선총독부 고시 제308호 경성저금관리소의 설치 및 조선총독부 우편위체저금관리소의 취급사무승계' 등의 관련 규정이 개정됨에 따라 1927년 10월 1일을 기점으로 경성저금관리소(京城貯金管理所)로 이름을 고쳤다.

그리고 일제의 패망 직전인 1944년 5월에 신당동(新堂洞)으로 자리를 옮겼는데, 그 이전까지는 줄곧 광화문통 81번지에 머물렀던 것으로 드러난다.[16]

『매일신보』 1942년 9월 10일자에 수록된 「경성저금관리소 이전」 제하의 기사에 따르면, 경성저금관리소는 광화문통 77번지의 체신국 제2분관으로 이전키로 되었다는 내용이 수록되어 있으나, 이 당시 전체가 옮겨간 것이 아니고 진체저금(振替貯金), 우편위체(郵便爲替)와 현금출납조사 사무만을 제2분관에서 취급했던 것으로 보인다. 그리고 이에 앞서 『조선총독부 관보』 1933년 7월 24일자 및 1934년 7월 4일자의 '휘보란'에 수록된 청사 이전 사항에 따르면, 경성저금관리소 총무과 조사계는 왜성대정 3번지(옛 조선총독부 청사)로 이전하였다가 1년 남짓한 후에 다시 체신

---

15) 이에 관해서는 『조선총독부 관보』 1910년 9월 30일자, '칙령 제360호 조선총독부 통신관서관제'; 『조선총독부 관보』 1910년 10월 1일자, '조선총독부령 제7호 조선총독부 우편위체저금관리소 분장규정'; '조선총독부 고시 제4호 조선총독부 통신관서관제 시행할 제 사무승계' 등의 내용을 참조할 수 있다.

16) 1945년 3월 20일 발행 『경성영등포전화번호부(1944년 9월 1일 현재)』에는 이 경성저금관리소의 주소지가 '신당정 293번지'로 표시되어 있다. 해방 이후 이 자리는 서울저금관리소로 변했다가 다시 1946년 1월 24일에는 재동에 있던 성동구청(城東區廳)이 이곳으로 옮겨 와서 4년가량 사용했던 것으로 알려진다.

통신관리국 시절에 담아낸 조선총독부 체신국 청사의 전경이다. 오른쪽으로 지붕이 약간 보이는 곳은 우편위체저금관리소(나중의 경성저금관리소)의 구역으로, 그 전면에 옛 육조관아 시절의 담장 흔적이 그대로 남아 있다(자료제공: 이돈수 한국해연구소장).

국 구내 경성저금관리소 청사 내로 복귀한 사실도 있었다.

(2) 체신국 청사 본관(광화문통 81번지, 1910. 10~1945. 8)

일제강점기 내내 조선총독부 체신국 청사가 자리했던 광화문통 81번지 구역은 옛 육조앞길 시절에는 원래 공조(工曹)가 있었던 공간이었다. 대한제국 시절에는 농상공부 통신국을 거쳐 1900년에 통신원(通信院)으로 전환되었다가 1905년 4월 1일 한일통신기관협정서의 체결이 강요됨에 따라 통신원과 부속기관은 일본정부에 인계되었고, 이에 따라 옛 통신원 구역은 1905년 5월 이후 경성우편국분실(京城郵便局分室; 1905년 9월 11

일 경성우편국 광화문출장소로 변경되었다가 1906년 7월 1일 광화문우편국으로 승격)로 바뀌었다.

그리고 통감부가 개설된 때로부터는 옛 우포청 자리에 있다가 옮겨 온 통감부 통신관리국(統監府 通信管理局)이 그 자리를 차지하게 되었다. 이 당시 통신관리국 청사가 서양식 2층 건물로 신축되었으나, 정확히 언제 건립된 것인지는 잘 확인되지 않는다. 이곳과 이웃하여 북측으로 인접한 옛 법부 자리는 한때 한성부 청사로 변했다가 1910년 3월 이후 통신관리국 분실로 편입되었고, 경술국치 이후에는 이곳에 우편위체저금관리소 청사가 세워졌는데, 이것은 결국 두 구역이 하나의 지번으로 묶이는 계기가 되었다.

1910년 이후에는 조선총독부 통신관서관제의 제정과 더불어 총독부 통신국이 되었다가, 1912년 3월에는 다시 체신관서관제로 고쳐지면서 총독부 체신국으로 그 이름이 바뀌는 과정을 거쳤다. 이와 관련한 규정의 제정 과정은 다음과 같이 정리될 수 있다.

- 『조선총독부 관보』1910년 9월 30일자, "칙령 제360호 조선총독부 통신관서관제"

- 『조선총독부 관보』1910년 10월 1일자, "조선총독부 훈령 제6호 조선총독부 통신국 사무분장규정"

- 『조선총독부 관보』1912년 3월 28일자(호외), "칙령 제30호 조선총독부 체신관서관제"

일제강점기를 통틀어 체신 관련 관공서는 대부분 광화문 일대에 포진하고 있었다는 것이 또 다른 특징으로 지목된다. 이를테면 조선총독부 청사가 남산 왜성대에 있던 시절이건 경복궁 안으로 옮겨 온 시절이건 간에, 이에 전혀 구애받지 않고 체신국 소속 기관들은 줄곧 옛 육조앞길에 관청가를 형성하고 있었던 것이다.

이는 식민통치기로 접어들기 이전부터 옛 통신원 구역을 물려받아 통감부 통신관리국이 일찍이 이곳에 터를 잡고 있었고, 더구나 총독부 시절로 접어든 이후로는 새로운 체신 관련 업무가 증설될 때마다 주로 옛 육조앞길 일대의 구역을 편입하여 여기에다 곁가지를 치듯이 체신국 분실(遞信局 分室)의 형태로 두는 방식을 지속했기 때문으로 풀이된다. 일제가 패망하던 바로 그 시점에서 이른바 '광화문통'의 서편에는 체신국 본관을 비롯하여 종전의 경성저금관리소 구역, 경성중앙전화국 광화문분국, 체신국 제2분관(옛 조선보병대 자리)가 줄을 이어 포진하고 길 건너 동편에도 역시 체신국 분관(간이보험청사)이 자리하는 등 체신국 관련 부서 일색으로 꾸며진 것은 이러한 특징이 반영된 결과물이었던 셈이다.

해방 이후 이 체신국 본관 건물은 체신부 청사로 계속 사용되다가 한국전쟁 때 완전히 파괴되어 공터로 변했으며, 이 자리에는 자유당 시절인 1955년 11월 21일에 기공한 우남회관(雩南會館, 나중의 '시민회관'; 1961년 11월 4일 개관)이 건립되었고, 1972년 12월 대형 화재사건을 겪은 끝에 지금은 1978년에 완공된 세종문화회관(世宗文化會館)이 들어서 있는 상태이다.

일제강점기 조선총독부 체신국 건물이 있던 자리는 한국전쟁 통에 공터로 변했다가 이승만 대통령 탄신 80주년을 기리는 뜻에서 건립이 추진된 우남회관(완공 당시 '시민회관'으로 개칭)이 들어섰다(서울특별시, 『시정개요』, 1962).

보론 1: 해방 이후 시기 세종로의 변천 과정

1945년 일제 패망 직후부터 미군정(美軍政) 시절을 거쳐 대한민국 정부가 수립되던 시점까지 광화문 거리의 모습은 일제강점기 때의 그것과 크게 다르지 않았다. 그 사이에 옛 조선총독부 청사가 군정청(軍政廳) 또는 중앙청(中央廳)으로 바뀌고, '광화문통(光化門通)'이었던 종래의 동네이름이 '세종로(世宗路)'로 고쳐지는 정도의 변화가 있었지만, 이 주변의 거리 풍경이나 관공서 배치는 대부분 그대로 유지되었기 때문이다.[1]

하지만 1948년 단독정부의 출범과 더불어 중앙청 대홀(大Hall)이 국회의사당(國會議事堂)의 용도로 전환되었고, 동시에 국회사무처(國會事務處)가 중앙청의 일부 공간을 차지하게 되었으므로 그만큼 행정부에 소속된 관공서가 사용할 수 있는 면적은 줄어들었다. 이에 따라 일부 중앙부서의 경우에는 중앙청이나 광화문 주변이 아닌 여타의 지역으로 흩어져 청사를 정하기도 하였는데, 정부수립 당시 국방부(國防部), 상공부(商工部), 사회부(社會部), 교통부(交通部), 체신부(遞信部) 등이 이러한 사례에

---

1) 해방 이후 광화문통(光化門通)이라는 이름을 버리고 세종로(世宗路)라는 지명이 새로 생겨난 것은 앞서 '광화문통과 세종로의 지명 유래' 항목에서 설명했다시피 1946년 10월 1일의 일이었다. 이 당시 왜식정명(倭式町名)을 모두 일소하는 차원에서 본정(本町), 황금정(黃金町), 죽첨정(竹添町), 원정(元町), 서대문정(西大門町), 소화통(昭和通) 등은 각각 '충무로(忠武路)', '을지로(乙支路)', '충정로(忠正路)', '원효로(元曉路)', '신문로(新門路)', '퇴계로(退溪路)'로 그 명칭이 고쳐졌다.

속했다.[2)]

이러한 상태에서 세종로 일대의 면모를 다시 한 번 크게 바꿔놓는 계기가 된 것은 1950년에 발생한 6·25 한국전쟁(韓國戰爭)이었다. 이 와중에 광화문 앞길에 남겨진 옛 식민통치기구들의 잔존물은 다수가 파괴되거나 내부가 소실되는 큰 피해가 발생하게 되었고, 특히 옛 경찰관강습소 구역(세종로 82번지 일대)과 체신국 본관 구역(세종로 81번지 일대)은 건물 전체가 불타버려 공터만 남다시피 한 상태로 바뀌었다.

한국전쟁 당시 세종로 일대 관공서의 청사 보존 현황

해당 구역	관공서 명칭	피해 정도	비고
세종로 76번지 현 광화문시민열린마당	경기도청	일부 파손	1990년에 철거
세종로 82번지 현 대한민국역사박물관 예정지 및 미국대사관	국립경찰전문학교 (옛 경찰관강습소)	완전 소실	1961년 '쌍둥이 빌딩' 신축
	옛 경찰참고관	-	4·19 때 소실(반공회관)
세종로 84번지 현 KT광화문지사	경성중앙전신국 (옛 전매국 청사)	-	1979년에 철거
세종로 149번지 현 교보생명빌딩 일부	체신국 분관 (간이보험청사)	-	1972년에 철거
세종로 77번지 현 정부중앙청사	체신국 분실 구역 (옛 조선보병대)	-	1967년에 철거

---

2) 이 가운데 '국방부'는 1948년 10월에 을지로 신한공사(新韓公司, 옛 동양척식회사; 을지로 2가 195번지)를 거쳐 1949년 6월에 용산수도사단으로 청사를 이동하였고, '상공부'는 남대문로 2가 10번지 소재 치요다(千代田) 빌딩 자리에, '사회부'는 을지로 입구 보건후생부 건물(옛 일본생명빌딩; 을지로 2가 199번지)에, '교통부'는 용산역 앞 옛 철도국 청사(한강로 3가 40번지)에, '체신부'는 세종로 옛 체신국 청사에 각각 처소를 두었다. 나머지 중앙부서는 청사 소재지가 엄밀하게 파악되지는 않지만, '외무부', '내무부', '재무부', '법무부', '문교부', '농림부' 등은 경복궁 안에 있던 중앙청 본관 내지 제3별관 등지에 두고 있었던 것으로 나타난다.

세종로 78번지 현 정부중앙청사 일부	옛 순사교습소 구역	-	정부종합청사 건립부지
세종로 79번지 현 세종로공원 북단부	중앙화학연구소 (옛 위생시험소 구역)	-	광화문전화국 구역
세종로 80번지 현 세종로공원 남단부	광화문 전화분국	내부 소실	1962년에 전화국 신축
세종로 81번지 현 세종문화회관	체신국 본관	완전 소실	우남회관 건립부지

한국전쟁으로 인한 피해로 말미암아 여러 중앙 부처가 온전한 청사조차 갖추기 어려웠던 형편이었음은 『동아일보』 1953년 7월 21일자에 수록된 「행정사무도 본궤도, 각 부처별 청사 결정, 정부 환도 소식」 제하의 기사를 통해 여실히 확인할 수 있다. 여기에는 임시수도 부산에서 서울로 되돌아올 당시의 상황이 수록되어 있는데, 대다수가 서울시내 도처에 흩어져 청사가 마련되었다는 사실이 잘 드러난다.

　공보처를 필두로 환도(還都)하기 시작한 정부는 18일 현재 재무, 사회, 보건, 문교, 외자청, 고시위원회, 기획처 등의 일부만 남기고 거의 다 환도를 완료하고 본격적인 사무를 집행하고 있다. 그동안 각 부처는 일부 국장이나 과장만이 환도한 관계로 사실상 행정사무를 집행하지 못한 것도 사실이며 그중 외무부나 재무부가 제일 그러한 경향이 많았다. 그러나 먼저 완전 환도한 총무, 공보, 내무, 농림, 상공, 교통, 체신부 등은 이어 행정사무 집행에 하등의 지장을 받지 않고 본궤도에 오르고 있다. 각 부처가 자리 잡고 있는 각 부처의 사용 청사는 다음과 같다.

- 대통령비서실(大統領秘書室) = 중앙청별관(中央廳別館)
- 내무부(內務部) = 을지로입구(乙支路入口) 전 국방부(前 國防部)
- 국방부(國防部) = 전 한청본부(前 韓靑本部)
- 재무부(財務部) = 태평통(太平通) 화재보험건물(火災保險建物)
- 농림부(農林部) = 광화문 수련회관(光化門 水聯會館)
- 교통부(交通部) = 용산전사(龍山前舍)
- 체신부(遞信部) = 전 체신회관(前 遞信會館)
- 상공부(商工部) = 전사(前舍)
- 문교부(文敎部) = 상공부별관(商工部別館)
- 외무부(外務部) = 전 경기도청(前 京畿道廳)
- 사회부(社會部) = 을지로입구(乙支路入口) 전사(前舍)
- 법무부(法務部) = 대검찰청 건물(大檢察廳 建物)
- 보건부(保健部) = 을지로입구(乙支路入口) 전사(前舍)
- 기획처(企劃處) = 사세청 건물(司稅廳 建物)
- 총무처(總務處) = 중앙청별관(中央廳別館)
- 공보처(公報處) = 중앙청별관(中央廳別館)
- 법제처(法制處) = 중앙청별관(中央廳別館)
- 심계원(審計院) = 을지로입구(乙支路入口) 사회부 건물(社會部 建物)
- 고시위원회(考試委員會) = 상공부별관(商工部別館)
- 감찰위원회(監察委員會) = 구 경기도청 건물(舊 京畿道廳 建物)
- 관재청(管財廳) = 서울관재청 건물(管財廳 建物)
- 외자관리청(外資管理廳), 외자구매청(外資購買廳) = 중앙청별관(中央廳別館)[3]

이미 불타버린 세종로 일대의 청사는 즉각적인 복구를 시도할 만한 여력이 되지 못하였으므로 한국전쟁이 종결되고도 거의 10년 가까운 세월이 흐르도록 공터로 남아 있었다. 그 사이에 옛 체신부 청사가 있었던 세종로 81번지 구역과 같은 경우에는 피난민들에 의해 무허가 판자촌을 이룰 정도로 한동안 방치되어 있었다고 전해진다. 이와 아울러 중앙청 본관도 내부 시설 일체가 파괴되는 바람에 철거 논란만 가중시키는 상태에서 흉물이라는 지탄을 받다가 1962년 11월 22일에 와서야 겨우 수리복구 공사를 거쳐 재사용을 위한 '중앙청 개청식'이 거행된 바 있었다.

이 무렵 광화문 앞길에는 새로운 정부청사의 건립이 시도되고 있었는데, 이른바 '쌍둥이 빌딩'으로 잘 알려진 유솜청사가 바로 그것이다. 이 건물들은 지금도 그대로 보존되어 개중에 하나는 대한민국역사박물관으로의 전환 공사가 마무리 단계에 있고, 다른 하나는 '미국대사관'으로 사용되고 있는 상태이다.[4]

이 건물들의 건립 경위에 대해서는 『동아일보』1960년 8월 17일자에 수록된 「새로운 단장(丹粧) 서둘러, 전건물(全建物)을 '유리'로, 환기(換氣) 난방장치(暖房裝置)도 갖추어」 제하의 기사를 통해 살펴볼 수 있다.[5]

---

3) 여기에서 국방부 청사로 정해진 '전 한청본부'는 '남대문로 5가 일화빌딩(옛 남로당 당사)'을 말하며, 농림부 청사인 '광화문 수련회관'은 '대한수리조합연합회 건물'을 가리킨다. 그리고 체신부 청사인 '체신회관'의 위치는 태평로 1가에, 상공부 청사는 남대문로 2가에, 법무부 청사인 대검찰청 건물은 서소문동 38번지(옛 중추원 건물)에 각각 자리하였다.

4) 원래 이 건물들은 '쌍둥이 빌딩'이라는 별칭이 말해주듯이 동일한 외양을 지녔으나, 이 가운데 북측에 있는 건물은 최근 '대한민국역사박물관'으로의 리모델링 공사가 마무리 단계에 들어가면서 겉모습은 많이 달라지게 되었다. 이 건물은 종전에 '문화체육관광부 청사'로 널리 알려졌으나, 박물관 전환계획에 따라 문화체육관광부는 2010년 11월 1일자로 서울 종로구 와룡동 옛 국립서울과학관 건물로 청사를 이전한 상태이다.

5) 이 밖에 『동아일보』1978년 8월 17일자에 수록된 「한국과 미국, 백년지교(百年之交)를 넘어서 (85) 유솜 ① 쌍둥이 건물, 원조로 맺은 한미 경제관계의 상징」 제하의 기사에도 이 건물의 건립 배경과 더불어 미국대사관이 '주한미사절단청사(駐韓美使節團廳舍; 유솜청사)'를 차지하게 되는 과정에 대한 소상한 취재 내용이 담겨 있는 바 매우 참고할 만한 자료로 평가된다.

제2공화국 정부수립이 목전에 다가오고 있는 지금……. 앞으로 새 정부가 사용할 중앙청 청사는 어떻게 되고 있는가? 이 신청사는 시민의 관심을 더하여 벌써 12퍼센트의 공사가 진행되고 있으며 이(李)정권 독재의 상징인 양 우뚝 솟은 소위 '우남회관'은 혁명의 각광을 받아 11월부터는 민주적 시민전당으로 사용하게 되었다. 또한 대통령 전용객차도 말쑥이 수리되어 검차사무소에서 대기하고 있고……. 그 근황을 살펴보면 다음과 같다.

[새 정부청사(政府廳舍)] 현재 공사 중인 정부의 신청사……. 별로 규모는 크지 않으나 우리나라에서는 가장 현대적인 모양과 시설을 갖추게 될 8층 건물이 내년 5월경이면 세종로의 큰 거리 옆에 장식하게 된다. 현재 공사가 진행 중에 있는 동 정부청사는 미국의 '번넬' 회사와의 계약 아래 지난 2월초부터 착공된 이래 16일 현재 12퍼센트가량 공사가 진행 중…….

건물의 거의 전체가 유리로만 찬란하게 장식될 동 정부청사의 크기는 8

한국전쟁의 참화를 피하지 못한 세종로 일대의 전경이다. 옛 체신국 본관과 경찰관강습소가 있던 구역은 잿더미가 되어 공터로 변했다(ⓒ성두경사진집).

층에 총건평이 2,986평, 대지가 4천여 평이라고 하며 완성된 후에는 경제 4부처를 비롯하여 기타 몇 개의 중앙관서가 이 건물을 사용하게 되리라고 한다. 이 정부청사 바로 옆에는 또 하나의 현대식 건물이 동시에 공사가 진행 중에 있는데 그것은 주한미국경제원조처에서 사용하게 될 건물……. 크기와 규모가 정부청사와 똑같다는 것이다. 따라서 '쌍둥이 현대식 건물'이 함께 서게 되는 것이다.

정부청사의 총 공사비는 한화가 7억 5천만 환에 외화가 150만 불이 소요될 예정이라고 하며 1층은 식당과 회의실 및 주방으로 사용될 것이고 2층부터 8층까지는 모두 사무실로 충당되리라고 한다. 내부시설로는 5개의 자동 '엘레베타'가 1층부터 8층까지를 순식간에 오르내리도록 설치될 것이며 '에어콘디숀(환기장치)'과 난방장치는 모두 초현대시설을 갖추게 되리라고……. 미국에서도 유명한 '번넬' 건축회사에 의하여 건립 중인 동 건물은 국내 토목업자들을 취하여 현대식 건물을 짓는 표본이 되어 있다고 관계 당국자는 말하고 있었다(이하 '대통령전용차', '우남회관' 부분은 생략함).

여기에 나오는 주한미국경제원조처(駐韓美國經濟援助處)는 곧 유솜(USOM; United States Operations Mission in Korea)을 말하며, 주한미원조사절단(駐韓美援助使節團) 또는 주한미경제협조처(駐韓美經濟協助處)로 표기되기도 한다. 이 기구는 미국에서 제공하는 원조자금의 운영결정 권한이 1959년에 종래의 UN통일사령부(國際聯合統一司令部)에서 미국대사에게로 넘겨지면서 이를 주관하기 위해 설치된 것으로, 나중에 1968년 7월 1일 이후 유세이드(USAID in Korea; 駐韓美國際開發處)로 이름을 바꾸었다.[6]

---

6) 원조경제를 주관하는 미국 정부의 부서로는 1955년에 발족한 국제협조처(國際協助處, ICA)가 있었으나, 1961년에 이르러 이것이 케네디 행정부에 의해 국제개발청(國際開發

말하자면 유솜청사는 이러한 미국정부의 경제원조기관이 한국정부에서 제공한 세종로 82번지 구역의 건립부지에다 두 채의 빌딩을 무상으로 지어주는 대가로 그중에 하나를 자신들의 사무공간으로 직접 사용하려는 의도에 따라 건립된 것이었다. 현재까지도 이 건물에 미국대사관(美國大使館)이 터를 잡고 있는 까닭은 바로 이러한 맥락의 연장선상으로 이해된다.

여기에서 잠깐 미국대사관의 청사 이전에 관한 연혁을 살펴보면, 해방 직후 미군정 시절에는 '대사관'이라는 개념이 성립할 수 없었으므로 당연히 이 기간에는 미국대사관이 존재하지 않았다. 주한미국대사관이 최초로 설치된 것은 대한민국 정부수립 이후 1949년 3월 23일에 초대 주한미국대사로 무쵸(John Joseph Muccio, 1900~1989)가 임명된 때의 일이었다.

이 당시 최초의 미국대사관은 을지로 1가 181번지에 있던 '반도호텔(半島Hotel)'에 자리를 잡았으며, 한국전쟁 시기에는 부산으로 피난하였다가 1952년 7월 서울로 환도하면서 반도호텔 길 건너편에 있던 을지로 1가 63번지의 옛 미츠이(三井) 빌딩으로 터를 옮겨 설치하는 과정이 이어졌다.[7] 그 이후 미국대사관은 무상원조가 중단 상태가 들어감에 따라 유세이드의 조직과 기능이 크게 약화되자 이를 기화로 1970년 12월에 세종로 82번지에 있던 종래의 '유솜' 청사로 다시 이전하였으며, 1980년 10월 유세이드의 철수 이후에도 이 공간을 여전히 독점적으로 점유하고 있는 상태이다.

그런데 한국정부와 유솜의 합작으로 건립된 두 채의 건물 가운데 북측에 자리한 청사는 앞서 『동아일보』 1960년 8월 17일자에도 서술되어 있다시피 원래 경제 4부처를 비롯한 몇 개의 중앙관서가 함께 사용할 종

廳, AID: Agency for International Development)으로 개칭된 바 있다.

7) 한때 미국대사관이 자리했던 옛 미츠이 빌딩은 나중에 미국공보원(USIS, 미국문화원)으로도 활용되었으며, 지금은 서울시청으로 소유권이 넘겨져 '서울특별시청 을지로청사'로 부르고 있다. 현재 이 건물은 등록문화재 제238호 '구 미국문화원'으로 등재되어 있다.

합청사의 개념으로 설정된 공간이었다. 하지만 이 건물의 완공과 더불어 이곳을 차지한 주체는 '국가재건최고회의(國家再建最高會議)'였다.

5·16 군사 쿠데타와 더불어 이른바 '혁명주체'에 의해 설치된 군사혁명위원회(軍事革命委員會)는 이내 3일 만에 '최고회의'로 이름을 바꿔 달고 서울 중구 태평로 1가 60-1번지 소재 민의원의사당(民議院議事堂; 지금의 서울시의회청사)에 처음 터를 잡았고, 다시 그해 6월 21일 퇴계로에 있는 참의원의사당(參議院議事堂)[8]으로 자리를 옮겼다. 그러다가 때마침 세종로 정부 신청사가 준공되자 1961년 9월 25일에 재차 그곳으로 이전하게 되었던 것이다.

이 자리는 제3공화국의 출범과 더불어 1963년 12월 17일 이후 경제기획원(經濟企劃院)의 몫으로 돌아갔는데, 이에 따라 이곳은 1986년 2월 22일 정부제2종합청사(지금의 '정부과천청사') 3동의 준공에 따라 경제 관련 중앙부처의 일괄적인 청사 이전이 이뤄질 때까지 20여 년간을 경제기획원 청사라는 이름으로 많은 사람들에게 각인되기에 이른다. 이 당시 경복궁 안 중앙청 제2별관에 있던 '문화공보부(文化公報部)'가 이곳으로 옮겨 와서 경제기획원이 떠난 자리를 물려받았다.

---

8) 서울 중구 충무로 1가 42번지에 자리했던 참의원의사당은 일제강점기에 미나카이(三中井) 백화점이 있던 건물이었다. 해방 이후 이곳은 줄곧 해군본부(海軍本部)로 사용되다가 1960년 9월 1일 대방동 신축 청사로 이전하였고, 그해 12월 20일부터 참의원의사당으로 변신하였다. 하지만 5·16 쿠데타와 아울러 의회 기능이 정지된 상태에서 한때 국가재건최고회의(1961. 6. 21~9. 24)가 들어섰다가, 그 이후에는 군사원호청(軍事援護廳)이 이 공간을 넘겨받았다.

해방 이후 세종로 일대 주요 관공서의 청사 신축 연혁

해당 구역	건물 명칭 및 공사 연혁
세종로 76번지	• 1990년 '옛 경기도청' 철거
세종로 82번지	• 1961년 '쌍둥이 빌딩(최고회의 청사 및 유솜청사)' 신축 준공 • 1961년 '반공회관(옛 경찰참고관; 4·19 때 소실)' 철거
세종로 84번지	• 1979년 '서울중앙전신국(옛 전매국 청사)' 철거 • 1984년 '국제통신센터(현 KT광화문지사)' 신축 준공
세종로 149번지	• 1972년 '옛 체신국 분관(간이보험청사)' 철거(도로 편입 후 잔여 부지는 교보생명빌딩에 포함) • 1981년 '대한교육보험빌딩(현 교보빌딩)' 신축 준공
세종로 77번지 (세종로 78번지 포함)	• 1967년 '옛 조선보병대 구역(체신국 분실)' 잔존 건물 철거 • 1970년 '정부종합청사(현 정부중앙청사)' 신축 준공
세종로 80번지 (세종로 79번지 포함)	• 1962년 '광화문전화국' 신축 준공 • 1987년 '광화문전화국(당시 외무부 여권과 청사)' 철거 • 1992년 '세종로주차장(지하)' 신축 준공
세종로 81번지	• 1961년 '우남회관(시민회관으로 개칭)' 신축 준공 • 1973년 '시민회관(1972년 12월 화재 발생)' 철거 • 1978년 '세종문화회관' 신축 준공

한편, 세종로 동편의 공터에 유솜 쌍둥이 빌딩이 들어서던 바로 그 무렵에 길 건너 서편 구역에도 새로운 건축물들이 속속 들어서기 시작했다.

우선 한국전쟁 때 파괴된 광화문전화국(光化門電話局)이 1962년에 신축 준공되었으며, 폐허로 남아 있던 옛 체신국 자리에는 이승만 대통령 제80회 탄신 기념 행사의 하나로 1955년에 착공된 우남회관(雩南會館; 개관 당시에는 '시민회관'으로 개칭)이 공사의 중단과 재개를 반복한 끝에 1961년 11월에 개관을 보게 되었다. 하지만 이곳은 1972년 12월에 대형 화재

보론 1: 해방 이후 시기 세종로의 변천 과정 375

4·19 의거 2주년을 맞이하여 『동아일보』 1962년 4월 17일자에 수록된 세종로 일대의 화보에는 막 준공된 유솜 쌍둥이 청사의 모습이 잘 포착되어 있다. 장차 도로가 확장될 것이라는 사실을 감안한 탓인지, 건물의 전면부가 도로변에서 멀찍이 떨어져 안쪽에 자리하고 있음이 확연히 드러난다.

사건이 발생한 끝에 건물 전체를 철거하고, 지금은 1978년에 준공된 세종문화회관(世宗文化會館)이 대신 그 자리를 지키고 있는 상태이다. 이와 아울러 이곳과 이웃하는 구역에 있던 광화문전화국도 세종문화회관의 관람객들을 위한 주차공간과 휴게시설이 필요하다는 명분에 따라 25년이라는 짧은 역사를 뒤로하고 1987년에 철거 단계에 들어가고 말았다.

세종로 서편 일대를 통틀어 가장 두드러진 공간 변화는 뭐니 뭐니 해도 '정부종합청사(政府綜合廳舍)'의 준공이었다.

이 건물의 신축은 정부 수립 이후 한국전쟁을 거치는 동안 서울시내의 여러 곳으로 흩어져 자리를 잡게 된 중앙관서를 한 곳에다 모으려는 의도에 따른 것이었다. 새로운 정부종합청사의 건립부지는 옛 조선보병대 구역이었던 세종로 77번지를 포함하여 인접 지역인 세종로 78번지로 선정되었고, 이 일대에 포진한 시경기동대와 체신부 보험관리국 등의 잔존 건물들의 철거와 동시에 1967년 7월 20일에 기공을 보게 되었다. 이 당시 삼군부 시절 이래의 부속 건물로 남아 있던 청헌당

(淸憲堂)도 헐려 서울 공릉동 육군사관학교 박물관 구내로 해체 이전된 바 있었다.

그 이후 3년 5개월가량의 공사기간을 거쳐 1970년 12월 23일 정부종합청사의 준공식이 거행되었는데, 이에 따른 당장의 변화는 중앙행정기구의 대규모 연쇄 이동이 이어졌다는 사실이다. 이와 관련하여『경향신문』1970년 12월 12일자에 수록된「24일부터 이전(移轉), 새 청사(廳舍)에 들어앉을 각부처(各部處)」제하의 기사를 통해 그 내역을 파악할 수 있다.

총무처는 정부종합청사 신축에 따르는 청사 조정 계획을 12일 확정, 발표했다. 이 계획에 따라 각 부처는 오는 24일부터 내년 1월 3일까지 이전하게 된다. 청사 조정 계획은 다음과 같다.

◆ 종합청사

○ 내무부 = 14층 ○ 치안국 일부 = 13층 ○ 법무부 = 6층 ○ 문교부 = 9, 10층 ○ 농림부 = 12, 13층 ○ 상공부 = 4, 5층 ○ 건설부 = 15, 16층 ○ 보사부 = 7, 8층 ○ 과학기술처 = 17층 ○ 국토통일원 = 18층 ○ 국세청 = 3층 ○ 경제과학심의회의 = 18층 ○ 산림청 = 19층 ○ 전화국사무실 = 4층 ○ 통신실 = 19층 ○ 시설관리실 = 19층 ○ 회의실 = 19층

◆ 중앙청 제1별관 = (현 농림부 청사)

○ 국가안전보장회의 = 3, 4층 ○ 행정개혁위원회 = 3층 ○ 총무처(연금, 카드 외) = 1, 2층 ○ 외무부 여권과 = 1층

◆ 현 건설부 청사

○ 내무부 치안국 = 본관, 외곽별관 ○ 농업경영연구소(농림부) = 4별관

◆ 법무부 청사

○ 검찰청

◆ 과학기술처 청사

○ 이북5도청 = 2, 3층 ○ 검역소 = 1층 ○ 방사선의학연구소 = 4, 5층
◆ 현 상공부 청사
○ 전매청 = 2, 3, 4층 ○ 표준국(상공부) = 1층

그런데 『경향신문』 1970년 12월 24자에 수록된 「통일원(統一院), 산림청(山林廳)은 현청사(現廳舍) 계속 사용」 제하의 기사에는 청사 이전 계획에 약간의 재조정이 있었던 사실이 드러난다.[9]

국토통일원과 산림청은 24일 종합청사로 옮기려던 계획을 바꾸어 그대로 쓰기로 했다.
[이사 일정]
◆ 종합청사로
○ 문교부, 농림부, 건설부 = 24~25일 ○ 상공부, 과학기술처, 법무부 = 26~27일 ○ 내무부, 보사부, 국세청 = 28~29일 ○ 경제과학심의회의 = 30일 ○ 통신실 = 31일
◆ 그 밖의 청사로
○ 치안국 → 구 건설부 청사로 = 26~28일 ○ 농업경영연구소 → 구 건설부 청사로 = 27일 ○ 방사의학연구소, 이북5도청, 서울지방검역소 → 이상 구 과학기술처 청사로, 전매청 상공부표준국 → 이상 구 상공부 청사로, 검찰청 → 구 법무부 청사로 = 28~29일.

---

9) 여기에 나오는 국토통일원(國土統一院)의 경우 1969년 3월 1일 출범 당시에는 장충동 자유센터에 입주하였다가 1976년 11월 29일에 남산자락 예장동에 자리한 종전의 KBS 중앙방송국(현 서울애니메이션센터) 건물로 청사를 옮겼으며, 과천 제2정부청사의 준공을 계기로 경제 관련 부처가 대거 이동하게 되자 그 빈 공간을 찾아 1986년 2월 1일 세종로 정부종합청사로 재이전하는 과정을 거쳤다.

이상에서 살펴보듯이 한국전쟁을 겪은데다 도시계획 또는 건물의 노후화에 따른 철거가 이뤄지고 그 자리는 새로운 고층 건물이 잇달아 들어섬에 따라 세종로 일대의 거리 풍경은 일제강점기의 그것과는 확연히 다른 모습으로 변하게 되었다. 그 와중에 한때 이 거리의 주인인 양 행세했던 식민통치기구들의 흔적마저도 1990년에 옛 경기도청이 헐리는 것을 마지막으로 더 이상은 찾아보기 어려운 일이 되었다.

1970년에 '정부종합청사'라는 이름으로 처음 그 위용을 드러낸 지하 3층, 지상 19층 규모의 '정부중앙청사'는 벌써 43년째 한결같은 모습으로 저 자리를 지키고 서 있다.

해방 이후 세종로의 도로 구조 변화에 관한 연혁

해당 연도	주요 변경 내용
1952년	• '내무부 고시 제23호 서울도시계획가로변경, 토지구획정리지구 추가 및 계획지역 변경'을 통해 "종전의 53미터 폭에 연장 500미터이던 세종로를 100미터 폭원(幅員)의 광로(廣路)로 변경"하는 계획 내용이 포함.
1966년	• 광화문네거리의 지하도 공사와 더불어 세종로 제1차 확장 공사가 착수되어 도로의 서편 30미터 폭이 넓어짐.
1971년	• 정부종합청사와 경제기획원 사이의 연결 지하도로 개통과 더불어 제7대 대통령 취임식을 앞두고 세종로 제2차 확장 공사가 착수되어 도로의 동편 20미터 폭이 넓어짐.
1978년	• 세종문화회관의 개관에 맞춰 광화문네거리의 지하도 확장 개수공사와 더불어 칭경기념비전 전면의 도로 양쪽으로 병목처럼 남아 있는 녹지대(綠地帶)를 제거함에 따라 세종로 전체는 도로 폭이 균일하게 넓어짐.
2008년	• 광화문광장 조성 사업 착공(2008년 5월 27일)으로 종래의 중앙분리대 가로수길(일제강점기인 1934년에 처음 설치)이 철거되고, 그곳에 있던 은행나무들은 도로의 양편 보도로 옮겨 심김.
2009년	• 너비 34미터, 길이 557미터 규모의 광화문광장이 개장(2009년 8월 1일)되어 도로의 중심부가 중앙분리형 광장구조로 전환됨.

하지만 이러한 옛 관공서의 철거와 새로운 건축물의 등장이 거듭되고 있다는 부분도 그러하려니와, 해방 이후 광화문앞길의 공간 변화에 있어서 무엇보다도 두드러진 사항은 세종로의 도로 확장 그 자체이다.

일제강점기를 거치는 동안 1934년에 중앙분리형 가로수 화단이 조성되는 정도의 변화가 있긴 하였지만, 50미터 남짓 되는 육조앞길의 원래 도로 폭이 변형되는 일은 일어나지 않았다. 반면에 이러한 도로 폭이 무려 두 배나 될 정도로 크게 넓어진 것은 전적으로 해방 이후의 시기에 벌어진 상황이었다. 이로써 지적도면과 측량도구의 힘을 빌리지 않고는 옛 육조관아의 경계구역이 어디였는지를 정확히 가늠하는 것조차 참으로 어려운 일이 되고 말았다.

1967년 9월 19일에 거행된 충무공 이순신 장군 동상의 기공식 장면이다. 사진 속 조감도에는 '박정희 헌납'이라는 글씨가 또렷하다. 이 동상은 1968년 4월 27일에 제막된 이래로 세종로 그 자체를 상징하는 대표적인 조형물로 자리매김되었다(ⓒ대한민국정부기록사진집).

세종로 거리의 동서로 포진한 신축 청사들은 아무런 외곽 담장도 없이 도로변에서 멀찍이 떨어져 후퇴한 상태로 건물의 중심부를 이루고 있는데다, 군데군데 널찍한 공원구역으로 남겨진 곳도 적지 않은 편인지라 옛 육조앞길 일대는 어느샌가 휑하니 뚫린 광장과 같은 느낌을 주는 공간으로 변하였다. 실제로 이 거리의 중심을 이루고 있는 시설공간의 이름이 바로 '광화문광장'이 아니던가 말이다.

이곳의 명칭이 세종로이건 광화문광장이건 간에 원래부터 육조앞길의 범주에 속한 구역이라는 점은 틀림이 없는 사실이다. 그러한 점에서 아무리 시대의 흐름에 따른 공간 변화를 용인한다 할지라도, 도로 바닥면에 실선을 그어 표시하는 방식으로라도 옛 육조관아의 구역경계선을 명확히 표시해두는 정도의 성의 표시는 마땅히 있어야 하지 않을까 하는 생각을 덧붙여본다.

보론 2: 광화문광장에 설치된 표석의 오류 문제

지난 1988년에 옛 한성부 청사를 뜻하는 '경조아문(京兆衙門)' 표지석이 처음 설치된 이래로 세종로 주변 일대에는 옛 관아터의 위치를 나타내는 역사문화유적 표석이 잇달아 설치된 바 있었다. 우선 이들 표석의 설치 연혁과 현행 보존 상태를 정리하면, 아래의 표와 같다.

세종로 주변 역사문화유적 표석 설치 현황[1]

설치 연도	표석 명칭	설치 지번 및 위치	비고
1988	경조아문터	세종로 100(KT 광화문지사 앞)	철거(노면 대체)
1990	의정부터	세종로 76-4(광화문열린마당 좌측)	철거(노면 대체)
1991	사역원터	세종로 95-1(정부중앙청사 별관 남측)	현존
1992	사헌부터	세종로 79-9(세종로공원 북측)	철거(노면 대체)
1995	우포도청터	세종로 139(동아일보 사옥 앞 도로화단)	현존(위치 착오)
1999	한성재판소터	서린동 136(서울센트럴빌딩 우측)	현존(위치 착오)

---

1) 여기에서 제시하는 현황표는 서울특별시 문화관광국 문화재과, 『문화유적표석문안집: 역사문화유적의 현장을 찾아서』(1995)와 서울특별시, 『역사문화유적 기념표석 문안집: 역사문화유적 현장을 찾아』(2004)를 바탕으로 하여 정리하되, 기타 현장 탐방 등의 방법으로 관련 사항을 보완 수정한 내용을 일부 포함하였다.

2000	병조터	세종로 80-1(세종로공원 내)	철거(노면 대체)
2000	예조터	세종로 77-6(정부중앙청사 앞)	철거(노면 대체)
2000	이조터	세종로 82-1(문화관광부 앞)	철거(노면 대체)
2000	형조터	세종로 80-1(세종로공원 내)	철거(노면 대체)
2000	호조터	세종로 119(광화문역 3번 출구 앞)	철거(노면 대체)
2000	의영고터	도렴동 95-1(정부중앙청사 별관 북측)	현존
2001	공조터	도렴동 80-2(세종문화회관 주차장입구 화단)	철거(노면 대체)
2001	기로소터	세종로 116(교보문고, KT 사잇길)	노면 대체(오류)
2001	농상아문터	청운동 89-12(종로서부여성문화센터 앞)	현존(고증 오류)
2001	장예원터	당주동 11(광화문역 8번 출구 앞)	현존
2005	한성전보총국터	세종로 80-1(세종로공원 내)	현존

왼쪽은 광화문광장이 조성되면서 새로 설치된 '기로소터' 노면 표지판으로 교보생명 앞쪽에 있어야 할 것이 KT 광화문지사의 앞쪽에 잘못 설치되어 있다. 그리고 광화문시민열린광장에도 엉뚱하게도 또 하나의 '기로소터' 표지석이 놓여 있다. 광장 조성 공사 당시에 예전 것을 잘못 옮겨놓은 것인 듯하다.

하지만 여기에 수록된 상당수의 표석들은 2009년 8월에 준공된 광화문광장 조성 사업과 관련하여 철거되어 사라졌고, 그 대신에 옛 관청터를 나타내는 '노면 표지판'을 새로 제작하여 부착하는 방식으로 변경된 것으로 확인된다. 이 와중에 그 전까지는 설치되지 않았던 '삼군부터', '중추부터'의 표지판이 새로 추가되고, '경조아문터'는 '한성부터'로 이름을 고쳐 달았다.

그런데 이 경우에도 약간의 문제는 있어 보인다. 표지판 설치 위치가 육조앞길에 존재했던 각 관아의 추정 위치보다 상당히 다르게 설치되거나, 고증 착오 탓인지 전혀 엉뚱한 위치에 가 있는 경우도 없지 않기 때문이다. 노면 표지판의 설치 현황과 문제점에 대한 자료는 다음의 표와 같이 정리될 수 있다.

서울 청운동 경복고등학교 인근에 설치되어 있는 '농상아문터' 표석이다. 이 자리는 원래 '궁내부 농상소'가 있던 곳으로, 이를 농상아문으로 오인한 탓에 잘못 설치한 것에 지나지 않는다.

광화문광장 주변 옛 관청터 노면 표지판 설치 현황(2009년 신설)

설치 연도	표지판 명칭	설치 위치와 주변 건물	비고
2009	의정부터	광화문광장 동단(광화문시민열린마당 전면)	
2009	이조터	광화문광장 동단(문화관광부청사 북단 전면)	
2009	한성부터	광화문광장 동단(문화관광부청사 남단 전면)	위치 착오
2009	호조터	광화문광장 동단(미국대사관 남단부 전면)	위치 착오
2009	기로소터	광화문광장 동단(KT 광화문지사 북단부 전면)	위치 착오
2009	예조터	세종로 서편 보행로(정부중앙청사 정문앞)	
2009	삼군부터	세종로 서편 보행로(정부중앙청사 정문앞)	
2009	중추부터	세종로 서편 보행로(정부중앙청사 남단 전면)	
2009	사헌부터	세종로 서편 보행로(세종로공원 북단 전면)	
2009	병조터	세종로 서편 보행로(세종로공원 남단부 전면)	
2009	형조터	세종로 서편 보행로(세종문화회관 북단 전면)	위치 조정 필요
2009	공조터	세종로 서편 보행로(세종문화회관 중간 전면)	위치 착오

　여기를 보면 의정부터, 이조터, 예조터, 삼군부터, 중추부터, 사헌부터는 그 표지판 위치 선정에 큰 문제가 없어 보이지만, 형조터와 공조터는 해당 관아의 전면 중심점에 가깝도록 현행 위치보다 약간씩 더 남쪽으로 옮겨져야 옳을 듯하다. 특히 한성부터, 호조터, 기로소터는 그 위치가 크게 잘못 선정된 것으로 드러난다. 이들 중 한성부터는 '미국대사관 상단부 전면'으로, 호조터는 'KT 광화문지사 상단부 전면(현재 기로소터 표지판이 놓여 있는 위치)'으로 각각 재조정되어야 옳을 것이다.
　가장 문제가 심각한 것은 '기로소터'의 표지판 위치이다. 이는 원래 세종로 149번지와 150번지에 해당하며, 지금의 교보생명빌딩 일부분에 포함되는 곳이지만, 정작 표지판은 그보다 훨씬 북쪽에 놓여 있는 것은 큰 잘못이라고 하겠다. 또 하나는 옛 기로소터 표석이 엉뚱하게도 옛 경기도청 자리인 광화문시민열린광장의 보행로 옆쪽 화단에 잘못 옮겨져 있다는 부분이다. 이것은 원래 교보빌딩과 KT 광화문지사 사잇길에 놓여 있었던 것인데, 광화문광장 조성 공사가 벌어지던 와중에 이곳에 옮겨진 이후 그대로 방치되고 있는 듯이 보인다.

그리고 앞서 제시한 문화유적 표석 가운데 '농상아문터' 또한 심각한 오류를 갖고 있다. 이것은 청운동 경복고등학교를 포함한 육상궁 주변 일대에 궁내부 농상소(宮內府 農桑所)가 있었던 것을 마치 농상아문이 이곳에 존재했던 것처럼 오인한 데서 비롯된 결과로 풀이된다. 농상아문은 앞에서도 누차 설명했듯이 갑오개혁 당시 창설될 때 '사헌부 자리'에 터를 잡았고, 그 직후 농상공부로 전환된 이래로 1907년 이전까지는 육조앞길을 한 번도 벗어난 적이 없었다. 따라서 청운동의 '농상아문터' 표석은 '농상소터' 표석으로 교체되거나 아니면 서둘러 철거되는 조치가 내려지는 것이 마땅하다.

이와 아울러 현재 광화문광장 주변에 설치된 표지판이 대개 철종 이전의 조선시대에 치우쳐 그 당시의 주요 관아만을 대상으로 하고 있다는 것은 크게 아쉬운 부분이다. 예를 들어 '한성부'의 경우 1868년까지는 이조와 호조 사이에 처소가 있었지만 1870년 이후로 호조와 기로소 사이의 공터에 새로운 청사를 마련하게 되는데, 지금의 표지판만으로는 이러한 처소 이전의 관계를 전혀 읽어낼 수가 없다.

삼군부의 부활과 더불어 한성부 자리로 옮겨 오게 되는 '예조'의 경우도 마찬가지이다. 정부종합청사 바로 앞쪽에 '삼군부터' 표지판과 더불어 '예조터' 표지판이 나란히 설치되어 있는 것을 제외하고는, 예조가 길 건너편 한성부 자리로 옮겨 와서 갑오개혁 시기에 학무아문과 학부로 전환되는 연결고리는 그 어디에서도 찾을 수 없는 상태이다.

  지금의 형편이 이러할진대, 이른바 '을사조약' 당시 외교권의 주무부처인 외부(外部; 종전의 통리교섭통상사무아문)는 왜 이조가 있던 공간에 자리하고 있었던 것인지, 또한 그런 연유로 광화문 육조앞길에 한때나마 식민지배를 위한 전초기지였던 통감부가 자리를 틀고 있었다는 사실 자체를 거기에서 짐작해내기란 어려운 일이다.

  이러한 상태에서 고종 시대 이후에 진행되었던 육조앞길의 변천사는 전혀 살펴볼 여지가 없어지게 되는 것이다. 지금의 형편으로서는 단편적인 설명문안을 담아 그저 몇 군데에 표지판을 설치해놓은 광화문광장에서 옛 육조거리의 모습을 그려내고, 거기에다 근대시기의 흔적까지 담아내기란 아무래도 너무 벅차고 어려운 일이 될 듯싶다.

찾아보기

ㄱ

간이보험청사(簡易保險廳舍) → 체신국분관(遞信局分館)

간이생명보험제도(簡易生命保險制度) → 체신국 간이보험과(遞信局 簡易保險課)

『게일의 서울지도』 64, 81, 93, 98, 100, 105, 106

경기감영(京畿監營) 55~59, 61, 62, 107, 157, 168

경기도 경무부(京畿道 警務部) 11, 156, 195, 267~271, 345

경기도 경찰부(京畿道 警察部) 11, 195, 237, 253, 267~271, 345

경기도 제3부(京畿道 第三部) 11, 269, 270

경기도순사교습소(京畿道巡査教習所) 4, 9, 205, 235, 331, 332, 333, 336~339, 340, 350, 367

경기도청(京畿道廳) 10, 11, 58, 151~157, 165, 174, 205, 237, 254, 261~268, 273, 366, 368, 374, 378

경무고문실(警務顧問室) → 내부 경무고문실(內部 警務顧問室)

경무국(警務局) 11, 233, 270, 280, 288, 340, 345

경무청(警務廳) 10, 54, 57, 58, 74~78, 84, 90, 91, 92, 99, 138, 158, 166, 168, 198, 200, 237, 238, 333

경무총감부(警務總監部) 134, 137, 161, 268, 269, 270, 277, 280, 322, 339, 340

경무총장(警務總長) 113, 161

경복궁 수정전(景福宮 修政殿) 69, 78, 79, 83, 86, 87, 99, 167

경복궁의 좌향(坐向) 188~191

경복궁의 중심축(中心軸) 188~194

경복궁전로(景福宮前路) 28, 29

경부(警部) 77, 78, 90~93, 99, 107, 138, 166, 167, 168

경성농업학교(京城農業學校) 144, 230, 301

경성마약류중독자치료소(京城痲藥類中毒者治療所) 11, 253, 254, 346~349

경성박람회(京城博覽會) 138, 140

경성법학전문학교(京城法學專門學校) 4, 11, 58, 144, 205, 229~231, 238, 251, 294~296, 299~302, 304, 308

『경성부관내지적목록(京城府管内地籍目錄)』 165, 198, 273

『경성부사(京城府史)』 25, 37, 38, 52, 57, 58, 59, 75, 76, 80, 92, 111, 119, 131, 136, 137, 139, 184, 219, 228, 236~238, 265, 321, 333

경성세무서(京城稅務署) 142, 143, 300, 303

경성소방서(京城消防署) 247

『경성영등포전화번호부(京城永登浦電話番號簿)』 252, 253, 330, 333, 359

경성우편국(京城郵便局) → 경성중앙우편국(京城中央郵便局)

경성우편국 광화문출장소(京城郵便局 光化門出張所) 74, 128, 131, 167, 361

경성우편국분실(京城郵便局分室) 74, 126, 127, 128, 167, 360

경성이사청(京城理事廳) 57, 133

경성저금관리소(京城貯金管理所) 11, 58, 202,

238, 250, 251, 315, 329, 359, 360, 362
경성전매국(京城專賣局) 250, 306
경성전수학교(京城專修學校) 11, 144, 181, 182, 229, 273, 294, 295
경성제이헌병분대(京城第二憲兵分隊) 10, 11, 131, 161, 166, 174, 181, 196, 273, 331, 332~336, 338
경성중앙우편국(京城中央郵便局) 251, 308, 309
경성중앙전신국(京城中央電信局) 11, 246, 251, 253, 306~309, 317, 366
경성중앙전화국 광화문분국(京城中央電話局 光化門分局) 11, 119, 196, 202, 203, 238, 253, 339, 350, 351, 352~355, 362
경성중앙전화국 동분국(京城中央電話局 東分局) 355
경성중앙전화국 용산분국(京城中央電話局 龍山分局) 352~355
경성중앙전화국(京城中央電話局) 352, 353, 354, 355
경성지방재판소(京城地方裁判所) 62, 63, 123, 168
경시청(警視廳) 10, 92, 110, 131, 158, 160, 161, 166, 168, 174, 200, 267, 269, 278, 280, 332~335, 340
경제기획원 청사 245, 373
『경조부지(京兆府誌)』34
경조아문(京兆衙門) 382, 384
경찰관강습소(警察官講習所) 11, 58, 195, 202, 205, 234, 238, 253, 277~281, 284, 286, 287, 288, 290, 293, 337, 366, 370
경찰관연습소(警察官練習所) 10, 11, 111, 114~116, 165, 273, 278, 279, 280, 338
경찰참고관(警察參考館) 11, 231, 233, 253, 281, 287, 288~290, 366, 374
고등법원(高等法院) 99, 122, 146, 147, 205, 272
고등재판소(高等裁判所) 122

고예조계(古禮曹契) 26, 48, 49
공무아문(工務衙門) 10, 69, 71, 72, 138, 167
공조(工曹) 6, 10, 23, 24, 26, 28, 42, 48, 69, 71, 73, 74, 81, 130, 167, 180, 181, 199, 200, 235, 237, 360, 383, 385
관광방(觀光坊) 25, 26, 237
관측소(觀測所) → 통감부 관측소(統監府 觀測所)
광화문 월대(光化門 月臺) 182, 191, 209, 210, 213, 215, 221, 225
광화문광장(光化門廣場) 9, 225, 239, 379, 380, 382~387
광화문분국(光化門分局) → 경성중앙전화국 광화문분국(京城中央電話局 光化門分局)
광화문시민열린마당 11, 151, 165, 181, 267, 382, 385
『광화문외제관아실측평면도(光化門外諸官衙實測平面圖)』158, 159
광화문우편국(光化門郵便局) 58, 60, 76, 128, 129, 130, 131, 167, 203, 251, 308, 361
광화문전로(光化門前路) 28, 29, 122
광화문전화국(光化門電話局) 9, 254, 356, 358, 367, 374, 375
광화문전화분국(光化門電話分局) → 경성중앙전화국 광화문분국(京城中央電話局 光化門分局)
광화문통 가로수 239~248, 379
광화문통 중앙분리대 239, 243, 244, 246, 247, 248
광화문통(光化門通) 5, 7, 167, 175, 180, 183~187, 193, 365
교육부(教育部) 96, 98, 130
국가재건최고회의 청사(國家再建最高會議 廳舍) 373, 374
국립경찰전문학교(國立警察專門學校) 254, 281, 290, 366

국립경찰학교(國立警察學校) 281
군국기무처(軍國機務處) 69, 78, 83
군기시(軍器寺) 54, 57, 58, 59, 75, 77, 166, 168
군무아문(軍務衙門) 10, 69, 71, 166
군부(軍部) 7, 9, 10, 37, 41, 71, 92, 110, 117~119, 148, 152, 158, 164, 166, 167, 174, 196, 237, 238, 333, 349, 350
군제이정소(軍制釐正所) 96, 98, 168
궁내부(宮內府) 71
궁내부 농상소(宮內府 農桑所) 386
권업모범장(勸業模範場) 133, 136
근위기병대(近衛騎兵隊) 118, 321
근위보병대(近衛步兵隊) 10, 118, 164, 166, 174, 319, 320, 321
기로소(耆老所) 10, 51, 52, 59, 76, 166, 180, 200, 228, 236, 237, 311, 313, 383, 385, 386
기무처(機務處) 37

ㄴ

남산 왜성대(南山 倭城臺) 111~114, 131, 165, 201, 224, 235, 298, 312, 315, 326, 359, 362
내각(內閣) 78, 79, 83~89, 146, 167, 237
내각청사(內閣廳舍) → 탁지부청사(度支部廳舍)
내각총리대신(內閣總理大臣) 83, 84, 86
내무아문(內務衙門) 10, 69, 71, 74, 80, 81, 165
내부 경무고문실(內部 警務顧問室) 10, 161, 166, 332
내부(內部) 10, 71, 78, 80, 81, 90, 93, 97, 148, 165~168, 174, 199, 200, 261
내부청사(內部廳舍) → 경기도청(京畿道廳)
농상공부 통신국(農商工部 通信局) 10, 72, 73, 81, 99, 167, 360
농상공부(農商工部) 10, 71, 72, 77, 78, 90, 91, 93, 99, 148, 153, 158, 166, 167, 168, 200, 294, 386

농상공부청사(農商工部廳舍) 138~143, 154, 156, 298
농상아문(農商衙門) 10, 70, 71, 72, 166, 167, 383, 384, 386

ㄷ

대동구락부(大東俱樂部) 139, 167
대심원(大審院) 62, 63, 122, 123, 124, 136, 166, 168
대일본무덕회 조선지방본부(大日本武德會 朝鮮地方本部) 281, 284
덕의당(德義堂) 37, 327
『도성대지도(都城大地圖)』 23, 48, 50
『동국여지비고(東國輿地備攷)』 25, 26, 43, 44, 48
동양척식회사(東洋拓植會社) 366

ㅁ

맥아더 장군 동상 290, 291, 292
무덕제(武德祭) 281, 284
무덕회(武德會) → 대일본무덕회 조선지방본부(大日本武德會 朝鮮地方本部)
무도대회(武道大會) 284, 285
문화체육관광부 청사 131, 369, 385
미국대사관(美國大使館) 10, 148, 166, 181, 366, 369, 372, 385
미군정청(美軍政廳) 254, 266, 365
미나카이(三中井)백화점 373
미츠이(三井)빌딩 372
민의원의사당(民議院議事堂) 373

ㅂ

반공회관(反共會館) 287, 290~292, 366, 374
백운루(白雲樓) 265, 266
법관양성소(法官養成所) 121, 142~144, 158,

159, 166, 294
『법규유편(法規類編)』 72, 92, 103, 320
법무아문(法務衙門) 10, 69, 71, 166
법무원(法務院) → 통감부 법무원(統監府法務院)
법부(法部) 4, 7, 10, 55, 57, 58, 59, 62, 63, 71, 99, 110, 119~126, 130, 143, 148, 153, 158, 159, 166, 167, 168, 180, 238, 294, 358, 361
법학교(法學校) 10, 11, 121, 143, 164, 166, 174, 294
병조(兵曹) 6, 10, 23, 24, 26, 28, 42, 45, 46, 48, 52, 69, 71, 166, 167, 168, 181, 196, 200, 349, 383, 385
보민사(保民司) → 장예원(掌隷院)
비변사(備邊司) 26, 32

ㅅ

사헌부(司憲府) 5, 6, 10, 19, 23, 26, 42, 52, 71, 81, 138, 166, 167, 181, 198, 199, 218, 237, 331, 333, 339, 382, 385, 386
삼군부(三軍府) 25, 26, 31~42, 43~48, 78, 118, 148, 166, 173, 181, 237, 319, 321, 327, 376, 384, 385, 386
상공장려관(商工奬勵館) 298
상품진열관(商品陳列館) 140, 142, 143, 297, 298, 299
세균검사실(細菌檢査室) 11, 237, 253, 254, 336, 342, 344, 345, 346
세종로 도로확장공사 244, 245, 379
세종로(世宗路) 5, 8, 27, 29, 30, 165, 183~187, 239, 365, 379
세종로공원(世宗路公園) 11, 131, 138, 166, 181, 358, 367, 382, 383, 385
세종로의 은행나무 239, 242, 243, 246, 379
세종문화회관(世宗文化會館) 5, 11, 25, 166, 181, 246, 356, 357, 362, 367, 374, 375, 379, 383, 385
『수선전도(首善全圖)』 6, 24, 25
『수선전도(한글필사본)』 50, 51, 64~67
순직경찰관초혼제(殉職警察官招魂祭) 282, 283, 284
시민회관(市民會館) 362, 363, 367, 370, 374
시위대(侍衛隊) 10, 37, 38~42, 81, 92, 118, 166, 167, 174, 319~321, 328
시종원(侍從院) 87, 97, 98, 167, 168
『신증동국여지승람(新增東國輿地勝覽)』 5, 21, 23, 26, 49, 83
신한공사(新韓公社) 366

ㅇ

양지아문(量地衙門) 61, 62, 98, 100~104, 107, 130, 166
여자경찰서(女子警察署) 290, 291
연료선광연구소(燃料選鑛研究所) 293
예조(禮曹) 6, 10, 23, 24, 33~36, 43~49, 51, 52, 53, 59, 69, 71, 148, 166, 167, 181, 199, 237, 383, 385, 386
외부(外部) 7, 9, 10, 57, 58, 59, 79, 80, 81, 93, 94, 97, 109~114, 136, 148, 153, 158, 165, 168, 174, 180, 238, 286, 387
외사국(外事局) 88, 110, 168
우남회관(雩南會館) → 시민회관(市民會館)
우편위체저금관리소(郵便爲替貯金管理所) 10, 11, 130, 181, 250, 358~361
우포도청(右捕盜廳) 57, 60, 62, 74~77, 128~130, 168, 382
위생시험실(衛生試驗室) 11, 76, 231, 238, 253, 336, 339~345, 346, 349, 367
유솜청사(USOM廳舍) 369, 371, 372, 374, 375
육영공원(育英公院) 67, 77, 168

육조거리 27, 29, 30
육조전로(六曹前路) 28, 29
의정부 의정(議政府 議政) 84, 86
의정부 정본당(議政府 政本堂) 263~265
의정부(議政府) 5, 6, 9, 10, 19, 23, 31~34, 36, 37, 43, 44, 45, 48, 70, 71, 78~81, 83~89, 110, 145, 151, 165, 167, 181, 199, 237, 263, 382, 385
이조(吏曹) 6, 10, 23, 24, 34, 48, 57, 59, 69, 71, 80, 165, 167, 181, 199, 237, 286, 383, 385, 386, 387
일본생명빌딩 366
『일본지리풍속대계(日本地理風俗大系)』202, 206, 207, 262, 307,
일한와사전기회사 경성지점(日韓瓦斯電氣會社 京城支店) 212, 323
임시토지조사국 광화문통분실(臨時土地調査局 光化門通分室) 10, 162, 174, 175, 176, 181, 271~274, 280
임시토지조사국사무원급기술원양성소(臨時土地調査局事務員及技術員養成所) 11, 274, 275
임시토지조사국원양성소(臨時土地調査局員養成所) 11, 111, 274~277
임시토지조사국청사(臨時土地調査局廳舍) 161~163, 175, 176, 201, 238, 271, 273

ㅈ

장예원(掌隸院) 6, 23, 25, 237, 383
장위영(壯衛營) 10, 37, 38, 71, 166, 237, 319
재무국 전매사업과(財務局 專賣事業課) 11, 251, 253, 254, 306, 315~317
재무국 전매총무과(財務局 專賣總務課) 11, 251, 253, 254, 306, 315~317
적선방(積善坊) 26, 43, 55, 58, 125, 128, 129
적십자병원(赤十字病院) 58, 165, 278
전매국청사(專賣局廳舍) 11, 142, 147, 204, 229, 230, 247, 251, 295, 296~306, 308, 309, 317, 366, 374
전보사(電報司) 72, 73, 127, 167, 237,
전차선로(電車線路) 182, 204, 206, 208~213, 221, 241, 243, 247
정동분실(貞洞分室) → 조선총독부 정동분실(朝鮮總督府 貞洞分室)
정부종합청사(政府綜合廳舍) 5, 11, 37, 97, 166, 181, 239, 245, 249, 327, 331, 366, 367, 373, 374, 375~379, 382, 383, 385, 386
정부중앙청사(政府中央廳舍) → 정부종합청사(政府綜合廳舍)
조선경찰협회(朝鮮警察協會) 11, 202, 233, 253, 281, 282~285, 288, 290
조선군사령부(朝鮮軍司令部) 349, 350
조선군사령부부속청사(朝鮮軍司令部附屬廳舍) 10, 11, 92, 174, 181, 195, 196, 198, 200, 202, 231, 238, 314, 315, 333, 339, 349~352, 354, 355
조선귀족회관(朝鮮貴族會館) 138, 140
조선기병대(朝鮮騎兵隊) 118, 321, 322, 323
조선물산공진회(朝鮮物産共進會) 173, 179
조선박람회(朝鮮博覽會) 197, 201, 206, 209, 211, 224
조선보병대(朝鮮步兵隊) 10, 11, 38, 118, 166, 173, 174, 175, 181, 200, 202, 205, 226, 231, 235, 237, 238, 250, 312, 314, 315, 319~327, 328, 330, 362, 366, 374, 375
조선부업품공진회(朝鮮副業品共進會) 204, 209, 210, 220, 221, 297
조선사편수회(朝鮮史編修會) 98
조선주차군사령부(朝鮮駐箚軍司令部) 349, 350
조선주차헌병대사령부(朝鮮駐箚憲兵隊司令部) → 헌병대사령부(憲兵隊司令部)
조선총독부 신청사(朝鮮總督府 新廳舍) 182,

188, 191, 192, 197, 200, 204
조선총독부 정동분실(朝鮮總督府 貞洞分室)
201, 224, 297, 298
조선총독부 체신국(朝鮮總督府 遞信局) → 체신국(遞信局)
조선총독부 통신국(朝鮮總督府 通信局) → 통신국(通信局)
조선토지조사기념비(朝鮮土地調査記念碑) 272, 274
종로경찰서(鍾路警察署) 58, 123, 136, 312, 313, 314
중앙청(中央廳) 187, 225, 244, 245, 246, 248, 249, 365, 366, 368, 369, 373, 376
중추부(中樞府) 6, 10, 23, 24, 43, 52, 70, 94, 97, 166, 168, 180, 181, 199, 332, 385
중추원(中樞院) 10, 43, 44, 46, 57, 58, 70, 71, 73, 74, 79, 80, 81, 90~92, 94~99, 114~117, 126, 128, 130, 147, 165, 166, 168, 238, 262, 273, 278, 279, 331, 369
지계아문(地契衙門) 62, 63, 100~104, 107, 166, 168
지질조사소(地質調査所) 11, 195, 202, 238, 292, 293
징청방(澄淸坊) 25, 26, 34, 48, 52, 53, 56, 58

ㅊ

참의원의사당(參議院議事堂) 373
창덕궁경찰서(昌德宮警察署) 325
철도관리국(鐵道管理局) 110, 131, 133
철도원(鐵道院) 96, 98, 130, 168
청헌당(淸憲堂) 37, 327, 375
체신국 간이보험과(遞信局 簡易保險課) 52, 76, 236
체신국 감리과(遞信局 監理課) 231, 258,

310, 328
체신국 경리과(遞信局 經理課) 231, 258, 328
체신국 보험감리과(遞信局 保險監理課) 253, 310, 313, 314, 315, 327, 333, 352
체신국 보험업무과(遞信局 保險業務課) 310, 311, 313, 314, 315
체신국 보험운용과(遞信局 保險運用課) 253, 310, 315, 327
체신국(遞信局) 6, 130, 175, 262, 361
체신국도서관(遞信局圖書館) 253, 254, 329, 330
체신국분관(遞信局分館) 11, 228, 246, 251, 253, 254, 310, 311, 314, 315, 316, 327, 352, 362, 366, 374
체신국분실(遞信局分室) 11, 231, 254, 314, 315, 327, 328, 350, 362, 366, 374
체신국제2분관(遞信局第二分館) 11, 250, 253, 254, 327, 329, 330, 359, 362
체신국제1분관(遞信局第一分館) → 체신국분관(遞信局分館)
체신국청사 본관(遞信局廳舍 本館) 11, 74, 180, 181, 202, 235, 237, 238, 250, 360~362, 366, 367, 370
체신이원양성소(遞信吏員養成所) 278
총무당(總武堂) 37, 327
치요다(千代田)빌딩 366
친군좌영(親軍左營) 37, 38, 166, 237, 319
친위대(親衛隊) 38, 40, 41, 166, 319
친위부(親衛府) 10, 119, 164, 166, 167, 174, 349

ㅌ

탁지부(度支部) 10, 71, 81, 100, 102, 122, 148, 153, 166, 167, 182, 199
탁지부건축소(度支部建築所) 144, 154, 166

탁지부청사(度支部廳舍) 99, 144, 145, 146, 164
탁지아문(度支衙門) 10, 69, 71, 166
통감부 감옥(統監府 監獄) 119, 132, 134, 136, 137
통감부 관측소(統監府 觀測所) 131, 134, 136
통감부 금장(統監府 襟章) 135
통감부 법무원(統監府 法務院) 56, 57, 58, 59, 114, 116, 117, 122, 125, 131, 133, 136, 137, 158, 164, 166, 168, 238
통감부 사법청(統監府 司法廳) 132, 134
통감부 영림창(統監府 營林廠) 131, 132, 134, 155
통감부 임시간도파출소(統監府 臨時間島派出所) 134, 136
통감부 재정감사청(統監府 財政監査廳) 131, 133, 136, 238
통감부 중학교(統監府 中學校) 134, 135, 137
통감부 통신관리국(統監府 通信管理局) 10, 74, 110, 125, 126, 128, 130~133, 137, 158, 166, 180, 358~362
통감부 특허국(統監府 特許局) 132, 134, 137, 141
통감부(統監府) 7, 10, 58, 80, 97, 98, 110~114, 131~137, 158, 167, 168, 201, 238, 387
통감부재판소(統監府裁判所) 120, 122, 133, 134, 136
통리교섭통상사무아문(統理交涉通商事務衙門) 36, 38, 69, 80, 168, 387
통리군국사무아문(統理軍國事務衙門) 36, 37, 167, 236
통리기무아문(統理機務衙門) 36
통리내무아문(統理內務衙門) 36
통리아문(統理衙門) 36
통신관리국(通信管理局) → 통감부 통신관리국(統監府 通信管理局)
통신국(通信局) 10, 74, 130, 167, 175, 360, 361
통신국청사(通信局廳舍) 11
통신원(通信院) 73, 74, 99, 126, 127, 128, 130, 131, 158, 167, 238, 360, 362
특허국(特許局) → 통감부 특허국(統監府 特許局)

ㅍ

평리원(平理院) 62, 63, 122, 123, 136, 158, 167, 168, 313
포도청(捕盜廳) → 우포도청(右捕盜廳)

ㅎ

학무아문(學務衙門) 10, 69, 71, 148, 386
학부(學部) 10, 71, 81, 148, 153, 158, 164, 166, 167, 199, 386
학부청사(學部廳舍) 148~151, 154, 156, 174, 180, 278
『한경지략(漢京識略)』 43, 53
『한국건축조사보고(韓國建築調査報告)』 22, 193, 194
한국주차군사령부(韓國駐箚軍司令部) 350
한국주차헌병대사령부(韓國駐箚憲兵隊司令部) → 헌병대사령부(憲兵隊司令部)
한국통신사무인계위원부(韓國通信事務引繼委員部) 126, 128~130
한성부(漢城府) 6, 10, 23, 24, 34, 35, 36, 48, 50~63, 71, 75, 76, 77, 81, 90, 101, 107, 116, 117, 125, 126, 130, 148, 165, 166, 167, 168, 180, 181, 199, 238, 262, 273, 287, 358, 361, 382, 384, 385, 386
한성부재판소(漢城府裁判所) → 한성재판소(漢城裁判所)
한성우체사(漢城郵遞司) 72, 127, 167

한성재판소(漢城裁判所) 53~63, 100, 101, 103, 123, 124, 125, 130, 166, 168, 238, 382
한성전기회사(漢城電氣會社) 208, 312, 313
해군본부(海軍本部) 373
해치(獬豸) 157, 191, 199, 210, 213, 214~225, 235, 236, 262
해태(海駝) → 해치(獬豸)
헌병경찰제도(憲兵警察制度) 131, 161, 196, 267, 332, 336
헌병대사령부(憲兵隊司令部) 323, 343
헌병대숙사(憲兵隊宿舍) 10, 11, 92, 174, 181, 200, 238, 331~334, 338
헌병사령부(憲兵司令部) 10, 90~94, 99, 107, 158, 160, 161, 164, 166, 174, 238, 333, 334
형조(刑曹) 6, 10, 23, 25, 48, 57, 59, 69, 71, 122, 166, 167, 180, 181, 200, 237, 383, 385
혜정교(惠政橋) 60, 61, 62, 75, 96, 98, 100, 101, 128, 130, 168
호조(戶曹) 6, 10, 23, 24, 26, 34, 42, 48, 51, 52, 59, 69, 71, 144, 166, 167, 168, 181, 199, 383, 385, 386
화학연구소(化學硏究所) 254, 258, 342, 367
훈국신영(訓局新營) 33, 34, 50, 53, 59, 166, 168
훈련대(訓練隊) 38~40, 166, 319